U0954840

淵默而雷聲

《莊子》的哲學論證

章啟群 著

创于1897
商務印書館
The Commercial Press

圖書在版编目（CIP）數據

淵默而雷聲:《莊子》的哲學論證 / 章啟群著. — 北京：商務印書館, 2019
ISBN 978-7-100-17049-9

Ⅰ.①淵… Ⅱ.①章… Ⅲ.①莊周（约前369—前286）—哲學思想—研究 Ⅳ.①B223.55

中国版本圖書館CIP數據核字（2019）第010701號

權利保留，侵權必究。

淵默而雷聲

——《莊子》的哲學論證

章啟群 著

商 務 印 書 館 出 版
（北京王府井大街 36 號 郵政編碼 100710）
商 務 印 書 館 發 行
北 京 冠 中 印 刷 廠 印 刷
ISBN 978-7-100-17049-9

2019年7月第1版 開本 880×1230 1/32
2019年7月北京第1次印刷 印張 17
定價：65.00元

時代的艱苦使人對於日常生活中平凡的瑣屑興趣予以太大的重視，現實上很高的利益和爲了這些利益而作的鬥爭，曾經大大地占據了精神上一切的能力和力量及外在的手段，因而使得人們沒有自由的心情去理會那較高的內心生活和較純潔的精神活動，以致許多優秀的人才都爲這種艱辛的環境所束縛，并且部分地被犧牲在裡面。因爲世界精神太忙碌於現實，所以它不能轉向內心，回復到自身。

——黑格爾

中國哲學將來定會大放光彩！

——馮友蘭臨終之言

目　録

引　言

德國哲學家雅斯貝爾斯(K.T.Jaspers 1883—1969年)認爲,大約公元前600年—前300年是人類歷史的“軸心時代”,世界幾大文明都進入一個重大突破時期,出現了一批先哲。古希臘有蘇格拉底、柏拉圖、亞里士多德等,以色列有猶太的先知們,印度有釋迦牟尼和《奥義書》,中國有老子、孔子、孟子、莊子等人。這些不同地域、民族的先哲提出的思想原則塑造了不同的文化傳統,奠定了今日世界幾大文明形態的基本構架,并一直影響到今天人們的生活。雅斯貝爾斯的這個論述已被學界基本接納。不言而喻,老子、孔子、孟子、莊子作爲那個時代華夏民族的先知,他們的思想對於中華文明具有奠基的作用和意義。

從已知的人類文明來看,每一種人類文明中最關鍵的元素莫過於宗教、科學、哲學、藝術(蔡元培語)。作爲莊子的代表作,《莊子》被中國唯一本土宗教道教奉爲《南華真經》,與《老子》並列爲道教最高經典。《莊子》是道家的代表性文本,因此是中國哲學最重要的經典之一。《莊子》還是先秦諸子散文之翹楚,是中國文學史上的瑰寶。同時。《莊子》對於中國藝術特别是書畫藝術的形態和精神,產生了極爲重要和特别的影響。《莊子》中很多關於科學和技術的思想,例如關於“氣”的理論即是一種自然哲學,與後來中國的醫學亦難分難解。由此可見,《莊子》對於中華文明產生的深刻影響，難以盡數。《莊子》是深刻塑造中華文明的屈指可數的經典之一。

與所有經典具有的特質一樣，《莊子》不可能是流行的讀物。展讀《莊子》文本有個門檻，因而《莊子》也是一塊試金石。進入《莊子》以後，至少又有詩人和哲人兩種讀法。很多人包括毛澤東都是前者，被其汪洋恣肆的文風和妙不可言的比喻，以及高妙的藝術境界吸引。而後者則是被其深刻的思想和精湛的分析所折服。這樣的讀者不多。如同《史記》被魯迅譽爲“史家之絕唱，無韻之離騷”，同時兼有史學與文學之長一樣，《莊子》同時具有文學和哲學兩種讀者，實屬罕見，在漢語典籍中甚至是絕無僅有。古希臘柏拉圖(Plato 公元前427—前347年)的對話集亦是如此。它們可能是中西文明的兩個代表。

毋庸置疑，經典的解讀永遠是人類的難題，因此也是一些求知者的興奮點。《莊子》同樣如此。人們對於《莊子》的解釋都不可能窮盡其意義。迄今所有人的解釋總和也不能囊括《莊子》的全部思想。但是，這並非宣揚一種經典解釋的虛無主義，混淆不同經典解釋者工作的差異和優劣。本書作者恰恰堅定地支持經典解釋的真理性及其價值和意義，同時認爲，《莊子》的偉大意義正是通過像郭象、成玄英這樣傑出的解釋者呈現出來的。而且，從根本上說，《莊子》的流傳史就是一部解釋史，也是一部《莊子》思想不斷得到新的闡發的歷史。如果對於《莊子》思想的創造性闡發終止，也就標誌著《莊子》本身的意義走到了盡頭。因此，《莊子》與這些傑出解釋者是無法分割的。顯而易見，作爲經典解釋的《莊子》研究，也是另一種試金石：各種解釋者在這裡登台亮相，切磋思想。通過這塊試金石,真理性的解釋會最終浮出水面。

就方法而言,無論是採用文學的閱讀範式,還是採用哲學的閱讀範式,甚或採用傳統諸子學的閱讀範式,都是從獨有的角度和視域對《莊子》進行解讀,因而都有其不可替代的意義和價值。然而,本書作者認爲,在所有的解讀方法中,比較而言,哲學的範式可能是最好的一種,因爲哲學畢竟是人類智慧的皇冠。

黑格爾(G.W.F.Hegel 1770—1831年)曾經充滿深情地說:"一提到希臘這個名字,在有教養的歐洲人心中,尤其在我們德國人心中,自然會引起一種家園之感。……那更高的、更自由的科學(哲學),和我們的優美自由的藝術一樣,我們知道,我們對於它的興趣與愛好都根植於希臘生活,從希臘生活中我們吸取了希臘的精神。"[①] 在初步整體地論證了《莊子》哲學之後,我心中也洋溢著類似黑格爾對於古代希臘的自豪——《莊子》哲學是能够與古代希臘哲學媲美的偉大哲學!

本書從而試圖爲讀者洞開一個嶄新的《莊子》天地。

① 黑格爾:《哲學史講演錄》第一卷,賀麟、王太慶譯,商務印書館,1996年版,第157—158頁。

緒論　《莊子》研究：從諸子學到哲學

如何用哲學範式範疇《莊子》是貫穿本書始終的思考。但是，在《莊子》研究的歷史上，對於“什麼是《莊子》哲學”的回答至今還不甚明晰。緒論由此問題切入，對《莊子》研究的諸子學範式與哲學範式之間的界限，做一個簡要的清理和説明，由此也展示本書與迄今爲止研究《莊子》的其他著作根本旨趣之異同。

一　學術研究的兩大基本元素：範式與材料

學術研究説到底，就是如何用範式來處理材料。[①]在同一範式下，新材料的發現有助於學術的創造和突破。例如王國維的《殷墟卜辭中所見先公先王考》，利用甲骨文新材料考證《史記·殷本紀》之正誤，成爲現代中國歷史學研究的典範。在這個意義上，新材料可以説是推動學術前進和發展的“新能源”。而面對同樣的材料，運用新的範式則是學術創造的新契機。例如湯用彤運用亞里士多德哲學範式對魏晉玄學的研究，是現代中國哲學研究的里程碑，至今仍然是中國哲學研究的一座巔峰。因此也可以説，新的範式是

① 這裡所述範式與材料及其關係，與亞里士多德(Aristotle公元前384/3—前322年)哲學中的形式與質料及其關係有某些類似之處，但不同之處顯而易見。

推動學術前進和發展的“新技術”。

由此可見，學者的工作其實與一些工匠的工作非常類似。裁縫的工作就是用一種服裝的樣式來處理一段衣料。服裝的樣式也是一種範式，比如西裝、旗袍、馬褂、長袍等；衣料比如棉布、毛呢、裘皮、絲綢等就是材料。各種不同的材料自然價值不同，服裝樣式自身也含有各種經濟、文化和審美等價值。一種時尚的樣式會引領大衆的服裝趣味，帶來巨大的經濟效益。設計師的功能、價值和意義由此體現出來。而同樣的樣式由於衣料的不同，構成一件服裝的價值也有天壤之别。比如相同樣式的一件絲綢旗袍顯然比棉布旗袍價值高出很多，一件裘皮大衣的價值更是一件棉布大衣所無法比擬的。這個道理也存在於木工、石工、玉工等工匠的工作之中。玉工的工作就是把一塊璞玉製作成一個人物、動物、植物等形象或裝飾配件。物體形象和配件形狀是一種形式，也是一種範式，璞玉本身就是材料。就像高明的裁縫做出一件漂亮得體的服裝、高明的玉工製成一個巧奪天工的作品一樣，學者研究成果的價值和水平的高下，也取決於對那些作爲研究對象的文本材料的解釋深度和解釋本身的自洽程度，研究的範式自然蘊含在創造過程之中。可見與工匠的工作一樣，運用範式和處理材料是學術研究的兩大基本元素。

從工匠的工作我們知道，第一，玉工和裁縫在製作一件作品時，必須對材料（璞玉和衣料）進行雕琢、裁剪，正所謂“殘樸以爲器”，“白玉不毁，孰爲珪璋”（《莊子·馬蹄》），因而必然打破了材料本身的天然（璞玉）或原初（衣料）統一性；第二，在作品成型過程中，材料除了被採用的部分，一定會有剩餘，而且成爲廢料（對於這件作品來說)。因此，無論一個多麼高明的工匠都不可能窮盡所有材料的用途；第三，材料的意義都是被工匠在製造過程中揭示出來的。材料本身不存在與作品之間天然的或必然的聯係。一塊璞玉或一段衣料，它不會必然要成爲什麼樣的玉雕形象或某種服裝，也不可能祇能成爲某種玉雕形象或某種服裝。它們對於工匠開放的可能性是無限的。當然，完美的作品形式和材料之間的恰當得體，往往讓人們產生天然、自然的錯覺，而這正是大匠手藝展示出的天才。

學術研究也同樣如此。由此，我們必須指出學術研究通常存在的一些誤區和盲點。第一，任何學術研究過程都會打破原始文本(材料)的原初意義統一性；第二，任何學術範式都無法窮盡原始文本(材料)本身的意義，必然會存在一些原始文本(材料)經解釋之後剩餘的"廢料"；第三，任何範式與原始文本之間都沒有必然的、天然的聯係。因此，原始文本(材料)本身的意義都是被解釋者解釋出來的。而且，原始文本(材料)的解釋具有無限的可能性，故而對於原始文本的解釋永遠不會終結。[①]因此，在原始文本的真僞問題解決之後，邏輯自洽是學術研究包括自然科學研究的終極法則。

《莊子》可能一經面世就有各種評論。今日見到荀子所謂"莊子蔽于天而不知人"(《解蔽》)，就是關於《莊子》的著名論斷。可見源遠流長的《莊子》研究應該起始於戰國。概而言之，《莊子》研究的歷史也是《莊子》文本新材料的發現，以及《莊子》文本用某

① 以伽達默爾(Hans-Georg Gadamer 1900—2002年)爲代表的當代解釋學對此有嚴密的論證。

種範式被如何處理的歷史。從材料方面來説，自西晉郭象編訂《莊子》以來，新材料的發現衹有少數寫本和漢簡，沒有構成對於《莊子》現存文本結構的根本衝擊甚至局部顛覆。從範式方面來説，古代中國關於《莊子》的研究，都屬於諸子學的範式。這種範式在形式上，不外註疏、點評、紀傳、詩文等等。著名的郭象注、成玄英疏、陸德明《莊子音義》是這種範式的典型。清末郭慶藩的《莊子集釋》集中呈現了這種形式。在内容上，這種研究範式則運用古代中國學術的話語體系，評論《莊子》的思想情感、才性智慧，展示出中國古典學術的思想風貌。《莊子·天下》是運用這種範式的典型：

> 寂漠无形，變化无常，死與生與，天地並與，神明往與！芒乎何之，忽乎何適，萬物畢羅，莫足以歸，古之道術有在於是者，莊周聞其風而悦之，以謬悠之説，荒唐之言，无端崖之辭，時恣縱而不儻，不以觭見之也。以天下爲沈濁，不可與莊語，以巵言爲曼衍，以重言爲真，以寓言爲廣。獨與天地精神往來而不敖倪於萬物，不譴是非，以與世俗處。其書雖瓌瑋而連犿无傷也。其辭雖參差而諔詭可觀。彼其充實不可以已，上與造物者遊，而下與外死生无終始者爲友。其於本也，弘大而闢，深閎而肆，其於宗也，可謂調適而上遂矣。雖然，其應於化而解於物也，其理不竭，其來不蜕，芒乎昧乎，未之盡者。[①]

① 本書引用《莊子》採用上海涵芬樓《續古逸叢書》之二影印宋合刊本《南華真經》。極少數處有字增減。增字用“【 】”標識，減字用“( )”標識。莊學名家王叔岷之《莊子校詮》亦採用此版本。

從學術評價到語言風格，這段文字都給人極爲強烈的衝擊。

《莊子》研究的純粹諸子學範式一直延續至清末民初。西學東漸後肇啟了《莊子》的文學、哲學研究先河。時至今日，《莊子》的諸子學研究範式不僅沒有終結，而且有著嶄新的推進和發展。不僅清末民初的王先謙、章太炎、錢穆、蔣錫昌等皆有傑作，當代莊學大家王叔岷的《莊子校詮》也是這種範式的代表性成果。[①]但是，純粹哲學範式的《莊子》研究，今日仍然難得一見，可謂鳳毛麟角。其中首要的問題在於，今日的《莊子》研究在諸子學和哲學之間仍然存在觀念和方法上的重大含混和模糊。當然，《莊子》的哲學研究範式，也不可能與諸子學範式截然斷裂。因爲對於《莊子》的任何研究都必須依託於文本，而文本的解讀最終離不開字詞的訓釋和版本知識。儘管如此，哲學的範式與諸子學範式之間的界限依然是十分清楚的。在學術的主旨和精當的表述上如果將二者混淆，將會大大損傷研究成果的學術價值，甚至使研究成果淪爲不倫不類之物。這當中的核心問題還是在於“什麼是哲學”，進而“什麼是《莊子》哲學”。

回答這個問題自然涉及中國學術的古今之變以及中西學術的體系性差異。

① 今人方勇《莊學史略》(巴蜀書社，2008年版)記述了戰國秦漢至民國初年的《莊子》研究，從惠施、荀子起到章太炎終，基本上是一部《莊子》研究的諸子學史，可謂大觀。

二　從“四部之學”到現代中國知識體系

在西方現代學科體系被引入中國之前，中國的知識體系(簡稱“學問”)的總體構架和分類是經、史、子、集，即“四部之學”。《四庫全書》即是古代中國的《百科全書》。當然，“四部之學”也是在歷史中形成的。《莊子·天運》稱孔子治“六經”，即《詩》《書》《禮》《樂》《易》《春秋》，爲後世“六經”(實爲“五經”，《樂》亡佚)之說首見。這是儒家學說的一種分科方法，而不是關於學術和書籍分類之說。《莊子·天下》還論及先秦諸家學術，可謂最早的學術史，但也不是學科的分類。

中國古代最早的學科分類，大致從西漢司馬談《論六家要旨》開始，此後東漢劉歆以“七略”分類群書，總論爲“輯略”，餘爲“六略”。班固刪取其要爲《漢書·藝文志》的分類法，即把當時所有書籍分爲六藝、諸子、詩賦、兵書、術數、方技六類，即“六略”。到西晉時，荀勖的《中經新簿》則將群書分爲甲、乙、丙、丁四部，大致對應於後來的經、史、子、集。南朝梁元帝詔周弘正等文獻之中，已經有經、史、子、集之說。隋唐時，甲、乙、丙、丁與經、史、子、集二說雜用，新、舊《唐書》即如此。但宋以後，則只用經、史、子、集分類。這種四部分類法一直延續到晚清。

西學東漸，尤其是甲午戰爭之後，國人向西洋學習的內容和重點，從器物層面轉向制度和學術文教。中國教育體制的改革從傳習方式上直接肢解了傳統的學科分類。及至一批現代大學在中國建立之後，古代中國的知識體系即“四部之學”，在制度上就完全被西方現代的知識體系所取代。以現代中國大學爲標誌的所有知識傳承與創造活動，幾乎全部都是在西方現代知識體系的範式之下實現的。簡言之，當下中國的知識體系就是現代西方的知識體系，這個體系大致包括自然科學、社會科學和人文科學。與古代中國的“四部之學”相比，這是一個全新的知識體系。

由“四部之學”向現代知識體系轉換，其根本目標是向西方學習各種知識，拯救瀕臨亡國滅種的中華民族，振興民族國家。因爲，從學術自身的邏輯上來說，轉換之後中國學術可以與現代西方學術直接接軌。而從形態和觀念上來說，這個轉換是由古典學術向現代學術的轉換，實現了傳統學術的現代化。因此，這個轉換不僅有利於中國學者學習西方，還能夠實現在同樣的標準之下進行新知識的創造，攀登世界學術的頂峰。從近代史可知，如果沒有這個轉換，不僅華夏文明不能融入現代世界文明的歷史大潮，而且中華民族將陷入滅頂之災。實現這個轉換，是一代知識精英、仁人志士用鮮血和生命爲代價獲得的成果。因此，實現從古典“四部之學”向現代知識體系的轉換，是中國現代學術(科學)建構之必須，也是中華民族生存、發展之必須。

毋庸諱言，在這個轉換過程之中，中國古典學術的知識和思想出現一些被遺漏、遺失、誤讀的現象，則又不可避免。[①]可見這是一個兩難的抉擇。評價這一抉擇本身涉及不同的文化立場。從文化

① 就像中國參加國際奧林匹克體育運動會一樣，我們必須遵從國際體育比賽的規則。這樣我們可以在全世界的體育競技中獲得一些項目的冠軍，但同時，類似氣功和武術這類體育運動則自然被排除在競賽之外。

價值本身來說，中西學術沒有高下之分。但是，從世界歷史的發展來說，由“四部之學”到現代學術體系的轉換，則是實現了中國傳統學術由古典範式向現代學術範式的跨越，實現了由中國的古代文明向世界的現代文明的升華。應該說這是進步的，也是必須的。中國古典學術在這個轉換中所遭受的損失，是歷史前進的代價。從發展的眼光看，這個轉換的所得遠遠大於所失。

大致而言，“四部之學”與現代學術的交集之處，經部與哲學、歷史學、文字學、文學等交叉較多，史部與歷史學、政治學、哲學等交叉較多，子部與哲學、宗教學、藝術、自然科學等交叉較多，集部與文學、哲學等交叉較多，考古學則與全部四部交叉。具體而言，在由“四部之學”向現代科學知識體系轉換過程中，自然科學如數學、物理、化學、生物等，幾乎是直接接軌，沒有遺失。當下中國的自然科學的研究與教學，與西方在內容上沒有任何區別。所有的教科書和科研文獻幾乎可以完美地翻譯成西方文字。[①]對於政治學、法學、經濟學、社會學等社會科學來說，這種轉換雖然遇到一些難題，但並不尖銳。除了一些歷史方面的研究(例如中國古代政治、法律、經濟史等)之外，就基本範式、主要概念、核心問題來說，中國當下的社會科學與西方社會科學可謂大同小異。然而，在人文科學中如何整合“四部之學”，則是困難重重。

就哲學而言，不僅“經”部大多是哲學要典，“子”部更是哲學重鎮，“史”部和“集”部亦有與哲學相關的不可或缺之作，例

① 不過，自然科學中的中國天文學史也有重大問題。由於問題複雜，此處從略。參見拙著：《星空與帝國——秦漢思想史與占星學》第一、第二章，商務印書館，2012年版。

如《史記》之“八書”、《漢書》之“十志”及《昌黎先生集》《劉禹錫集》等。這當中甚至有些重大問題在中國學界至今仍然缺少共識。因爲這種轉換不是簡單機械的名詞術語的切割、焊接和歸類，而是要透過文本内容實現内在中西思想的對接。更爲困難的還在於，中國和西方即使是幾近相同的學科，其承載的學術使命和社會功能也可能不同。例如，現代歷史學與古代中國史部之學，不僅對象不盡相同，所承載的學術使命和社會功能也有著巨大的差異。由《資治通鑒》的書名可知，以古鑒今是中國古代政治家治國的必修課，史部之學的這些學術的指向和功能，與其說與現代歷史學相關，毋寧說與現代政治學更加接近。而就現代學術而言，歷史學則基本退居爲政治生活邊緣的一門學術。

由此可見，在新的知識體系建立之後，現代中國尤其是人文學科的學者，自然會受到新的嚴峻挑戰。面對中西學術和文化交匯的時代潮流，他們必然要有超越傳統方法和觀念的新的應對。但是，他們又不能像西方學者那樣，僅僅按照西方學術的觀念和方法進行學術研究。因爲，與中國古典學術關係極爲密切的人文科學研究，脫離和割裂傳統學術源流而成爲無本之木，是絕不可能進行的。

檢視一百年來的中國人文學科研究歷程，文學研究基本上實現了與傳統集部之學的分治和對接。現代中國學術中的文學概念，不同於古代中國的文章學概念(例如唐宋古文運動以及清代桐城派倡導的文章理想)，也不同於中國古典詩學的概念(例如沈約“四聲八病”說以及“公安派”、“竟陵派”等詩歌主張)。游國恩等人的《中國文學史》從上古歌謠開始，涉獵《詩經》《楚辭》、唐詩宋詞元曲以及歷代散文，所採用的就是文學研究的範式。中國現在所有的文學研究機構、大學中文系關於古典中國詩文的研究，都是採用文學研究的現代學術範式。中國的歷史學研究也實現了與史部之學的基本分治與對接。從王國維開始，陳寅恪、范文瀾、郭沫若、翦伯讚等人的歷史學研究範式，與司馬遷、班固、范燁、司馬光乃至章學誠等人治史之學，其天壤之別一目瞭然。而考古學更是嶄新的。雖然古代中國有兩次重大古代文獻材料發現，即漢代孔壁藏書和西晉汲冢竹書發現，但都不屬於考古學範疇。從甲骨文發掘開始，中國考古學正式啟程。

然而，與文學、歷史學、考古學等情況有所不同的是，雖然從胡適、馮友蘭、湯用彤、張岱年開始，中國古代哲學研究也建立了現代學術的範式，與"四部之學"進行了明確的區分，可是，在20世紀80年代之後，關於中國哲學的範式問題卻被很尖銳地提出來了。

三 "中國哲學"之意義辯證

哲學是一門源自古希臘的學問，在西方歷經兩千多年長盛不衰，發展成爲波瀾壯闊的學術大潮。而在西學東漸一百多年之後的今日中國，中國古代是否有"哲學"卻成爲一個問題。"中國哲學的合法性"這一命題，一度成爲學界熱議的話題。其實，從雅斯貝爾斯提出"軸心時代"的著名論斷來看，這個問題的實質在於，"軸心時代"那些不同地域、民族的先知們的思想之間，是否具有內在的統一性。如果中國的先哲老子、孔子、孟子、莊子們的思想理論，在基本問題和意義旨歸上，與蘇格拉底、柏拉圖們具有本質的相同或相通，那麼，他們就可以一起被稱爲哲學家，而所謂“中國哲學合法性”問題也就隨即迎刃而解。

人類的歷史演進是一個從野蠻到文明的過程，也是一個文化發展的過程。文化和文明的成果凝結在人類對於世界和自身的思考和認識之中。全部人類的歷史也展示出這種思考和認識的階段性特征。人類從脫離動物界而成爲人類的初始，就具備一個不同於動物的本質特征，即人類除了具有生存和繁衍的動物本能之外，還有理性的思考能力。思考的内容不僅是日常的經驗活動，還包括一些超越經驗的問題。例如：人類和宇宙萬物是什麼？人類和宇宙萬物是從哪裡來的？宇宙萬類運行的法則是什麼？宇宙萬類是否具有一個共同的基質，即具有根本的統一性？早期人類對於這些問題的回答和解釋，都是在本民族的宗教和創世神話中表達出來的。因此，18世紀意大利學者維柯(G.Vico 1670—1744年)提出，具有原始宗教、婚禮和葬禮，是地球上所有民族成爲人類的標誌。同時他認爲，人類從初始的蒙昧階段進入文明社會，必須經過原始宗教、神話詩歌再到哲學。[①]哲學不同於原始宗教和神話詩歌，在於它對人類和世界最根本問題的思考和探索，是從宇宙萬物自身而不是從神秘的外在力量例如人格神之中來尋找答案。

由此可見，從原始宗教、神話詩歌到哲學是人類文明與思維的飛躍。哲學的出現，是一個民族思維發展到高級階段的產物，是一個民族思維成熟的標誌。故西方是在荷馬史詩之後，才有古希臘

① 見維柯：《新科學》第二卷“詩性智慧”，朱光潛譯，人民文學出版社，1986年版。

哲學。泰勒斯(Thales盛年約在公元前585/584年)被譽爲西方第一個哲學家,就是因爲他說出了“萬物的本原是水”。這個論斷首先是對於世界本原的思考,其次是這個看法跳出了原始宗教的窠臼。偉大的希臘哲學由此展開。哲學史家梯利(Frank Thilly)說:“希臘哲學從探究客觀世界的本質開始。它最初主要是對外在的自然感興趣(自然哲學),只是逐漸地轉向内部,轉向人類本身而帶有人文主義性質。第一個大問題是:什麼是自然,因而什麼是人類?第二個問題:什麼是人類,因而什麼是自然?從自然到人類這一興趣的轉移導致人類精神問題的研究,即研究人類思想和人類行爲,研究邏輯、倫理學、心理學、政治學和詩論。”①而宇宙萬物之法則和根本即邏各斯,則是希臘哲學家心中最核心的意指。

中國古代的先哲們所思考問題,從本質上看,與西方哲學家一脈相通。以老子、莊子爲代表的道家,思考了“道”以及能否認識“道”這個宇宙萬物的本原和法則問題。後代的哲學家將此歸結爲哲學本體論和認識論;以孔子、孟子爲代表的儒家,對於人類的倫常關係作了極爲精深的探索。孔子提出“己所不欲勿施於人”的人類行爲準則,被今人奉爲普世的道德金律,可以稱爲倫理學的基石之一;墨子後學以及公孫龍子等名家,主要討論的是邏輯學、語言哲學問題;而韓非等法家討論的重點在於政治哲學。當然,各家也有相互交叉之處。道家的倫理學説無疑極有價值,儒家也有本體論的思考,名家理論與認識論不可分離,法家同樣與倫理學難解難分。但是,雖然中國古代哲人與希臘哲學家思考的問題大致相同,

① 梯利:《西方哲學史》,葛力譯,商務印書館,2000年版,第7—8頁。

甚至在思維方式上也是一致的，表述方式卻有很大不同。先秦時期的老子、孔子等人的著述，是箴言警句和語錄對話體，類似於蘇格拉底和柏拉圖。兩漢以後的哲人著述基本採用對於先秦典籍的註疏、箋證方式。像亞里士多德那樣系統而又完整的哲學著述，在古代中國沒有發現，即使是《莊子》《荀子》等也不完全與之相同。當然，更應該説明的是，中國古代先哲不可能有現代學科意義上的自覺的哲學學術建構。

因此，即使像對中國古代學術基本無知并充滿偏見的黑格爾，也沒有否定中國古代的哲學思想。他認爲孔子學説“是一種道德哲學”，他還引用并讚同將《老子》的“道這個字最好用λογος來表示”。[①]從後來的世界歷史來看，具有完整哲學思想和理論體系的民族，在古代只有古代希臘、印度、阿拉伯和中國。在文明的進展和民族思維的進化上，中國哲學出現的進程與“軸心時代”完全一致。而有些民族則至今沒有出現影響世界的哲學體系。因此，中國古代哲學家的思想不僅是中華民族的智慧寶藏，也是全人類的智慧瑰寶。近代以後，歐洲、美國特別是德國、法國哲學，成爲現代哲學的領軍。[②]中古以後，中國沒有出現產生世界影響的哲學

① 黑格爾：《哲學史講演錄》第一卷，賀麟、王太慶譯，商務印書館，1996年版，第119、126頁。

② 在今日世界具有影響力的大國中，美國、英國、德國、法國、俄羅斯、中國包括印度等都有本民族的哲學體系，而日本沒有本民族的哲學體系。明治維新以來對日本影響最大的福澤諭吉，最多祇是個思想家而非哲學家。我認爲，這也是觀察國際政治、考量民族發展的不可或缺的極爲重要的維度。祇要看看二戰以後德國與日本兩國的國策以及對於當代世界的影響力，就可以看出德國與日本的差異不是在工藝製造的技術層面，而是在思想觀念層面，即哲學層面。

家,其中的原因很複雜。這是當下中國學者反思的重點問題之一,也是建構中國哲學的起點之一。

由此可見,所謂"中國哲學合法性"本來不是問題。當然,20世紀末葉提出的"中國哲學合法性"問題,其中隱含著一種意識,是對於20世紀以來中國哲學研究範式的質疑。

胡適的《中國哲學史大綱》(卷上)在1919年面世,真正開啟了中國哲學研究的先河,也初步建構了中國哲學的研究範式。其後馮友蘭的《中國哲學史》、張岱年的《中國哲學大綱》、湯用彤的《魏晉玄學論稿》等一批著作相繼問世。這一代學者篳路藍縷,爲中國哲學的研究範式和學科創建,作出了奠基性的工作。整個20世紀蔚爲大觀的中國哲學研究,正是得益於這個堅實的基礎。但是,"五四"一代學者的工作畢竟處於前無古人的草創階段,他們建立的中國哲學範式缺點非常明顯。因此,在對"五四"學者所建構的中國哲學範式的反思中,當代學者提出了諸多問題。這些問題總其要略,即認爲"五四"一代學者還沒有徹底融會貫通中西哲學的內在思想和理路,從而將中西哲學思想進行比較簡單、粗糙的對接。更爲重要的是,他們的研究都是基於19世紀的西方哲學觀念。這些問題給後來的研究者帶來很多困難和障礙。很顯然,這些看法基本上還是在"五四"一代學者建構的中國哲學範式之內的探索和思考。

然而,還有一些學者對於"五四"一代的學者的批評則十分尖銳,甚至完全否定了他們的工作價值。這類學者的根本看法也可以歸結爲一點,即認爲中國古代先哲的思想在整體上與西方的哲學範式不能兼容。而如果我們用西方哲學的範式將他們的思想硬性轉換或整合，則必然造成中國古代思想的變異、遺漏甚至消失。他們舉證很多具體的概念、範疇，例如“道”、“氣”、“理”等，以及像“有生於無”之類命題，論證其與西方哲學範疇和思維邏輯之間的不可互釋以及不可通約性。這類批評者還有一種深深的憂慮，覺得再沿著“中國哲學”的範式進行研究，古代先哲思想的菁華、我們的國粹就會喪失殆盡。言下之意，中國哲學的研究者則成爲中華民族的不肖子孫、千古罪人！這裡也展示出一種邏輯：他們正是由否認“五四”學者建構的中國哲學的“合法性”，延伸到否認整個中國古代哲學的“合法性”。

我並不否認這些具體的論點和論證。問題在於，儘管“五四”一代學者所建構的中國哲學範式存在很多缺陷和問題，但是他們所建構的這個範式是否完全不能成立，從而不具有“合法性”？批評“五四”一代學者的這些具體的論證，能否整體性顛覆“中國哲學合法性”的結論？

古代中國先哲的思想與希臘哲學家的思想具有本質的統一性。這一點我們無須再作贅述。問題的關鍵在於今日的中國哲學研究範式，是否在本質上遺漏、丟失甚至毀棄了古代先哲的思想。回答這個問題其實也有大道可循。首先，從根本上說，學術的發展就是不斷創造和揚棄的過程。即使在中國古代也不例外。例如，孔子死後“儒分爲八”，除了思、孟學派和荀子之外，其他儒家學說在歷史中也漸漸消失，不能見到清晰的師承。現在出土的相關簡帛只是一鱗半爪，不見全貌。《漢書·藝文志》所謂“九流十家”之說，有很多家我們現在也所知甚少。墨家學說，特别是與邏輯相關的諸多名家命題的原本含義，今人則基本不解(例如“山與澤平”、

"今日適越而昔至"等，今日一些解釋非常牽強)。而從先秦諸子、兩漢經學、魏晉玄學、隋唐佛學、宋代理學、明代心學直到清代樸學，每一時代都有一個時代的學說。在新知識產生過程中，舊的知識遺失是不可避免的、自然的。而且，試圖復原和回歸古代思想家的思想原義，只是一種理想，永遠不可能實現。無論人們如何皓首窮經、搜腸刮肚，也不可能展示孔孟老莊等人說話的原初意指。以德國哲學家伽達默爾爲代表的當代哲學解釋學，揭示了知識和學術發展的這種規律。可見，以造成中國古代學術和思想的遺失爲理由，來譴責、否定用哲學範式研究古代中國學術思想，是不能成立的。

其次，用現代哲學語言來表述中國古代學術思想，不可能完全切中其意涵，甚至有較大的疏離，也是學術研究不可避免的問題。即使在西方哲學中，不僅古希臘語、古拉丁語具有其他語言難以翻譯的詞彙(例如 λογος)，近代的英國、法國、德國、意大利、俄羅斯等也有只能以本民族語言表達的思想(例如Dasein)。但是，這些不能解決的難題都不能成爲否定普遍的哲學範式存在的理由。哲學在西方包括俄羅斯，是一門沒有任何爭議的學科。因此，漢語與西方語言的差異，現代語言與古代語言的差異，不會影響人們對於哲學的基本問題所達到的共識，也從來沒有阻擋世界哲學的研究和蓬勃發展。而思想的差異和理解的艱難，從某一方面來說，也是哲學學科的一種特征。所有的哲學問題和思想理論，絕對不可能像數學公式那樣明晰。由此可見，儘管現代漢語對於古代中國學術思想的表述有種種缺憾，儘管哲學術語與中國古代學術思想有一定的疏離，儘管哲學與"四部之學"具有一定的差異，但這些缺憾絕不是否定建立古代中國哲學的充足理由。現代中國的學術沒有任何理由自說自話，自絕於世界知識體系之外。

值得注意的是，除了有人藉口捍衛民族精神、弘揚國粹，徹底否定中國哲學的“合法性”，竭力宣揚向“四部之學”回歸之外，还有人將中國哲學研究引向宗教體驗和修煉。他們將經典誦讀（“讀經”）變成禮拜日課①，老子、孔子、孟子、莊子、朱熹、王陽明等人的學說則成爲不能批評的“聖經”。而這些研究古代中國經典的學者則成爲衛道士，學術批評幾乎淪爲宗教論戰和道德謾罵。通過上述論證我們知道，無論是試圖將中國哲學研究變成宗教修煉，還是將中國哲學研究退縮到經學、諸子學等古代學術研究的範式之中，都沒有現代學術的視角和觀念，更沒有21世紀的眼光，完全無視人類社會的歷史發展和學術文化的進步，無視歷史的方向和潮流。這兩種傾向，不僅動搖了現代中國哲學研究的根基，也攪亂了學術研究的原則和秩序，對於青年學者和學生產生了惡劣的影響和後果，可以說是對中國哲學研究的倒退和反動，也是一種文化和

① 我這裡批評的是以哲學作爲範式的學術研究和哲學教育中的“讀經”和“衛道”行爲。在學術研究之外，我主張在學齡前和小學里開設誦讀儒家經典的課程，作爲兒童啟蒙教育。同時在大學之外另設儒學院、國學院與書院等，專門培養儒學經師。這些經師的教育培養也不必按照大學模式授予學士、碩士、博士學位。這些設置與大學和科研機構的文學、歷史、哲學等人文學科必須分開。不能否認，兒童“讀經”對於人格修養和將來相關的學術研究，也會產生很大的幫助，正如“五四”一代學者一樣。但從事學術研究者必須經過嚴格的科學的學術訓練。

歷史的倒退和反動。①

因此，儘管在範式、體例、術語和甚至核心命題方面，"五四"一代學者的中國哲學著述在今日存在很多爭議。但是，這些著述畢竟爲今天中國哲學的學術研究奠定了基礎。脱離這個基礎則很容易失去中國哲學研究的科學性。這些著述中存在的問題，是中國哲學研究前進中需要解決的問題。這些問題的解決恰好能夠推動中國哲學的進步和發展，并在世界哲學的平台上真正實現中國哲學的創造和輝煌。因此，今日中國哲學研究，首先應當在胡適、馮友蘭、湯用彤、張岱年等人建立的中國哲學範式基礎上前行，同時必須有批判意識和超越的視野。而要實現對於"五四"一代學者的超越，必須具有堅實的西方哲學尤其是20世紀哲學訓練，必須沉潛浸入"四部之學"内部脈絡，在中西學術的本質層面，實現哲學學科的對接。

四　《莊子》哲學研究中的問題及其與"國學"之關係

《莊子》的哲學研究也同樣存在一些重大問題。這些問題的要害之處，就是討論一些不屬於哲學範疇的命題和概念，偏離了哲學

① 出現上述現象，原因非常複雜。一些學者提出中國古代哲學特殊論的説法，呼籲向"四部之學"回歸，除了一些複雜的外在社會因素之外，還有學術自身的内在因素。因爲當代學者很少具備胡適、馮友蘭、湯用彤、張岱年等"五四"一代學者那樣嚴格的哲學訓練，又沒有俞樾、皮錫瑞、崔適等清代樸學家對於"四部之學"的基本學養，缺乏古代傳統的學術訓練。無論在中西學養還是見識方面，鮮有超越"五四"一代學者的資質。

的範式。例如很多研究《莊子》哲學的著述，將"精神自由"、"心靈超越"等話題作爲討論的核心問題。這些問題與其説是哲學問題，倒不如説是宗教問題。因爲在現實中，每個人的行爲都會受到法律、倫理等規範的約束，不能完全自由。但是，人們的精神和心靈是自由的。每個人都可以任意想象自己的生活，選擇自己崇拜的權威、偶像和趣味。沒有任何世俗的力量可以阻擋人們的精神自由和心靈超越。而且衹要在行爲中遵紀守法，也允許人們對於現存的社會制度和法律進行懷疑。可見在世俗生活中，精神自由、心靈超越從來不是問題。衹有在宗教領域中，信仰不屬於理性，不允許教徒對其基本信仰進行懷疑和挑戰，宗教要掌控人們的精神和心靈，因此才會討論精神和心靈的歸屬問題。實質上，在宗教中衹有信仰的精神自由，沒有不信仰的自由。否則則爲異端。

還有一些學者提出《莊子》中的"心性"問題，雖然與哲學問題相關，但這個問題在一般的討論中語義被混淆，内涵模糊不清，基本上游離了哲學的範式。僅在漢語層面，我們知道"心"可指心靈、心臟、精神等等，"性"可指本性、性情、性格、人格等等。如果要對應英文概念，"心"可指mind、heart、spirit等，"性"可指nature、character、personality等。而把"心""性"二字結合一起，其意涵至少有幾十個組合。[①]可以推論，由此類話題揭櫫"《莊子》

① 劉笑敢教授的研究證明，《莊子》内篇中沒有"道德"、"性命"、"精神"等雙音詞，因此"心性"一詞在《莊子》文本中的地位也值得懷疑。(見《莊子哲學及其演變》"前編 文獻疏證"，中國社會科學出版社，1993年版）而且，中國古代思想家關於"心"、"性"、"心性"論述難以計數。新儒家從古代思想家中檢出"心性"一詞，大講特講，大書特書，但是這個詞究竟指什麼，現在的一些研究中仍然不能清晰、準確地描述其涵義。

哲學”之深意宏旨,不免大而化之,不著邊際。如果《莊子》哲學研究祇是圍圈在關於這些問題的討論中,那麼,嚴肅的學術界實在無法對此進行正常的思維對接。這些話題實質上就只能成爲一些人的“獨白”了。

而與此同時,《莊子》中很多極爲精湛的哲學思想卻被遺棄或者遮蔽,例如《莊子》精微而系統的懷疑論哲學可與古希臘懷疑論媲美,《莊子》高妙的語言哲學可與20世紀語言哲學相通,等等。這些地方像未開墾的處女地,至今仍然有巨大的思想寶藏深埋在文本之中,沒有被開光、發掘。

此外,《莊子》的哲學研究也很容易與“國學”糾纏不清。眾所周知,在“四部之學”中沒有“國學”概念。“國學”名詞的出現與近代西學東漸相關。由於新文化運動,西方現代學術觀念及其體系幾乎全盤引進中國。在這樣的大潮之中,中國傳統思想和文化受到前所未有的衝擊,被人們棄之如敝屣。因此,自19世紀末葉起就有人擔心中國傳統文化會落入消亡的命運。他們試圖力挽狂瀾,在西方學術的洶湧大潮中守護中國傳統的學術。於是,他們將所有西方知識統稱爲“西學”,將中國傳統學術統稱爲“國學”,以“國學”與“西學”分庭抗禮。至20世紀30年代,出現了以“學衡派”爲代表的文化保守主義者,他們以“昌明國粹”爲口號,創辦刊物,大力宣揚中國傳統文化和思想。可見“國學”是與“西學”相對的概念。與“國學”名稱相應的還有“國醫”“國樂”“國術”“國文”“國語”之說,等等。但是,當時“國學”的教學與研究活動,基本上被安置在“書院”這些現代教育的邊緣地帶。

應該強調的是,20世紀上半葉倡導“國學”者的目的,是在現代學術體系(實質上也是西方的學術體系)之中,把中國人的學術創造及其成果,與西方人的學術創造及成果區別開來。"國學"的概念並沒有涉及用中國古典學術分類即"四部之學",來替代現代學術分類。從"國醫"、"國樂"、"國術"、"國文"、"國語"等名詞即可知,這些名稱還是對接現代西方學術中的醫學、音樂、體育(武術)、文學、語言等學科,而不是經、史、子、集四部之稱。由此可知當時"國學"的含義,第一是對於古代中國學術的統稱,第二還包括某些現代中國學者的相關研究,而這種研究也是基本運用現代學術範式,比如中國文學、歷史學、語言學等。但是,數學、物理、化學、生物等自然科學似乎已經被剝離在"國學"之外,"國學"差不多成了漢語人文學科學術研究的同義語。從嚴格的學理意義上說,這也是非常武斷的。

今日中國又重現"國學"熱潮。不但各種"國學班"遍及各地,網絡和民間的"國學"更是風生水起。著名學府如北京大學、清華大學、復旦大學、中國人民大學、武漢大學等都相繼成立國學院。如果是加強對於傳統學術的基礎訓練和古籍整理,引導大眾閱讀經典,重溫傳統,這些當然是有益無害之舉。但不可否認,今日流行語中"國學"的所指仍然含混不清,不像"儒學"所指那樣明確。有很多人用"國學"來專指研究古代中國的文學、歷史、哲學、考古、語言學等學問,"國學"一詞在這裡也只能是一種模糊的劃分和說法而已。正因爲如此,近年來高校成立的國學院,其教學和研究基本上還是延續現代學科分類進行操作運行。幾乎所有這一類國學院的課程設置、專業方向以及學位授予等活動,還是按照文學、歷史、哲學、考古、語言學等現代學科進行。因爲現實很無情，如果用傳統的四部分類方法來進行這些國學院教學和科研，我們無法想象如何進行日常運轉。此外，四部之中除了包括今日人文學科的文、史、哲、考古等學科，也包括今日所有的自然和社會科學知識。按照“四部之學”的“國學”教學、科研，是當下國學院所無法承載的。

由上述可知，作爲諸子學傳統的《莊子》研究，理所應當屬於“國學”範疇。而作爲現代學術的《莊子》哲學研究，也不能完全排除在“國學”之外，因爲今日諸多國學院的課程和科研項目與“《莊子》哲學”是吻合的。這種約定俗成的力量給今日中國古代哲學研究也帶來很大的誤區和混亂。可以想象，在相當長的時間里，“國學”一詞仍然會使用，而且紅火。但是，我們一定要明晰“《莊子》哲學”與“國學”衹是在某個約定俗成的意義層面相交，明晰“《莊子》哲學”是完全不同於“四部之學”的現代學術範疇。在具體的語境中，我們要防止“國學”一詞造成的誤會和誤區，並由此帶來學術的混亂和誤導。

第一章　《莊子》與莊周——文本與作者

《莊子》的文本和作者存在一些爭議。文本是哲學研究的依據，而文本問題是與作者問題相關的。不僅因爲作者的生活年代大致決定了文本寫作的時間，而且確定的作者身份還能發現史籍中相關的思想資料，從而給文本的解讀提供有價值的參照。因此，本書必須對這些問題提出自己的理解和回答。

在古代中國歷史上，東晉的法顯和初唐的玄奘，堅苦卓絕，九死一生，去印度"取經"，除了信仰的因素，也是爲了佛學經典文本的可靠性。中國人對於文本可靠性的追求可見一斑。這樣的事跡和精神，在迄今爲止的人類歷史上絕無僅有。

第一節　文本

《莊子》這部書是什麼時候出現的？作者是誰？在當今看來這些應是關於著作本身的基本信息，卻是古籍研究中的難題。

1. 版本

現在通行的《莊子》共三十三篇，七萬餘言，其中內篇七篇，外篇十五篇，雜篇十一篇。這個文本被學界基本認爲是西晉時期郭象整理編訂的。[①]但是，古籍中提及和引用《莊子》的時間，卻遠遠早於西晉。在戰國時期的文獻例如《荀子》《韓非子》《呂氏春秋》中，經常提到并引用《莊子》。其中《荀子》批評"莊子蔽于天而不知人"(《解蔽》)爲史上名言。《呂氏春秋》《韓非子》引用《莊子》二十九處。這個情況與《史記・老子韩非列傳》記述一致。可見《莊子》的文本在戰國中期以前流傳，是沒有問題的。

可以見到存世《莊子》的最早版本是出土簡牘。出土的《莊子》文獻迄今只有阜陽漢簡，内容有《逍遙遊》《人間世》《駢拇》《在宥》《徐無鬼》《外物》《讓王》《天下》等，除《外物》"宋元君夜半而夢"殘留故事片段外，其他大多僅存數字。[②]除簡牘外，《莊子》還有古鈔卷子本、唐寫本、敦煌卷子本、刻本等。[③]

---

① 郭象《莊子注》可能也涉及向秀的《莊子注》，但文獻資料有限，難以定論。

② 參見王叔岷"莊學管窺"，《莊子校詮》下册，臺灣中央研究院歷史語言研究所專刊之八十八，樂學書局，1999年版，第1441—1450頁。今人嚴林峰搜集多種關於《莊子》文獻，製作成電子版，可佐研習。

③ 高山寺鈔本有：《庚桑》《外物》《寓言》《讓王》《說劒》《漁父》《天下》，凡七卷。成疏本與此本多合，兼有成疏竄入舊抄本，疑爲舊抄本即成疏本。又因此鈔本大多與陸德明《經典釋文》所稱劉宋元嘉本合，推斷其來源爲元嘉本。此七卷爲最早《莊子》本。唐寫卷子本：日本東方文化學院藏，有《天運》《知北遊》。敦煌唐寫本：巴黎國立圖書館藏，有《逍遙遊》(殘)《大宗師》(殘)《刻意》《山木》(殘)《田子方》(存後半)《徐無鬼》(殘)《外物》(存後半)。倫敦博物館藏，有《胠篋》(殘)《天道》(殘)《達生》(缺二、三行)《外物》(存前半)。莫斯科亞細亞人民研究所藏，有《漁夫》(殘)。羅振玉貞松堂藏，有《田子方》(存前半)。參見王叔岷《莊子校詮・莊學管窺》。

2. 著錄與篇目

從《漢書》始，列代史書中“藝文志”、“經籍志”於《莊子》皆有著錄。但問題在於，戰國時期流傳的《莊子》文本是否就是現在的文本？根據史籍記載的情況來看，戰國流傳的《莊子》與後來的《莊子》文本存在不小的差異。《漢書·藝文志》錄《莊子》五十二篇。幾百年後的《隋書·經籍志》記載《莊子》篇目則非常複雜。其中有向秀注本二十卷，崔譔注本十篇，司馬彪注本十六卷，李頤注本三十卷，郭象注本三十卷，目一卷，又稱梁《七錄》錄郭象注本爲三十三卷。這裡不僅卷數不同，還有卷與篇之分。而《史記》稱《莊子》“其書十餘萬言”，比今郭象編訂本約多出三萬餘字。這個情況表明，到了西晉時期，流傳的《莊子》就與《漢書·藝文志》記載的《莊子》大不相同了。

現藏日本高山寺舊鈔卷子本《莊子》，《天下》篇，末有郭象《後語》，曰：“莊子閎才命世，誠多英文偉詞，正言若反。故一曲之士，不能暢其弘旨，而妄竄奇說。若《閼奕》《意脩》之首，《危言》《遊鳧》《子胥》之篇，凡諸巧雜，若此之類，十分有三。或牽之令近；或迂之令誕；或似《山海經》；或似《占夢書》；或出《淮南》；或辯形名。而參之高韻，龍蛇並御。且辟(辭)氣鄙背，竟無深奧，而徒難知，以困後蒙。令沉滯失乎流，豈所求莊子之意哉！故皆略而不存。”①《閼奕》《意脩》《危言》《遊鳧》《子胥》等篇皆不存於今

① 轉引自王叔岷《莊子校詮》，第1440頁。又略見《釋文·敘錄》，原文有脫誤，王叔岷補訂。

本《莊子》,可能都被郭象删略,由此可見當時《莊子》文本之雜。《莊子》在西晉以前篇章與文字的差異,造成今人關於《莊子》文本的無休止爭議。

出現這種情況,主要是古書的流傳是“别本單行”,即“古人著書,本無專集,往往隨作數篇,即以行世。傳其學者各以所得,爲題書名。”①而一些文人假託爲聖賢代言,把自己的著述摻雜到流傳名著之中,也是造成真僞混雜、真假難辨的一個原因。

3. 内、外、雜篇與真僞問題

現傳本《莊子》分内篇、外篇、雜篇。從蘇軾《莊子祠堂記》對《莊子》文本的真僞提出疑問之後,這個問題成爲《莊子》研究古今聚訟的焦點之一。所有現存材料都難以斷定今本《莊子》文本的真僞。一般認爲,現存《莊子》一書的作者应该是多人,莊子或莊周,衹是《莊子》作者之一。郭象編訂《莊子》對流傳的文本進行了删减,并把《莊子》分爲内、外、雜篇,實質上也是對於《莊子》文本的真僞表達了自己的意見。今日學界的主要看法是,内篇基本代表莊子本人思想,外、雜篇中的思想比較復雜,有些是莊子後學的作品,還有其他學派包括儒家的作品。當然,這個看法不是定論。②因爲《史記》所述莊子著作爲《漁父》《盜跖》《胠篋》等

① 余嘉錫:《目録學發微》,中國人民大學出版社,2005年版,第211頁。

② 劉笑敢《莊子哲學及其演變》對此作出新的論證,韓林合《虚己以游世——〈莊子〉哲學研究》(商務印書館,2014年版)則對此觀念進行了反證。此二說代表了這一討論的最新進展。

篇，皆在外、雜篇之中。故王叔岷說：“大抵内篇較可信，而未必盡可信。外、雜篇較可疑，而未必盡可疑。即一篇之中，亦往往真僞雜糅。”[①]持論較爲公允。馮友蘭也說：“我認爲，研究莊周哲學，應該打破郭象本内、外、雜篇的分別，以《逍遥遊》和《齊物論》爲主要線索，參考其他各篇，以期對莊周的主觀唯心主義哲學思想有全面的認識……”[②]因此，外、雜篇不能完全忽略，内篇也不是字字珠璣，都需要具體分析。即使像《天下》篇，雖然公認爲非莊子本人所作，但其中有些文字與《莊子》的核心思想也是一致的。

此外，《莊子》中的篇名一般認爲是漢人所加。尤其是内篇篇名皆爲三個字，整齊劃一。而漢代名著《淮南子》的篇名亦復如此，如“天文訓”、“精神訓”、“本經訓”等。有人認爲，分内、外、雜篇也是漢人所爲。因爲《老子》《孟子》有上下篇，《管子·心術》分上下篇，沒有内、外篇。而《抱樸子》有内、外篇。這些説法衹能存疑，僅供參考。

《莊子》文本的複雜情況，目前仍然沒有確鑿的證據將此一一清理。但是，現存全部《莊子》文本中卻藴含一個完整的哲學體系，具有内在的完滿自足性，正如一塊頑石之中裹藏一塊璞玉一樣。因此，我認爲整部《莊子》仍可看作一個整體，内篇可爲《莊子》基本思想，外、雜篇中也有与内篇思想相一致的篇章，例如《秋水》《知北遊》等，包括文字風格亦頗相近。

① 王叔岷：《莊學管闚》，见《莊子校詮》下册第1438頁。

② 馮友蘭：《中國哲學史新編》第二卷，人民出版社，1984年版，第111頁。

第二節　作者

較爲完整論及《莊子》作者，最早是《史記·老子韩非列傳》：

莊子者，蒙人也，名周，甞爲蒙漆園吏，與梁惠王齊宣王同時。其學無所不窺。然其本歸於《老子》之言。故其書十餘萬言，大抵率寓言也。作《漁父》《盜跖》《胠篋》，以詆訾孔子之徒，以明《老子》之術。……楚威王聞莊周賢，使使厚幣迎之，許以爲相，莊周笑謂楚使曰："千金，重利也；卿相，尊位也。子獨不見郊祭之犧牛乎？養食之數歲，衣以文繡，以入太廟。當是之時，雖欲爲孤豚，其可得乎？子亟去，無污我。我寧遊戲污瀆之中以自快，無爲有國者所羈。"①

蒙在春秋時屬於宋國，故《漢書·藝文志》稱《莊子》作者"名周，宋人"。《史記》關於楚王聘請莊周爲相的說法，《莊子》中《秋水》《列御寇》有大致相同的記述：

莊子釣於濮水。楚王使大夫二人往先焉，曰："願以竟内累矣！"莊子持竿不顧，曰："吾聞楚有神龜，死已三千歲矣，王巾笥而藏之廟堂之上。此龜者，寧其死爲留骨而貴乎？寧

① 司馬談《論六家要旨》述及道家，沒有談及老子、莊子本人。

其生而曳尾於塗中乎?"二大夫曰:"寧生而曳尾塗中。"莊子曰:"往矣!吾將曳尾於塗中。"(《秋水》)

或聘於莊子。莊子應其使曰:"子見夫犧牛乎?衣以文繡,食以芻菽,及其牽而入於太廟,雖欲爲孤犢,其可得乎!"(《列御寇》)

"竟"同"境"。楚使之言意即請莊周爲相,爲國家事務受累。"曳尾於塗中"指在污泥中嬉戲之豬,即上文之"孤豚"。"芻菽"爲草和大豆。在莊子看來,相對於生命來說,一切高官厚祿、名譽地位都是次要的。這些外在東西常常是以付出自由、甚至生命爲代價的。只要活著,即使像豬一樣在淤泥中快活,也比錦衣玉食然後獻祭強上百倍。這個故事對於我們理解《莊子》可謂至關重要。首先,故事的主人即是莊子本人;其次,故事表達的思想與《莊子》的主要思想是吻合的。

《莊子》中有幾則關於莊周事跡的記載,但不可考,一般都認爲是寓言性質,不能認作史料。僅錄如下,作爲參考:

惠子相梁。莊子往見之。或謂惠子曰:"莊子來,欲代子相。"於是惠子恐,搜於國中三日三夜。莊子往見之,曰:"南方有鳥,其名爲鵷鶵,子知之乎?夫鵷鶵,發於南海而飛於北海,非梧桐不止,非練實不食,非醴泉不飲。於是鴟得腐鼠,鵷鶵過之,仰而視之曰:'嚇!'今子欲以子之梁國而嚇我邪?"(《秋水》)

莊子妻死,惠子弔之,莊子則方箕踞鼓盆而歌。惠子曰:

“與人居，長子老身，死不哭亦足矣，又鼓盆而歌，不亦甚乎！”莊子曰：“不然。是其始死也，我獨何能无槩然！察其始而本无生，非徒无生也而本无形，非徒无形也而本无氣。雜乎芒芴之間，變而有氣，氣變而有形，形變而有生，今又變而之死，是相與爲春秋冬夏四時行也。人且偃然寢於巨室，而我嗷嗷然隨而哭之，自以爲不通乎命，故止也。”（《至樂》）

莊子衣大布而補之，正緳係履而過魏王。魏王曰：“何先生之憊邪？”莊子曰：“貧也，非憊也。士有道德不能行，憊也；衣弊履穿，貧也，非憊也；此所謂非遭時也。王獨不見夫騰猿乎？其得柟梓豫章也，攬蔓其枝而王長其間，雖羿、蓬蒙不能眄睨也。及其得柘棘枳枸之間也，危行側視，震動悼慄；此筋骨非有加急而不柔也，處勢不便，未足以逞其能也。今處昏上亂相之間，而欲无憊，奚可得邪？此比干之見剖心徵也夫！”（《山木》）

莊周家貧，故往貸粟於監河侯。監河侯曰：“諾。我將得邑金，將貸子三百金，可乎？”莊周忿然作色曰：“周昨來，有中道而呼者。周顧視車轍中，有鮒魚焉。周問之曰：‘鮒魚來！子何爲者邪？’對曰：‘我，東海之波臣也。君豈有斗升之水而活我哉？’周曰：‘諾。我且南遊吳越之王，激西江之水而迎子，可乎？’鮒魚忿然作色曰：‘吾失我常與，我无所處，吾得斗升之水然活耳，君乃言此，曾不如早索我於枯魚之肆！’”（《外物》）

莊子將死，弟子欲厚葬之。莊子曰：“吾以天地爲棺槨，以日月爲連璧，星辰爲珠璣，萬物爲齎送。吾葬具豈不備邪？何

以加此！”弟子曰：“吾恐烏鳶之食夫子也。”莊子曰：“在上爲烏鳶食，在下爲螻蟻食，奪彼與此，何其偏也！”（《列御寇》）

上述所有材料描述的莊子，具有大致統一的人格特征，即莊子本人志趣高遠，談鋒機智，超凡脱俗。除此之外，在史籍中未見《莊子》作者的有價值資料。錢穆根據這些材料，對《莊子》作者莊周大致生活年代作出推斷："生年當在周顯王元年十年間，若以得壽八十計，則其卒在周赧王二十六至三十六年間也。"①按照西曆，莊周生卒年當是大約公元前368至前278年之間。其他一些學者推定莊周的生活年代與此相差不多。按照學界這一基本共識，我們知道莊子生活的年代正是戰國時代中晚期。

戰國時期的歷史特征就是“戰國”，即諸侯爭霸，戰亂慘烈，民生於水火之中。此前的春秋時期，雖然諸侯征討亦是戰爭頻發，但是，戰爭帶有競技的性質，佈陣、交戰都有一定的程式和原則，例如不設險以詐取勝，不俘虜頭髮斑白的老者，等等。因此，宋襄公在敵軍渡河的時候不出擊，就是體現了春秋時貴族式戰爭的遺風。戰國時期的戰爭性質和手段發生了根本變化，變成了一種野蠻殘酷的大撕殺。各諸侯國爲了在群雄絕殺中生存，對内進行改革，廣攬人才，禮賢下士；對外合縱連橫，蠶食鯨吞他人國土。而各國改革的主要内容就是獎勵耕戰。商鞅在秦國改革的首要之事就是“令民爲什伍”，把全國變成一個軍事組織。作戰勇敢的軍士，可以

① 錢穆：《先秦諸子繫年》，商務印書館，2001年版，第312頁。王叔岷認爲莊周生卒年大約是公元前368—前288年。見王叔岷：《莊子校詮》，第1426頁。

由平民直接遷升爲公卿貴族。此時戰爭的手段已經很先進，戰爭的規模也非常大。例如，公元前293年，秦將白起破韓、魏聯軍于伊闕，斬首二十四萬。公元前260年著名的長平之役，白起大破趙軍，一次就坑降卒四十萬。據統計，秦統一時全國人口約兩千萬。按照這個數字，儘長平之役坑殺之人約占七國總人口的五十分之一，占趙國總人口約九分之一，而且全部是青壯年男子！趙國青年男人大概所剩無幾。故孟子所言“爭地以戰，殺人盈野；爭城以戰，殺人盈城”（《離婁上》），當是彼時社會生活的真實寫照。設身處地想象，人們在這樣大規模殺戮司空見慣的社會中生活、生存，該是如何艱難！

目睹如此血腥、空前的屠殺，大思想家們都在尋求解決社會現實問題的方案、辦法。孟子遊説各國諸侯，反對征戰，提出“王道”和“仁政”主張，以及“民爲貴、社稷次之，君爲輕”的民本思想，以達到消除戰爭和殺戮的目的。而莊子則要求人們回避矛盾，謹慎處世，以苟全性命於亂世。可以説，孟子與莊子的關注點相同，衹是從不同方向提出了解決那個時代問題的不同方案。孟子遊説的對象是國君，是掌握生殺予奪大權的統治者，應該説孟子的態度是積極的；而莊子關注的焦點，則是普通人怎樣能在亂世中苟全性命。與孟子相比，莊子的態度是退守的。了解這個根本指向，我們就抓住了理解《莊子》哲學的“心靈辭典”，[①]對於完整、全面理解《莊子》極爲重要。

① “心靈辭典”原是18世紀意大利思想家維柯在其代表作《新科學》中提出的。具體含義可參看拙著《新編西方美學史》（商務印書館，2004年版）第九章維柯一節。此處從略。

從以上所述可以看出《莊子》的文本和作者之大貌。概而言之,"莊子"與"《莊子》"不完全相同。現存《莊子》一書的作者是多人,已是定論,而莊子則一般專指莊周。然而,現存文本證明,在全部《莊子》作者中,必有一人是偉大的文學家、思想家、哲學家。大文學家卓然而獨特之風格爲一般舞文弄墨者不可模仿,大思想家的精湛思想創造爲凡夫俗子不可企及,大哲學家理論體系中的邏輯和思想深度,平庸之輩則更是難以望其項背。同時具備大文學家、大思想家、大哲學家稱號的偉大人物,在人類歷史上極爲罕見。人們已知的古希臘柏拉圖,在哲學、思想和文學三個方面抵達人類文化史之巔峰。而我認爲,《莊子》文本中的這位作者完全可以與之匹敵。我把這位作者視作《莊子》的真正作者,并按照兩千年來傳統慣例,名之以莊周。

基於此,本書依據一個哲學思想體系的内在邏輯,而不是拘泥於個别孤立的字詞訓釋、考證,以全部《莊子》文本爲對象,論證《莊子》的哲學理論。立足於這個内在標準和邏輯,筆者從文學、思想和哲學三方維度進行考論,凡與《莊子》哲學體系、思想深度以及文學風格不一致的文字,都被認爲不屬於莊周本人之作,而是頂禮膜拜或濫竽充數藉機出名之其他各色人等所爲,故本書一概忽略不論。而本書書名以及以下章節行文中所云《莊子》,亦即意指代表莊周思想的文本。雖然這樣的取捨標準有武斷之嫌,但作者以爲,思想和邏輯是哲學研究最可靠的支點,因此本書之立論仍然具有理論合法性的邏輯基礎。

此外,從文本的流傳史和思想的接受史來説,本書的這一立論原則也同樣受到相同歷史案例的支持。例如，儘管清代以閻若璩爲代表的學者，以確鑿的證據證明《古文尚書》是魏晉人的僞造，但是，《古文尚書》在魏晉至清代一千多年期間發生的影響卻不可磨滅。尤其是《大禹謨》中的"人心惟危，道心惟微，惟精惟一，允執厥中"，被宋明理學家稱爲"十六字心傳"，是宋儒思想和理論的關鍵詞之一。因此，即使從文獻學的角度我們應該把《僞古文尚書》與《今文尚書》區別開來，但是，從思想史和哲學史的角度來說，我們是不能把二者嚴格分開甚至對立的。與《尚書》的情況相比，迄今爲止的所有文字，還無法確證現存《莊子》文本中哪些不屬於莊周的作品。而自郭象編訂《莊子》以來，這個《莊子》文本作爲一個整體，從西晉一直到今天流行了近兩千年，對於中國的學術、思想產生了巨大而深刻的影響。在進行《莊子》哲學研究的時候，我們有什麼理由將其中某些篇目強行剝離出《莊子》，對《莊子》作人爲的分離、切割呢？

還要說明的是，前輩學者的《莊子》研究自然惠及後來者。人們只能在前人的肩膀上創造未來，衹能在前人走過的軌跡盡頭開闢新的道路。本書作者同樣如此。因此，我就不再一一註明相關學者的研究成果。不過，雖然本書對於《莊子》某些思想的解釋與很多學者無異，但是，由於整體的視角不同，這些局部的解釋就有了全新的意義。此外，爲了盡量保持文本原初完整意義，引文基本不做刪節，雖然略嫌繁瑣，但卻展示出一種意義的張力，同時亦避免尋章摘句、斷章取義之嫌。

第二章　形上學——道的學說

Metaphysics一詞來源於古希臘哲學家亞里士多德一部著作的名稱。這本書稿編在他的《物理學》之後，"meta"有"之後"的意思。在這部著作中，亞里士多德討論了"實體"、"屬性"、"存在"等問題。[①]實體不是指某一事物或某個人的物理性對象存在，也不是專指一種思想或觀念的存在，而是包括宇宙、人類、思想觀念等萬事萬物的本原性、真理性存在。這些問題當然不在物理學的範圍之内。這樣的話題與中國魏晉名士的"玄談"意指頗近。《易傳·繫辭上》曰："形而上者謂之道，形而下者謂之器"。故此後來人們把"metaphysics"譯爲"形上學"或"形而上學"。可見形上學亦可謂之"道學"或"玄學"。這與《老子》和《莊子》關於道的學說在名稱上也有明確的對接。在19世紀以前，西方哲學中的metaphysics與philosophy兩個詞之間常常混用。今日學界則將形上學作爲哲學的一個分支，如同知識論、倫理學、美學等一樣。

形上學爲什麽要討論實體、屬性、存在的問題？哲學由此闡發的思想和意指是什麽？

---

① 存在的英文是being，源自希臘文 τὸ ὄν，學界對於這個問題有廣汎的討論。有人將being翻譯成"是者"。參見趙敦華：《回到思想的本原——中西哲學與馬克思哲學的對話》中"在西方哲學文本的語境中理解Being的意義"一章(北京師範大學出版社，2006年版)。

哲學學科與一般學科具有根本的不同就在於，一般學科都有確定的、具體的研究對象，而哲學研究的對象首先不是具體的，因此也就不能像具體事物那樣被確定。例如物理學研究物體的運動規律，經濟學研究經濟的運行規律，語言學研究語言的現象及其規律，醫學、農學、軍事學、政治學、歷史學等等都如此。文學藝術理論也以文學藝術作品、文學藝術家的活動爲研究對象。哲學的研究對象則難以用具體事物界定。哲學的這個特點及其理由因此也成爲諸多哲學家討論的話題。

當代中國哲學家葉秀山先生認爲，哲學研究的是所有事物的“根”和“底”。世間所有的事物都有具體的學問進行研究，然而事物的“根”和“底”則超越了這些具體學問研究的範圍。譬如，我們在知道公斤、噸、克、毫克之前就知道輕和重，在知道米、尺、英尺之前就知道長和短、高和矮，在知道如何測量物體體積之前就知道大和小，在知道精確的距離之前就知道遠和近，等等。就是說在我們一般的概念知識以外，還有一些更加本原和基礎的認識範疇。除此之外，還有一些其他學科無法研究的問題，例如，一個超越我們感官把握的無邊無際的事物，無論大小我們叫做“無限”，自然數1、2、3、4……N+1也是“無限”。而宇宙是有限的還是無限的，大約還沒有定論。一個物質事物的存在可以分爲分子、原子、原子核——電子、中子和質子……，這裡也存在是否無限可分的問題。關於有限、無限的證明，基本超出了具體科學的研究界限，那麼如何證明？在具體的知識中，我們用“水果”來指稱一類可以食用的、容易腐爛的、含水分較多的植物果實，用“工具”來指稱一類能夠幫助人類進行生產活動的器物，等等，但是，我們用什麼來指稱宇宙間包括人類的所有的事物呢？有人用“全有”、“一”、“無”等來作爲指稱宇宙萬物的總稱。這些“根”和“底”、“有限”、“無限”、“大全”的概念應該就是哲學研究的對象。因此，哲學史上有了“理念”、“太一”、“努斯”、“道”、“無”、“一”等概念，也是描述這些“根”和“底”的各種稱謂。亞里斯多德的《形而上學》研究的實體、屬性和存在等，就是屬於這些“根”和“底”的意涵，開創了這個學科的先河。

哲學家們討論這些一般經驗知識範疇之外的東西所建構的理論體系，就是一般所謂的哲學形上學或本體論。這些“根”和“底”不僅是一些具體事物的實體性基礎和依托，也是這些事物的本原。20世紀西方哲學家的討論也延續這個路向，衹不過理論更爲精緻。胡塞爾(E.Husserl 1859—1938年)稱這些“根”和“底”作“現象學剩餘”，海德格爾(M.Heidegger 1889—1976年)把對於這些原初的、本原性的關於世界經驗的討論，稱爲基本本體論。[①]而《莊子》討論的“道”的學說，就屬於哲學的形上學。相對而言，《莊子》的形上學大約相當於古希臘自然哲學階段。

《莊子》與《老子》歷來并列，爲道家的開創性經典。《莊子》與《老子》也被道教稱作《南華經》《道德經》，奉爲道教的奠基性經典。其根本緣由則在於它們關於道的理論。雖然中國的道家、道教的名稱與道相關，但是，關於道的思想卻不僅僅屬於道家、道教專有。著名的即有孔子所謂“朝聞道，夕死可矣”(《論語・里

① 葉秀山：《美的哲學》，東方出版社，1997年版，第3—5頁。我在課堂上親自聽到北大外哲所熊偉先生說：每一門學問都研究一種道理，哲學是討論所有這些道理的道理。

仁》)、“道不行，乘桴浮於海”(《論語·公冶長》)之說。《論語》論道100多處，《孟子》論道150多處，《墨子》論道160多處，後來的法家論道亦比比皆是。但是，比較而言，道家關於道的理論更加系統、完備。從根本的思想和觀念來說，道的學說是全部《莊子》的核心。

作爲道家的兩部最根本的經典，《莊子》與《老子》關於道的論述，在思想上難以簡單分割。本章將其進行對照研究，這樣使我們不僅能夠看到同中之異，也可以看到異中之同，發現令人驚異的新思想。

第一節　道爲何

1. 道之象

《莊子》對於道有一些具體描述：

淵淵乎其若海，魏魏乎其終則復始也，運量萬物而不(匱)【遺】。則君子之道，彼其外與！萬物皆往資焉而不匱，此其道與！(《知北遊》)

夫道，於大不終，於小不遺，故萬物備。廣廣乎其无不容也，淵乎其不可測也。(《天道》)

夫道，淵乎其居也，漻乎其清也。……蕩蕩乎！忽然出，

勃然動，而萬物從之乎！（《天地》）

“魏魏”同“巍巍”，形容巍峨之貌。“運量萬物而不(匱)【遺】”，意即支配運化萬物而不遺漏。“漻”是形容水幽深清澈之狀。《莊子》形容道爲“淵兮”、“魏魏乎”、“廣廣乎”、“漻乎”、“蕩蕩乎”。這些描述道的語言很奇特，有些與《老子》的語言類似：

道沖而用之或不盈，淵兮似萬物之宗。（四章）

視之不見名曰夷，聽之不聞名曰希，摶之不得名曰微。此三者不可致詰，故混而爲一。其上不皎，其下不昧，繩繩不可名，復歸於無物，是謂無狀之狀，無物之象。是爲恍惚。迎之不見其首，隨之不見其後。（十四章）

道之爲物，惟恍惟惚。惚兮恍兮，其中有象。恍兮惚兮，其中有物。窈兮冥兮，其中有精；其精甚真，其中有信。自古及今，其名不去，以閱眾甫。（二十一章）

有物混成，先天地生，寂兮寥兮，獨立不改，周行而不殆，可以爲天下母。吾不知其名，字之曰道，強爲之名曰大。（二十五章）

從上述引文發現，“淵”是《老子》與《莊子》形容道共同使用的詞彙，是它們描述道的意義相交之處。但是，仔細分析則會發現它們之間的巨大差異和不同。《老子》把道比作“沖”，“沖”即“盅”，意謂空虛。“夷”、“希”、“微”大意混沌，與“恍惚”意相近。可以說，“恍惚”是《老子》描述道的點睛之筆。“恍惚”爲渾沌之象，故很明顯，《老子》的“淵兮”指幽眇、幽深之意，與後文“窈兮冥兮”義近。①

《莊子》用“淵乎”、“廣廣乎”、“漻乎”、“蕩蕩乎”描述道，不見“恍惚”之說。如果說《知北遊》篇，《天道》篇引文中的“淵”字不能排除幽深、幽眇之意，那麼《天地》篇引文中的“漻乎”、“蕩蕩乎”則毫無疑問是關於水的性狀描述。可見，《莊子》所謂的道似乎有水的性狀。當然，《老子》說過：“水善利萬物而不爭，處眾人之所惡，故幾于道。”（八章）但是，這裡是用水喻道，就像《老子》也用“天之道，其猶張弓歟”（七十七章）、“譬道之在天下，猶川谷之於江海”（八十一章）比喻道一樣。水“幾于道”確切表明水不是道。在全部《老子》中沒有發現任何關於道的水的性狀描繪之詞。這是《莊子》與《老子》關於道的思想的一個重大差異。

道與水有關聯，讓我們不免有很多聯想和推測。出土的郭店楚簡是戰國時期的思想資料，其中《太一生水》的宇宙模式由“天——地——水”構成。而水是次一級的太一。“太一生水”，再生天，再生地。在《太一生水》的理論建構中，水比天、地更爲本原。

在古代希臘，被譽爲西方第一個哲學家的泰勒斯說：“萬物的本原是水。”這是西方人對世界認識的第一次哲學表述。在古羅馬晚期，哲學家普洛丁(Plotinus 204—270年)建構的哲學宇宙論體系是：宇宙萬物的本原是“太一”，從“太一”中流溢出“世界大法”，

① 有人因此推測《老子》的道與月神崇拜有關。見王博：《老子思想的史官特色》第五章，台灣文津出版社，1993年版。

從“世界大法”中流溢出“精神”，從“精神”中再流溢出千千萬萬的個體事物。“流溢”也是水的性狀。

現代科學發現，有水才會有生命。地球上的萬物都是從水中演化出來的。宇宙中有水的星體可能會有生命。而且，人類的早期文明都與水有關。兩河文明、埃及文明、希臘文明，以至華夏民族的黃河文明，皆是沿河流、海洋而誕生的。

當然，《莊子》認爲的道肯定不能簡單地等同於水，只是具有某些水的性狀。

2. 道之用

《莊子》認爲，道是宇宙萬物的本原，這是《莊子》的宇宙創生論。創生萬物是道的首要功能，也是《莊子》道的學說首義要義。《莊子》的宇宙創生論與《老子》的學說亦可謂同中有異。《老子》如此說：

> 道生一，一生二，二生三，三生萬物。（四十二章）

《老子》用道生“一”、“二”、“三”來描述道創生萬物的階段和過程。關於“一”、“二”、“三”有很多解釋。漢儒用《易傳》“太極生兩儀，兩儀生四象，四象生八卦”來指代此處“一”、“二”、“三”。清代王夫之認爲，“一”是氣，“二”是氣加陰、陽，“三”是陰陽重複一體。[①]但所有這些解釋都不是清晰的邏輯論證，屬於猜測的性質。因爲《老子》的説法高度抽象，差不多成爲一個與具體事物無關的數學命題，其解釋空間近於無限，給理解帶來巨大困難。

《莊子》描述道創生萬物的過程，與《老子》説法顯然有很多不同：

> 夫道，有情有信，无爲无形；可傳而不可受，可得而不可見；自本自根，未有天地，自古以固存；神鬼神帝，生天生地；在太極之先而不爲高，在六極之下而不爲深，先天地生而不爲久，長於上古而不爲老。（《大宗師》）

“情”意爲情實。“自”爲動詞，意思是道本身就是“本”和“根”。“神”同“生”，道生“鬼”生“帝”，與“生天生地”一義。故這裡説道“自本自根”、“生天生地”、“在太極之先”、“在六極之下”、“神鬼神帝”，所指具體明確，不難理解。《知北遊》篇又説：

> 夫道，窅然難言哉！將爲汝言其崖略。夫昭昭生於冥冥，有倫生於无形，精神生於道，形本生於精，而萬物以形相生，故九竅者胎生，八竅者卵生。其來无迹，其往无崖，无門无房，四達之皇皇也。……天不得不高，地不得不廣，日月不得不行，

① 見王夫之：《老子衍 莊子通 莊子解》，中華書局，2009年版，第23—24頁。

萬物不得不昌，此其道與！①

“窅”意謂杳冥，“崖略”意即大概、大略。“昭昭”爲可見自明之物，“冥冥”爲不可見之物。“倫”意謂倫序、秩序。此幾句文字大意是：可見者生於不可見者，有倫序之事生於無形之太初，精氣神魂生於道。《莊子》描述道與萬物的分際和關聯，從可見到不可見，從有形到無形，從精神到道，由感知到思維，極具概括力和邏輯性。下文“九竅”者指人和獸，是胎生；“八竅”者指禽、魚，爲卵生；“萬物以形相生”意思是，具體可感知的事物之出生繁衍，無論胎生、卵生，都是有形的。但所有的這些有形者最原初的來源是精氣。《莊子》的這些表述，展示了經驗世界生衍的類别和第次、層級，以及生命發展的階段性。比起《老子》的“一”、“二”、“三”這些極爲抽象的數字，《莊子》描述宇宙萬物的生成演化，既豐富，又符合經驗直觀，有知識特征。當然，從常識來説，《莊子》對於外界自然的認識還停留于直觀。天覆地載，日月運行，四時代序，山川河流，花草樹木，是先在的世界，人類與飛禽走獸魚蟲共存於其中。這一切都遵循一個自然的法則——道。

《老子》和《莊子》都認爲道是宇宙萬物發生的本原，但是，《老子》認爲道也是“物”：“道之爲物，惟恍惟惚。惚兮恍兮，其中有象。恍兮惚兮，其中有物。”（二十一章）而《莊子》則明確指出道非

① 此段文字本爲寓言，云孔子問道於老聃，老聃以師長口吻訓誡孔子要“齋戒，疏（瀹）而心，澡雪而精神，掊擊而知”，然後回答孔子道是什麼。很顯然，孔子向老聃問道之事爲子虛烏有，意在彰顯道家高於儒家之意。實際是這裡《莊子》借老聃之口，言説自己的宇宙創生論。《莊子》中類似表述手法很多。

物。《莊子》說：道創生萬物，是“物物者”，但“物物者非物”。道是非物質性的，因而不生不死，“殺生者不死，生生者不生”。(《齊物論》)這也是《莊子》與《老子》關於道的思想的重大差異，也可說具有本質的不同。因爲，原始宗教在解釋宇宙萬類起源時，基本上都用人格神作爲萬物的創始者和最高主宰。不管是希臘的宙斯、印度的濕婆，還是中國的盤古、女媧，都是如此。這些人格神都是有形之物。《老子》認爲道是一種物，應該帶有原始宗教的痕跡。而《莊子》明確界定道爲“非物”，與原始宗教做了清晰的切割，就是純粹的哲學表述了。

《老子》認爲道的德性是“萬物作焉而不辭，生而不有，爲而不恃，功成而弗居。”(二章)“辭”意即“始”。道創始萬物而不以此自居、自傲。因此，道本身就有至德：“生而不有，爲而不恃，長而不宰，是謂玄德。”(十章)而得道則爲德。故“道生之，德蓄之，物行之，勢成之。是以萬物莫不尊道而貴德。”(五十一章)《莊子》同樣也有關於“德”的論述：

> 泰初有无，无有无名；一之所起，有一而未形。物得以生，謂之德；未形者有分，且然无間，謂之命；留動而生物，物成生理，謂之形；形體保神，各有儀則，謂之性。性脩反德，德至同於初。(《天地》)
>
> 故形非道不生，生非德不明。(《天地》)

《莊子》在這裡是從另一個角度描述宇宙創生情狀。“泰初”是宇宙起始，“无”是宇宙初始之狀。“一”即道。“有一之起”即無萬物之狀。"有一而未形"即是萬物尚未形成,未有分際的混沌之時。"未形者有分,且然无間"意謂事物還不能清晰可辨。"留動"同"流動"。"形體保神,各有儀則"意爲,形體保守住精神,各有應有規則、法則。歸根結底,《莊子》認爲,天地、日月和萬事萬物都得道而生,故有德。而有德者才有命,有命者才有形,有形者才有神,有神者才有性。這個思想不僅與《老子》相近,而且還涉及"德"與"命"、"形"、"神"、"性"的關係。"德"也是連接道通萬物的橋樑。故萬物非道不生,生物非德不明理。

3. 道之隱

《老子》開篇說:"道可道,非常道。"《莊子》也說道是非常神秘的,不能通過一般的認識途徑認知,言語和思維都不能把握道:

> 知北遊於玄水之上,登隱弅之丘,而適遭无爲謂焉。知謂无爲謂曰:"予欲有問乎若:何思何慮則知道?何處何服則安道?何從何道則得道?"三問而无爲謂不荅也,非不荅,不知荅也。知不得問,反於白水之南,登狐闋之上,而睹狂屈焉。知以之言也問乎狂屈。狂屈曰:"唉!予知之,將語若。"中欲言而忘其所欲言。知不得問,反於帝宮,見黃帝而問焉。黃帝曰:"无思无慮始知道,无處无服始安道,无從无道始得道。"知問黃帝曰:"我與若知之,彼與彼不知也,其孰是邪?"黃帝曰:"彼无爲謂真是也,狂屈似之;我與汝終不近也。夫知者不言,言者不知,故聖人行不言之教。道不可致,德不可至。"

(《知北遊》)

此段文字意味深長。大意是，一個名叫“知”的人，北遊玄水，在名爲“隱弅”的山丘上，向一個名叫“无爲謂”的人問“何謂道”，“无爲謂”不回答。而黄帝告訴他：“无思无慮始知道，无處无服始安道，无從无道始得道。”并說：“夫知者不言，言者不知。”他既然說了道，那就不是道了。因爲“道不可致”。“致”意爲授予，其實就是不可以認知道。類似此類寓言故事《莊子》中很多。

當然，《莊子》也明確地說：

道不可聞，聞而非也；道不可見，見而非也；道不可言，言而非也。知形形之不形乎！道不當名。(《知北遊》)

道昭而不道，言辯而不及……(《齊物論》)

道物之極，言默不足以載；非言非默，議有所極。(《則陽》)

既然道是不能言說不可認知的，那麼道又有何意義？人們如何來把握、應對道？如果道超越了人類的任何認知能力，那麼，關於道的學說就是一個宗教或神秘主義的話題，無法成爲哲學討論的對象。而道家的理論就是言説道的理論。因此，無論老子還是莊子，都是力圖告訴人們，可以通過某種途徑了解道。《老子》認爲，由於道既不能明確地說，也不能用知識傳授，那麼，無知無爲是悟道的最好方式：“明道若昧，進道若退，夷道若纇。”(四十一章)反過來，如果用學習知識的方法來學道，則是南轅北轍：“爲學日益，爲道日損。損之又損，以至於無爲，無爲而無不爲。”（四十八章）同樣，《莊子》面對這個悖論，也是採用“非常道”的方式談論這個問題。不過《莊子》慣常的手法是用寓言。

> 黄帝遊乎赤水之北，登乎崐崘之丘而南望，還歸，遺其玄珠。使知索之而不得，使離朱索之而不得，使喫詬索之而不得也。乃使象罔，象罔得之。黄帝曰：“異哉！象罔乃可以得之乎？”（《天地》）

此寓言中人物、器物皆有象征之意。“玄珠”當是黄帝的至寶，象征道。“知”同“智”，智者無法得道。“離朱”即“離婁”，傳說中目力最佳者，眼亮爲明，故是聰明之人，也不能得道。“喫詬”是善於聲辯行動迅疾之人，亦不能得道。道最終爲“象罔”所得。“象罔”即渾沌之意。《莊子》認爲道是不可以用理性、思維、語言把握的，只有渾沌之中能夠得道。而《莊子》用寓言手法言說此意旨，或可謂自解其“連環”，達到一種邏輯的自足。

第二節　道與自然

道創始宇宙萬物，可謂萬物之源。那麼，道與具體的萬物之間除了創生關係，是否還有其他關係？質言之，道是否也是萬物所遵循的規律？《老子》很明確地回答了這個問題：

人法地,地法天,天法道,道法自然。(二十五章)

從字面解釋這句話,《老子》認爲天、地、人都效法、遵從道,而道則效法、遵從自然。但是,這個解釋意味著自然是比道更高的本原或本體,因此這個解釋不符合《老子》關於的道的完整思想。於是,通常是把"道法自然"解釋成"道即自然"。雖然這種解釋有很強的主觀性和强制性,甚至丟失和閹割了這句話的部分思想,但卻能夠串通《老子》道的學說的統一性。《老子》中確有很多地方把道與自然連接起來,道似乎具有自然、無爲的性質。例如:

萬物作焉而不辭,生而不有,爲而不恃,功成而弗居。(二章)

天之道,利而不害。聖人之道,爲而不爭。(十六章)

道常無名,樸雖小,天下莫能臣也。侯王若能守之,萬物將自賓。(三十三章)

道常無爲而無不爲。侯王若能守之,萬物將自化。(三十七章)

譬道之在天下,猶川谷之於江海。(八十一章)

"辭"解爲"始",道創始萬物而不以此自居、自傲。因此,道本身就有至德:"生而不有,爲而不恃,長而不宰,是謂玄德。"(十章)"樸"亦指道。同時,《老子》從天道自然伸展到治道無爲,用道把哲學宇宙論與政治哲學勾連起來。

《莊子》也認爲,天地萬物之中,有一個總的規律、道理:

天地雖大，其化均也；萬物雖多，其治一也……（《天地》）

"化"即化育，"治"意即治理、得理。《莊子》認爲道主宰一切，"無不將也，無不迎也；無不毁也，無不成也"（《大宗師》）。"將"意即送，與"迎"相對。世間萬物的最高統御就是道。但是，《莊子》也常把道與自然聯繫起來。《天運》篇是以提問的方式開端的：

天其運乎？地其處乎？日月其爭於所乎？孰主張是？孰維綱是？孰居无事推而行是？意者其有機緘而不得已邪？意者其運轉而不能自止邪？雲者爲雨乎？雨者为雲乎？孰（隆）【降】施是？孰居无事淫樂而勸是？風起北方，一西一東，（有）【在】上彷徨，孰嘘吸是？孰居无事而披拂是？敢問何故？"巫咸袑曰："來！吾語女。天有六極五常，帝王順之則治，逆之則凶。九洛之事，治成德備，監照下土，天下（載）【戴】之，此謂上皇。

天在運行嗎？地在安處嗎？日月相爭於其處所嗎？誰主張、維繫這個秩序？風雲雨露，吐納呼吸，是誰在掌控？《莊子》的回答：是天之"六極五常"，意即是自然運行掌控宇宙萬物。[①]文中"是"爲代詞，即如此。"維綱"意即維持綱紀。"推而行"應爲"而推

① "六極五常"原指《尚書·洪範》之"五福六極"。《尚書·洪範》："五福：一曰壽，二曰富，三曰康寧，四曰攸好德，五曰考終命。六極：一曰凶短折，二曰疾，三曰憂，四曰貧，五曰惡，六曰弱。"

行”。“機緘”意爲關閉。“勸”意爲勸助。“彷徨”意即“翱翔”。“噓吸”即吐納。“披拂”意爲扇動。“巫咸祒”傳説爲殷代宰相,又傳爲古代著名占星家。“女”同“汝”。“九洛”傳説是上古書《九疇》《洛書》。“載”應爲“戴”,意謂擁戴。“上皇”指伏羲。可以看出,《莊子》認爲天道與自然是難以分割的,而且《莊子》描述道的自然無爲也有經驗的論證。與《老子》一樣,《莊子》也把道從外在自然運行伸展到社會治理,把天道與帝王治道聯成一體。除了以上引文,《莊子》中類似文字還有很多:

六合爲巨,未離其内,秋豪爲小,待之成體。天下莫不沈浮,終身不故;陰陽四時運行,各得其序。惛然若亡而存,油然不形而神,萬物畜而不知。此之謂本根。(《知北遊》)。

道无終始,物有死生,不恃其成;一虚一滿,不位乎其形。年不可舉,時不可止;消息盈虚,終則有始。是所以語大義之方,論萬物之理也。物之生也,若聚若馳,无動而不變,无時而不移。何爲乎?何不爲乎?夫固將自化。(《秋水》)

天道運而无所積,故萬物成;帝道運而无所積,故天下歸;聖道運而无所積,故海内服。明於天,通於聖,六通四辟於帝王之德者,其自爲也,昧然无不静者矣。(《天道》)

以道觀言而天下之君正,以道觀分而君臣之義明,以道觀能而天下之官治,以道汎觀而萬物之應備。故通於天地者,德也;行於萬物者,道也;上治人者,事也;能有所藝者,技也。技兼於事,事兼於義,義兼於德,德兼於道,道兼於天。故曰,古之畜天下者,无欲而天下足,无爲而萬物化,淵静而百姓定。

(《天地》)

“六合”指上下四方。“秋豪”是秋天大雁的毫毛。“本根”就是本原。“積”意即停滯。“六通四辟”指上下四方和四季。正是由於道,宇宙萬物,無論大小、巨細,其生成、發展以及衰亡的運動,才有規律。而道就體現在自然規律之中。帝王聖治的奧秘,就在于他深諳其中的道。

而且,《莊子》認爲,“道行之而成”,是在事物的自然運動之中,“已而不知其然謂之道”(《齊物論》)。道又無所不在:

> 東郭子問於莊子曰:“所謂道,惡乎在?”莊子曰:“无所不在。”東郭子曰:“期而後可。”莊子曰:“在螻蟻。”曰:“何其下邪?”曰:“在稊稗。”曰:“何其愈下邪?”曰:“在瓦甓。”曰:“何其愈甚邪?”曰:“在屎溺。”東郭子不應。(《知北遊》)

“惡”(音wū)意即“何處”。道除了在我們認爲可觀的、好看的事物之中,也在“螻蟻”、“稊稗”、“瓦甓”这些不太可觀、好看的事物之中,甚至还在像“屎溺”这样骯髒的事物之中。並且,無論處於美好的還是醜陋骯髒的事物中,道與具體事物沒有交集、交際:“物物者與物無際,而物有際者,所謂物際者也”(《知北遊》)。“際”即邊界、關係之意。所以,道決定萬物的盈虛積散等變化,本身卻沒有變化。“彼爲盈虛非盈虛,彼爲衰殺非衰殺,彼爲本末非本末,彼爲積散非積散也。”(《知北遊》)在事物的千變萬化之中,道則始終如一:

舉莛與楹，厲與西施，恢詭譎怪，道通爲一。(《齊物論》)

“莛”是屋上的横樑，“楹”是屋柱，厲是醜女，西施是美女，可是從道的方面看，她(它)们都是一样的。

《莊子》把自然又稱爲“天”，把人爲之事稱爲“人”。自然與人爲之分，即所謂“天人之分”，是《莊子》一個極爲重要的思想：

北海若曰：“知道者必達於理，達於理者必明於權，明於權者不以物害己。至德者，火弗能熱，水弗能溺，寒暑弗能害，禽獸弗能賊。非謂其薄之也，言察乎安危，寧於禍福，謹於去就，莫之能害也。故曰，天在内，人在外，德在乎天。知天人之行，本乎天，位乎得；蹢(躅)而屈伸，反要而語極。”曰：“何謂天？何謂人？”北海若曰：“牛馬四足，是謂天；落馬首，穿牛鼻，是謂人。故曰，无以人滅天，无以故滅命，无以得殉名。謹守而勿失，是謂反其真。”(《秋水》)

“北海若”爲北海之神。與他對談的河伯是河神。“達”意即通達。“權”意即權衡、權變。“賊”意爲傷害。“薄”意爲迫近。“去就”意即取捨。“蹢(躅)”意即“躊躇”。“反要”意即返回本要。“極”指道，“語極”意爲言説本根。在《莊子》看來，原生態的牛馬是自然的，而被人役使的牛馬則是反自然的。可見《莊子》所謂自然，與本然、天然之意基本一致。故《莊子》對於人類違反自然馴馬服牛，有著切齒的憤怒：

馬，蹄可以踐霜雪，毛可以禦風寒，齕草飲水，翹(足)【尾】而陸，此馬之真性也。雖有義臺路寢，无所用之。及至伯樂，曰："我善治馬。"燒之，剔之，刻之，雒之，連之以羈馽，編之以皁棧，馬之死者十二三矣；飢之，渴之，馳之，驟之，整之，齊之，前有橛飾之患，而後有鞭筴之威，而馬之死者已過半矣。(《馬蹄》)

"齕"意即咬。"陸"同"踛"，意爲跳躍。"義臺"意即高臺。"路寢"意指寬敞的正室。伯樂爲古代善相馬者。"燒"意指燒鐵烙印。"剔"意指剪毛。"刻"意指削蹄。"雒"同"烙"。"羈"即馬勒。"馽"(音zhí)即絆、繮繩。"皁"即槽櫪。"棧"爲檽床，一種馬睡之床。"十二三"意爲十之二三。"驟"意爲疾馳。"整"意爲用銜轡約束。"齊"意爲用鑣轡約束。"橛"即馬銜口。"筴"爲"策"之異體字。《莊子》還説明，有些事如果違反自然，那就事與願違，適得其反：

昔者海鳥止於魯郊，魯侯御而觴之于廟，奏《九韶》以爲樂，具太牢以爲膳。鳥乃眩視憂悲，不敢食一臠，不敢飲一杯，三日而死。此以己養養鳥也，非以鳥養養鳥也。夫以鳥養養鳥者，宜栖之深林，遊之壇陸，浮之江湖，食之鰌(鮍)，隨行列而止，委蛇而處。彼唯人言之惡聞，奚以夫譊譊爲乎！《咸池》《九韶》之樂，張之洞庭之野，鳥聞之而飛，獸聞之而走，魚聞之而下入，人卒聞之，相與還而觀之。魚處水而生，人處

水而死，彼必相與異，其好惡故異也。(《至樂》)

“海鳥”注者認爲是傳說中之爰居，似鳳凰。陸德明《釋文》曰：“爰居，一名雜縣，舉頭高八尺。樊光注《爾雅》云：‘形似鳳凰。’”魯侯爲魯文公。“御”意即迎接。“觴”即宴飲。《九韶》傳説是帝堯時音樂。“具”意即準備、設置。“太牢”是祭祀的最高禮儀，必具豬牛羊三牲。“眩”意指目光搖盪。“臠”即肉。“己養”、“鳥養”意謂自己養生之法與養鳥之法。“壇陸”意即湖渚。“鰌”同“鰍”，泥鰌。“(鯈)”即小白魚。“行列”指鳥群飛隊列。“委蛇”即“逶迤”，意謂寬舒自得。“譊”意爲聒噪，喧鬧。“咸池”傳爲堯時樂。“張”猶“奏”。“人卒”即人衆。“還”即環繞。魯侯試圖以國君之生活方式養鳥，違背了海鳥的自然習性，導致海鳥三日而死。[①]

因此，《莊子》對於人爲之所有規矩、規則，一概反對：

> 陶者曰：“我善治埴，圓者中規，方者中矩。”匠人曰：“我善治木，曲者中鉤，直者應繩。”夫埴木之性，豈欲中規矩鉤繩哉？然且世世稱之曰：“伯樂善治馬而陶匠善治埴木。”此亦治天下者之過也。吾意善治天下者不然。彼民有常性，織而衣，耕而食，是謂同德；一而不黨，命曰天放。(《馬蹄》)

① 值得討論的是，人類將牛馬馴服，驅使它們拉車、耕地、打仗，卻並沒有帶來類似魯侯養鳥的災難。故西晉時郭象認爲：“牛馬不辭穿落者，天命之固當也。苟當乎天命，則雖寄之人事，而本在乎天也。”(《莊子注》)就是說，牛馬本來就有被穿鼻、絡首的天性。因此，穿牛鼻、絡馬首是符合自然的。郭象的註解爲《莊子》的自然學說洞開了另一個新的視域。這方面的話題亦非常豐富。

“陶者”即製陶工匠,“匠人”是木工。他們都按照製作的規則、規矩來製造器具。《莊子》認爲,他們與伯樂對於馬之殘害一樣,違反了自然本性。“黨”意爲偏頗,“命”同“名”,“天放”意即自然而然。這裡宣揚了一種徹底的自然主義理念。

應該強調的是,《莊子》關於自然的思想,與《老子》的自然思想也存在質的差異。《老子》所說的道或自然,不僅僅是一種本然、天然,也具有一種令人恐懼的力量:

> 天得一以清,地得一以寧,神得一以靈,谷得一以盈,萬物得一以生,侯王得一以爲天下貞。其致之,天無以清將恐裂,地無以寧將恐發,神無以靈將恐竭,萬物無以生將恐滅,侯王無以高貴將恐蹶。(三十九章)
>
> 天之道,不爭而善勝,不言而善應,不召而自來,坦然而善謀。天網恢恢,疏而不失。(三十七章)
>
> 天之道,其猶張弓歟?高者抑之,下者舉之;有餘者損之,不足者補之。(七十七章)
>
> 天地不仁,以萬物爲芻狗。(五章)

“一”即道。這裡更加表明,《老子》中存有較濃的原始宗教遺留。馮友蘭認爲《老子》與古代宗教的聯繫頗深,這是因爲“李耳爲楚人”。《漢書·地理志》曰:“楚有江漢川澤山林之饒,民……信巫鬼，重淫祀。”[①]而這些原始宗教思想在《莊子》中則基本消失。雖然《莊子》的道也是創生宇宙和萬物的本原，我們不可能像學知識那樣學道，但是，《莊子》衹是説明道是難以言説的，并沒有對於道渲染恐懼或畏懼的心理和神秘的色彩。這從下面的文字中也看得很清楚：

> 夫道，有情有信，无爲无形；可傳而不可受，可得而不可見；自本自根，未有天地，自古以固存；神鬼神帝，生天生地；在太極之先而不爲高，在六極之下而不爲深，先天地生而不爲久，長於上古而不爲老。（《大宗師》）

“神鬼神帝”、“自本自根”、“無爲無形”，説明道是最高本原，但不同於人格化的宗教造物主。

由尊重自然、尊重本性延伸開來，《莊子》告誡人們要尊重不同的生活習性、不同的文化：

① 馮友蘭：《中國哲學史》，中華書局，1992年版，上卷第217頁。《老子》的道有原始宗教的殘餘。《老子》作爲一本哲學著作是毫無疑問的。但是，《老子》的思想和觀念與上古原始文化之間，有一種很親緣的關係，帶有濃厚的原始神話宗教色彩。人類早期哲學所具有的直觀、樸素以及神秘的特點它都具有。它經常用一種神秘的體驗代替日常經驗描述和論證。《老子》的道具有一種超現實、甚至超想象力的力量，人力是無法與之抗爭的。因此，在《老子》中，對於道存在着一種敬畏甚至惶恐的心理。孔子也説過："獲罪於天，無所禱也。"（《論語·八佾》）"小人不知天命而不畏。"（《論語·季氏》）明顯表露出一種自然崇拜的原始宗教的色彩。先秦哲學中這種對於自然力的敬畏，在《荀子》的"制天命而用之"思想中才基本消失。

> 南海之帝爲儵，北海之帝爲忽，中央之帝爲渾沌。儵與忽時相與遇於渾沌之地，渾沌待之甚善。儵與忽謀報渾沌之德，曰："人皆有七竅以視聽食息，此獨无有，嘗試鑿之。"日鑿一竅，七日而渾沌死。

"儵"、"忽"、"渾沌"皆寓言人名。"儵"、"忽"有來去無蹤跡之意，"渾沌"即無形無知之狀。"報"意爲報答。"七竅"即五官。對於這則寓言，郭象注曰："爲者敗之。"成玄英疏曰："勖哉學者，幸勉之焉！"渾沌之死的寓言具有深刻含義，它告誡人們，如果只用自己的標準，來簡單、粗暴地對待、處理異己之人之事，不僅事與願違，還會出現意想不到的災難性後果。人類的論爭、械鬥甚至戰爭，大多根源於此。在各種宗教、文化以及價值觀激烈碰撞的當今世界，這個告誡值得我們警策、深思和記取。可以看出，《莊子》的道也具有某種歷史理性。

相比兩家道論，《老子》籠統粗略而《莊子》細緻明晰，《老子》神秘而《莊子》具有經驗可證的性質。從純粹哲學形上學的角度來說，《莊子》比《老子》有質的飛躍。

第三節　道與邏各斯

學界有關於中國哲學之"道"與西方哲學"邏各斯"（希臘文

λογος,英文譯爲logos)的討論。[1]中國古代的儒、道、墨、法諸家都認爲,道是宇宙萬物包括人類的運行法則,這與古希臘哲學家認爲邏各斯是宇宙萬物運行法則的解釋頗爲接近。因此,學者們也常常把"邏各斯"用漢語翻譯爲"道"。但是,我們不妨稍作深入分析,看看道與邏各斯之間究竟在何種程度上可以比較。限於本書主旨及内在結構,我們對於這個問題淺嘗即止。

古希臘哲學家赫拉克利特(Heraclitus 盛年約在公元前504—前501年)認爲,宇宙處於永不止息的變化之中,像一團活火:"這個世界,對於一切存在物都是一樣的,它不是任何神所創造的,也不是任何人所創造的;它過去、現在、未來永遠是一團永恆的活火,在一定的分寸上燃燒,在一定的分寸上熄滅。"[2]宇宙萬物都是由火變化而來的,而火遵循的這種變化之道就是邏各斯。邏各斯是宇宙萬類運行所遵循的法則,而且人們不能認知到:

> 這道(logos)雖然萬古長存,可是人們在聽到它之前,以及剛剛聽到它的時候,卻對它理解不了。一切都遵循著這個道,然而人們試圖像我告訴他們的那樣,對某些言語和行爲按本性一一加以分析,説出它們與道的關係時,卻立刻顯得毫無經驗。
>
> 因此應當遵從那個共同的東西。可是道雖然是大家共有的,多數人卻自以爲是地活著,好像有自己的見解似的。

---

① 張隆溪教授著有《道與邏各斯》(四川人民出版社,1998年版),可以參閲。

② 北京大學哲學系外國哲學史教研室編:《西方哲學原著選讀》上卷,商務印書館,1981年版,第21頁。

他們即便聽到了它，也不理解它，就像聾子似的。

對那片刻不離的道(logos)，對那支配一切的主宰，他們格格不入；對那每天都遇到的東西，他們顯得很生疏。

法律，也是服從那唯一者的意志。

有意味的是，赫拉克利特也稱邏各斯爲“一”：

那“一”，那唯一的智慧，既願意又不願意接受宙斯這一稱號。

如果你們不是聽我的話，而是聽了我的道(logos)，那麼，承認“一切是一”就是智慧的。

邏各斯也是強大有力不可抗拒的：

一個人怎能躲過那永遠不滅的東西呢？一切在地上爬的東西，都是被神的鞭子趕到牧場上去的。①

雖然《莊子》也認爲宇宙萬物處於不停的變化之中，在這一點上與赫拉克利特的思想有某種類似，但是，《莊子》的道與邏各斯不同的是：第一，赫拉克利特認爲宇宙萬物的本原是火，而《莊子》的道卻有水的性狀；其次，道可以“生天生地”生萬物，邏各斯沒有這

① 引文均見北京大學哲學系外國哲學史教研室編：《西方哲學原著選讀》上卷，商務印書館，1981年版，第22、23頁。

個功能；第三，道是獨立於外在世界存在，只有極少數人能夠體道，而赫拉克利特卻認爲："道(logos)爲靈魂所固有，是增長著的。"① 僅僅從以上我們對於《老子》《莊子》道論的論述就可以看出，道與邏各斯是不能完全等同的，甚至不能直接對應翻譯。

後來的西方哲學家把邏各斯解釋爲理性、根據、法則、規律等。中世紀的基督教哲學認爲，邏各斯是上帝賦予人類的，是人類認識上帝的手段。邏各斯同上帝的關係或天父之子與天父的關係，是公元325年尼西亞會議激烈爭論的話題。

不過，邏各斯還有一個意義，也是它的本義：言談。漢字"道"也有言說的意思。《老子》開篇就說："道可道，非常道"(一章)，後面兩個"道"都是指言說。邏各斯和道與言說的關係，本書在"語言哲學"章再論。

第四節　得道、體道者

《莊子》中有個寓言，對如何認知道或體道有一段討論。參與討論的人物有"泰清"、"无窮"、"无爲"、"无始"、"光曜"、"无有"。"泰清"意謂清虛者，"无窮"、"无爲"、"无始"、"光曜"、"无有"的含義很明顯。他們的對話如下：

於是泰清問乎无窮曰："子知道乎？"无窮曰："吾不知。"

① 引文均見北京大學哲學系外國哲學史教研室編：《西方哲學原著選讀》上卷，商務印書館，1981年版，第22、23頁。

又問乎无爲。无爲曰:“吾知道。”曰:“子之知道,亦有數乎?”曰:“有。”曰:“其數若何?”无爲曰:“吾知道之可以貴,可以賤,可以約,可以散,此吾所以知道之數也。”泰清以之言也問乎无始曰:“若是,則无窮之弗知與无爲之知,孰是而孰非乎?”无始曰:“不知深矣,知之淺矣;弗知内矣,知之外矣。”於是泰清中而歎曰:“弗知乃知乎!知乃不知乎!孰知不知之知?”无始曰:“道不可聞,聞而非也;道不可見,見而非也;道不可言,言而非也。知形形之不形乎!道不當名。”无始曰:“有問道而應之者,不知道也。雖問道者,亦未聞道。道无問,問无應。无問問之,是問窮也;无應應之,是无内也。以无内待問窮,若是者,外不觀乎宇宙,内不知乎大初,是以不過乎崐崘,不遊乎大虚。”光曜問乎无有曰:“夫子有乎?其无有乎?”光曜不得問,而孰視其狀貌,窅然空然,終日視之而不見,聽之而不聞,搏之而不得也。光曜曰:“至矣!其孰能至此乎!予能有无矣,而未能无无也;及爲无有矣,何從至此哉!”(《知北遊》)

“數”意謂說法。道是渾沌不可說的,“道不可言,言而非也”,故難以認知。然而,“无有”之象卻爲得道之狀:“窅然空然,終日視之而不見,聽之而不聞,搏之而不得也”。“窅”同“杳”,冥然之意。“搏”意即捫、撫。此處描述无有之狀,實爲昭示道。因此,光曜驚呼:“至矣!其孰能至此乎!”

可見,《莊子》以爲,道難以言說,但可以用特殊的方式言說。雖然芸芸衆生不能窺見道之毫末,但是,得道、體道者亦有人在,例如无窮、无有諸人。“夫體道也,天下之君子所系焉。今於道,秋毫之端萬分未得處一焉,而猶知藏其狂言而死,又况夫體道者乎!”(《知北遊》)那麼,何人能夠得道、體道?他們是什麼人?《莊子》中描述的得道體道者大體有三種。

第一種是能夠“無待”而逍遙者,即絕對的逍遙者。《逍遙遊》篇認爲,像大鵬鳥那樣,“背若泰山,翼若垂天之雲,摶扶搖羊角而上者九萬里,絕雲氣,負青天,然後圖南,且適南冥也”,不是絕對逍遙;而“知效一官,行比一鄉,德合一君而徵一國者”,“舉世而譽之而不加勸,舉世而非之而不加沮,定乎内外之分,辯乎榮辱之竟”的宋榮子,也不是絕對逍遙;甚至“御風而行,泠然善也,旬有五日而後反”的列子,仍然不是絕對逍遙。因爲,他們的行爲都有所“待”,即有所依賴。如列子依賴、憑藉的是風。絕對逍遙的是“無待”。只有那些“乘天地之正,而御六氣之辯,以遊無窮者”,這樣“獨與天地精神往來”才是絕對逍遙者,也是得道、體道者。這樣的得道體道者,在《大宗師》篇中有所述及:

> 狶韋氏得之,以挈天地;伏戲得之,以襲氣母;維斗得之,終古不忒;日月得之,終古不息;堪坏得之,以襲崐崘;馮夷得之,以遊大川;肩吾得之,以處大山;黄帝得之,以登雲天;顓頊得之,以處玄宫;禺強得之,立乎北極;西王母得之,坐乎少廣,莫知其始,莫知其終;彭祖得之,上及有虞,下及五伯;傅說得之,以相武丁,奄有天下,乘東維,騎箕尾,而比於列星。

狶韋氏、伏戲(伏羲)是傳說中上古帝王,“挈”同“契”,意即契合。

“襲”意爲進入。“氣母”意指元氣之母，亦指道。“維斗”即北斗。“忒”意即差錯。“堪坏”是神名，成玄英疏：“堪坏人面獸身，得道入崐崙山爲神也。”“馮夷”亦爲傳說得道之人，被天帝封爲河伯。“大川”指黄河。“肩吾”爲太山之神。“顓頊”爲五帝之一。“玄宮”即帝王居住之北方之宫。“禺強”是水神。“西王母”爲傳説中仙人。陸德明《釋文》：“《漢武内傳》云：‘西王母與上元夫人降帝，美容貌，神仙人也。’”“少廣”是西方山名。彭祖傳説有千年之壽。“有虞”即夏朝。“五伯”即五位夏商周歷史名人。“傅説”是著名殷代賢相。“武丁”是殷王高宗。傳説高宗夢得傅説。“奄”意爲覆蓋。“維”意即維度、方維。“東維”意即星漢之東。“箕”、“尾”爲二十八宿之一。傳傅説死後，其精神乘東維，託龍尾，爲列宿。今“尾”宿上有傅説星。這裡除了日月、星辰，得道者幾乎都是不食人間煙火的神仙，衹有傅説是殷代著名賢相，但也被神化了。可見這一類的得道體道者不是一般人，他們都屬於《莊子》所謂的“神人”、“至人”、“真人”、“聖人”。

何爲“神人”、“至人”、“真人”、“聖人”？《莊子》説：

至人神矣！大澤焚而不能熱，河漢沍而不能寒，疾雷破山【飄】風振海而不能驚。若然者，乘雲氣，騎日月，而遊乎四海之外。死生无變於己，而況利害之端乎！（《齊物論》）

至人潛行不窒，蹈火不熱，行乎萬物之上而不慄。（《達生》）

古之真人，不逆寡，不雄成，不謩士。若然者，過而弗悔，當而不自得也。若然者，登高不慄，入水不濡，入火不熱。是

知之能登假於道也若此。古之真人，其寢不夢，其覺无憂，其食不甘，其息深深。真人之息以踵，眾人之息以喉。(《大宗師》)

古之真人，不知説生，不知惡死；其出不訢，其入不距；翛然而往，翛然而來而已矣。不忘其所始，不求其所終；受而喜之，忘而復之，是之謂不以心捐道，不以人助天，是之謂真人。若然者，其心志，其容寂，其顙頯；淒然似秋，煖然似春，喜怒通四時，與物有宜而莫知其極。(《大宗師》)

眾人役役，聖人愚芚，參萬歲而一成純。(《齊物論》)

“沍”意即封凍。“潛行”意即潛在水底行走。“慄”即顫慄、懼怕。“逆寡”意爲忤逆少數。“雄成”意即以功成自雄。“謩士”即謀事，意爲不用心。“過而弗悔”意謂時運已過，無悔吝之心。“當”意謂把握到機遇。“濡”意即溼。“登假”即“登霞”，意指仙遊。“息”即呼吸。“踵”即腳跟。“説”同“悦”。“出”意即出生，與下文“入”相對。“訢”同“忻”，意爲開。下文“距”，意爲閉，與開相對。“翛然”意爲輕靈飄逸之貌。“往”意指死，下文“來”意指生，與此相對。“忘”爲“志”之誤。志與下文“求”對言，文義一律。“始”意指生。下文“終”意爲死，與此相對。“受”意即接受。“忘”同“亡”，即死亡。“復”意爲復本，復原。“忘而復之”意爲視死爲復歸。“捐”即捐棄。“心志”應爲“心忘”。“顙”爲額頭。“頯”形容樸厚之狀。“煖”同“暄”，溫暖之意。“宜”即適宜。“役役”爲辛勞狀。“愚芚”意爲混沌不知。“參”意爲參和。“萬歲”指古今世界，意指古今無數變異而言。“純”意即純粹不雜。

可見這些"真人"、"至人"、"神人"、"聖人"也絕不是世俗普通人。[①]後來道教中的"太上老君"、"太白金星"等神仙，其靈感來源即於此。據《史記·秦始皇本紀》載，方士盧生向秦始皇說："真人者，入水不濡，入火不熱，陵雲氣，與天地久長。"可見戰國時的方術也與《莊子》此說相通。

《莊子》中第二類得道體道者是渾沌無知者，即"墮肢體，黜聰明，離形去知，同於大通"的人，像南郭子綦、伯昏無人等。這些名稱的含義即有渾沌之意。成玄英疏曰："伯，長也。昏，黯也。德居物長，韜光若黯，洞忘物我，故曰伯昏無人。"《知北遊》篇中的莊子對問道的東郭子的回答，描述了這些人的境界：

> 嘗相與遊乎无何有之宮，同合而論，无所終窮乎！嘗相與无爲乎！澹而靜乎！漠而清乎！調而閒乎！寥已吾志，无往焉而不知其所至。去而來不知其所止，吾已往來焉而不知其所終；彷徨乎馮閎，大知入焉而不知其所窮。(《知北遊》)

"无何有"即子虛烏有，"同合而論"意謂同名異指，"調而閒乎"即調和閒逸，"寥"亦寂寥，"馮閎"意謂虛廓。這類人"與其譽堯而非桀也，不如兩忘而化其道。"(《大宗師》)從忘我、無心，可以上達到無的極致體驗。

① 雖然《大宗師》篇也提到古代聖賢，"若狐不偕、務光、伯夷、叔齊、箕子、胥餘、紀他、申徒狄，是役人之役，適人之適，而不自適其適者也"，也是被神化了。

> 舜問乎丞曰："道可得而有乎？"曰："汝身非汝有也，汝何得有夫道？"舜曰："吾身非吾有也，孰有之哉？"曰："是天地之委形也；生非汝有，是天地之委和也；性命非汝有，是天地之委順也；孫子非汝有，是天地之委蛻也。故行不知所往，處不知所持，食不知所味。"（《知北遊》）

"蛻"意即蟬蛻。陰陽結聚，故有子孫，代代相禪，故曰蛻。夫行住食味，皆率自然，推尋根由，莫知其所。

但是，與第一類得道者不同，這一類高人不是神仙，而是由凡人修煉而成的。體道的路徑和狀況同時也是修煉的過程：

> 南伯子葵曰："子獨惡乎聞之？"曰："聞諸副墨之子，副墨之子聞諸洛誦之孫，洛誦之孫聞之瞻明，瞻明聞之聶許，聶許聞之需役，需役聞之於謳，於謳聞之玄冥，玄冥聞之參寥，參寥聞之疑始。"（《大宗師》）

"副墨"意即形諸筆墨以翰墨爲之，"洛誦"意即閱覽朗讀常習背誦，"瞻明"意即領悟理解神明洞徹，"聶許"意即耳告私語，"需役"意即孜孜勤勉，"於謳"意即詠歎歌詠寄趣深深，"玄冥"意即深遠幽寂，"參寥"意即參悟空虛，"始疑"意即又回到疑惑無端倪。這個過程僅僅是外在的學道進程，屬於外功。更重要的是內在的修持，屬於內功：

> 南伯子葵問乎女偊曰："子之年長矣，而色若孺子，何

也？”曰：“吾聞道矣”南伯子葵曰：“道可得學邪？”曰：“惡！惡可！子非其人也。夫卜梁倚有聖人之才而无聖人之道，我有聖人之道而无聖人之才，吾欲以教之，庶幾其果爲聖人乎！不然，以聖人之道告聖人之才，亦易矣。吾猶守而告之，參日而後能外天下；已外天下矣，吾又守之，七日而後能外物；已外物矣，吾又守之，九日而後能外生；已外生矣，而後能朝徹；朝徹，而後能見獨；見獨，而後能无古今；无古今，而後能入於不死不生。（《大宗師》）

“外”即遺忘、遺失。“朝徹”意謂豁然開朗之境。“見獨”意謂獨一勝境。從“外天下”、“外物”、“外生”、“朝徹”、“見獨”、“无古今”最後到“不生不死”，是人的内在精神變化，類似釜底抽薪脱胎换骨，從此成爲仙風道骨之得道者。此處述及“不生不死”之狀，也即“外生死”之狀，《莊子》對此有具體描述：

子桑戶孟子反子琴張三人相與友，曰：“孰能相與於无相與，相爲於无相爲？孰能登天遊霧，撓挑无極；相忘以生，无所終窮？”三人相視而笑，莫逆於心，遂相與爲友。莫然有間而子桑戶死，未葬。孔子聞之，使子貢往待事焉。或編曲，或鼓琴，相和而歌曰：“嗟來桑戶乎！嗟來桑戶乎！而已反其真，而我猶爲人猗！”子貢趨而進曰：“敢問臨尸而歌，禮乎？”二人相視而笑曰：“是惡知禮意！”子貢反，以告孔子，曰：“彼何人者邪？脩行无有，而外其形骸，臨尸而歌，顔色不變，无以命之。彼何人者邪？”孔子曰：“彼，遊方之外者也；而丘，遊方之內者也。外內不相及，而丘使女往弔之，丘則陋矣。彼方且與造物者爲人，而遊乎天地之一氣。彼以生爲附贅縣疣，以死爲決疣潰癰，夫若然者，又惡知死生先後之所在！假於異物，託於同體；忘其肝膽，遺其耳目；反覆終始，不知端倪；芒然彷徨乎塵垢之外，逍遙乎无爲之業。彼又惡能憒憒然爲世俗之禮，以觀眾人之耳目哉！”（《大宗師》）

“與”即給予，此處“相與於无相與”意謂親近。“撓挑”爲婉轉之意。“附贅縣疣”即懸掛之贅肉。“憒憒然”形容煩亂之狀。與儒者孔子、子貢相比，《莊子》中的“外生死”之人之“假於異物，託於同體；忘其肝膽，遺其耳目；反覆終始，不知端倪；芒然彷徨乎塵垢之外，逍遙乎无爲之業”，是多麼優雅、灑脫、高明、從容！

《莊子》還描述了修道過程與時間相關聯：

顏成子游謂東郭子綦曰：“自吾聞子之言，一年而野，二年而從，三年而通，四年而物，五年而來，六年而鬼入，七年而天成，八年而不知死，不知生，九年而大妙。”（《寓言》）

東郭子綦是《莊子》中得道之人，顏成子游爲其弟子。“野”意質樸。他從子綦學道一年，學心未熟，稍能樸素，去浮華，超脫權利；學道二年，百事順從，不自專斷；學道三年，通達彼我，不滯於俗人之境遇；學道四年，槁木死灰，情識不起，我與物同；學道五年，眾人來歸順向他學道；學道六年，與鬼神通；學道七年，自然天成，與天爲一，所遇皆適而安；學道八年，智冥造物，神合自然，不覺死生聚散之異同，遺忘生死；學道九年，達精微、玄妙之境。這個過程對於修道者來説，也十分令人向往。

《莊子》中還有第三類體道者，即"寓道於技"者。以下試舉几例。其一：

庖丁爲文惠君解牛，手之所觸，肩之所倚，足之所履，膝之所踦，砉然嚮然，奏刀騞然，莫不中音。合於桑林之舞，乃中經首之會。文惠君曰："譆，善哉！技蓋至此乎？"（《養生主》）

"庖丁"爲厨子屠夫之名。"文惠君"即梁惠王，與莊周同時代魏國君主。"解"即宰割。"倚"即倚靠，此處意指用肩抵靠。"履"爲行走，此處意指用脚踏。"踦"原義一足，此處意指用一隻膝蓋抵住。"砉"意指皮骨相分離聲音。"嚮"同"響"。"奏"意即進，指操刀割肉。"騞"形容割肉聲音。"中音"意即切中樂音。"桑林"、"經首"爲上古曲名。"會"意爲聚合、節拍。"譆"爲嘆詞。"蓋"同"盍"，即"何"。庖丁宰割牛的過程，完全是一個藝術化的行爲。庖丁的技藝達到了道的境界。

其二：

梓慶削木爲鐻，鐻成，見者驚猶鬼神。魯侯見而問焉，曰："子何術以爲焉？"對曰："臣工人，何術之有！雖然，有一焉。臣將爲鐻，未嘗敢以耗氣也，必齊以靜心。齊三日，而不敢懷慶賞爵禄；齊五日，不敢懷非譽巧拙；齊七日，輒然忘吾有四枝形體也。當是時也，无公朝，其巧專而外滑消；然後入山林，觀

天性；形軀至矣，然後成見鐻，然後加手焉；不然則已。則以天合天，器之所以疑神者，其是與！”（《達生》）

“梓慶”亦是寓言人物。“削”意爲雕刻。“鐻”爲樂器。陸德明《釋文》引司馬彪稱：“樂器也，似夾鐘。”“猶鬼神”意謂似鬼神製作。“魯侯”即魯襄公。“爲焉”即爲之。“工人”意即工匠之人。“耗”即損耗。“齊”同“齋”，即齋戒。下同。“非譽”意即非毀稱譽。“輒然”即不動之狀。“枝”同“肢”。“公朝”即朝廷。“滑”即混亂之意。“巧專而外滑消”，大意即投機取巧利害之心消除了。“天性”意指木材天然之性。“至”即極致，意謂木材極爲合適。“見”同“現”。“手”即手工。“已”即止。“天”意指自然。“以天合天”即是一種自然天成之狀。“疑”同“擬”。“與”同“歟”。梓慶與庖丁同樣，製作樂器的技藝達到了道的境界。

其三：

仲尼適楚，出於林中，見痀僂者承蜩，猶掇之也。仲尼曰：“子巧乎！有道邪？”曰：“我有道也。五六月累丸二而不墜，則失者錙銖；累三而不墜，則失者十一；累五而不墜，猶掇之也。吾處身也，若橛株拘；吾執臂也，若槁木之枝；雖天地之大，萬物之多，而唯蜩翼之知。吾不反不側，不以萬物易蜩之翼，何爲而不得！”孔子顧謂弟子曰：“用志不分，乃凝於神，其痀僂丈人之謂乎！”（《達生》）

此段文字大意爲：孔子行往楚國，在樹林中看到一個駝背的老人在捉蟬，手到便得，如同在地上撿拾東西。孔子便問他：如此巧技，其中有道嗎？老人說：我有道。我用五、六個月時間練習用手，將兩個彈丸放置竹竿頭，彈丸不會掉下來，這樣捉蟬時的所失手的情況不過分毫錙銖之間。再繼續練習，放置三個彈丸於竹竿頭而不墜落，則捉蟬時失手衹有十分之一。再練習下去，放置五個彈丸於竹竿頭而不墜落，捉蟬時就像在地上撿拾東西一樣了。捉蟬時，我的身體像個斷樹根，伸出的手臂像個枯樹枝。天地雖大，萬物雖多，而我衹知道蟬翼的情況。我以此不變應對萬變，不願以任何東西更換關於蜩翼的知識。這樣如何不能得到捉蟬之道！孔子聽后對眾弟子說：用心志如一，意專與神相似者，不正是這個駝背老人嗎！

《莊子》中除了庖丁、梓慶、佝僂丈人，這類人還有很多，例如製作車輪（斲輪）之輪扁、運斤（斧頭）成風之匠石、善操舟者、善游水者等等。這些故事的主人公都身懷絕技，而他们之所以有絕“技”，在於能夠體道。但是，他們與前兩類人具有本質的不同。很明顯，《莊子》中的第一類得道體道者基本是神仙之類，關於這一類得道體道者的話題基本超出日常經驗範圍，差不多屬於宗教領域。《莊子》中的這類文字和思想，也是後來道教的資源。第三類得道體道者是一種特殊人才，類似今日中國之非物質文化遺產保護者。而第二類得道體道者，應該才是《莊子》理想的人生境界。整部《莊子》的重心應該在這一類得道體道者之上，對其崇尚和讚美之情不言而喻。不過，這一類體道者實質上是一種修煉者，與《莊子》的生命指向有關。本書將在“氣論”章著重論述。

第三章　知識論——“齊物”學説

哲學中的知識論(Epistemology)或稱認識論，不僅是與形上學、本體論並列的部分，也是與形上學、本體論交叉的理論。人在對“世界是什麼”、“人是什麼”的追問中，必然建立系統的知識。對於“世界是什麼”、“人是什麼”等問題的系統哲學思考，既是形上學、本體論，也構成了知識論。因爲，人們在追問這些問題之後，進而關於“什麼是知識”的問題又隨之而來。因此，知識論的建立體現了哲學理論體系的内在必然性，也是水到渠成。

不斷地從生産和社會生活中建構知識，而不僅僅是依靠本能來生存，是人類與動物的根本區别之一。古希臘的亞里士多德《形而上學》第一句話就是：“求知是人類的本性。”[①]基本的生活、生産知識使人類的社會生活成爲可能，保障了人類生存的安全和生命的延續，進而給人類生活帶來便利、舒適。而求知本身也會使某些個體的人類生活充滿意義。孔子說：“學而時習之，不亦樂乎！”(《論語・學而》)可見求知也使人快樂。但是，什麼是知識？知識是可靠的嗎？如何獲得知識？這是人類在求知過程中必然提出的問題。知識論就是對於這些問題的系統回答。

對知識可靠性和普遍適用性的追問，自然涉及真理問題。“什

① 亞里士多德：《形而上學》，吳壽彭譯，商務印書館，1996年版，第1頁。

麼是知識”的問題實質上也包含“什麼是真理”的問題。真理就是可靠的、真正的知識。沿著這個問題追問下來就會有如下問題：是否有真理？如果有真理，人類如何獲得真理？可以說，真理問題是知識論的核心問題。對於這些問題，歷史上的哲學家作出了不同的回答。這些回答大致可以分爲兩類。一類哲學家認爲，真理是獨立存在的，并且人類能夠認識、獲得真理。另一類哲學家則截然相反，他們否認真理存在，而且認爲，即使有真理存在，人類也無法獲得真理。在西方，古希臘的蘇格拉底(Socrates 公元前469—前399年)以及柏拉圖、亞里士多德等人，堅信真理存在，并對於“什麼是真理”以及如何獲得真理的問題作出了辛勤探索，奠定了整個西方兩千年知識論的基本形態。另一類否定真理存在的西方代表性哲學家，有古希臘的智者學派和懷疑派，在哲學史上被稱爲不可知論者或懷疑論者。

古希臘智者學派的哲學家們不承認有永恆的真理和真知。他們之中的著名哲學家高爾吉亞(Gorgias 約公元前480—前370年)說：“第一，無物存在；第二，如果有某物存在，人也無法認識它；第三，即便可以認識它，也無法把它告訴別人。”他還辯解：“如果有某物，它就或者是存在者，或者是不存在者，或者同時既是存在者又是不存在者。”[①]而另一位著名的智者學派哲學家普羅泰戈拉(Protagoras 約公元前490—前421年)說：“人是萬物的尺度，是存在者存在的尺度，也是不存在者不存在的尺度。”[②]他認爲，知識與

① 《西方哲學原著選讀》上卷，商務印書館，1981年版，第57頁。

② 同上書，第54頁。

具體的人相關，因而沒有普遍的性質。[①]這一派的哲學家否認真理存在，提出的看法違反一般人的生活常識，似乎很可笑。但是，從哲學的角度看，他們的思想是深刻的，思考是嚴肅的。儘管如此，蘇格拉底對於智者學派這種思想觀念表示蔑視。他認爲，真知就是善，一个有美德的人就掌握了真知。柏拉圖認爲真理就是理念(idea)。古希臘的懷疑論哲學在柏拉圖之後式微，但在西方不絕如縷，具有巨大的慣性。從近代的休謨(D.Hume 1711—1776年)到19世紀末葉的尼采(F.Nietzsche 1844—1900年)哲學，懷疑論仍然是内嵌於西方哲學之中的一條重要綫路。

作爲西方哲學中經典之經典，康德(I.Kant 1724—1804年)的《純粹理性批判》在牛頓力學爲代表的自然科學背景下，集古典知識論之大成，并開啟現代哲學知識論之先河。他對人類現有的知識活動過程以及知識的效用和界限，做出了令人歎爲觀止的深邃闡發。他認爲知識構成有兩個階段。第一階段是感性直觀，即人類用先驗的時空範疇作出判斷，形成日常感性知識。第二階段是運用先驗範疇加上後天經驗進行“先天綜合判斷”，形成科學知識。他把先驗範疇分爲四大類，十二個。所有今日自然科學知識在根本上都是“先天綜合判斷”的成果。但是，康德認爲，這些知識都是關於外在世界“現象界”的知識。而作爲“現象界”背後的“物自身”，則是我們不能夠認識到的。外在自然呈現給我們的表象，是與我們的感官的結構相關聯的。因此，表象是“人爲自然立法”

① 普羅泰格拉還反對一般的倫理觀念，認爲道德不過是協約，而道德法規違反“自然”。

的結果，不是自然獨立、純粹呈現出來的外在世界本身，也不是人類對於外在自然的純粹客觀記錄。可見，康德的知識論在建構了關於知識的經典理論同時，也開拓了現代知識論的廣闊空間。但是，很明顯，康德的知識論仍然包裹著懷疑論和不可知論的部分。"物自身"不可認識的觀點表明，他用外科手術的方法將人類是否能夠認識世界的核心問題切割出去，懸置起來了。

20世紀的自然科學尤其是量子物理學理論，向人類揭示了極爲豐富複雜、奇妙變幻的外在世界。在21世紀的十幾年間，科學界關於宇宙暗物質暗能量的探索，越來越證明人類對外在世界的認知實在少得可憐(不到宇宙的4%)。這些自然科學的新成就，已經打破了人類試圖以簡單的認識模式對世界作出絕對正確和終極解釋的妄想。20世紀以來的西方哲學正是在這個視野中進行更加艱苦的探索。在21世紀的今天，人們面對近代英國哲學家培根(F.Bacon 1561—1626年)提出"知識就是力量"的著名論斷，即把知識作爲改造自然和世界的根本力量的理念，不免產生深刻的疑問。因此，關於知識即科學的功能問題也尖銳地提了出來。

可見，關於知識、真理以及世界是否可知的問題，哲學家的爭論遠遠沒有終結。從根本的意義上來說，我們還沒有爲"世界是可知的"作出無可辯駁的論證，懷疑論和不可知論仍然不能被武斷地否定。相反，人們越來越確定地認識到：人類的認識能力非常有限，所知甚少。妄自尊大是無知的。

中國古代思想家對於認識外在世界的形上學討論沒有興趣(除道家《老子》以外)，因此，關於真理和知識的討論，很多是與道德相關的。然而，《莊子》的知識論與西方古代希臘哲學討論的問題有很多對接。從今日世界哲學和科學視域中來反觀《莊子》的知識論，在其驚世駭俗、深刻犀利的言辭之下，我們看到其展示的深邃思想，不僅與古希臘懷疑論者有某種相通，而且還有更爲獨特和高妙之處。

第一節　關於世界不可知的五個論證

大千世界，芸芸衆生，物種繁富不可勝數，事物變化不可盡說。從日月星辰、山水樹木、花鳥魚蟲、飛禽走獸，到複雜奇妙的微觀世界，對象世界呈現給人類的是眼花繚亂、斑斕詭異以至變幻莫測、迷惑不解的表象。這些事物歸根結底是從哪裡來，又向何處歸？《莊子》對現實的有形世界與其本原或來源的關係，是這樣描述的：

> 以有形者象无形者而定矣。出无本，入无竅。有實而无乎處，有長而无乎本剽，有所出而无竅者有實。有實而无乎處者，宇也。有長而无本剽者，宙也。有乎生，有乎死，有乎出，有乎入，入出而无見其形，是謂天門。天門者，无有也，萬物出乎无有。有不能以有爲有，必出乎无有，而无有一无有。(《庚桑楚》)

"象"即相似。"定"即安定。"以有形者象无形者而定矣"，含義是有形的現實世界的根源是無形者，即道。因此，現實的自然世界是安寧、安定的。"出"指出生，"入"即死。"本"即本根。"竅"爲孔。“出无本，入无竅”意謂，由於道是不可見的，故我們不能直觀自然事物的生和死與道的直接關係。“實”指實在、實存。“剽”即末。“有實而无乎處，有長而无乎本剽”，也是說道有實在，而不見其處所，意即道在具體事物中不可見。“有所出而无竅者有實”，大意爲即使那些出生而沒有孔竅的事物，也是源自道。而人們所說的“宇宙”，實際上也是無形的。“天門”意指道，故曰“天門者，无有也”。郭象注：“以無爲門，則無門也。”“一”猶“常”。此段文字大意爲，宇宙萬物生死出入都根源於道，而道是無形的。在這個意義上，《莊子》說：

> 凡物無成與毀，復通爲一。（《齊物論》）

“一”即是道。就是說，所有事物本身沒有生成毀滅，事物本身所謂變化，最後都歸於道。當然，我們知道，《莊子》認爲道是不可認識的：“道不可聞，聞而非也；道不可見，見而非也；道不可言，言而非也。”（《知北遊》）可見，由於人們無法認識作爲宇宙萬物的本原和本根的道，故在終極的意義上，世界是人類不可知的。

> 少知曰：“四方之内，六合之裡，萬物之所生惡起？”太公調曰：“陰陽相照相蓋相治，四時相代相生相殺，欲惡去就於是橋起，雌雄片合於是庸有。安危相易，禍福相生，緩急相摩，聚散以成。此名實之可紀，精之可志也。隨序之相理，橋運之相使，窮則反，終則始。此物之所有，言之所盡，知之所至，極物而已。覩道之人，不隨其所廢，不原其所起，此議之所止。”

（《則陽》）

“少知”、“太公調”皆寓言人物。“六合”即天地四方。“惡”即如何。“蓋”同“害”。“陰陽相蓋相治”，與下句“四時相代相生相殺”，意義相近，皆云自然物理世界之運行。“欲惡去就”意即好惡取捨。“橋起”即“矯起”。“片”同“半”。“庸”即常。“緩急”意指壽夭。“相摩”意爲“相迫”。“聚散”意指生死。“紀”即綱紀，作動詞用。成玄英疏：“爲實有名，故可綱可紀。”“志”即記述。“隨序之相理”意即循四序循環，更相治理。“橋運”猶“起運”。“相使”猶“相爲”。“此物之所有”指上述萬物生發之說爲事物本身所有。“原”意即揣度。由於人們不知道萬物終始，睿智的得道者就聽任其自然。

在此段文字中，少知所提的應該是一個哲學問題：自然事物在本原的意義上是如何發生的？太公調的回答也是哲學的。他認爲，陰陽交感，四時相代，雌雄相合，聚散以成，故有自然萬類。但是，如果言說具體事物的本原，則無從說起。“言之所盡，知之所至，極物而已”，意即言說和知識，只能極於可見之物而已。

《莊子》關於世界不可知的論斷，並不是散亂無章的隨性議論，也不是像《老子》格言警句那樣的獨斷論，而是基於極爲深刻的思考和相當縝密的推論。《莊子》的論證，至少有以下幾個方面和角度。

1. 外在世界的整體性不能分割

《莊子》認爲，從外在世界來說，宇宙萬物的發生、發展和運行，是一個完整的整體。如果對於宇宙和世界進行分門別類的認識，就毀壞了這種整體性。如同進行尸體解剖，其實在解剖中不可能看到一個鮮活的、運動的完整物體：

> 道通，其分也，其成也，毀也。所惡乎分者，其分也以備；所以惡乎備者，其有以備。(《庚桑楚》)
>
> 其分也，成也；其成也，毀也。(《齊物論》)

"分"意爲分際。"成"意謂成立、完成。"備"意指具備、完備。"其分也，成也；其成也，毀也"，大意描述人們對於事物的認識進程。認識事物，首先從分辨事物開始，"分"則是人們爲了方便認識事物而用範疇、概念加諸事物之上者。"分"即"成"，如《舊約·創世記》所云，宇宙發生，渾沌初開，有光明黑暗，天地人物，山水樹木，鳥獸魚蟲，男女老少，等等，此即"分"，也即"成"之含義。而"成"即"毀"。因爲，這種認識一旦成立，真知就被遮蔽了，此即"毀"之含義。文中"惡"即厭惡。有些人討厭"分別"，是因爲要追求原始的完備。(郭象注云："不守其分而求備焉，所以惡分也。")而有些人討厭原初的"完備"，是因爲他自己感覺已經具備對於世界整體的解釋，便排斥别的整體性。[①]

不僅宇宙具有整體的完整性，在日常生活中，事物也具有自身的整體性。如果對它們進行分割、變動，意義就不一樣了。如果人們不甘心於此，還試圖認識事物的千變萬化、昨是今非，則更是自不量力。

> 有生，黬也。披然曰移是。嘗言移是，非所言也。雖然，不可知者也。臘者之有膍胲，可散而不可散也；觀室者周於寢廟，又適其偃焉，爲是舉移是。請嘗言移是。是以生爲本，以知爲師，因以乘是非；果有名實，因以己爲質；使人以爲己節，因以死償節。若然者，以用爲知，以不用爲愚，以徹爲名，以窮爲辱。移是，今之人也，是蜩與鷽鳩同於同也。（《庚桑楚》）

此段文字大意爲：凡有生者即所有生物，皆有污點、缺點（“黬”）。萬物紛然而變易。嘗試言説是非之變易，但所言則非。故不可知也。（“是”意指確定的事物或認識。“嘗言移是”意爲試圖論説是非無定，隨時而移易。“移是”之説，貌近理而實非真，故曰不可知。）比如，臘祭之時置有牛百葉和牛蹄（“膍胲”），可以説分散爲“是”，亦可説不散爲“是”。因爲臘祭之時，牲牢甚備，四肢五臟並皆陳設，不散應爲“是”。祭事既訖，則必然拿走這些祭品，則以散爲“是”。倘若祭事未了則不能散，也以散爲不“是”。因此可知是

① 章太炎曰：“言已成顯果者，介然恃其一切具足，故更排拒他物也。”見錢穆：《莊子纂箋》，台灣東大圖書公司，2004年版，第194頁。

與不是，堪稱无常。此外，祭事既畢，齋宮飲食起居，施設餘胙留於屋室之中，觀看周旋與寢廟之内，又可以往廁所便尿（“適其偃”）。這些事本來也與祭祀無關。爲此界定臘祭、觀室二事舉移之“是”，可知不可言說。以我之生爲根本，以我之心知(即“成心”)爲師，因而就多是非（“乘是非”）。如果有名稱與實物(即“能指”與“所指”)，亦是以自己爲主有先入之見（“以己爲質”）。讓人以自己爲法度（“己節”），并以死回報名節（“償節”），即殺身以成名，節成而身死。這樣以實用爲智慧，以不實用爲愚蠢，以通徹、明晰爲榮名，以窮塞爲恥辱之人，就是“移是”之人。他們與所謂蜩同於鳩，鳩同於蜩，都屬於同類，皆爲無知又自大的井底之蛙。

因此，

> 古之人，其知有所至矣。惡乎至？有以爲未始有物者，至矣，盡矣，不可以加矣。其次以爲有物矣，而未始有封也。其次以爲有封焉，而未始有是非也。是非之彰也，道之所以虧也。(《齊物論》)

“封”亦爲分。“惡”即“如何”。“至”意爲極致。“古之人，其知有所至矣。惡乎至？有以爲未始有物者，至矣，盡矣，不可以加矣”，是對於混沌世界(“未始有物”)的認識；而“其次以爲有物矣，而未始有封也”，則是對於事物“分”之前的認識；“其次以爲有封焉，而未始有是非也”是對於事物“分”之後的認識，即割裂事物本身的認識；“是非之彰也，道之所以虧也”，是莊子所處時代人們對於事物的認識。《莊子》認爲所謂儒墨是非之論，皆屬此類。這樣的知識是不具有真理性的(“道之所以虧也”)。

2. 人類的生命長度無法把握外在世界的無限性

從人類生命長度來說,《莊子》認爲世界不可知。原因在於,第一,作爲個體人類的生命長度有限,因此人類的活動空間有限;第二,不僅人類的個體生命有限,而且作爲整體的人類生命的长度也是有限的。人類的生命長度也限制了人類的活動能力,因而整個人類活动範圍的空間和時間也有限。因此,人類不可能認識外在世界的全部,宇宙的整體,也不可能把握整個人類社會的歷史。

作爲哲學家,莊子的視野極爲遼闊,他發現人生從宇宙時間的長度上來說,是極爲短暫的:

> 自本觀之,生者,喑醷物也。雖有壽夭,相去幾何?須臾之說也。奚足以爲堯桀之是!果蓏有理,人倫雖難,所以相齒。聖人遭之而不違,過之而不守。調而應之,德也;偶而應之,道也;帝之所興,王之所起也。人生天地之閒,若白駒之過郤,忽然而已。注然勃然,莫不出焉;油然漻然,莫不入焉。已化而生,又化而死,生物哀之,人類悲之。(《知北遊》)

“喑醷”即呼吸氣息。凡生物皆有氣息。“去”即差別。“奚足以爲堯桀之是”,意即何以能夠評論堯桀之是非功過。瓜果草實,種類不亂,各有倫理。人之倫理繁多,所以年齒別序。聖人遭遇時勢、命運不會違避,失去亦不留捨。調和應物,順而應之,是爲上德。偶然逗機應物，亦爲聖道。帝王興起，莫過於逢時接運。“興”、“起”互文。人生在天地之間，不過駿馬穿過一隙，忽然而已。“注”即注入，意謂生狀。“勃”即勃興。“出”意謂生。與下文“入”(死)對言。“油然漻然”爲臨死之狀。可見，莊子洞悉個體生命，在宇宙之間不過一瞬(“須臾之説”)。

然而，展現在人類面前的世界則是無限的。僅從時空來説，首先，世界在時間上是無窮無盡的：

> 有始也者，有未始有始也者，有未始有夫未始有始也者。有有也者，有無也者，有未始有無也者，有未始有夫未始有無也者。俄而有無矣，而未知有無之果孰有孰無也。今我則已有謂矣，而未知吾所謂之其果有謂乎，其果无謂乎？（《齊物論》）

“始”即初始、起始，意指宇宙混沌初開。“未始有始”意指“有始”之前。“未始有夫未始”意指“未始有始”之前。[①]“俄而”意即忽而。忽而有説有者，有説無者。然而終究不知道是有還是無。“果”意爲結果，終究。“謂”指《莊子》之言。下文“有謂”意指合乎事物本身的言説。“无謂”義與此相反。“今我則已有謂”，意即今我則已有自己之説法。莊子當然不知道，他自己這樣的言説是終究切中了事物，還是没有切中事物。故莊子明確宣稱，自己不知

① 蔣錫昌云：“‘始’即《老子》一章‘無名，天地之始’之始，謂天地之始也。‘未始有始’謂天地之始之前也。‘未始有夫未始有始’謂天地之前之再前也。”見蔣錫昌：《齊物論校釋》，成都古籍出版社，1988年版，第144頁。

道這樣說是對還是錯。

同時，外在世界從空間展開上，也是無垠無極、沒有邊際的。《莊子》對此的描繪和比喻非常具體、形象：

> 鵬之徙於南冥也，水擊三千里，摶扶搖而上者九萬里，去以六月息者也。野馬也，塵埃也，生物之以息相吹也。天之蒼蒼，其正色邪？其遠而無所至極邪？其視下也，亦若是則已矣。（《逍遙遊》）

大鵬鳥擊水三千里，飛上了九萬里的高空。我們從地上觀望青天，莽莽蒼蒼。那麼，大鵬鳥從九萬里的天上看地面，是否也是如此？我們不得而知。故此，

> 北海若曰："井鼃不可以語於海者，拘於虛也；夏蟲不可以語於冰者，篤於時也；曲士不可以語於道者，束於教也。今爾出於崖涘，觀於大海，乃知爾醜，爾將可與語大理矣。天下之水，莫大於海，萬川歸之，不知何時止而不盈；尾閭泄之，不知何時已而不虛；春秋不變，水旱不知。此其過江河之流，不可爲量數。而吾未嘗以此自多者，自以比形於天地而受氣於陰陽，吾在於天地之間，猶小石小木之在大山也，方存乎見少，又奚以自多！計四海之在天地之間也，不似礨空之在大澤乎？計中國之在海內，不似稊米之在太倉乎？號物之數謂之萬，人處一焉；人卒九州，穀食之所生，舟車之所通，人處一焉；此其比萬物也，不似豪末之在於馬體乎？五帝之所連，三王之所

爭，仁人之所憂，任士之所勞，盡此矣。伯夷辭之以爲名，仲尼語之以爲博，此其自多也，不似爾向之自多於水乎？"（《秋水》）

"北海若"爲北海之神。"鼃"同"蛙"。"以"即與。"拘"意即拘束、拘泥。"虚"同"墟"，意爲居住。"篤"爲固定之意。"曲士"即曲見之士。"束"意爲拘束、束縛。"教"意指名教、教條。"大理"意指道。"盈"意爲充盈、多。"尾閭"是海水出口處。"已"即止。"虚"指減少，與上文"盈"對言。"過"即超過。"量數"意爲度量、計算。"比形"即比較外形。"礨空"即爲礨孔。"太倉"謂京城大糧倉。"號"即名號。"卒"指衆人。"任士"即俠士之類。"盡"意爲皆、全。"向"意即當初、剛才。

北海若說，不能與井底之蛙討論海之大，是因爲它居住的地方太小了；不能與夏天小蟲討論冰凍，是它的生命太短暫了；不能與曲見之士討論道，是他受到成見的束縛。人在天地之間，猶小草小石在大山之上；四海在天地之間，猶如岸石孔竅在大澤之邊；而中國在海内，則猶如一粒米粟在皇家糧倉之中。故人與萬物相比，正如馬蹄上的一根毫毛。這樣看來，所謂博學之人如孔子，所知不是非常可憐嗎？

從外在世界的時間和空間討論中可以看出，《莊子》意在推論一個無限前置的起點。這一意圖不僅僅是追尋宇宙誕生的時間起點和空間邊際，而是尋找建立知識的基礎。由於無論宇宙論證從何開始，都無法找到確定無疑的起點，故由此來論證和建構知識是不可能的。後來啓蒙時代的西方哲學家也認識到，從外在世界和宇宙來尋找知識論證起點是不可能的，於是轉向主體之內。著名哲學家笛卡爾(R.Descartes 1596—1650年)以“我思”作爲一個不可否定的堅實起點，提出“我思故我在”，作爲他的哲學展開的基礎，建立他的哲學體系，因此避免了《莊子》的問題。可見《莊子》此處提出的問題是真正大哲學家所提出的問題，是關於知識論的一個根本問題。

3. 人類的認識能力有限

《莊子》認爲世界不可知，還因爲人类的認識能力有限。

人类認識世界，首先要依靠自己的感官。因此，《莊子》也認爲，感官是人類認知世界的首要因素：

> 瞽者無以與乎文章之觀，聾者無以與乎鐘鼓之聲。(《逍遙遊》)

但是，在《莊子》看來，人類的感官有著非常大的局限性。首先，人體上的各感覺器官之間是分割的，因此是有隔閡的，難以相通：

> 譬如耳目鼻口，皆有所明，不能相通。猶百家衆技也，皆有所長，時有所用。(《天下》)

同時，每個人的感官之間也是有差異的，而且本人並不知道這種差異。

目之與形，吾不知其異也，而盲者不能自見；耳之與形，吾不知其異也，而聾者不能自聞；心之與形，吾不知其異也，而狂者不能自得。形之與形亦辟矣，而物或閒之邪，欲相求而不能相得？（《庚桑楚》）

人們之間，目與目，耳與耳，心與心，其形相似而所能不同。“辟”同“譬”，“形與形亦辟，而物或閒之”，意即外形之間容易比喻認知，但人們的欲求不同會造成認識的差異。更不可靠的是感官自身也可能出現問題：

目徹爲明，耳徹爲聰，鼻徹爲顫，口徹爲甘，心徹爲知，知徹爲德。凡道不欲壅，壅則哽，哽而不止則跈，跈則衆害生。物之有知者恃息，其不殷，非天之罪。天之穿之，日夜无降，人則顧塞其竇。胞有重閬，心有天遊。室无空虛，則婦姑勃谿；心无天遊，則六鑿相攘。（《外物》）

“徹”即通徹。“顫”同“膻”，意指能辨氣味。“知”同“智”。“壅”意爲堵塞。“哽”亦爲阻塞之意。“跈”同“碾”。“哽而不止則跈”意爲，如果哽塞不除，人們行走就會出現擁擠踐踏。“息”爲氣息。“物之有知者恃息”，意即生物的生理知覺依靠氣息通。其不能繁盛（“殷”）者，非天之過。“天之穿之，日夜无降，人則顧塞其竇”大意爲，天人氣息，日夜相通（“穿”），未嘗有減（“降”），人則以聲色自塞孔竅(“竇”即孔,意指耳目口鼻之類)。“胞”同“庖”,即廚房。“閬”意爲空曠。庖廚之間總有空曠之處。“天遊”意謂遊於自然。“勃谿”意即爭鬥。“六鑿”意指六情,即喜、怒、哀、樂、愛、惡。“攘”意指相逆。這裡雖然說各種誘惑導致五官不通,實質上就是指出了普通人五官的認識局限。

因此,在《莊子》看來,我們從外在世界所看到、聽到的,都是事物的表面現象,而不是事物之“實”(即“情”):

> 故視而可見者,形與色也;聽而可聞者,名與聲也。悲夫,世人以形色名聲爲足以得彼之情!(《天道》)

不僅如此,感官從外界獲得信息、材料,要經過理性的分辨、判斷、處理。而《莊子》認爲,除了感官自身的問題之外,處理感官所獲得材料的理性也有所惑,會出現問題:

> 以目視目,以耳聽耳,以心復心。若然者,其平也繩,其變也循。古之真人,以天待(之)【人】,不以人入天。古之真人,得之也生,失之也死;得之也死,失之也生。……故曰,風之過河也有損焉,日之過河也有損焉。請只風與日相與守河,而河以爲未始其攖也,恃源而往者也。故水之守土也審,影之守人也審,物之守物也審。故目之於明也殆,耳之於聰也殆,心之於殉也殆。凡能其於府也殆,殆之成也不給改。禍之長也茲萃,其反也緣功,其果也待久。而人以爲己寶,不亦悲乎!故有亡國戮民无已,不知問是也。(《徐无鬼》)

“復”意爲回復、復原。“以目視目，以耳聽耳，以心復心”，大意爲：視聽止於視聽，不以之擾亂心，心自復其本而安定。這樣的人，心如準繩之平正，變化循順大道。“以天待人”意即以天道自然的態度對待、應對人事。“以人入天”意即用人爲的態度侵入、干擾自然。“得之也生，失之也死”中“之”意指自然之道。“得之也死，失之也生”中“之”意指身外之物。“風之過河也有損”、“日之過河也有損”，意爲風吹日曬能令河水損耗。“請只風與日相與守河，而河以爲未始其攖也，恃源而往者也”大意爲，試請風、日常守河上，水因爲有源，則河以爲就不會損耗了。“只”爲語助詞。“守”即守護。“其”猶“有”。“攖”意爲損失。“恃”意即依賴。“水之守土也審，影之守人也審，物之守物也審”大意爲，物各守其類，皆止而不移。“審”意爲安定。“目之於明也殆，耳之於聰也殆，心之於殉也殆”大意爲，眼睛、耳朵、心靈也都有犯錯誤的危險。“殆”意危險。“殉”同“徇”，智慧之意。“能”爲才能。“府”即府藏、心府。“不給改”之“給”意謂疾速。凡府藏之有能者，亦皆危殆。“茲萃”意爲滋生聚集。“反”意指返回自然。“果”即成果。“己寶”意指自身之寶。“已”即“止”。“是”意指禍福之根由。

此段文字説明，如果眼睛、耳朵用自然平静的心靈去關注世界，就沒有問題。聖人正是如此。但是，風吹過日曬過水就有損失。眼睛耳朵和心思過於外用，就會危險。禍亂由此而生。而且，

> 瞽者無以與乎文章之觀，聾者無以與乎鐘鼓之聲。豈唯形骸有聾盲哉？夫知亦有之。（《逍遥遊》）

“知”是比感官知覺更高級的認識能力，應該相當於理智(reason)。人的理智也像眼睛、耳朵一樣，可能會出現瞎、聾的問題。尤其是普通人，喜歡炫耀自己的智慧，弄巧成拙或志大才疏，出問題更是在所難免：

> 以不平平，其平也不平；以不徵徵，其徵也不徵。明者唯爲之使，神者徵之。夫明之不勝神也久矣，而愚者恃其所見入於人，其功外也，不亦悲乎！（《列御寇》）

“不平平”意謂以偏見作平正。“徵”即徵應、徵對。“明”意謂炫耀聰明。“唯爲之使”猶爲物所使。“神”意即神明、精神。然而，這些人的小聰明是不能運用智慧的，故“明之不勝(勝過)神”。“入於人”意謂沉溺於人事。“外”即外在，不中。很多人爲之悲劇，就在於不明根本之理，就事論事，被表象蒙蔽。

《莊子》甚至懷疑，在個體人格之中，理智或理性是否能夠成爲主宰和中心：

> 百骸，九竅，六藏，賅而存焉，吾誰與爲親？汝皆說之乎？其有私焉？如是皆有爲臣妾乎？其臣妾不足以相治乎？其遞相爲君臣乎？其有真君存焉？（《齊物論》）

“骸”爲骨節。“百骸”即百個骨節。“九竅”爲五官及肛門、生殖器。“六藏”指“六腑”和“五臟”。陸德明《經典釋文》曰：“心肺肝脾腎，謂之五藏。大小腸膀胱三焦，謂之六府。”“賅”意爲儲備。“吾”應爲本體之“我”。“誰與”意即與誰，“誰”指百骸、九竅、六臟。“說”同“悅”。“私”意爲偏愛。“有”同“以”。“臣妾”比喻從屬、被支配之意。“治”意即治理，支配。“遞相”意即相遞、相互串換。“真君”即指相對於“臣妾”之君，爲主體中之主宰。此段文字大意爲，在我們身體上的百個骨節、五官、生殖系統、泌尿系統、心肺肝脾腎、大小腸膀胱等之中，“我”與誰親密？對誰偏愛？這些器官都是“我”的臣子和妻妾嗎？或者它們與“我”相互爲君臣嗎？是否有真正的君主在那裡呢？

如果像《莊子》所問，“知”即理智、理性不能成爲個體人格中之主宰和中心，人的認識結構也就不能完備，那麼，人類對於外在世界的認知則如何可能！

> 夫形色名聲果不足以得彼之情，則知者不言，言者不知，而世豈識之哉！（《天道》）

因此，僅從感官獲取外在世界的材料，經過理性的整理來試圖得到關於世界的真知，是不可能的。

4. 人類的個體之間無法形成統一認識

《莊子》認爲，每一個個體對於自我和外在世界都有著不同的認識，但卻沒有任何權威能夠作出公允的評價，得出統一的結論。因此，人類的統一認識不可能建立。《莊子》對這個論點的論證，既有數學和邏輯的方法，也有一般理論的推理，可以說是現象學的方法。

《莊子》準確描繪了人們不同意見辯論中的情形。首先是對立兩派的論辯：

> 既使我與若辯矣，若勝我，我不若勝，若果是也，我果非也邪？我勝若，若不吾勝，我果是也，而果非也邪？其或是也，其或非也邪？其俱是也，其俱非也邪？我與若不能相知也，則人固受其黮闇。吾誰使正之？使同乎若者正之？既與若同矣，惡能正之！使同乎我者正之？既同乎我矣，惡能正之！使異乎我與若者正之？既異乎我與若矣，惡能正之！使同乎我與若者正之？既同乎我與若矣，惡能正之！然則我與若與人俱不能相知也，而待彼也邪？（《齊物論》）

“若”即你。“是”即正確，與“非”相對。“而”同“爾”，即你。“黮闇”意爲不明晰狀。“正”意即指正。“惡”意即如何。按照《莊子》的描述，兩人辯論的是非對錯，最終有四種結果。即：(一)甲是乙非；(二)乙是甲非；(三)甲乙皆是；(四)甲乙皆非。這種狀況可以用數學來統計，如果n爲參加辯論的人數，那麼其不同意見可能的結果就是2^n。而對立兩派的辯論最終不會有統一的認知。

《莊子》認爲，人們對於自然、社會和人生等問題出現不同的觀點，是非常普遍和十分自然的。這是因爲每個人都會有各種因素形成了“成心”。“成心”是指已經形成的思想觀念。基於“成心”則人類無法逃避認識的先在、既定的枷鎖：

夫隨其成心而師之，誰獨且無師乎？奚必知代而心自取者有之？愚者與有焉。未成乎心而有是非，是今日適越而昔至也。是以無有爲有。無有爲有，雖有神禹，且不能知，吾獨且奈何哉！……故有儒墨之是非，以是其所非而非其所是。（《齊物論》）

“師”意即師法、學習。“奚必”意即何必。“代”意即變化。“隨其成心而師之，誰獨且無師乎？奚必知代而心自取者有之”大意是，衆人都依照其已有的思想觀念看待事物，何必再用心體察認識自然變化之理。“與有”意爲被給予而具有成心。“未成乎心而有是非”即沒有成心而做出是非判斷。“適越”意即到越國去。“今日適越而昔至”，本是惠施以及名家的一個辯題，其實是一個悖論。名家用與經驗事實明顯不符的命題，例如“白馬非馬”、“山比路平”等，討論其中邏輯和語意，有很高的學術意義。“未成乎心而有是非，是今日適越而昔至也”，此句有幾個意涵。其一，未按照“成心”判斷是非則如“今日適越而昔至”，與經驗事實不符合，表明不可能，是一個悖論；其二，故按照“成心”來判斷是非，是人們通常自然的態度和立場，符合生活的邏輯和常理。因此，按照“成心”判斷是非，可以說是人們生活中下意識的行爲。但是，這樣就不是“今日適越而昔至”了；因此，其三，這也是對於名家的“今日適越而昔至”的批評。總而言之，人們未按照成心判斷是非則不可能。“儒墨之是非”指儒墨兩家之是非辯論。王叔岷注曰：“儒愛有差等，墨愛無差等；儒信命，墨非命；儒重樂，墨非樂；儒厚葬，墨節葬;儒遠鬼,墨明鬼。所謂‘是其所非,而非其所是’矣。”[①]

用今日哲學解釋學來說,“成心”略同與“前見”。以海德格爾、伽達默爾爲代表的當代哲學解釋學,對於人類的理解問題作了前所未有的深度清理。解釋學認爲,每一個當下生存的個體的人都是“被抛”(throwness)入這個世界之中的。而這個世界在他(她)被抛入之前就已經形成了各種文化傳統。因此,每個人來到世界上就自然“内嵌”於一個先在的具體的文化傳統之中。這個文化傳統對於每個個體的耳濡目染、教育宣傳,形成了個體認識世界的“前見”。“前見”構成了所有理解即認識活動的必然基礎。人們無法擺脱這個“前見”,而只能在這個“前見”的基礎之上進行理解或認識。這即是著名的“解釋學循環”。《莊子》的“成心”不能完全等同於解釋學的“前見”,但是,在思維的指向和根本意旨上,二者之間具有深度的契合。

5. 人類的標準不能成爲評判世界唯一的標準

《莊子》認爲,人類只是按照自己的標準來判斷、建構知識,但是,這種知識實際上不能成爲關於外在世界的真知或真理。當然,人類不可能用其他物種的價值標準和能力來認識、評價外在自然,也只能按照自己的價值標準和自身先驗能力來認識和評價外在自然。人類對世界的這種認識活動,其方式、標準以及價值取向,與世界其他物類的認識活動可能完全不同。因此,人類的認識必然

① 王叔岷:《莊子校詮》(上),中華書局,2007年版,第58頁。

是片面的和獨斷的。

> 齧缺問乎王倪曰:"子知物之所同是乎?"曰:"吾惡乎知之!""子知子之所不知邪?"曰:"吾惡乎知之!""然則物無知邪?"曰:"吾惡乎知之!雖然,嘗試言之。庸詎知吾所謂知之非不知邪?庸詎知吾所謂不知之非知邪?且吾嘗試問乎女:民溼寢則腰疾偏死,鰌然乎哉?木處則惴慄恂懼,猨猴然乎哉?三者孰知正處?民食芻豢,麋鹿食薦,蝍且甘帶,鴟鴉耆鼠,四者孰知正味?猨猵狙以爲雌,麋與鹿交,鰌與魚游。毛嫱麗姬,人之所美也;魚見之深入,鳥見之高飛,麋鹿見之決驟。四者孰知天下之正色哉?自我觀之,仁義之端,是非之塗,樊然殽亂,吾惡能知其辯!"(《齊物論》)

"齧缺"、"王倪"是人名,爲師徒二人。"同是"意即同樣如此。"惡"意即如何。"庸詎"意爲何以。"女"同"汝"。"溼寢"意即睡於潮濕之地。"偏"是病枯,今所謂半身不遂。"鰌然乎哉"意爲泥鰍如何。"木處"意即居住樹上。"恂"意恐懼。"正"意即標準。"芻豢"即牛羊犬豕。"薦"爲草名。"蝍且"是蟲名,一說爲蜈蚣。"甘"作動詞,意即美味。"帶"是小蛇。"耆"同"嗜"。"猵狙"是種類似猴的動物。"交"意爲交合、交游。"毛嫱"是古代美女。"麗姬"爲春秋時晉獻公美妾。"決驟"意爲疾速奔跑。"樊"同"煩"。"殽"意爲雜亂。

《莊子》的這段論證極爲深刻而且極富智慧。王倪對於齧缺三問皆答不知,表述了《莊子》徹底懷疑論思想。雖然後用"嘗試言之”的退守方式反問齧缺，卻對人類知識的合法性提出了尖銳的挑戰。人類與泥鰍、猿猴、麋鹿、蜈蚣、鴟鴞、游魚、飛鳥不可能具有統一的知識。“正”在儒家有“正統”之意。孔子有“正名”之說。《莊子》所言“正處”、“正味”、“正色”，不僅徹底推翻了儒家正統思想，而且也將哲學知識論的論證開掘進前所未有的深處。

沿此思路，《莊子》提出了他關於知識論的核心思想——“齊物”學說：

> 天下莫大於秋豪之末，而大山爲小；莫壽乎殤子，而彭祖爲夭。（《齊物論》）

“天下”與今日宇宙一詞義近，在此指某種生物的最大視域。“秋豪”即秋天大雁毫毛尖端。“大山”爲今泰山。“殤子”即夭折的嬰孩。“天下莫大於秋豪之末，而大山爲小；莫壽乎殤子，而彭祖爲夭”，《莊子》這句話的字面意思是，從空間視域來說，如果一種微生物，它們生活在一個空間只有“秋豪之末”大小的微觀世界之中，那麼所有的事物包括泰山，當然都是小的；從時間的視域即生命的長短來說，如果有一種物種只有夭折的嬰兒的生命長度，那麼，再長的壽命(例如彭祖)它們也是無法認知的。人之所以認爲彭祖爲壽而殤子爲夭折，即是以普通常人生命時間爲衡量標準的。可見，《莊子》在這裡提出的，是在人類認識視域之外，其他物類可能的空間世界以及生命長度的標準問題。這些物類的認識視域與人類的認識視域具有不可比性。《莊子》用這種有悖常理和邏輯的話，言說物類認識世界的不同“視域”問題。在科學高度發達的今天，人們對微生物的世界已經相當了解，對微生物的生命長度和生活視域與人類的差異，已經不足爲怪。探索這些微生物的生活習性及其生命奧秘，成爲科學研究的重要課題。很顯然，一個珊瑚蟲的生命“視域”，絕對不會等同於人類的生活“視域”。《莊子》的看法與今日科學的結論無疑是一致的。從《莊子》上述的論證中，我們不僅爲《莊子》展示了極爲罕見的視野和想象力而讚歎，而且還會爲《莊子》的懷疑論之深湛而深深折服。①

① 王宇迪博士認爲：“前半句將秋豪之末與大山在空間範圍内進行比較，後半句將殤子與彭祖在時間尺度内進行比較。這樣的比對的結果違反了人類一般常識性認知，時間與空間的概念各自被錯亂。這種時空概念的混淆乍看起來令人費解，但這混亂的時空觀實則有其自身内在的邏輯性。秋豪之末與大山的對比是混淆了事物在空間中的實體概念；殤子的長壽與彭祖的短命是混淆了事物在時間中的長短概念。從這個角度出發，莊子也就在對空間與時間概念的混淆中破除了以人爲主體的線性時空觀念，從而達到‘天地與我並生，而萬物與我爲一’事物之所以會產生物理上大小與時間上長短的對比，是因爲人站在了自身的角度上觀察得出的結論。時空的觀念，是人用以丈量世界的基本方式，這樣的丈量實際上是一種線性化的對比方式。對於人來說，事物存在於空間之中，就像在幾何學上將物體置於xyz的軸中一樣，是用線在丈量。也就是說，當涉及到空間大小的比較時，很簡單的思維方式就是將萬事萬物規整到一個線性的横軸之上：一端是無窮小，另一端是無窮大。於是天地萬物都可以在這個線性的合集上找到自己的位置。秋豪小於杯子、小於桌子、小於大山。人們如果有足夠的精力，萬事萬物都可以按照空間大小的概念被整齊排列。時間也是同樣的道理。我們一直將時間比作流淌的小溪，這也就意味著時間是不斷向前向著無限流逝的。過去的時間從哪裡開始，未來的時間到哪裡結束，人類都無從知曉。這與線性的空間概念也極爲相似：過去的時間一直追隨向無限的過去，未來的時間也一直延伸至無窮的未來。每一個細小到不能再細小的時間點，都可以整齊的方式排列在時間的横軸之上。只是這時間的横軸，它的一端指向無窮的過去，另一端指向無限的將來。在這個意義上來看，時間的概念也是一種線性的思維模式。這樣，時間的方式同空間的方式一起，構成了人類丈量世間萬物的法則。如果以這樣的時空觀來看，也就是以我們通常的思維習慣來說，秋豪確實應(转下页)

《莊子》的極爲可貴之處在於，它打破了人們習以爲常以人類自身的視域觀照世界的觀念，進入了人類之外的其他物類觀照世界的視域。《莊子》之"齊物"主旨在於：人類只是世界萬物中之一物，人類對於世界的觀照和解釋只能是基於自己的視域。但是，這種只是人類自己的對於世界的認識和理解，不能夠達到其他物類對於世界的認識和理解，因而也根本不能揭示世界萬物本身的旨歸。

因此，用"齊物"的觀念看待世界，萬物則呈現出另一種性狀：

> 以道觀之，物无貴賤；以物觀之，自貴而相賤；以俗觀之，貴賤不在己。以差觀之，因其所大而大之，則萬物莫不大；因其所小而小之，則萬物莫不小；知天地之爲稊米也，知豪末之爲丘山也，則差數覩矣。以功觀之，因其所有而有之，則萬物

(接上页)該是小於大山的，而殤子所生活的年限也應該小於彭祖。但是，莊子在此段話中所闡明的觀點卻與我們一般的認識存在巨大差異，或者說是顛覆性的差異。這是因爲莊子對萬事萬物、社會人生以及是非曲直的看法的總目標是：'齊'。然而線性思維是有所排列、有所比對的，這樣就無法達到'齊一'的狀態，也就是說線性的思維無法達到莊子所認爲的'齊'的狀態。所以，究竟如何達到'齊物'？莊子《齊物論篇》中就提出與線性思維不同的'圓性思維'的看待事物的方式。莊子提到有無的問題時認爲，'有始也者，有未始有始也者，有未始有夫未始有始也者'，又說'有有也者，有無也者，有未始有無也者，有未始有夫未始有無也者'。這也就是將'有'與'無'置入了一種'圓性'的境地中：沒有一個絕對的開始，也沒有一個絕對的結束。應該強調的是，我這裡所說的"圓性"並不是迴圈。迴圈的概念中蘊含著一種生死往復的狀態，生變成了死，死亦複生，不斷回溯原點再向前運動、發展。所以，迴圈的概念中還是有時間的存在。而莊子中所論述到的有與無，生與死，成與毀，更像是一種同時性的存在，無法將它們從時空中明確的割裂開。"(《安徽大學學報》2016年第3期)亦可備一說。

莫不有；因其所无而无之，則萬物莫不无；知東西之相反而不可以相无，則功分定矣。以趣觀之，因其所然而然之，則萬物莫不然；因其所非而非之，則萬物莫不非；知堯桀之自然而相非，則趣操覩矣。（《秋水》）

“己”指自己，身内。“差”即差别。“因”即由、自。“差數”即差别之量數。“知天地之爲稊米也，知豪末之爲丘山也，則差數覩矣”，意思與“天下莫大於秋豪之末，而大山爲小”相近。“功”即功用，功效。“功分”指功能界限。“趣”即意趣、趣向。“然”即認可。“趣操”意即志趣情操。“因其所然而然之，則萬物莫不然；因其所非而非之，則萬物莫不非”，這就是“萬物與我爲一”的視域。

簡言之，人類以自我的尺度作爲宇宙萬類的尺度，是沒有合法性的。人類一直以自己爲宇宙萬物中心的意識，是一種無意識的人類自大症。《莊子》“齊物論”的目的就是試圖打破人類自身的這個視域之障礙，引領思想者進入宇宙全方位的視域。《莊子》“齊物”的要點在此，高度和深度亦在此。《莊子》這個思想的深刻之處不僅超越了當時中國思想界的諸子百家，而且千古獨步，在21世紀的今天仍有著巨大的思想震撼力。①

综上所述，《莊子》關於世界不可知的五大論證，深刻明晰，具有巨大的邏輯力量和經驗基石，是非常堅實的。五個論證之間具有關聯和遞進關係，系統而且完整。莊子由此建立了他的徹底懷

① 參見本書附錄三。

疑論，并斷言：

物無非彼，物無非是。(《齊物論》)

從宇宙萬物的本原道的不可知，延伸到具體的外在自然事物在根本上不可知，《莊子》的立場很鮮明：世界在根本上不可知，因此真理不存在，知識是不可能的，人們當然無法獲得真知或真理。故《莊子》說：

吾生也有涯，而知也无涯。以有涯隨无涯，殆已；已而爲知者，殆而已矣。(《養生主》)

“殆”即危險。一些自以爲是并以知者自居者，是非常危險的。

第二節　“小知”、“大知”實爲無知

但是，在現實世界，不僅芸芸眾生努力尋求認知世界、社會、人生，碩學高士也在孜孜紇紇探索真理。莊子基於他的徹底懷疑論思想，對於那些自以爲是者給以辛辣的嘲諷和無情的抨擊。他首先嘲笑那些井底之蛙的“小知”們：

小夫之知，不離苞苴竿牘，敝精神乎蹇淺，而欲兼濟導物，太一形虛。若是者，迷惑于宇宙，形累不知太初。彼至人者，

歸精神乎无始，而甘暝乎无何有之鄉。水流乎无形，發泄乎大清。悲哉乎！汝爲知在豪毛，而不知大寧！（《列御寇》）

小識傷德，小行傷道。(《繕性》)

“小夫”即匹夫。“知”亦同“智”。“苞苴”即包裹。“竿牘”即簡牘。“敝精神乎蹇淺”，意即勞精神於跛蹇淺薄之事。“濟”即通。“太一”指道。“形”指事物。“虚”亦指道。“太一形虚”意即道與物合一。“太初”意指宇宙萬物之初始。“甘暝”意即酣眠。“无何有”意謂子虚烏有。“發泄”意爲生發流泄。“大清”意指太虚。“發泄乎大清”意即泊然無爲而任其天行，比喻至人之自然流行。“大寧”指無爲之境。全段意思是，與至人相比，徇於小務之人，勞精神於跛蹇淺薄之事，不能遊虚涉遠。

“小知”之間的心態也頗爲微妙，他們相互羨慕、妒忌甚至還有愛憐：

夔憐蚿，蚿憐蛇，蛇憐風，風憐目，目憐心。夔謂蚿曰：“吾以一足跉踔而行，予无如矣。今子之使萬足，獨奈何？”蚿曰：“不然。子不見夫唾者乎？噴則大者如珠，小者如霧，雜而下者不可勝數也。今予動吾天機，而不知其所以然。”蚿謂蛇曰：“吾以衆足行，而不及子之无足，何也？”蛇曰：“夫天機之所動，何可易邪？吾安用足哉！”蛇謂風曰：“予動吾脊脅而行，則有似也。今子蓬蓬然起於北海，蓬蓬然入於南海，而似无有，何也？”風曰：“然。予蓬蓬然起於北海而入於南海也，然而指我則勝我，鰌我亦勝我。雖然，夫折大木，蜚大屋者，

唯我能也，故以眾小不勝爲大勝也。爲大勝者，唯聖人能之。”（《秋水》）

夔是傳說中之一足獸。蚿是百足蟲。夔愛憐蚿，蚿愛憐蛇，蛇愛憐風，風愛憐眼睛，眼睛愛憐心。因爲夔一足，蚿多足，蛇無足，風無形，眼睛有形能看，心則能神遊於外。夔說蚿："我以一足跳躑踔行，天下簡易，無如我者。你驅馳萬足，豈不辛勞？"蚿說："不然。你不見打噴嚏者？噴出口水大者如珠，小者如霧，散雜而下者不可勝數。現在我使用自然機能，不知其所以然也。"蚿說蛇："我用多足而行，卻趕不上你無足而行，爲什麼？"蛇說："天然機關所動，遲速有無，怎麼能夠改易？我爲什麼用足！"蛇說風："我動脊梁肋骨而行，形似有足。而你蓬蓬然起於北海入於南海，而似無足，爲什麼？"風說："對的。我蓬蓬然起於北海入於南海，然而，人以手指風，風則不能折指。以腳踏於風，風亦不能折腳。不過，折斷大樹，刮翻樓房，唯我能行。故以眾小不勝爲大勝也。爲大勝者，唯聖人能之。"幾種物類互有攀比不服之心，此處風對於其他物類頗有自得自負之意。

相比之下，"大知"略勝於"小知"：

小知不及大知，小年不及大年。奚以知其然也？朝菌不知晦朔，蟪蛄不知春秋，此小年也。楚之南有冥靈者，以五百歲爲春，五百歲爲秋；上古有大椿者，以八千歲爲春，八千歲爲秋。而彭祖乃今以久特聞，眾人匹之，不亦悲乎？（《逍遙遊》）

“奚”意即爲何。“朝菌”、“蟪蛄”是兩種蟲子。“冥靈者”亦指大樹。生命的長短是決定知識的視野和範圍的關鍵要素，甚至也是決定智慧高下的要素。“小知”一旦見識了“大知”則有不同態度。有些聞之驚異無比，奔走相告：

> 任公子爲大鉤巨緇，五十犗以爲餌，蹲乎會稽，投竿東海，旦旦而釣，期年不得魚。已而大魚食之，牽巨鉤，錎沒而下，騖揚而奮鬐，白波若山，海水震盪，聲侔鬼神，憚赫千里。任公子得若魚，離而腊之，自制河以東，蒼梧已北，莫不厭若魚者。已而後世輇才諷說之徒，皆驚而相告也。夫揭竿累，趣灌瀆，守鯢鮒，其於得大魚難矣，飾小說以干縣令，其於大達亦遠矣，是以未嘗聞任氏之風俗，其不可與經於世亦遠矣。(《外物》)

任公子爲寓言人物。“大鉤巨緇”即巨大的魚鈎釣繩。“犗”是犍牛。“蹲”即踞。“會稽”爲山名。“旦旦”意謂“每日”。“期年”即一整年。“錎”同“陷”，即大魚把魚鈎吞下。“騖”應爲“鶩”，“騖揚”意即馳騖激揚。“鬐”同“鰭”。“奮鬐”即奮起鱗鰭。“憚赫”意爲威怒。“若”即此。“離”意爲分離、剖開。“腊”即醃製。“制河”即浙江。“蒼梧”是山名，在嶺南。“厭”即飽食。“已”同“以”。“輇”意爲輕、小。“輇才諷說之徒”即才智輕浮之徒。“揭”意爲手持。“累”意即細繩。“鯢鮒”皆爲小魚。“小説”意謂鄙俗之言行。“干”意爲追求。“縣令”即高名。“大達”意指大道。“經”意即行爲。

任公子以五十頭犍牛爲釣餌，可以想象，釣上來的魚是何等巨大無比！醃製之後，從浙江到嶺南百姓，皆能飽嘗美味。比起任公子這樣的"大知"，那些"小知"們即"後世輇才諷説之徒"，才智輕浮，聞得大魚，驚而相告。然後趨之若鶩，模仿任公子之行。然而，他們不可能有此成就。

可笑的還有類似斥鴳之流的"小知"：

> 窮髮之北有冥海者，天池也。有魚焉，其廣數千里，未有知其脩者，其名爲鯤。有鳥焉，其名爲鵬，背若泰山，翼若垂天之雲，搏扶搖羊角而上者九萬里，絶雲氣，負青天，然後圖南，且適南冥也。斥鴳笑之曰："彼且奚適也？我騰躍而上，不過數仞而下，翱翔蓬蒿之間，此亦飛之至也。而彼且奚適也？"此小大之辯也。(《逍遥遊》)

"窮髮"意爲無毛髮，意指荒漠之地。"廣"即寬，"脩"同"修"，即長。"羊角"指旋風。"絶"意即遏絶。"斥鴳"即鴳雀。"彼"指鵬鳥。"奚"意即何。"適"即往、至。"仞"爲古度量單位，八尺爲一仞。"至"意即極致。斥鴳所言"翱翔蓬蒿之間"云爾，展示出這些井底之蛙的自大心態，可謂栩栩如生。

但是，那些所謂"大知"，其實遮蔽著更大災難。例如：

> 將爲胠篋探囊發匱之盜而爲守備，則必攝緘縢，固扃鐍，此世俗之所謂知也。然而巨盜至，則負匱揭篋擔囊而趨，唯恐緘縢扃鐍之不固也。然則鄉之所謂知者，不乃爲大盜積者

也？故嘗試論之，世俗所謂知者，有不爲大盜積者乎？所謂聖者，有不爲大盜守者乎？何以知其然邪？昔者齊國鄰邑相望，雞狗之音相聞，罔罟之所布，耒耨之所刺，方二千餘里。闔四竟之内，所以立宗廟社稷，治邑屋州閭鄉曲者，曷嘗不法聖人哉！然而田成子一旦殺齊君而盜其國。所盜者豈獨其國邪？并與其聖知之法而盜之。故田成子有乎盜賊之名，而身處堯舜之安；小國不敢非，大國不敢誅，十二世有齊國。則是不乃竊齊國，并與其聖知之法以守其盜賊之身乎？（《胠篋》）

“胠篋”即開箱。“胠篋探囊發匱”意即開箱倒柜偷盜之事。“攝”即打結。“緘縢”即繩索。“扃鐍”是關鈕鎖之類。“攝緘縢，固扃鐍”意即將箱櫃之類綁實鎖牢固。這就是世俗所認爲的“知”（同“智”）。然而，這祇能防備小盜，而大盜來竊，則連箱櫃一起拿走，唯恐箱櫃捆綁不牢。“鄉”同“向”，向來之意。“積”意儲積、準備。“刺”即刺開，意謂耕種。而田成子奪齊國君之位，所盜者也不僅是齊國，而且連“聖知之法”也一同盜走。故他不僅不爲世人稱爲盜，而且“身處堯舜之安”。可見“小知”者損失其篋、囊、匱之物，而“大知”即“聖者”則失其國。同樣，

句踐也以甲楯三千棲於會稽。唯種也能知亡之所以存，唯種也不知其身之所以愁。（《徐无鬼》）

“句踐”即越王。“甲楯”即盔甲盾牌，意指軍隊。“棲”意爲棲息。“會稽”是山名。成玄英疏云：“越爲吳軍所殘，窘迫退走，棲息於

會稽山上也。”“種”即句踐著名謀臣文種。他幫越王謀劃，使越雖亡可以存，并最後滅吳。但平吳之後，文種卻被句踐所殺。文種之“知”可以幫助越王句踐打敗吳王夫差，不能幫助自己逃避殺身之禍。

世俗社會中的占卜師和巫史，一直是上古社會的知識佔有者，以通人神、測命運自居。這些人是帝王的座上賓，間接掌管著百姓的生殺予奪。而在《莊子》看來，這些人實際上也是自欺欺人。《莊子》對於這類人，給以無情嘲弄和諷刺：

> 宋元君夜半而夢人被髮闚阿門，曰：“予自宰路之淵，予爲清江使河伯之所，漁者余且得予。”元君覺，使人占之，曰：“此神龜也。”君曰：“漁者有余且乎？”左右曰：“有。”君曰：“令余且會朝。”明日，余且朝。君曰：“漁何得？”對曰：“且之網得白龜焉，其圓五尺。”君曰：“獻若之龜。”龜至，君再欲殺之，再欲活之，心疑，卜之，曰：“殺龜以卜吉。”乃刳龜，七十二鑽而无遺筴。仲尼曰：“神龜能見夢於元君，而不能避余且之網；知能七十二鑽而无遺筴，不能避刳腸之患。如是，則知有所困，神有所不及也。雖有至知，萬人謀之。”(《外物》)

一隻直徑五尺的白龜被名叫余且的漁夫捕獲後，托夢給宋元君，以求助活命。宋元君醒來以後難以決斷，便命人占卜。占卜結果爲：此爲神龜。元君傳余且上朝并獲得白龜，但不知如何處置，於是再令占卜。占卜所示：殺龜，並用龜甲卜吉。於是白龜被剮，龜甲全被鑽灼卜筮，而且“七十二鑽”皆靈驗。“遺筴”即“遺策”，意即失算。此寓言弔詭的是，白龜神於常人，能托夢於國君，但自己最終卻難免一剮。而更爲弔詭的是，甚至白龜自己在被剮殺之後的龜甲上，占卜七十二次全部靈驗，實在具有非凡靈通！而且，決定神龜生殺予奪的也是占卜。這真是諷刺至極！可見號稱通靈神鬼的卜占巫師術士，連自己的命運都不知道，如何能夠幫人消災除難進而治國安邦？《莊子》這樣的文字和思想，可謂絕妙！

可見，無論是“小知”還是“大知”，對於人和萬物在根本上也是不知的。所以，“小知”也經常嘲笑“大知”：

> 罔兩問景曰：“曩子行，今子止；曩子坐，今子起；何其無特操與？”景曰：“吾有待而然者邪？吾所待又有待而然者邪？吾待蛇蚹蜩翼邪？惡識所以然？惡識所以不然！”（《齊物論》）

“罔兩”是比影子還微弱之陰翳。“景”同“影”。“曩”即過去。“子”爲“你”之尊稱。“特操”意即獨立操守。“待”意爲依賴。“有待”、“所待”指所依賴者，即有形者。“吾有待而然者邪？吾所待又有待而然者邪”爲影子回答罔兩之問，大意爲：我有所依賴而存在，而我所依賴之物也有所依賴。只有造物者本身是無所依賴的。“蛇蚹蜩翼”指蛇脱皮蟬出殼。“惡”意即何以。“識”即知。“惡識所以然？惡識所以不然？”意即如何知道所以然？如何知道所以不然？陰翳嘲笑影子，然而不過是五十步笑百步而已！

在莊子看來，即是被人們視爲聖賢的虞舜這樣的人物，也爲知所蔽，不能效法：

有暖姝者，有濡需者，有卷婁者。所謂暖姝者，學一先生之言，則暖暖姝姝而私自悦也，自以爲足矣，而未知未始有物也，是以謂暖姝者也。濡需者，豕蝨是也，擇疏鬣自以爲廣宫大囿，奎蹄曲隈，乳間股脚，自以爲安室利處，不知屠者之一(且)【旦】鼓臂布草操煙火，而已與豕俱焦也。此以域進，此以域退，此其所謂濡需者也。卷婁者，舜也。羊肉不慕蟻，蟻慕羊肉，羊肉羶也。舜有羶行，百姓悦之，故三徙成都，至鄧之墟而十有萬家。堯聞舜之賢，舉之童土之地，曰冀得其來之澤。舜舉乎童土之地，年齒長矣，聰明衰矣，而不得休歸，所謂卷婁者也。是以神人惡衆至，衆至則不比，不比則不利也。(《徐无鬼》)

“暖姝”意爲柔順之貌。“濡需”意即懦弱偷安。“卷婁”意即拘攣，傴僂攣卷，形勞神倦，含勤勉辛勞之意。莊子認爲，有些柔順的人，從先生那裡學到隻言片語，則暗自得意，以爲足以飽學博識，而不知萬物之根本。一些懦弱偷安者，則像豬身上寄生蟲，即虱子(“豕蝨”)那樣，選擇疏朗豬鬃之處作爲廣大宫室苑囿(“擇疏鬣自以爲廣宫大囿”)，在豬兩髀、胯内、股乳之間及腳上(“奎蹄曲隈”、“乳間股腳”)穿行以爲快樂之所，不知屠夫一旦攘臂(“鼓臂”猶“攘臂”)布草忽操湯火來殺豬，自己與豬一起俱滅。進退滯於這樣的境域(“域”)，非通變之才而偷安於一時之利者，皆“豕蝨”者。“卷婁”者如舜。羊肉不羨慕蟻蟲，蟻蟲卻羨慕羊肉，因爲羊肉有羶味。舜則有“羶行”，故百姓喜歡。爲避丹朱，舜三度逃走，移徙

“鄧墟”之地而避之，跟隨他的百姓“十有萬家”。堯聽到此事，在無草木之地推舉舜(“舉之童土之地”)，希望得舜來而施恩澤於民(“冀得其來之澤”)。舜辛苦操勞，年老體衰，眼花耳背，然不能休息。因此，神人憂患擔憂大衆至此(“神人惡衆至”)。俗衆來了則不親(“不比”)，不親則不和(“不利”)。可見，舜也不能給大衆帶來安寧、康樂。

於是，《莊子》對於這些“大知”、“小知”們，給以冷嘲熱諷，甚至有些尖酸刻薄：

> 大知閑閑，小知閒閒；大言炎炎，小言詹詹。其寐也魂交，其覺也形開，與接爲構，日以心鬭。縵者，窖者，密者。小恐惴惴，大恐縵縵。其發若機栝，其司是非之謂也；其留如詛盟，其守勝之謂也；其殺如秋冬，以言其日消也；其溺之所爲之，不可使復之也；其厭也如緘，以言其老洫也；近死之心，莫使復陽也。喜怒哀樂，慮嘆變慹，姚佚啓態；樂出虚，蒸成菌。日夜相代乎前，而莫知其所萌。已乎，已乎！（《齊物論》）

“大知”即世人所指學問高深淵博者，“閑閑”即寬閑從容。“小知”即世人所謂略有小聰明者，“閒閒”即窺伺偷察之貌。“大言”即“大知”者所言，“炎炎”意謂熱烈迅猛，氣勢如虹。“小言”即“小知”者所言，“詹詹”意即細碎。無論“大知”、“小知”，這類人睡夢中神魂交錯紛亂，醒來時抖擻精神，八面玲瓏，心機深重。行爲遲緩者有之，深藏不露者有之，縝密細緻者有之。他們的小恐懼爲惴惴不安，大恐懼則爲迷失不能自主。他們爲是非之辯，若機弩之發；不發之時，若嚴守盟誓，以沉默獲勝。其衰殺之狀若秋冬之景；其固執迷途不能復返，如緘繩所縛；其執拗之心，不可復甦。他們喜怒哀樂嘆吁驚怖，輕浮躁動放蕩作態，視而不見萬物流行於前，永不能悟得自然之道。這類人就是我們通常所說的智識階級，《莊子》對於他們的心理和外表勾畫，可謂入木三分。

在《莊子》看來，真正有大智慧者，應該超脫俗務，逍遙自在：

> 惠子謂莊子曰："魏王貽我大瓠之種，我樹之成而實五石，以盛水漿，其堅不能自舉也。剖之以爲瓢，則瓠落無所容。非不呺然大也，吾爲其無用而掊之。"莊子曰："夫子固拙於用大矣。宋人有善爲不龜手之藥者，世世以洴澼絖爲事。客聞之，請買其方百金。聚族而謀曰：'我世世爲洴澼絖，不過數金；今一朝而鬻技百金，請與之。'客得之，以說吳王。越有難，吳王使之將，冬與越人水戰，大敗越人，裂地而封之。能不龜手，一也；或以封，或不免於洴澼絖，則所用之異也。今子有五石之瓠，何不慮以爲大樽而浮乎江湖，而憂其瓠落無所容？則夫子猶有蓬之心也夫！"（《逍遙遊》）

"瓠"即葫蘆，"實五石"意謂所結葫蘆能內裝五石糧食。"呺然"爲虛大之貌。"洴澼絖"即漂洗衣物。"樽"爲酒器。"以爲大樽而浮乎江湖"意思是，用巨形葫蘆似巨大酒樽綁縛其身，而浮於江湖。"蓬之心"意指心被蓬草堵塞，不能暢思。與莊子的大智慧相比，惠施不免相形見絀，小巫見大巫了。

第三節　世俗知識爲禍亂之根

《莊子》無情嘲諷了世俗的"大知"、"小知"們，還在於他們不僅不能獲得關於世界的真正知識，而且這些智識階級是社會動蕩之源，是禍亂社會之根。因此，在理想的真正的太平之世，應該無爲而治，沒有這些"大知"、"小知"存身之所。

> 子獨不知至德之世乎？昔者容成氏、大庭氏、伯皇氏、中央氏、栗陸氏、驪畜氏、軒轅氏、赫胥氏、尊盧氏、祝融氏、伏戲氏、神農氏，當是時也，民結繩而用之，甘其食，美其服，樂其俗，安其居，鄰國相望，雞狗之音相聞，民至老死而不相往來。若此之時，則至治已。今遂至使民延頸舉踵曰："某所有賢者"，贏糧而趣之，則内弃其親而外去其主之事，足跡接乎諸侯之境，車軌結乎千里之外。則是上好知之過也。(《胠篋》)

自"容成氏"以下十一氏皆爲傳説中遠古帝王。"結繩"記事説明這些社會不是茹毛飲血的遠古社會。"雞狗之音相聞"、"老死而不相往來"原是《老子》的理想社會，《莊子》顯然認同。"延頸舉踵"形容百姓渴慕賢人。"贏糧而趣之"即背裹、攜帶糧食趨附賢人。"足跡接乎諸侯之境，車軌結乎千里之外"，描述人們趨附所謂治世賢人的情景。這些所謂治世賢人之所以產生巨大的社會聲譽和影響，不僅是帝王"好知之過"，也是聖人本身之過：

> 夫赫胥氏之時，民居不知所爲，行不知所之，含哺而熙，鼓腹而遊，民能以此矣。及至聖人，屈折禮樂以匡天下之形，縣跂仁義以慰天下之心，而民乃始踶跂好知，爭歸於利，不可止也。此亦聖人之過也。（《馬蹄》）

“赫胥氏”傳說是上古帝王。“哺”意爲嚼食。“熙”同“嬉”。“鼓腹”意爲腹圓如鼓，飽飯之貌。“以”同止。“匡”即匡正。“縣跂”意爲懸置期望。“踶跂”即提腳跟，意謂渴慕。

“大知”、“小知”出現對治國安邦不僅無益，而且是禍亂自然和社會的根源。世之所謂治世賢人，也即“大知”、“小知”們，皆爲利慾工具，追逐利慾因而被帝王驅使。而舉世好知，則天下太平如何可能？

> 上誠好知而无道，則天下大亂矣。何以知其然邪？夫弓弩畢弋機變之知多，則鳥亂於上矣；鉤餌網罟罾笱之知多，則魚亂於水矣；削格羅落罝罘之知多，則獸亂於澤矣；知詐漸毒頡滑堅白解垢同異之變多，則俗惑於辯矣。故天下每每大亂，罪在於好知。故天下皆知求其所不知，而莫知求其所已知者；皆知非其所不善，而莫知非其所已善者。是以大亂。故上悖日月之明，下爍山川之精，中墮四時之施；惴耎之蟲，肖翹之物，莫不失其性。甚矣夫好知之亂天下也！自三代以下者是已，舍夫種種之民而悅夫役役之佞，釋夫恬淡无爲而悅夫啍啍之意，啍啍已亂天下矣！（《胠篋》）

“弓弩畢弋機變”爲捕鳥之器，“鉤餌網罟罾笱”爲捕魚之器，“削格羅落罝罘”爲狩獵之器。這些捕獵手段愈先進，魚蝦龜鱉、飛禽走獸和其他動物就遭殃，甚至滅絕。“知詐漸毒”，皆謂欺詐。“頡滑”即錯亂無理。“解垢”意指詭曲狡辯。“堅白”、“同異”則爲名家論辯之命題。[①]在《莊子》看來，天下“皆知非其所不善，而莫知非其所已善者”。一些人覺得自己掌握的知識其實不是知識。知識導致萬物失其本性是知識最大的負面作用。“鑠”即銷毀。“役役”指狡滑之狀。“釋”即放棄、廢棄。“啍啍”謂誨人之狀。同樣，“夫加之以衡扼，齊之以月題，而馬知介倪闉扼鷙曼詭銜竊轡。故馬之知而能至盜者，伯樂之罪也。”（《馬蹄》）故正是在所謂賢人、智者的勵精圖治之下，天下動蕩，生靈塗炭，百姓遭殃。這些所謂知識、技巧，都是迷失萬物本性的迷藥，能工巧匠、名師碩學，給予社會只能是災難。賊盜蜂起、戰亂頻繁，歸根結底乃是聖人之過。故“聖人不死，大盜不止。”（《胠篋》）在這樣的社會中，所有聖人之法，皆爲大盜所用：

① “堅白論”討論的是邏輯問題。一些問題在常識中被人們混淆了。例如：一塊石頭，質地堅硬，表面爲白，常人故稱之爲白石。然而公孫龍《堅白論》云：“‘堅’、‘白’、‘石’，三，可乎？曰：不可。二，可乎？曰：可。曰：何哉？曰：無‘堅’得‘白’，其舉也二；無‘白’得‘堅’，其舉也二。……視不得其所堅而得其所白者，無堅也；拊不得其所白而得其所堅者，無白也。……一一不相盈，故離。”意謂“堅”與“白”不能同時並列，是所謂“離堅白”之謂也。此命題以對於常識極富挑戰性的方式，提出邏輯學問題，是有意義的。據《天下》篇載，“同異論”是惠施論辯的一個命題：“大同而與小同異，此之謂小同異。萬物畢同畢異，此之謂大同異。”“小同異”是指具體的事物之間的差異性，“大同異”是指事物的普遍統一性和差異性。這也是一個純粹的哲學問題。

> 雖重聖人而治天下，則是重利盜跖也。爲之斗斛以量之，則并與斗斛而竊之；爲之權衡以稱之，則并與權衡而竊之；爲之符璽以信之，則并與符璽而竊之；爲之仁義以矯之，則并與仁義而竊之。何以知其然邪？彼竊鉤者誅，竊國者爲諸侯。諸侯之門而仁義存焉，則是非竊仁義聖知？故逐於大盜，揭諸侯，竊仁義并斗斛權衡符璽之利者，雖有軒冕之賞弗能勸，斧鉞之威弗能禁。此重利盜跖而使不可禁者，是乃聖人之過也。故曰："魚不可脱於淵，國之利器不可以示人。"彼聖人者，天下之利器也，非所以明天下也。故絕聖弃知，大盜乃止；擿玉毁珠，小盜不起；焚符破璽，而民朴鄙；掊斗折衡，而民不爭；殫殘天下之聖法，而民始可與論議。擢亂六律，鑠絕竽瑟，塞瞽曠之耳，而天下始人含其聰矣；滅文章，散五采，膠離朱之目，而天下始人含其明矣；毁絕鉤繩而弃規矩，攦工倕之指，而天下始人有其巧矣。故曰："大巧若拙"。削曾史之行，鉗楊墨之口，攘弃仁義，而天下之德始玄同矣。彼人含其明，則天下不鑠矣；人含其聰，則天下不累矣；人含其知，則天下不惑矣；人含其德，則天下不僻矣。彼曾、史、楊、墨、師曠、工倕、離朱者，皆外立其德而以爚亂天下者也，法之所无用也。(《胠篋》)

"重利"意即大大有利於。"斗斛"、"權衡"皆爲日常用具。"符璽"是君王信物。"矯"意爲矯正。"鉤"爲腰帶上之鉤。"揭"意爲劫持。"軒冕"指車與冠，意指爵祿。"勸"意即勸止。"斧鉞"意指刑罰。"擿"意爲投擲、投棄。"朴鄙"意爲純樸、鄙野。"掊"意即擊打。"殫殘"意爲盡毀。"聖法"意指五德。"擢"意即提拔。"鑠"意即銷毀。"含"意爲懷養。"膠"即粘連。"攦"意即撕,意指拶指。"工倕"傳說爲堯時巧匠。"削"即消除。"曾史"即曾參、史魚,皆爲史家。"鉗"意即封閉。"攘"意即排除。"玄同"意謂與玄道混同,出自《老子》五十六章。"爚"同"爍"。聖賢不僅爲生活便利創造的工具,還有法規文章,包括"仁義""道德"這些倫理價值,都是大盜囊中之物。"雖有軒冕之賞弗能勸,斧鉞之威弗能禁。此重利盜跖而使不可禁者,是乃聖人之過也。"所有社會動蕩的根源都是爲利益驅動,而聖人都是教人們明瞭利益之所在。故聖人爲國家禍亂之根。

除此之外,諸子各家爭論,皆自以为是,"天下之治方術者多矣,皆以其有爲不可加矣。"(《天下》)而在《莊子》看來,諸子百家皆"一曲之士",他們自以爲得計的知識,其實都殘缺不全,反而擾亂了人們的心智,遮蔽了自然萬物之理:

> 其數散於天下而設於中國者,百家之學時或稱而道之。天下大亂,賢聖不明,道德不一,天下多得一察焉以自好。譬如耳目鼻口,皆有所明,不能相通。猶百家眾技也,皆有所長,時有所用。雖然,不該不徧,一曲之士也。判天地之美,析萬物之理,察古人之全,寡能備於天地之美,稱神明之容。是故內聖外王之道,闇而不明,鬱而不發,天下之人各爲其所欲焉以自爲方。悲夫,百家往而不反,必不合矣!後世之學者,不幸不見天地之純,古人之大體,道術將爲天下裂。(《天下》)

“數”即術數，指諸子各家學術。“設”意指實施、施行。“該”意爲完備。“徧”同“遍”。“鬱”意即積滯、鬱結。“鬱而不發”意即鬱閉而不能通達。因此，《莊子》認爲，諸子見識實質上也是井底之蛙：

公孫龍問於魏牟曰：“龍少學先王之道，長而明仁義之行；合同異，離堅白；然不然，可不可；困百家之知，窮衆口之辯；吾自以爲至達已。今吾聞莊子之言，汒焉異之。不知論之不及與，知之弗若與？今吾无所開吾喙，敢問其方。”公子牟隱机大息，仰天而笑曰：“子獨不聞夫埳井之鼃乎？謂東海之鱉曰：‘吾樂與！吾跳梁乎井幹之上，入休乎缺甃之崖；赴水則接掖持頤，蹶泥則沒足滅跗；還虷蟹與科斗，莫吾能若也。且夫擅一壑之水，而跨跱埳井之樂，此亦至矣，夫子奚不時來入觀乎！’東海之鱉左足未入，而右膝已縶矣。於是逡巡而却，告之海曰：‘夫千里之遠，不足以舉其大；千仞之高，不足以極其深。禹之時十年九潦，而水弗爲加益；湯之時八年七旱，而崖不爲加損。夫不爲頃久推移，不以多少進退者，此亦東海之大樂也。’於是埳井之鼃聞之，適適然驚，規規然自失也。且夫知不知是非之竟，而猶欲觀於莊子之言，是猶使蚉負山，商蚷馳河也，必不勝任矣。且夫知不知論極妙之言而自適一時之利者，是非埳井之鼃與？且彼方跐黃泉而登大皇，无南无北，奭然四解，淪於不測；无東无西，始於玄冥，反於大通。子乃規規然而求之以察，索之以辯，是直用管闚天，用錐指地也，不亦小乎！子往矣！且子獨不聞夫壽陵餘子之學行於邯鄲與？未得國能，又失其故行矣，直匍匐而歸耳。今子不去，將忘子之故，失子之業。”公孫龍口呿而不合，舌舉而不下，乃逸而走。（《秋水》）

公孫龍是古代名家，即邏輯學家。魏牟爲魏國公子。“合同異、離堅白”如前所説皆爲名家命題。“汒”同“茫”。“及”意逮、抓住。“開吾喙”即開我口。“方”意指道。“埳井”即陷阱。“鼃”同“蛙”。“井幹”即井欄。“甃”爲井壁。“掖”同“腋”，“頤”指腮幫、口下。“接掖持頤”意指游泳之狀。“蹶”意即腳踏。“滅跗”意指泥淹沒腳背。“虷”指小蟲。“莫吾能若”意即莫能若吾。“擅”即擅長、專有。“跱”意占踞。“至”即極限。“縶”意指拘絆。“逡巡”意謂從容。“却”即退卻。“舉”意爲全部、盡，與下文“極“互文。“潦”爲水大之貌。“益”即多，與下文“損”對言。“頃”意頃刻，與“久”相對。“推移”即改變。“進退”意謂損益。“適”借爲“愓”，指驚懼之狀。“規規”指渺小自失之狀。“竟”同“境”。“負”即負重、背負。“商蚷”爲蟲名，即馬蚿。“彼”指莊子之言。“跐”即履、行走。“大皇”即指天。“奭”同“釋”。“淪”即進入。“闚”即窺視。“壽陵”爲燕國城邑。“餘子”指未成年之少年。“國能”意指趙國人會行走之能，此即“邯鄲學步”之典故。“故”猶“習”，意即過去學到的知識。“呿”意指張開。“逸”即奔走。

此段文字亦爲寓言。“吾樂與！吾跳梁乎井幹之上，入休乎缺甃之崖；赴水則接掖持頤，蹶泥則沒足滅跗；還虷蟹與科斗，莫吾能若也。且夫擅一壑之水，而跨跱埳井之樂，此亦至矣，夫子奚不時來入觀乎！”爲井底之蛙自得之言。大意爲：我多麼快樂！我跳樑於井欄之上，休息於井壁之邊，仰頭伸臂游水，踏泥則漫過腳背，小蟲、螃蟹和蝌蚪都不能與我相比。而且我擅長於這井底之水，佔據井底之樂，可謂極致，夫子爲何不來參觀！這段描述井底之蛙在東海鱉面前無知自大神態的文字，可謂活靈活現。東海鱉對於井底之蛙之無知亦爲驚異。“且夫知不知是非之竟，而猶欲觀於莊子之言，是猶使蚉負山，商蚷馳河也，必不勝任矣。且夫知不知論極妙之言而自適一時之利者，是非埳井之鼃與？”道出了對於《莊子》理解的一個根本問題。

《莊子》還用音樂作比，徹底批評諸子理論的局限性：

> 莊子曰：“射者非前期而中，謂之善射，天下皆羿也，可乎？”惠子曰：“可。”莊子曰：“天下非有公是也，而各是其所是，天下皆堯也，可乎？”惠子曰：“可。”莊子曰：“然則儒墨楊秉四，與夫子爲五，果孰是邪？或者若魯遽者邪？其弟子曰：‘我得夫子之道矣，吾能冬爨鼎而夏造冰矣。’魯遽曰：‘是直以陽召陽，以陰召陰，非吾所謂道也。吾示子乎吾道。’於是爲之調瑟，廢一於堂，廢一於室，鼓宮宮動，鼓角角動，音律同矣。夫或改調一弦，於五音无當也，鼓之，二十五弦皆動，未始異於聲，而音之君已。且若是者邪？”惠子曰：“今夫儒墨楊秉，且方與我以辯，相拂以辭，相鎮以聲，而未始吾非也，則奚若矣？”莊子曰：“齊人蹢子於宋者，其命閽也不以完，其求鈃鐘也以束縛，其求唐子也而未始出域，有遺類矣夫！楚人寄而蹢閽者，夜半於无人之時而與舟人鬬，未始離於岑而足以造於怨也。”（《徐无鬼》）

“期”即期望。“射者非前期而中，謂之善射，天下皆羿也，可乎？”大意爲：如果射箭之前沒有目標而中，實爲誤中。若謂誤中爲善射，那麼所有都可謂羿，可能嗎？“公是”指公認之統一真理。同樣，“天下非有公是也，而各是其所是，天下皆堯也”也是不可能的。“秉”即公孫龍，字子秉。“魯遽”傳爲周初時人名。“我得夫子之道矣，吾能冬爨鼎而夏造冰矣”，爲其弟子與魯遽對言其說。成玄英疏曰：“云冬取千年燥灰以擁火，須臾出火，可以爨鼎；盛夏以瓦瓶盛水，湯中煮之，縣瓶井中，須臾成冰也。”“爨”即“炊”。“是直以陽召陽，以陰召陰”，大意爲：以陽來召應陽，以陰來召應陰。不是陰陽相感，故魯遽說“非吾所謂道也”。“直”猶“特”。

此段文字中最難解爲關於音樂部分。“廢一於堂，廢一於室”，即置一瑟於堂中，置一瑟於室内。“廢”意即佈置、放置。“鼓宮宮動，鼓角角動，音律同矣。”“宮”、“角”指瑟上發宮、角音之弦。成玄英疏曰：“鼓堂中宮、角，室内弦應而動，斯乃五音六律聲同故也，猶是以陽召陽也。”宣穎曰：“置一瑟於堂，置一瑟於室，相去異地，鼓之而宮角相應，律無不同。此遽自謂是道者也。”[①]“夫或改調一弦，於五音无當也，鼓之，二十五弦皆動，未始異於聲，而音之君已。”意指改一弦而爲變調，就不合於此瑟其他弦之音調。而“二十五弦皆動”之時，聲律同者悉應動，雜亂之下，仍然只有琴瑟主調之聲。“當”指切合、得當，“君”意謂主調。比喻諸子爭論之中，各家之短也被掩蓋了，只聽到主要觀點。“且若是者邪”之

① 見王先謙《莊子集解》，中華書局，2008年版，第214頁。

“是”指魯遽。“相拂以辭，相鎮以聲”，謂以聲音相鎮壓也。“拂”意謂排斥。“鎮”意即打壓。“奚若”意即何如。

“齊人蹢子於宋者，其命閽也不以完，其求鈃鐘也以束縛，其求唐子也而未始出域，有遺類矣夫！楚人寄而蹢閽者，夜半於无人之時而與舟人鬬，未始離於岑而足以造於怨也。”此段文字大意爲：齊國有人因憎惡其子，將其子送到宋國，其子之命就像有罪被剁掉腿的殘疾人作守門人一樣。想要鳴鐘卻將鐘綁縛起來。尋找丢失的小孩卻只在附近打轉，這與齊人送子去宋是一類的。楚國有人寄居別人家，卻怒斥守門人。有人夜半上船，船未離岸已與舟人打鬬。這些都是自以爲是者所爲。“蹢”意投奔。“閽”即守門人。“不以完”意謂殘缺。“鈃”爲小鐘。“唐”意指亡失。“類”即種類，意指齊人之子。“寄”即寄居。“蹢”借爲“讁”，即怒責。“鬬”即鬬毆。“岑”指岸。這些楚人之事，皆爲比喻自以爲是之人的愚魯行爲。自以爲是者所作所爲，從本質上看，是十分可笑的。

諸家之中，《莊子》認爲儒家是禍亂之首。故《莊子》中多處借寓言鄙薄孔子：

> 孔子行年五十有一而不聞道，乃南之沛見老聃。老聃曰：“子來乎？吾聞子，北方之賢者也，子亦得道乎？”孔子曰：“未得也。”老子曰：“子惡乎求之哉？”曰：“吾求之於度數，五年而未得也。”老子曰：“子又惡乎求之哉？”曰：“吾求之於陰陽，十有二年而未得。”老子曰：“然。使道而可獻，則人莫不獻之於其君；使道而可進，則人莫不進之於其親；使道而可以告人，則人莫不告其兄弟；使道而可以與人，則人莫不與其子

> 孫。然而不可者，无他也，中无主而不止，外无正而不行。由中出者，不受於外，聖人不出；由外入者，无主於中，聖人不隱。名，公器也，不可多取。仁義，先王之蘧廬也，止可以一宿而不可久處，覯而多責。（《天運》）

“沛”爲地名。“惡”意即如何。“度數”指制度、名數。《論語·爲政篇》孔子自謂“五十而知天命”，此處言孔子年五十一而未聞道，有調侃、嘲諷之意。“使道而可獻”意即如果道可以作爲禮物貢獻出來。“中”意指心中，與“外”相對，“外”意指外物。“正”爲“匹”之誤，匹配。“蘧廬”即旅店。“覯”即看見、遇到。此處老子對於孔子所言，還屬於諄諄教導之言。在其他篇章中，老子對於孔子及儒家學說之斥責、抨擊，則毫不留情：

> 孔子西藏書於周室。子路謀曰：“由聞周之徵藏史有老聃者，免而歸居，夫子欲藏書，則試往因焉。”孔子曰：“善。”往見老聃，而老聃不許，於是繙十二經以說。老聃中其說，曰：“大謾，願聞其要。”孔子曰：“要在仁義。”老聃曰：“請問，仁義，人之性邪？”孔子曰：“然。君子不仁則不成，不義則不生。仁義，真人之性也，又將奚爲矣？”老聃曰：“請問，何謂仁義？”孔子曰：“中心物愷，兼愛无私，[①]此仁義之情也。”老聃曰：“意，幾乎後言！夫兼愛，不亦迂乎！无私焉，乃私也。夫

① “兼愛”原爲墨家主張。可見此段文字亦爲寓言，但老子對於孔子和儒家思想批判意義不變。

子若欲使天下无失其牧乎？則天地固有常矣，日月固有明矣，星辰固有列矣，禽獸固有羣矣，樹木固有立矣。夫子亦放德而行，循道而趨，已至矣；又何偈偈乎揭仁義，若擊鼓而求亡子焉？意，夫子亂人之性也！”（《天道》）

周在魯之西，故稱“西藏”。“免”意即辭官。“因焉”意爲“就之”，即去討教。“繙十二經以說”，意爲用十二經亂貌說服老子。“十二經”指六經和六緯。“中”意即中止。“大謾”意即太繁瑣。“成”即成人。“生”即立生。“不仁則不成，不義則不生”兩句對言。“奚”即如何。“物愷”應爲“易愷”，意爲和樂。“意”同“噫”。“幾”意爲危險。“迂”即迂腐。“牧”意即教養。“放”意爲依照。“亡子”即逃亡之人。《莊子》借老子之口，名言儒家仁義害人害己。儒家“離實學僞”，用孔子和儒家治國，則國家危殆，人民遭殃：

魯哀公問乎顏闔曰：“吾以仲尼爲貞幹，國其有瘳乎？”曰：“殆哉圾乎仲尼！方且飾羽而畫，從事華辭，以支爲旨，忍性以視民而不知不信，受乎心，宰乎神，夫何足以上民！彼宜汝與？予頤與？誤而可矣。今使民離實學僞，非所以視民也，爲後世慮，不若休之。難治也。”（《列御寇》）

“顏闔”爲人名。“貞幹”意謂棟樑。“瘳”意即病愈。“吾以仲尼爲貞幹，國其有瘳乎？”大意爲，我要用孔子爲棟梁之才，國家的問題能解決嗎？而顏闔回答：這是很危險的。因爲孔子只會雕飾文辭，不著綱要，矯飾民性使民不知不信，迷惑主宰民心，如何能夠治民！孔子實際上使民離開本性學習虛僞，不能用他治國。“殆”意爲接近。“圾”指危險。“飾羽而畫”意即用畫色修飾羽毛。“華辭”指華麗虛飾之辭。“支”爲旁支、支離。“忍性”意謂矯飾性情。“忍性以視民而不知不信”，郭象注曰：“後世人君，將慕仲尼之遐軌，而遂忍性自矯僞以臨民，上下相習，遂不自知也。”“視”同“示”。“受乎心”意即使民受之於其心。“宰”即主宰。“夫”猶“此”。“上民”即在民之上，意謂統治人民。“彼”、“汝”指仲尼、哀公。“宜”即適宜。“頤”借爲“怡”，即愉悦。“誤而可”，意以哀公之所云可者誤也。“實”指情實、實性。“休”即止。《莊子》反復强調儒家之義，迷惑人心，攪亂民智，乃是最根本之禍亂。這一點，更爲《莊子》耿耿於懷：

> 夫播穅眯目，則天地四方易位矣；蚊虻噆膚，則通昔不寐矣。夫仁義憯然乃憒吾心，亂莫大焉。吾子使天下无失其朴，吾子亦放風而動，揔德而立矣。又奚傑然若負建鼓而求亡子者邪？夫鵠不日浴而白，烏不日黔而黑。黑白之朴，不足以爲辯。(《天運》)

“播穅眯目”即簸揚米穅，造成眯眼，故不能辨東西。“噆”意爲噛咬。蚊蟲叮咬，故夜不能寐。“憯”同“慘”，意即毒害。“憒”應爲“憒”，意爲擾亂。“吾子”即你，指孔子。“朴”即素朴之道。“放風”意即依俗。“揔”同“總”。“揔德而立”，成玄英疏：“總虛妄之至德，立不測之神功。”“奚”即爲何。“傑然”應爲“傑傑然”，用力之貌。“負建鼓”即擊大鼓。“鵠”即天鵝。“日浴”指每日清洗。

“黔”即染黑。黑白素樸，各足於分，自然天成。儒家仁義之詞，亂人之心，深入骨髓，是比外傷更難治的內傷。故《莊子》对于儒家可謂盡情嘲弄：

> 儒以詩禮發冢，大儒臚傳曰：“東方作矣，事之何若？”小儒曰：“未解裙襦，口中有珠。《詩》固有之曰：‘青青之麥，生於陵陂。生不布施，死何含珠爲！’接其鬢，壓其顪，儒以金椎控其頤，徐別其頰，无傷口中珠！”（《外物》）

“發冢”即盜墓。此處謂儒家用《詩》《禮》爲工具來盜墓。“臚”意爲傳話。上傳語告下曰臚。“東方作”指日出。“襦”指短衣、短襖。“青青之麥，生於陵陂。生不布施，死何含珠爲”爲譏刺死人之逸詩。“接”意即“撮”。“壓”即按住。“顪”是腮頤下毛髮。“儒”應作“而”。“控”意爲擊打。“徐別”即慢慢分開。陸長庚曰：“此喻世儒無實得，而剽竊古人爲事。”[①]《莊子》此段文字對於儒家批判之尖銳刻薄，可謂古今獨步。如此深刻的思想和高超的藝術手法，在兩千后的魯迅雜文之中，或可見到一些痕跡。

既然知識是禍亂社會之根，那麼不僅是知識，就是求知之心，也是一切爭端、械鬥、戰爭等災禍的緣由。因此，《莊子》走向了另一個極端，認爲人們的安寧要從消除求知之心即“機心”開始：

> 子貢南遊於楚，反於晉，過漢陰，見一丈人方將爲圃畦，鑿

① 見錢穆：《莊子纂箋》，台灣東大圖書公司，2004年版，第228頁。

隧而入井，抱甕而出灌，搰搰然用力甚多而見功寡。子貢曰：“有械於此，一日浸百畦，用力甚寡而見功多，夫子不欲乎？”爲圃者卬而視之曰：“奈何？”曰：“鑿木爲機，後重前輕，挈水若抽，數如泆湯，其名爲槔。”爲圃者忿然作色而笑曰：“吾聞之吾師，有機械者必有機事，有機事者必有機心。機心存於胷中，則純白不備；純白不備，則神生不定；神生不定者，道之所不載也。吾非不知，羞而不爲也。”子貢瞞然慙，俯而不對。有間，爲圃者曰：“子奚爲者邪？”曰：“孔丘之徒也。”爲圃者曰：“子非夫博學以擬聖，於于以蓋衆，獨弦哀歌以賣名聲於天下者乎？汝方將忘汝神氣，墮汝形骸，而庶幾乎！而身之不能治，而何暇治天下乎！子往矣，无乏吾事！”子貢卑陬失色，頊頊然不自得，行三十里而後愈。（《天地》）

“搰搰”爲用力貌。“浸”意爲灌溉。“卬”同“仰”。“數”同“速”。“泆湯”意即蕩溢沸水。“生”同“性”。“瞞然”意即愕然。“於于”謂夸誕貌。“蓋衆”應爲“善衆”，意謂愚弄大衆。“擬聖”意即擬似聖人。“乏”意爲妨礙。“卑陬”謂愧懼之狀。“頊頊”爲自失之狀。“愈”同“癒”。

此段文字大意是：孔子弟子子貢從楚國返回晉國路上，在漢水之南，遇見一老農正在菜地耕作，鑿地道進入井裡，抱瓦罐取水出來灌溉，用力很多而效率很低。子貢告訴他有種叫桔槔的機械可以省力。老農突然變臉說：有機械者必有機變之心。胸中有機變之心，則自然純淨消失，然後心神不寧，離開道則很遠了。我爲此而羞愧，絕不用機械。子貢聽了十分慚愧。老農得知子貢是孔子學生之後，說：孔子自擬博學聖人，誇誕而愚弄大眾，獨自哀歌向天下人賣名聲。并謂子貢，你只有忘遺神氣，墮壞形骸，或可有救。自己身體不能治好，如何能治天下！你走吧，不要妨礙我的事。子貢愧懼失色，走了三十里才緩過勁來。

此處“有機械者必有機事，有機事者必有機心”兩句，爲《莊子》中名言，其思想是極爲深刻的。以上引文中有所謂“甚矣夫好知之亂天下也”，與此思想一脈相承。《莊子》預言，知識會帶來自然界和人類社會的災難。18世紀意大利思想家維柯說：“人們首先感到必需，其次尋求效用，接著注意舒適，再遲一點就尋歡作樂，接著在奢華中就放蕩起來，最後就變成瘋狂，把財物浪費掉。”①可見人類文明第一階段是滿足需要，第二是追求效用舒適，第三階段就是奢華浪費。法國思想家盧梭(J.J.Rousseau 1712—1778年)認爲，科學和藝術的發展必然會導致人類墮落。②西方18世紀的浪漫主義者以及現代的反科學主義者，對科學技術發展造成人類社會的災難性後果提出了激烈的批判。《莊子》在兩千多年前的戰國時期就對知識進行質疑和尖銳批判，而他的根本的論點是：知識使人類和萬物“失性”，即失去本性。他的思想不僅極爲深刻，而且無疑是極富遠見的。

① 維柯：《新科學》，朱光潛譯，人民出版社，1986年版，第109頁。

② 參見梯利：《西方哲學史》，商務印書館，1999年版，第427頁；趙敦華：《西方哲學簡史》，北京大學出版社，2000年版，第388—389頁。

第四節　人類最高智慧：知不知

蘇格拉底曾説，別人説他是最智慧的人，或許就是因爲他知道自己是無知的。[①]《莊子》在論證了世界不可知之後，抨擊、嘲諷了各色"知者"的淺陋和無知，然後明確告訴我們，知道我們對於外在世界的認識是達不到把握世界的要求的，這是對於現實世界最高的知識。這個思想與蘇格拉底的名言非常近似。《莊子》説：

> 知天之所爲，知人之所爲者，至矣。(《大宗師》)
>
> 弗知乃知乎！知乃不知乎！孰知不知之知？(《知北遊》)
>
> 夫知遇而不知所不遇，知能能而不能所不能。无知无能者，固人之所不免也。夫務免乎人之所不免者，豈不亦悲哉！至言去言，至爲去爲。齊知之所知，則淺矣。(《知北遊》)

認知到"天之所爲"和"人之所爲"，即認識到我們自己的認識能力的界限，是最高的知識。因此，要知道"不知之知"、"不遇之遇"、"不能之能"。若要強求自己不能知道的東西，即"務免乎人之所不

① 神諭沒人比蘇格拉底更有智慧，而蘇格拉底認爲："那個神諭的用意是説，人的智慧沒有多少價值，或者根本沒有價值。看來他説的並不是真是蘇格拉底，他只是用我的名字當作例子，意思大約是説：'人們哪！像蘇格拉底那樣的人，發現自己的智慧真正説來毫無價值，那就是你們中間最智慧的了。'"(北京大學哲學系外國哲學史教研室編譯：《西方哲學原著選讀》上卷，商務印書館，1981年版，第66—68頁。)

免者”，那就會到處碰壁，頭破血流，“不亦悲哉”！“齊知”意爲平凡之知，即膚淺的知識。《莊子》對於這個判斷，也有邏輯推理和論證：

河伯曰：“然則吾大天地而小豪末，可乎？”北海若曰：“否。夫物，量无窮，時无止，分无常，終始无故。是故大知觀於遠近，故小而不寡，大而不多，知量无窮；證曏今故，故遙而不悶，掇而不跂，知時无止；察乎盈虛，故得而不喜，失而不憂，知分之无常也；明乎坦塗，故生而不說，死而不禍，知終始之不可故也。計人之所知，不若其所不知；其生之時，不若未生之時；以其至小求窮其至大之域，是故迷亂而不能自得也。由此觀之，又何以知豪末之足以定至細之倪！又何以知天地之足以窮至大之域！”河伯曰：“世之議者皆曰：‘至精无形，至大不可圍。’是信情乎？”北海若曰：“夫自細視大者不盡，自大視細者不明。夫精，小之微也；垺，大之殷也；故異便。此勢之有也。夫精粗者，期於有形者也；无形者，數之所不能分也；不可圍者，數之所不能窮也。可以言論者，物之粗也；可以意致者，物之精也；言之所不能論，意之所不能察致者，不期精粗焉。……河伯曰：“若物之外，若物之内，惡至而倪貴賤？惡至而倪小大？”北海若曰：“以道觀之，物无貴賤；以物觀之，自貴而相賤；以俗觀之，貴賤不在己。以差觀之，因其所大而大之，則萬物莫不大；因其所小而小之，則萬物莫不小；知天地之爲稊米也，知豪末之爲丘山也，則差數覩矣。以功觀之，因其所有而有之，則萬物莫不有；因其所无而无之，則萬物莫不无；知東西之相反而不可以相无，則功分定矣。以趣觀之，因其所然而然之，則萬物莫不然；因其所非而非之，則萬物莫不非；知堯桀之自然而相非，則趣操覩矣。(《秋水》)

河伯問北海若：我以天地爲大，以豪末爲小，對嗎？北海若回答：不對。因爲世界從度量上來説無窮，從時間上來説無止，從命分上來説無常，無始無終。因此，聖人之知(“大知”)察遠觀近不拘一隅，知小不爲少，大不爲多，體量無窮。明瞭(“證曏”)古今之理，故望古雖遠，我自無悶。人生短暫(“掇”)而不欣企(“跂”同“企”)於長壽，因爲時間無止境。明察盈虛變化，得到者不喜，失去者不憂，因爲命分無常。明乎坦然平等之大道者如此，故生而不爲愉悦，死而不爲禍災，知生死之不可固定。算計人之所知，比不上自己所不知的。人生之時，比不上未生之時更長。以其至小求索窮盡其至大之域，故迷亂而不能自得。由此可知，如何能夠認定豪末爲最細之邊界(“倪”同“崖”)！又何以知天地能夠窮盡至大之域！河伯説：人們議論認爲：“最小之物(“精”即精微)無形，最大之物不可圍”，事實如此嗎？北海若説：從微小之物觀至大之物不能窮盡它，從至大之物觀微小之物則不能明晰。精爲最小之物；恢郭(“垺”同“郛”，即恢郭)爲廣大(“殷”指繁盛)之物。大小隨異，各有所便。此爲形狀使然。細小和粗大之物，外定於有形者；无形者，數之所不能分也；不可圍者，數之所不能窮也。可以言論者，只是物之粗細；物之精微，則只可以意會；言之所不能論，意之所不能察致者，就不定於物之精粗了。河伯説：那麽，物之外之内，如何進行區分貴賤？如何進行區分小大？北海若説：以道觀之，物无貴賤；以物觀之，自貴而相賤；以世俗之見，貴賤不在己（“己”指自己、身内）。以差別觀之，因由其所大而大之，則萬物莫不大；因由其所小而小之，則萬物莫不小；如果知道天地之如同稊米，豪末如同丘山，則差數歷歷可見。以功效觀之，因由其所有而有之，則萬物莫不有；因由其所无而无之，則萬物莫不无；如果知道東西之相反而不可以相无，則功效（“功分”指功能界限）就明確了。以情趣觀之，因其所然而然之，則萬物莫不然；因其所非而非之，則萬物莫不非；如果知道堯桀之自然而相非，則志趣情操顯而易見。在這裡，從天地自然萬物大小多少，到社會人情世故毀譽寵辱，北海若之論，可謂從容不迫，對於知識而又了然於胸。

大智慧者皆如此：

> 故足之於地也踐，雖踐，恃其所不蹍而後善博也；人之知也少，雖少，恃其所不知而後知天之所謂也。知大一，知大陰，知大目，知大均，知大方，知大信，知大定，至矣。大一通之，大陰解之，大目視之，大均緣之，大方體之，大信稽之，大定持之。盡有天，循有照，冥有樞，始有彼。則其解之也似不解之者，其知之也似不知之也，不知而後知之。其問之也，不可以有崖，而不可以无崖。頡滑有實，古今不代，而不可以虧，則可不謂有大揚搉乎！闔不亦問是已，奚惑然爲！以不惑解惑，復於不惑，是尚大不惑。（《徐无鬼》）

“踐”同“淺”。“恃”同“待”。“蹍”即步履、蹈踏。“博”意指廣遠。“足之於地也踐，雖踐，恃其所不蹍而後善博也”一句，意謂腳下行走，只會佔用很小的地面。但是，容足之地以外，雖皆無用之地而不可廢也，必須有很廣大的空地，我們才能走遠。同樣，“人之知也少，雖少，恃其所不知而後知天之所謂也”。“天之所謂”意指自然。“大一”即天。“大陰”即地。“大目”意指無分別視萬物。“大均”意指一切均等。“大方”意指無邊面積。“大信”意指至高信用。“大定”意指宇宙之安定和諧。“知大一，知大陰，知大目，知大均，知大方，知大信，知大定，至矣”，都是從個別到一般，從特殊到抽象，從有到無，達到最高知識，故曰“至矣”。“通”指通達。“解”亦爲到達、通達。“視”猶自現。“緣”即因緣。“體”意指體證。“稽”意指留止。“持”即守持。“盡有天，循有照，冥有樞，始有彼”，意即盡其所受乎天；順其天然，智自照明；窈冥之理，自有樞機，不用勞心；有始則有加。這樣，理解如同不理解，知之如同不知之，不知而後爲真知。“崖”即邊際。“頡滑”意即錯亂。“實”即實在。“代”即替代。“虧”即虧損。“揚搉”意謂大略。“闔”同“盍”，爲何之意。“爲”猶“乎”。“尚”即崇尚。“以不惑解惑，復於不惑，是尚大不惑”，即是一種“知不知”的大智慧。

因此，我們可以推斷，《莊子》認爲的那些體會、體悟、得道者，就是知道自己是無知者。《莊子》關於這方面的論述非常多，這裡略舉幾例：

> 欲是其所非而非其所是，則莫若以明。物無非彼，物無非是。自彼則不見，自知則知之。故曰彼出於是，是亦因彼。彼是方生之說也。雖然，方生方死，方死方生；方可方不可，方不可方可；因是因非，因非因是。是以聖人不由，而照之于天，亦

因是也。是亦彼也，彼亦是也。彼亦一是非，此亦一是非。果且有彼是乎哉？果且無彼是乎哉？彼是莫得其偶，謂之道樞。樞始得其環中，以應無窮。是亦一無窮，非亦一無窮也。故曰莫若以明。(《齊物論》)

凡物無成與毀，復通爲一。唯達者知通爲一，爲是不用而寓諸庸。庸也者，用也；用也者，通也；通也者，得也；適得而幾矣。因是已。已而不知其然，謂之道。(《齊物論》)

故爲是舉莛與楹，厲與西施，恢恑憰怪，道通爲一。……唯達者知通爲一，爲是不用而寓諸庸。庸也者，用也；用也者，通也；通也者，得也；適得而幾矣。因是已。已而不知其然，謂之道。(《齊物論》)

"莫若以明"意即不若放棄明白的判斷。"以"同"已"，意即停止、放棄。[①]"彼"指物。"天"指自然。"道樞"意即道。"幾"意即庶幾，意指庶幾得道。因此，北海若諄諄教導原先無知自大的河伯：

以道觀之，何貴何賤，是謂反衍；无拘而志，與道大蹇。何少何多，是謂謝施；无一而行，與道參差。嚴乎若國之有君，其无私德；繇繇乎若祭之有社，其无私福；泛泛乎其若四方之

① 此句注家歷來衆說紛紜，然皆難以通釋。此處採用樓宇烈先生之說，可謂與字義文意皆可貫通。(見樓宇烈：《"莫若以明"釋——讀〈齊物論〉雜記一則》，《溫故知新——中國哲學研究論文集》，商務印書館，2004年版。)又劉武云："莫若以明者，言莫若即以本然之明照之。"亦可備一說。(見劉武：《莊子集解内篇補正》，中華書局，2008年版，第44頁。)

無窮，其无所畛域。兼懷萬物，其孰承翼？是謂无方。萬物一齊，孰短孰長？（《秋水》）

“反衍”同“蔓衍”。“无拘而志，與道大蹇”意即不要拘執你的心志，與道發生阻滯。“謝施”意即委蛇。“一”意即專一。“參差”意謂不合。郭象注：“不能變通，則不齊於道。”“嚴乎”意即儼然。“私德”即爲私之德。“繇繇”爲自得之狀。“畛”意即界限，疆界。“懷”意即懷藏。“承翼”意即扶助。聖人即得道者。故他們的狀態是：

何謂和之以天倪？曰：是不是，然不然。是若果是也，則是之異乎不是也亦無辯；然若果然也，則然之異乎不然也亦無辯。化聲之相待，若其不相待。和之以天倪，因之以曼衍，所以窮年也。忘年忘義，振於無竟，故寓諸無竟。（《齊物論》）

是以聖人和之以是非而休乎天鈞，是之謂兩行。（《齊物論》）

若有能知，此之謂天府。注焉而不滿，酌焉而不竭，而不知其所由來，此之謂葆光。（《齊物論》）

“天倪”意指自然之分。“化聲”猶夢中之言。[1]“因”意指因任、任

① 劉武《莊子集解内篇補正》云：“莊子夢身化爲蝶，謂之物化，則其夢中之言，可謂之聲化，即此化聲之意也。待夢中之化聲以正是非，更屬虛幻，故其相待，如其不相待也。乃極言是非無定，無可相正，故聖人和之，任其兩行也。”（中華書局，2008年版，第71頁。）

其。“曼衍”意謂雜亂無邏輯之言。“天均”意指自然平衡。“兩行”意即並行，不介入是非之爭。“天府”意謂自然府藏。“葆光”即韜光養晦之意。這裡的“天府”、“天均”、“葆光”，都是要人們超脱是非，以不知爲知。

> 蘧伯玉行年六十而六十化，未嘗不始於是之而卒詘之以非也，未知今之所謂是之非五十九非也。萬物有乎生而莫見其根，有乎出而莫見其門。人皆尊其知之所知，而莫知恃其知之所不知而後知，可不謂大疑乎！已乎已乎！且无所逃。此所謂然與，然乎？（《則陽》）

“蘧伯玉”是人名，衛國大夫。“行年六十而六十化”意爲，能與日俱新，隨年變化。“始於是之而卒詘之以非”大意爲，始於肯定而終於否定。初履之年謂之爲是，年既終謝謂之爲非，一歲之中而是非常出，故始時之是，終詘爲非也。“未知今之所謂是之非五十九非也”意爲，故變爲新，以新爲是；故已謝矣，以故爲非。然則去年之非，於今成是；今年之是，來年爲非。是知孰是孰非，滯新執故者，倒置之流也。此句含日新之意。“根”即根本、本原。“出”意指出生。“恃”即依賴。所知者，俗知也；所不知者，真知也。流俗之人，皆尊重分別之知，銳情取捨，而莫能賴其分別之知以照真原。“疑”即疑惑。“已”意即止。不知之理，古今誰能逃之。“與”同“歟”。

《莊子》也把人類這種最高智慧與反進化論的歷史觀結合起來：

> 古之人，其知有所至矣。惡乎至？有以爲未始有物者，至矣，盡矣，不可以加矣。其次以爲有物矣，而未始有封也。其次以爲有封焉，而未始有是非也。是非之彰也，道之所以虧也。道之所以虧，愛之所以成。果且有成與虧乎哉？果且無成與虧乎哉？有成與虧，故昭氏之鼓琴也；無成與虧，故昭氏之不鼓琴也。昭文之鼓琴也，師曠之枝策也，惠子之據梧也，三子之知幾乎，皆其盛者也，故載之末年。唯其好之也，以異於彼。其好之也，欲以明之。彼非所明而明之，故以堅白之昧終。而其子又以文之綸終，終身無成。若是而可謂成乎？雖我亦成也。若是而不可謂成乎？物與我無成也。是故滑疑之耀，聖人之所圖也。爲是不用而寓諸庸，此之謂以明。（《齊物論》）

“至”爲極致。“未始有物”即未曾有物，萬物出現之前。“封”意指區域、界限。《莊子》此處把知識分爲幾種層次或境界，宣稱混沌無知爲最高知識境界；雖知有物，但不能分辨物爲次一級知識境界；再次爲雖知分辨，不知是非；而明辨是非爲最下知識境界。“彰”意爲彰顯。“愛”與“好”義近，指愛好、鍾情。[①]“昭氏”、“師曠”傳爲古代音樂家。“故”意即此。“枝策”意即持杖擊節，言師曠深知音律，故持杖以擊節也。“據梧”意爲憑據梧几。“幾”即庶幾。“盛”意爲成功、有成。“載”意即從事。“末年”意爲終世。

① 蔣錫昌云：“‘愛’即百家(尤其是辯士)個人特別之‘好’，如下文所謂‘昭文之鼓琴’，‘師曠之枝策’，‘惠子之據梧’，皆是也。”見蔣錫昌：《齊物論校釋》，成都古籍書店，1988年版，第139頁。

“其”指三子。“彼”指別人、衆人。郭象注：“言此三子，唯獨好其所明，自以殊於衆人。”“明”即明示。“昧”意爲闇昧。“綸”意爲緒餘、繼續。王叔岷曰：“昭文鼓琴有成，其子但得其緒餘，故無成也。”[①]“是”指三子之事。“我”指衆人。“物”指外在世界。“滑疑”意指混亂。“耀”即顯耀、炫耀。“圖”同“鄙”。此謂炫耀多智，乃聖人之所鄙也。“以明”意爲終止聰明。“堅白論”爲公孫龍一著名辯題。《莊子》以此批評名家，乃至懷疑一切學術論爭，終爲無果之爭。

反對進化論是《莊子》理論中的一個支點。他甚至不厭其煩重申他的這個思想：

> 古之人，其知有所至矣。惡乎至？有以爲未始有物者，至矣，盡矣，弗可以加矣。其次以爲有物矣，將以生爲喪也，以死爲反也，是以分已。其次曰始无有，既而有生，生俄而死；以无有爲首，以生爲體，以死爲尻。(《庚桑楚》)

“是”即此。“至”指極致。“盡”即窮盡。“有以爲未始有物者，至矣，盡矣，弗可以加矣”，意即最高的知識爲不知有物。“其次”意指次一級的知識。下文“其次”指更次一級的知識。“喪”弱喪、死。“反”意謂回歸。“以”同“已”。“分”即分別、分際。“尻”是臀部。“以无有爲首，以生爲體，以死爲尻”則主要是一種處世態度，與“墮肢體，黜聰明，離形去知，同於大通”相通。這個理念超

① 王叔岷：《莊子校詮》，中華書局，2007年版，第69頁。

越了日常經驗和一般社會生活常識，也超出了知識論的視域，即不是關於“知識是什麼”的討論。這個理念是莊子試圖達到他的人生理想終極狀態的邏輯支點，我們在《莊子》的自然哲學一章詳論。

但是，《莊子》還說過：

且有真人而後有真知。(《大宗師》)

似乎有人可以獲得真知。然而，何謂“真人”？真人絕非常人，真人所獲得的真知也不是知識論意義上的知識。這個問題與上面的問題一起，我們將在《莊子》的“自然哲學”一章再論。

以上論證表明，《莊子》的知識論具有明確的觀點、清晰的內在邏輯和充足的推理論證，而且思維的觸角極爲深刻和敏鋭。莊子的立足點和結論，從表面看屬於不可知論。但是，《莊子》的形上學(道論)又斷言宇宙萬物的原始爲道。這個判斷實際上也是個知識判斷或真理判斷。由此可見，用不可知論概括《莊子》的知識論是不準確的。我把它歸爲極端懷疑論，原因即在此。

從極端懷疑論出發，《莊子》在關於認識世界和社會生活的態度上，又是消極、被動的，甚至是麻木地聽任自然。但是，莊子並沒有完全否定常識，否定日常經驗。《莊子》的知識論給了我們一個關於中國哲學的堅實的自信，即在人類認識世界的知識論體系之中，尤其是作爲極端懷疑論者，《莊子》在人類哲學史上完全可以成爲卓然一家，是從古希臘到20世紀的叔本華、尼采諸座山峰之中，蔚爲壯觀的一座。

第四章　语言哲學——“指-物”之論

《莊子》的語言哲學(philosophy of language)與《莊子》的語言風格是兩個問題，甚至與《莊子》關於語言的理論也不能完全等同。因爲語言哲學不能完全等同於語言學理論。

《莊子》認爲，作爲對象的外在世界在根本上是不能認知的，即使知道了也難以言說，即使能夠言説别人也不能夠理解。這個思想與古希臘哲學家高爾吉亞的思想非常接近。

20世紀法國哲學家德里達(J.Derrida 1930—2004年)指出，兩千多年的西方哲學本質上是一種“邏各斯中心主義”，而邏各斯(logos)的一個重要意思是“言説”。可見，西方哲學有一條潛在的線索與語言相關。西方哲學在20世紀發生了重大轉變，這個轉變被很多哲學史家稱爲“語言學轉向”。因爲，20世紀西方哲學的兩大主潮分析哲學和現象學，都把關注點聚焦在語言上。分析哲學家自詡爲“語言清道夫”，從語義和邏輯分析切入，對於肇始於古希臘的西方哲學理論和思想進行徹底的清理。分析哲學家認爲，幾千年來很多哲學問題，其實是不可能進行討論的假問題。而從胡塞爾現象學解析人們意識的意向性開始，到伽達默爾的哲學解釋學闡發意義與理解的問題，意義問題其實是現象學家們探究的最核心的密碼。不僅是分析哲學和現象學，更不用説結構-解構主義哲學，甚至精神分析學派，20世紀西方哲學的重大理論問題，幾乎都與語言問題相關。因此,語言是什麼?語言能否把握世界?語言能否表達思想?語言能否相互交流、完全理解?這些問題凸顯在20世紀西方哲學家的思考之中。

《莊子》中的語言哲學思想,與20世紀很多西方哲學家的重大理論具有某種内在的相通。

第一節 在哲學視域内:語言是什麼?

幾乎絕大多數動物在同類之間傳遞信息的時候,都會發出聲音,甚至還能轉换音調。例如鳥叫蟲鳴、虎吟狼嚎等等,皆是如此。人類在脱離動物界之前,相互之間傳遞信息所發出的聲音,與動物也是相同的。但是,在脱離動物界之後,人類發出的具有意指的聲音被稱作語言。雖然我們也把動物發出的這類聲音有時候也叫作“語言”,但這只是在一般泛泛之義上即廣義上的指稱。人類的語言與動物的“語言”具有根本不同的性質。哲學界一般認爲,只有人類才有語言。那麼,語言是什麼?現代語言學界定語言必需具備的三要素:語音、詞彙、語法。這基本上是學界公認的語言必備元素。但是,語言學家還沒有深入討論語言與人類本身的關係是什麼?語言與世界的關係是什麼?這是個語言哲學的問題。

海德格爾說:

> 人是能言説的生命存在。這一陳述並非意味著人只是伴隨著其他能力而也擁有語言的能力。它是要説,唯有言説使

人成爲作爲人的生命存在。作爲言説者的人是人。[①]

海德格爾認爲,語言是人類之所以爲人類的一個標誌。這是語言哲學的一個觀點。

《莊子》具有系統的語言哲學思想。在《莊子》看來,語言與人類關係的首要之點是,人類必須言説。這是因爲,人來到這個世界,就必須與世界打交道:

天地與我并生……(《齊物論》)

一受其成形,不亡以待盡。與物相刃相靡,其行盡如馳,而莫之能止……(《齊物論》)

“受”意即秉受。“成形”意爲成人之形,即出生來到世界之中。“盡”意即終,引申爲盡天年。人一旦來到世界之中,只要活著,就要與世界萬物(包括人類本身)“相刃相靡”。“刃”爲刀鋒,“靡”有倒下、摧毀之意。《莊子》以此比喻人生艱險、蹉跎之境遇。人類從一開始出現,首先面對的是外在世界和自己的社會。而人生既然與世界萬物相伴始終,作爲社會存在,人類必須要交流和理解。交流和理解的最重要手段就是語言。因此,語言是人類必需的生存手段,伴隨人類活動始終。

① 海德格爾:《詩·語言·思》(*Poetry, Language, Thought*),阿爾貝特·霍夫施泰特(Albert Hofstadter)英文編譯本,哈珀柯林斯出版社,1975年版,第189頁。

或使、莫爲，言之本也，與物終始。(《則陽》)

“或使”意即有爲，與“莫爲”意思相反。“或使、莫爲”爲人類語言最基本功能，爲語言之本，皆與世界萬物不能須臾分離，相伴始終。由此可見，人不能離開語言而生存。人與世界的關係首先是一種語言的關係。語言也是人類出生後自然學會無師自通的本領之一。

嬰兒生无石師而能言，與能言者處也。(《外物》)

“石師”即“碩師”。嬰兒與父母相處自然就會說話。當然，《莊子》認爲世界萬物的本原是道。但是，道創化世界萬物，也必須要藉助語言：

道不可有，有不可无。道之爲名，所假而行。(《則陽》)

“名”即是名稱，即是語言。沒有語言，不僅萬物無法指稱言說，道本身也無法指稱。故此，

道行之而成，物謂之而然。(《齊物論》)

“謂”即是稱謂。可見，伴隨人類出現，世界萬物出現，語言也必然出現。人離不開世界。因此，人類不得不言說。

其次，《莊子》認爲語言只是屬於人類專有的。《莊子》把宇宙萬物發出的聲音，大致概括爲三種，即人籟、地籟、天籟：

> 子綦曰："……汝知之乎？女聞人籟而未聞地籟，女聞地籟而未聞天籟夫！"子游曰："敢問其方。"子綦曰："夫大塊噫氣，其名爲風。是唯无作，作則萬竅怒呺。而獨不聞之翏翏乎？山林之畏佳，大木百圍之竅穴，似鼻，似口，似耳，似枅，似圈，似臼，似洼者，似污者；激者，謞者，叱者，吸者，叫者，譹者，宎者，咬者，前者唱于而隨者唱喁。泠風則小和，飄風則大和，厲風濟則眾竅爲虛。而獨不見之調調、之刁刁乎？"子游曰："地籟則眾竅是已，人籟則比竹是已。敢問天籟。"子綦曰："夫吹萬不同，而使其自已也，咸其自取，怒者其誰邪！"（《齊物論》）

"子綦"爲得道之人，"子游"是其弟子，二人皆寓言人物。"方"即意義。"大塊噫氣"即大自然之氣。成玄英疏云："大塊者，造物之名，亦自然之稱也。言自然之理通生萬物，不知所以然而然。大塊之中，噫而出氣，乃名此氣而爲風也。""是唯无作"之"是"指風，"作"意爲發作、發起。"竅"即孔竅。"呺"意爲呼嘯，吼叫。"而獨不聞"與下文"而獨不見"之"而"同"爾"。"翏翏"意指長風之聲。"林"同"陵"。"畏佳"同"嵬崔"，形容山之貌。"百圍"意即百人抱圍。"竅穴"即孔洞，此處指樹洞。"枅"即曲枅，屋柱上方彎曲之木，比喻樹上的彎孔。"圈"指杯圈。蔣錫昌曰："有圓孔如屈木杯圈者。”[①]“臼”即舂臼。有内小外大之孔如舂臼。“洼”意指深池。“污”意指淺池。鼻、口、耳、枅、圈、臼、洼、污等語皆描述孔狀之物。“激”同“嗷”,吼叫之意。“謞”同“號”。“叱”爲叱咤聲。“吸”噓吸聲。“譹”即嚎哭。“宎”應爲“笑”。“咬”指鳥鳴之聲。激、謞、叱、吸、叫、譹、宎、咬等語,皆描述風發出的各種聲音。“于”、“喁”皆模擬樹枝發出的聲音。風吹前後相和之聲,皆發於自然。“泠”爲小風。“飄”爲大風。“厲”同“烈”。“厲風”即“烈風”。“濟”意停止。郭象注:“烈風作則眾竅實,及其止則眾竅虚。”“調調”、“刁刁”皆風吹樹枝動搖之狀。天籟是自然之“大塊噫氣”,可謂宇宙之樂。與天籟相對的地籟是有孔竅的事物發出的聲音,“吹萬不同,而使其自己也,咸其自取”,這些都是自然之聲。人籟是絲竹之類,是人爲之音。

然而,《莊子》認爲,人類的語言不同於大自然的聲音,也不同於動物的叫聲:

> 夫言非吹也,言者有言,其所言者特未定也。果有言邪?其未嘗有言邪?其以爲異於鷇音,亦有辯乎,其無辯乎?(《齊物論》)

“吹”指風吹。蔣錫昌云:“言出機心,吹發自然,二者不同,故曰言非吹也。”[②]風吹不是人類的言說,即使是人類吹氣也不是

① 蔣錫昌:《齊物論校釋》,成都古籍書店,1988年版,第109頁。

② 同上書,第125頁。

言說。[1]“有言”即言說。“所言者”指言說所指之對象，語言是有意義的。“定”意即確定。“其所言者特未定”，意爲具體的言説所指的對象其實不是確定的。[2]故下文“果有言邪？其未嘗有言邪”爲反問句。“其未嘗”猶“抑未嘗”。“未嘗有言”即無言。[3]“鷇音”爲雛鳥剛破殼時之鳴叫。“辯”即辨別。郭象注云：“夫言與鷇音，其致一也。有辯無辯，誠未可定也。”人類的語言自然不同於“鷇音”。但是，人類之言説與雛鳥的之叫聲到底有何區别？

莊子當然明白，人類的語言與動物發出的聲音肯定是不同的。説到底，對於非人類的動物發出的聲音，我們人類是無法理解的：

> 雞鳴狗吠，是人之所知；雖有大知，不能以言讀其所自化，又不能以意其所將爲。（《則陽》）

雖然是“雞鳴狗吠”這些常見之事，即是“大知”也不能用人類的語言來讀聽其中造化，也不能以人類之意圖揣度其中含義。人類的言説不是自然的風聲，不同於動物發出的聲音，那麼，言説與無言之間有什麼區别？這也是《莊子》語言哲學思考的一個根本問題。本章後面小節再逐一討論。

① 印度婆羅門教認爲聲音爲一種神靈，如“阿母”表濕婆之聲，“烏”字表毗修奴神，“阿”字母音以及一切子音，皆有神秘意義。佛教中的密宗受此影響，以“阿”字爲一切聲音之根本。因而特别重視咒語。（參見蔣維喬：《中國佛教史》，上海古籍出版社，2007年版，第155—157頁。）由此亦可以見出中國文明與印度文明之差異。

② 郭象注：“我以爲是而彼以爲非，彼之所是，我又非之，故未定也。”這是在第一層意義上。然而，《莊子》認爲在言與物的根本關係上，也是不確定的。

③ 郭象注：“以爲有言邪？然未足以有所定。以爲無言邪？則據己已有言。”

第三,《莊子》認爲,人類的日常語言有不可逾越的界限,即不能言說事物本身——道。日常語言是相伴人類生存的必需手段,《莊子》稱之爲"丘里之言",這是人類使用語言最普遍的方式:

> 少知問於太公調曰:"何謂丘里之言?"太公調曰:"丘里者,合十姓百名而以爲風俗也,合異以爲同,散同以爲異。今指馬之百體而不得馬,而馬係於前者,立其百體而謂之馬也。是故丘山積卑而爲高,江河合(水)【小】而爲大,大人合并而爲公。……時有終始,世有變化。禍福淳淳,至有所拂者而有所宜;自殉殊面,有所正者有所差。比于大澤,百材皆度;觀乎大山,木石同壇。此之謂丘里之言。"(《則陽》)

"少知"、"太公調"皆爲寓言人物,名亦有寓意。"丘"、"里"爲地域行政單位。[1]"丘里之言"譬如街談巷議,道聽途説,百家姓氏,豬馬牛羊,卑高小大、江河湖海,山川草木,等等,即是日常語言。在這段文字中,《莊子》由"丘里之言"揭示了語言的一些主要特征。第一是語言的抽象性質。某些字詞就是一類意義的集合。例如有"姓"有"名",合爲姓名。[2]所謂"合異以爲同,散同以爲異",不僅説明語言爲言語、言説之集合,而且詞彙概念之間亦有種、屬不

---

① 成玄英疏曰:"古者十家爲丘,二十家爲里。鄉閭丘里,風俗不同,故假問答以辯之也。"

② 陸德明《釋文》:"一姓爲十人,十姓爲百名,則有異有同,故合散以定之。"呂惠卿曰:"合姓名爲丘里,散丘里爲姓名。"(呂惠卿撰 湯君集校:《莊子義集校》,中華書局,2009年版,第491頁。)

同層級的差異。例如“馬”字，是指一個整體的動物。而馬有“百體”，意即頭尾腰脊等等。但所指這些“百體”卻不是“馬”。此即爲“散同爲異”。反過來，這些“百體”集合起來才成爲“馬”。同樣，“丘山積卑(“卑”即低微)而爲高，江河合(水)【小】而爲大，大人合并而爲公”。卑高小大，相對爲文。“大人”意謂大德之人。“合并”猶“合羣”。這即是語言中一些概念的抽象功能。

第二是語言的約定俗成性質。“丘里者，合十姓百名而以爲風俗也”，這裡《莊子》明確說明“丘里之言”本身即是約定俗成的日常語言。“時有終始，世有變化。禍福淳淳，至有所拂者而有所宜；自殉殊面，有所正者有所差”含義略微含混。“淳淳”描述流動之狀。“有所拂者而有所宜”意即有悖逆的地方就也有適宜的地方。“拂”即反戾。“自殉殊面，有所正者有所差”，意即不同的追求，有切中的就也有錯失的。“殉”意爲追逐。“面”意爲面向。這句意義也可以描述字詞所指的現象。而“比于大澤，百材皆度；觀乎大山，木石同壇”，意即像大的宅院，各種材料都需要；觀察大山，木石同生於大山之基址。“比”意即譬如。“澤”同“宅”。“度”即度量。“壇”爲基礎。成玄英疏曰：“石有巨小，木有粗細，共聚大山而爲基本，此合異以爲同也。”語言現象由此類推。其大致含義是指語言約定俗成的現象。可見“丘里之言”即是約定俗成的人類自然語言。

當然，“丘里之言”是無法言說道的。從某種意義上說，不能言說道，就是不能言說事物的根本之理。

少知曰：“然則謂之道，足乎？”太公調曰：“不然。今計物之數，不止於萬，而期曰萬物者，以數之多者號而讀之也。是故天地者，形之大者也；陰陽者，氣之大者也；道者爲之公。因其大以號而讀之則可也，已有之矣，乃將得比哉！則若以斯辯，譬猶狗馬，其不及遠矣。”（《則陽》）

“期爲萬物”意即以“萬物”來概括。“期”意爲限於。“而期曰萬物者，以數之多者號而讀之也”，郭象注云：“夫有數之物，猶不止於萬，況無數之數，謂道而足耶！”“號”即稱號，名號。“讀”即言說、指稱。“形”即形體、物體。天地爲形體最大者，陰陽爲氣之最大者。“公”意謂公道無私。“乃將得比哉”之“乃”猶“豈”。這段文字，成玄英疏曰：“夫有形之物，物乃無窮，今世人語之，限曰萬物者，此舉其大經爲言也。亦猶虛道妙理，本自無名，據其功用，強名爲道，名於理未足也。”大意爲，如果用日常語言稱謂道，就像指稱狗馬那樣，稱狗之爲狗，馬之爲馬，則相差十萬八千里了。對於萬事萬物的根本之理，日常語言無法表達。故《莊子》又反問：

道惡乎隱而有真僞？言惡乎隱而有是非？道惡乎往而不存？言惡乎存而不可？（《齊物論》）

“惡”即如何。“隱”意即隱藏、隱匿。“道惡乎隱而有真僞”，成玄英疏：“虛通至道，非真非僞，於何逃匿而真僞生焉？”意即道如何隱匿而有真有僞？“言惡乎隱而有是非”，意即語言如何隱匿而有是有非？“道惡乎往而不存”，意即道在何處而又不存在。“言惡乎存而不可”，“可”即認可、確定。成玄英疏：“故可是可非，而非非非是者也。”這幾句話的大意是，如同道被隱藏起來一樣，言說的真正意義又隱藏在哪里？如同道無處不在一樣，人們哪裡能夠離開言說而正常生活呢？

人類的存在在根本的意義上也是一種語言的存在。語言是人類作爲人類生存的必然條件。海德格爾說，言說是人類的本性，也是人類之所以成爲人類的標誌。然而，人類的語言性存在也有一個先天的缺陷，即“所言者特未定”，意思是語言與意義的關係不是確定的。正是語言在最根本的功能上存在問題，人類通過語言進行的交流活動就不能達到完全的理解，甚至產生誤解。“所言者特未定”也表明，人類永遠不能完全用語言言說切中世界萬物，永遠不滿意語言的表達，永遠不能完滿地用語言進行理解，因而永遠糾纏於語言之中。人與語言就是這種宿命關係。正因爲如此，這也是一個語言哲學的核心問題。

《莊子》的語言哲學以異常尖銳地提出問題開端，直接切入語言哲學的要害，進而展開他艱深的論證。

第二節　言與物

語言的基本功能是指事指物。現代語言學代表人物索緒爾(F. de Saussure1857—1913年)把語音作爲“能指”(signifiant)，所指稱對象爲“所指”(signifié)。所指也就是語音的意義，實質上就是語詞、語言的意義。海德格爾則認爲，所有的事物只有進入語言才能存在。故語言是存在之家。《莊子》的某些思想不僅於索緒爾的語言學思想諳合，亦與海德格爾哲學思想相通。

《莊子》認爲，語言的功能是狀物指事，因此，語言的本質特征就是“名”和“指”。《莊子》常常把事物稱爲“實”。言與事物之關係也是名與實的關係。[①]因此，

> 有名有實，是物之居；无名无實，在物之虚。……或使、莫爲，言之本也，與物終始。(《則陽》)

“居”即居所。“有名有實，是物之居”，郭象注曰：“指名實之所在。”此句幾乎可以直譯爲“語言是存在之家”。語言之本就是被我們使用，用來指物，與我們的生存相伴。在某種意義上，萬物之根的道也必須要語言指出。

> 道不可有，有不可无。道之爲名，所假而行。(《則陽》)

“假”即假借。“道之爲名，所假而行”，意爲道也是假借語言而存在的。假借表明不能直接指代。在《莊子》看來，語言不能言説道，是因爲語言不能逾越自身的局限：

> 夫道未始有封，言未始有常，爲是而有畛也……(《齊物論》)

① 公孫龍《名實論》曰：“夫名實，謂也。”(見譚戒甫：《公孫龍子形名發微》，中華書局，2001年版。)

“封”意指區域、界限。“常”意爲常定。“畛”即邊界。道是沒有分別的,語言所指也不是確定的。因此,語言言說與道之間存在一條不可逾越的鴻溝。《莊子》對於這條鴻溝做了有力的邏輯推論和堅實的界定。

語言不能言說道。那麼,語言是否具有確定的指物、指事功能?換句話說,語言的意義是否是明確、確定的?詞與字的意義界限,是否像數學那樣精確?這裡最關鍵的當然還是詞與事物之間的關係究竟是如何。語言的確定意義在於語言與事物之間的確定關係。索緒爾語言學爲此建構了一個結構主義的理論大廈。他清晰地界定了語言中“能指”與“所指”的關係,即語音能指與所指對象之間的關係。他認爲,能指與所指就像一個硬幣的兩面,是注定一體無法分割的。因此,人們能夠使用語言,通過語言認識世界、溝通思想。後來的語言哲學家們基本都認爲,語言中最基本的單元元素是詞,詞的功能是能指,詞的意義就是所指。而語詞的意義就是對於一個對象事物的界定。例如,漢字“豬”作爲能指,就是指向一種長嘴大耳朵的家畜。這種家畜就是“豬”這個詞的所指。語詞“豬”與這種家畜是一體兩面,不可分割。能指與所指一體不可分割的觀念,是20世紀初期被學界公認的語言學定律。

就一般常識來說,索緒爾的語言學理論在今天仍然是有效的,沒有什麼錯誤。人們對於語言能指和所指的基本確定關係也從未產生懷疑。因此,人們在日常生活中使用語言進行各種交流活動,基本是有效的、成功的。但是,在語言哲學的層面,索緒爾的理論在當代西方遭遇重大質疑和挑戰。20世紀法國哲學家德里達,對索緒爾結構主義語言學作了徹底的解構。他認爲，語詞的能指與所指，並不像一個硬幣的兩面。實質上，能指只能指向下一個“能指”，永遠在“能指”之中運行，永遠不能達到所指。這個理論，打破了語詞與事物之間牢不可破的關係，也消解了對於語詞意義確定性的信念與幻想。[①]然而，早在兩千多年前，中國哲學家莊子就已經討論了這個問題，並且否定了這個索緒爾的語言學定律。

在《莊子》看來，言與物的關係不是一一綁定的關係，而是一個不確定的關係：

> 物謂之而然。惡乎然？然於然。惡乎不然？不然於不然。物固有所然，物固有所可。無物不然，無物不可。（《齊物論》）

“謂”即稱謂。“然”意即可。“惡”意即如何。“物謂之而然”，意即事物被我們指稱而得以認知、認可。但是，“惡乎然？然於然。惡乎不然，不然於不然”，翻譯爲現代漢語，即是：如何認可？認可於認可。如何不認可，不認可於不認可。這樣的表述是《莊子》語言的一大特點，屬於所謂“卮言”。其意指正是下面所說的“物固有所然，物固有所可。無物不然，無物不可”，其大意是，事物被我們言說、稱謂而被我們認識。但是，我們對於事物的稱謂卻“無可無不可”，沒有最終的確定性。雖然《莊子》在這裡表達了強烈的相對主義傾向，但是，他用毋庸置疑的鮮明態度，宣告詞語能指與所

① 參見拙文：《無底棋盤上的遊戲——德里達解構哲學述評》，《哲學研究》1994年第2期。

指之間不存在牢固、確定的關係。語言作爲系統的能指，是不能與所指之物完全符合的。從這個意義上說，語言具有一定的不確定性，甚至隨意性：

言者，風波也；行【之】者，實喪也。(《人間世》)

語言言說猶如風之水波，所指事物自然無法確定。因此，"名實者，聖人之所不能勝也"(《人間世》)。由於語義與對象之間沒有確定的關聯，因此《莊子》斷定，能指在根本的意義上實際上是"非指"：

以指喻指之非指，不若以非指喻指之非指也；以馬喻馬之非馬，不若以非馬喻馬之非馬也。天地一指也，萬物一馬也。(《齊物論》)

"天地"與"萬物"、"一指"與"一馬"實爲互文。"天地一指也，萬物一馬也"，意即"天地萬物，皆一指一馬"，也即名與物、能指與所指之關係。[①]《莊子》以一種徹底的精神，顛覆了人們對於言與物關係的約定俗成觀念。由此，《莊子》得出結論，就語言言說而言：

物無非彼，物無非是。(《齊物論》)

① 公孫龍《指物論》曰："物莫非指，而指非指。天下無指，物無可以謂物。……指也者，天下之所無也；物也者，天下之所有也。以天下之所有爲天下之所無，未可。"這個思想與《莊子》亦基本相同。

這個結論既是知識論的,也是語言哲學的。從語言與世界的根本關係來說,語言是無法把握世界的。在這個意義上也證明,世界是不可知的。由於詞與物之間沒有確定的關聯,因此導致語言意義理解的分歧。由於對於事物理解的分歧,於是就有了辨析(“辯”同“辨”)。有了辨析,也有了爭辯。可見現實生活中之所以有分歧、爭辯,其根源也在於詞與事物之間不存在確定的關聯。

> 夫道未始有封,言未始有常,爲是而有畛也,請言其畛:有左,有右,有倫,有義,有分,有辯,有競,有爭,此之謂八德。(《齊物論》)

“封”意指區域、界限。“常”意爲常定。“畛”即邊界。“爲是”即爲此,意指是非之論。“有左,有右,有倫,有義,有分,有辯,有競,有爭”大意爲:有“左”則必有“右”;有倫常,就有倫理、正義,就有了分別、辯論、競爭。群生功用,轉變無窮,略而陳之,有此八種。“德”亦有所得、得到之意。所謂“八德”不僅僅限於儒墨,可泛指諸子百家。所謂儒墨道法,都是起於分辨:

> 駢於辯者,纍瓦結繩竄句,游心于堅白同異之間,而敝跬譽無用之言非乎?而楊墨是已。(《駢拇》)

“駢”原意爲並立。“纍瓦結繩”意謂無用之物,如瓦之纍、繩之結。“竄句”意即穿鑿語句。“堅白”即名家“離堅白”之論。“敝”意爲疲敝，勞頓。“跬”意指半步距離。“跬譽”意謂虛小之名譽。“楊墨”指楊朱、墨翟。諸子各家之論爭其根源亦在於此。

> 學者，學其所不能學也；行者，行其所不能行也；辯者，辯其所不能辯也。知止乎其所不能知，至矣；若有不即是者，天鈞敗之。(《庚桑楚》)

“學者”、“行者”、“辯者”皆未得道，有違自然之理。“天鈞”意即自然之性。從語詞辨析，到是非爭論，是諸子百家爭論不休之源，首先是造成了思想上極大的混亂。而且，由於人們習慣於用知識來治理國家，語言造成的混亂形成的知識混亂，於是就帶來很多社會政治、法律等問題。其中儒墨名法是罪魁，而孔子可謂禍首：

> 形名者，古人有之，而非所以先也。古之語大道者，五變而形名可舉，九變而賞罰可言也。驟而語形名，不知其本也；驟而語賞罰，不知其始也。倒道而言，迕道而說者，人之所治也，安能治人！驟而語形名賞罰，此有知治之具，非知治之道。(《天道》)
>
> 名若儒墨而凶矣。(《徐无鬼》)
>
> 今子(指孔子)修文武之道，掌天下之辯，以教後世，縫衣淺帶，矯言僞行，以迷惑天下之主，而欲求富貴焉，盜莫大於子。天下何故不謂子爲盜丘，而乃謂我爲盜跖？(《盜跖》)

“形名”意即事物與名稱，然而“形”與“刑”可通，“刑名”指罪刑與律法。故此處“形名”與“刑名”二義，不應割裂理解。“先”意即爲先、爲首。“五變”、“九變”皆言大道之説演變之跡。郭象注：“自先明天以下，至形名而五，至賞罰而九，此自然先後之序也。”“驟”即驟然。“倒道而言”即顛倒、顛覆道的言論。“迕道而説”意即忤逆、背離道的言説。“人之所治”意即治理的對象，也即禍亂之源。儒家在後世影響最大，故孔子爲社會禍亂之首。（《莊子》對於孔子和儒家的尖鋭批判，容後文詳述。）

由於社會混亂之根與語言相關，在諸子異説、百家爭鳴的社會氛圍之中，《莊子》冷峻而又犀利指出：

> 道隱於小成，言隱於榮華。故有儒墨之是非，以是其所非而非其所是。（《齊物論》）

“隱”即隱藏、逃匿。“小成”與“大成”相對而言。蔣錫昌説：“‘小成’爲‘大成’之對。……蓋莊子以無功無名爲大成，如《逍遥遊》所謂‘至人無己，神人無功，聖人無名’者是。以有功有名爲小成。”[①]“小成”就是世俗所謂的成功、成就、功成名就。通常的觀念中正是以爲那些所謂功成名就的行爲之中潛藏了道。“榮華”意指華麗的藻飾。成玄英疏曰：“榮華者，謂浮辯之辭，華美之言也。只爲滯於華辯，所以蔽隱至言。”《莊子》意思是，人們常常以爲在現實中的一些“成功人士”身上就會看到道，以爲在華麗的言辭中能夠發現是真正的言説，就像人們習慣從浮華言辭中發現“大言”

① 蔣錫昌：《齊物論校釋》，成都古籍書店，1988年版，第127頁。

一樣，爭辯不僅是成名之途，似乎也是追求真理之路。那是錯誤的，其實則非。儒墨之辯、是非之爭實質上於事物本身不著邊際，是無意義之辯，而他們論爭的根源即是來自於此。[①]此亦可謂《莊子》醒世之言。

在這些爭辯之中，人們常常名實倒置，爲語言的假象蒙蔽，十分可笑：

> 勞神明爲一而不知其同也，謂之朝三。何謂朝三？曰：狙公賦芧，曰："朝三而莫四"，眾狙皆怒。曰："然則朝四而莫三"，眾狙皆悅。名實未虧而喜怒爲用，亦因是也。(《齊物論》)

"狙公"即飼養猴子之人。"芧"即橡子。"莫"同"暮"。"朝三暮四"其實只是個語言遊戲，"名實未虧"但猴子們喜怒不同。猴子們被語言愚弄反而歡喜雀躍。其實，現實中很多人常常爲了早日獲得某種虛名，奮不顧身甚至以命相搏，與這裡的猴子沒有本質的差別。

但是，真正的智者對於語言的界限是了然於胸的：

---

① 《莊子》亦有這樣的文字："莊子謂惠子曰：'孔子行年六十而六十化，始時所是，卒而非之，未知今之所謂是之非五十九非也。'惠子曰：'孔子勤志服知也。'莊子曰：'孔子謝之矣，而其未之嘗言。孔子云："夫受才乎大本，復靈以生。"鳴而當律，言而當法，利義陳乎前，而好惡是非直服人之口而已矣。使人乃以心服，而不敢蘁立，定天下之定。已乎已乎！吾且不得及彼乎！'"(《寓言》)其意義與上述主旨完全相反。舉此一例，可見現存《莊子》文本之駁雜。

彼之謂不道之道，此之謂不言之辯，故德總乎道之所一。而言休乎知之所不知，至矣。道之所一者，德不能同也；知之所不能知者，辯不能舉也；(《徐无鬼》)

六合之外，聖人存而不論；六合之内，聖人論而不議。春秋經世先王之志，聖人議而不辯。故分也者，有不分也；辯也者，有不辯也。曰：何也？聖人懷之，眾人辯之以相示也。故曰辯也者有不見也。夫大道不稱，大辯不言，大仁不仁，大廉不嗛，大勇不忮。道昭而不道，言辯而不及，仁常而不成，廉清而不信，勇忮而不成。五者园而幾向方矣，故知止其所不知，至矣。孰知不言之辯，不道之道？若有能知，此之謂天府。(《齊物論》)

“不道之道”是道不可言說的性質。“不言之辯”是極爲高明的言說。“言休乎知之所不知”是世俗最高的智慧。因此，聖人對於天地和四方(“六合”)之外的事情，只是觀察(“存”)而不議論，對於日常世界的事情，不作決斷。此處“存”、“論”、“議”和下文“議而不辯”之“辯”，爲一種遞進關係。“辯”爲清晰表述之最高級，“存”爲渾沌表述之最低級，而“論”、“議”在二者之間，“議”含有下判斷之意，比“論”又略微明晰。“春秋”指年代。今甲骨文紀年有“春”、“秋”二字而無“冬”、“夏”二字。故孔子用《春秋》紀年亦爲上古傳統。此處應指有文字紀年之時代，而非詳指《春秋》之年代。“經世”意爲經世致用之意。“先王”即古代帝王。“志”即記錄。“懷”意爲懷藏。“示”意即誇示。“不見”意指不見別人之知。“稱”即指稱、言說。“嗛”同“謙”。“忮”意爲違逆。“昭”即昭明。"常"即恒常。"园"同"圓"。"幾"意爲近似。"道昭而不道,言辯而不及,仁常而不成,廉清而不信,勇忮而不成",《莊子》意謂,此五者皆爲不可說而說之,譬猶以圓說方也。"天府"指自然府藏。

《莊子》對於言與物之關係,即語言的能指與所指確定關係的徹底解構,具有巨大的語言哲學意義。直到20世紀,西方哲學家例如德里達等解構主義者,才在這個問題上達到了《莊子》的思想高度。

第三節　言與文

索緒爾的"語言三要素"沒有文字。文字歷來在語言中佔據從屬的地位。至今還有很多民族有本民族的語言,然而沒有本民族的文字。《莊子》對於文字的看法亦是如此。

《莊子》認爲,道是無法言說的,而文字是不在場的言說,因此與道則又隔了一層。[①]文字只能記錄言說膚淺僵死的表層意思,造成言說本意的流失,根本不可信。《莊子》由此得出結論,文字、書籍中不可能有真知:

> 世之所貴道者書也,書不過語,語有貴也。語之所貴者意

① 柏拉圖認爲,藝術與真理隔了三層。後來西方哲學家大多強調在場言說的真理性,而認爲文字書寫的文本則沒有這種在場的當下性,故存在重大缺陷。德里達指出這就是兩千年西方哲學的"邏各斯–語音中心主義"。

也,意有所隨。意之所隨者,不可以言傳也,而世因貴言傳書。世雖貴之哉,猶不足貴也,爲其貴非其貴也。(《天道》)

《莊子》這裡提出了言說、文字和意義的關係問題,認爲“意”是語言言說傳達的本旨:“語之所貴者意也”。“意有所隨”指說話都有在場的言說的具體語境。“隨”意爲由來。人們著書立說,本質上皆爲傳達本意。然而,“意之所隨者,不可以言傳也”,表明書面文本的文字喪失了在場言說的具體語境,因此,語言傳達最根本的東西“意”也就丟失了。一般爲人們所孜孜以求的所謂知識,尤其是讀書人皓首窮經,所得不過是糟粕而已。《莊子》中有個著名的故事:

桓公讀書於堂上,輪扁斲輪於堂下,釋椎鑿而上,問桓公曰:“敢問,公之所讀爲何言邪?”公曰:“聖人之言也。”曰:“聖人在乎?”公曰:“已死矣。”曰:“然則君之所讀者,古人之糟魄已夫!”桓公曰:“寡人讀書,輪人安得議乎!有說則可,无說則死。”輪扁曰:“臣也以臣之事觀之。斲輪,徐則甘而不固,疾則苦而不入。不徐不疾,得之於手而應於心,口不能言,有數存焉於其間。臣不能以喻臣之子,臣之子亦不能受之於臣,是以行年七十而老斲輪。古之人與其不可傳也死矣,然則君之所讀者,古人之糟魄已夫!”(《天道》)

此段文字爲寓言。“桓公”即齊桓公。“輪扁”是匠人之名。“斲輪”即製作車輪。“釋椎鑿”意即放下手中的工具。“敢”是語氣謙詞。“糟魄”即糟粕。“有說則可”意即說出道理則可。“臣之事”意指斲輪之事。“徐則甘而不固，疾則苦而不入”，描述的是車轂與車輪如何接榫的狀況，大意爲慢慢操作則輕緩而不牢固，猛快操作則急而不能進入。“有數存焉於其間”，大意爲斲輪的技術、技藝就在其中。“喻”意爲曉諭。“不可傳也”猶“不可傳者”。真知是只可意會，不可言傳的。

基於此，《莊子》對於古代文化典籍，尤其是儒家推崇的經典，發出猛烈抨擊：

> 孔子謂老聃曰：“丘治《詩》《書》《禮》《樂》《易》《春秋》六經[①]，自以爲久矣，孰知其故矣；以奸者七十二君，論先王之道而明周、召之迹，一君无所鉤用，甚矣夫！人之難說也，道之難明邪？”老子曰：“幸矣子之不遇治世之君也！夫六經，先王之陳迹也，豈其所以迹哉！今子之所言，猶迹也。夫迹，履之所出，而迹豈履哉！夫白鶂之相視，眸子不運而風化；蟲，雄鳴於上風，雌應於下風而化；類自爲雌雄，故風化。性不可易，命不可變，時不可止，道不可壅。苟得於道，无自而不可；失焉者，无自而可。”孔子不出三月，復見曰：“丘得之矣。烏鵲孺，魚傅沫，細要者化，有弟而兄啼。久矣夫丘不與化爲人！不與化爲人，安能化人！”老子曰：“可。丘得之矣！”（《天運》）

① 王應麟：《困學紀聞》八：“六經，始見於《莊子·天運篇》。以《禮》《樂》《詩》《書》《易》《春秋》爲六藝，始見於太史公《滑稽列傳》。”見王叔岷：《莊子校詮》，第545頁。

“孰知其故”即熟悉精通文字之意。“孰”同“熟”,“故”同“詁”。“以奸者七十二君”意爲以六經之旨向七十二君王進言。“奸”同“干”,意爲進言。“一君无所鉤用”意即沒有一個君王採用。“鉤”意即採取。“甚”即過分、過度。“難說”即難以說服。“陳迹”意即過去的足跡、軌跡、遺跡,引申爲過去的業績、功績。“所以迹”意即“迹”之來源,意指業績之所本、所源。“夫迹,履之所出,而迹豈履哉”,意即足跡是鞋子走出來的,足跡本身豈能是鞋子!“白鶂”爲鳥名。“眸子不運而風化”意謂眼睛不動而自然受孕。這是古人的觀念。下句描述蟲子繁殖,義同。郭象注:“鶂以眸子相視。蟲以鳴聲相應,俱不待合而便生子,故曰風化。”“類自爲雌雄”,意指一些自性繁殖動物。“壅”意即堵塞。“无自而不可”意爲沒有由來亦可。“失焉者”猶“失之者”。“烏鵲孺”意指烏鴉喜鵲孵化。“魚傅沫”意即魚以沫相育。“細要者化”意即蜂類風化。“要”同“腰”。“有弟而兄啼”,意爲有了弟弟,哥哥失愛傷心啼哭。成玄英疏:“有弟而兄失愛,舍長憐幼,故啼。”“不與化爲人,安能化人”意爲不能與造化爲一人,如何能教化人。此段文字雖爲寓言,但是,《莊子》的意指十分鮮明:自然之中很多事物,它們的發生發展與“六經”無關。因此,自然爲本,“六經”爲末。所謂經典,皆爲陳跡糟粕!

莊子這裡論及文字與語言言說意義的關係,也是一個語言哲學的大問題。

世界上有很多民族,甚至至今只有口頭語言而沒有文字。但是,從文明發展的歷史角度來說,文字的出現是一種語言進入高級階段的標誌。因爲,文字出現使得知識傳播和文明傳承更加便捷,也較爲準確。柏拉圖在《智者篇》里,論述了文字概念保存了感性的統一性。荷馬史詩《伊利亞特》《奧德賽》在口傳了至少幾百年的過程之後,用文字記錄下來,從而實現了這一飛躍,讓全人類至今還能欣賞這個古代寶藏。佛藏也是在釋迦牟尼圓寂之後,爲了統一、準確傳播佛的在世法身言說思想而形成的,也爲至今的佛教傳播以及佛學和古代思想研究,留下重要瑰寶。中國古代的法顯、玄奘,爲了獲得這些經典的原初文本,不惜九死一生,去印度求索、探究、研習。還有些已經在地球上消逝的民族,由於留下文字文本,他們被掩埋的文明又被挖掘出來,重見天日。例如古埃及、古代中亞等文明。

中華民族至少從殷商時代起就有成熟的文字體系,即甲骨文。現在的古文字學者認爲,在甲骨文之前應該還有更加早期的文字。文字的出現對於社會生活立刻產生了重大影響。在中國遠古社會中起支配作用具有溝通神明和天地的巫,進而演變成掌握文字使用知識的史官。《漢書·藝文志》所謂“左史記事,右史記言”,表明了史官的職守與文字之間的必然聯繫。有了文字和史官,國家最高政治生活不僅發揮了更高的效能,而且社會生活也有了可靠的歷史記載。中華民族具有系統而完整的歷史文獻,是華夏文明舉世無雙的特點。

文字的出現也使得教育更加規範和簡易。“識字”是學校教育的首要功課。中國的古代教育因此非常發達。《孟子·滕文公上》語云:“夏曰校,商曰序,周曰庠。”現今資料說明至少從商周開始中國就設有學校,對於貴族子弟進行系統教育。春秋時期,禮崩樂壞，孔子開始設壇受徒，是中華民族私人辦學的鼻祖。源遠流長的學校教育形成了中國文化中對於文字極爲敬重的特點。民諺有所謂“萬般皆下品，惟有讀書高”之説，表明識文認字是最高的職業。中國民間一直還有“敬惜字紙”的傳統。不識字的文盲被稱爲“睜眼瞎”。中華文明在近代以前一直是人類最先進的文明，與知識的傳承和思想的創造以及較爲普及的教育具有極大的關係。

在中國，漢語言文字還具有另一個其他文字不具備的巨大歷史功能。文字的出現使得中國各不同地域的人民，甚至不同的民族之間維持了統一的語言。無論天南海北的中國方言如何獨特，但是，書寫的漢字打破了各地方言交流的一切障礙。中國各地域方言之間，在語音、語法甚至詞彙上的巨大差異，絕對不小於歐洲各國之間的語言例如英語、法語、德語、荷蘭語、西班牙語等之間的差距。但由於漢字是統一的，因此，在漢語流通的範圍之内，各地域的方言永遠只是方言，而不可能變異爲外語。①中華民族的“大一統”在文化上得以維繫，漢字是一根堅固的紐帶。甚至在從古代漢語到現代漢語的巨大演進過程中，漢字也保持了這種統一。

---

① 這與漢字特點相關。漢字主要是形聲結構，不同於表音的歐洲語言。因此，漢語語音的差異不影響漢字字詞意義的統一。例如，中國北方方言口頭語“椅子”的語音，與吴方言、粵語、客家話可能完全不同，但是，這些語音的差異不妨礙漢字“椅子”這個詞的文字書寫。歐洲文字爲表音文字，其主要功能爲表達語音。中世紀歐洲的文字是拉丁文。近代由於民族國家意識出現，根據本民族的語言出現了各種文字，但是各民族語言中詞彙，基本上還是由拉丁語的字母構成。因此，歐洲各民族對於語言所指某物的不同語音，反映在文字上就會出現巨大差異。英文中的“I”，與德語“ich”都是漢字“我”的意思，但語音不同，文字也不同。歐洲各民族語言文字出現，從文化上打開了缺口，掙脱了中世紀拉丁文化的統一性。這個過程一方面實現了本民族獨立的文化意識，但另一方面，也使得今日歐盟很難在文化上具備中華民族“大一統”的本根意識。

但是，文字的出現也造成在場言說“意義”的遺失。因爲，文字總是“不在場”的言說。“不在場”言說因此也給後來的解釋留下巨大的空間。同時，有了文字，言說有了修辭。於是修辭學應運而生。古希臘的智者學派對於語言修辭提出了很多理論，因此著稱於世。修辭在某種程度上，反而遮蔽了清晰的語義，誤導聽衆和讀者對於言說本意的理解和領悟。如果說，由於語言的局限性，我們日常的言說不能切中事物本身，表達真理之思，那麼，“不在場”言說的文字則更加增大了誤讀的可能。西方哲學中這個根深蒂固的觀念，被德里達概括爲“邏各斯–語音中心主義”。一直到20世紀的海德格爾，仍然殫精竭慮尋求如何爲語言言說“去蔽”，即爲清除言說本意之被遮蔽而尋求新的道路。《莊子》對於文字可靠性的批判，正揭示了被人們常識遮蔽的另一個層面的真理，也與西方哲學的傳統觀念吻合。

《莊子》雖然截斷了言說與事物、語言能指與所指之間的確定關係，但也沒有倡導完全讓人類停止語言言說。因爲，《莊子》認爲人類不可能離開語言而生活。人類之間的理解活動是須臾不能中斷的。在這樣的悖論之下，人類的社會生活如何進行？人類應該如何走出這個悖論？就像在荊棘蔽日、不辨方向的叢林中也要尋找通途繼續前行一般，《莊子》開闢了一條無比艱險的道路——說不可說。

第四節　說不可說

《莊子》斷言："夫大道不稱，大辯不言"(《齊物論》)。故天道無言，地道無言，聖人亦無言：

> 天地有大美而不言，四時有明法而不議，萬物有成理而不說。聖人者，原天地之美而達萬物之理，是故至人无爲，大聖不作，觀於天地之謂也。(《知北遊》)

"言"、"議"、"說"爲互文，皆爲言說之意。"天地有大美而不言，四時有明法而不議，萬物有成理而不說"，郭象注曰："此孔子之所云予欲無言。"意即天道無言，默默運行，自然而然。"原天地之美而達萬物之理"意爲還原天地之美，通達萬物之理。"大美"、"明法"、"成理"意義相近，即是自然之理、自然之厚德。"聖人"、"至人"皆明此理，故"无爲"、"不作"。

> 老聃曰："吾遊於物之初。"孔子曰："何謂邪？"曰："心困焉而不能知，口辟焉而不能言，嘗爲汝議乎其將。至陰肅肅，至陽赫赫；肅肅出乎天，赫赫發乎地；兩者交通成和而物生焉，或爲之紀而莫見其形。消息滿虛，一晦一明，日改月化，日有所爲，而莫見其功。生有所乎萌，死有所乎歸，始終相反乎无端而莫知乎其所窮。非是也，且孰爲之宗！"(《田子方》)

"物之初"指本,也即道。"困"即困擾。"辟"同"闢",意即張開。"議乎其將"意爲説一些大事、主要之事。"肅肅"、"赫赫"形容陰陽二氣。"紀"即綱紀。"消息滿虚",成玄英疏:"陰消陽息,夏滿冬虚。""消息"意指陰陽。"日改月化"意即日月變遷、變化。日月運轉,新新不住,每日都有所爲。"生有所乎萌,死有所乎歸",大意即該出生的即萌生、萌發,該死亡也回歸原初。"始終相反乎无端而莫知乎其所窮",成玄英疏云:"死生終始,反覆往來,既無端緒,誰知窮極!""端"、"窮"意即始終。"非是也"之"是"意指道。"宗"意指根本。沒有道,誰爲萬物之本宗?老聃描述了他遊於道的感受,萬物皆有所生有所死而"莫見其形",難以言説。故聖人的態度是:

> 今彼神明至精,與彼百化,物已死生方圓,莫知其根也,扁然而萬物自古以固存。六合爲巨,未離其内;秋豪爲小,待之成體。天下莫不沈浮,終身不故;陰陽四時運行,各得其序。惛然若亡而存,油然不形而神,萬物畜而不知。此之謂本根,可以觀於天矣。(《知北遊》)

"今彼神明至精,與彼百化",意即與天地至精神明相合、相化生。"今"應爲"合"。"彼"意指天地,與下文"彼"同義。"化"意即化生。"死生方圓"意謂物自身之形狀。郭象注:"圓者已自圓而方者已自方。""根"意即根由。"扁然萬物自古以固存",成玄英疏云:"言萬物翩然,隨時生育,從古以來,必固自有。""扁"同"翩"。

"天下莫不沉浮,終身不故",成玄英疏:"升降生死,往來不住,運之不停,新新相續,未嘗受故也。""故"意即故去。"惛"同"昏"。"油然"即自然之狀。"畜"意爲畜養,意即萬物被畜養而不自知。"本根"意指道。"天"即自然。"此之謂本根,可以觀於天矣",成玄英疏:"識根知本者,可謂觀自然之至道也。"可知聖人與自然萬物冥合生死,不知不覺亦不言。

> 知道易,勿言難。知而不言,所以之天也;知而言之,所以之人也;古之人,天而不人。"(《列御寇》)

"之"意爲達到。"之天"意謂達到自然境界。達到這種境界的就是聖人。但是,《莊子》又説:

> 知(天)【夫】人之行,本乎天,位乎得;蹢躅而屈伸,反要而語極。(《秋水》)

"位"即居處。"得"同"德"。"蹢躅"意即躊躇。"反要"意即返回本要。"語極"即語言至極之處,指道。此段話大意爲:人之所爲,本於天,居於德,躊躇謹慎而能屈能伸,回歸本要而言説道。成玄英疏:"所有語言,皆發乎虛極。"可見,《莊子》還是把言説的極致指向道本身。故《莊子》認爲:

> 道物之極,言默不足以載。非言非默,議有所極。(《則陽》)

“極”即極致。“載”意爲承載、負載。“道物之極，言默不足以載”，意思是對於道和事物的極致，不僅一般的言說無法達到，一般的沉默也不能達到。“非言非默，議有所極”，意思是：不說亦不沉默則可能、可以達到議論的極致。《莊子》由此否定了對於道之沉默。因此，在通常的情況下，

> 言无言，終身言，未嘗(不)言；終身不言，未嘗不言。(《寓言》)

可見“言”與“不言”不能簡單對立。關鍵在於如何“言”。前文雖然說到聖人不言，然而，聖人也並非完全無言：

> 瞿鵲子問乎長梧子曰：“吾聞諸夫子，聖人不從事於務，不就利，不違害，不喜求，不緣道；无謂有謂，有謂无謂，而遊乎塵垢之外。夫子以爲孟浪之言，而我以爲妙道之行也。……”(《齊物論》)

“長梧子”即《莊子》中的聖人，“瞿鵲子”爲其弟子。“夫子”指孔丘。“緣”意爲攀緣。“遊乎塵垢之外”大意即不食人間煙火。這是聖人的生活方式，即“妙道之行”。“孟浪”意爲隨意、大略。此處“无謂有謂，有謂无謂”被孔子說爲“孟浪之言”。而實際上，這即是聖人的言說方式。莊子本人從未自比聖人，但是，從聖人的“孟浪”之言，《莊子》指證了一種達到真理之說的特殊言說，即一

條與一般邏輯和理性認識不同的認知之路，即“不言之辯，不道之道”（《齊物論》），說“不可說”！

說不可說，需要對於道之體悟，也需要特殊的語言藝術。就辯者而言，《莊子》的語言技巧非常高明。這裡試舉一例：

> 宋人有曹商者，爲宋王使秦。其往也，得車數乘；王悅之，益車百乘。反於宋，見莊子曰：“夫處窮閭阨巷，困窘織屨，槁項黃馘者，商之所短也；一悟萬乘之主而從車百乘者，商之所長也。”莊子曰：“秦王有病召醫，破癰潰痤者得車一乘，舐痔者得車五乘，所治愈下，得車愈多。子豈治其痔邪，何得車之多也？子行矣！”（《列禦寇》）

宋國有個叫曹商的人，肩負宋王（有人指宋偃王）使命而出使秦國。去時宋王贈他幾車物品。秦王與曹商交談後，心中喜悅，又贈給曹商百車物品。曹商返回宋國後，見到莊子，說：身處陋巷貧民窟（“窮閭阨巷”），以製作鞋子糊口（“困窘織屨”），形容枯槁面黃肌瘦（“槁項黃馘”），這是我曹商的短處；而一旦與大富大貴的國王晤面，就會得到國王贈予的百車物品，這則是我曹商的長處。莊子回答他：秦王有病正在尋求醫生，如果破除去掉他的毒腫惡疽（“癰”、“痤”）的人，可以得到一車物品，如果用舌頭舔他痔瘡（“舐痔”）的人，可以得到五車物品。“所治愈下，得車愈多”。你是爲他舔痔瘡的吧？爲何得到這麼多車子的物品？你去吧！這段文字描繪了雖然落魄中的莊子，給予得志小人曹商痛快淋漓的反擊。由此可以看出莊子辭鋒之犀利、思維之敏捷。結尾“子豈治其痔邪，何得車之多也？”一句，展現莊子對於得志小人毫不留情，一劍封喉。①

但是，《莊子》認爲最高的言說不是一般的辯論，而是說“不可說”之說，是“非常道”（《老子》第一章）。這種獨特的“不可說”之說，在《莊子》主要展示爲“三言”，即寓言、重言、巵言。②關於“三言”的功能和意義，《莊子》中亦有議論。

> 寓言十九，重言十七，巵言日出，和以天倪。寓言十九，藉外論之。親父不爲其子媒。親父譽之，不若非其父者也；非吾罪也，人之罪也。與己同則應，不與己同則反；同於己爲是之，異於己爲非之。重言十七，所以已言也，是爲耆艾。年先矣，而无經緯本末以期年耆者，是非先也。人而无以先人，无人道也；人而无人道，是之謂陳人。巵言日出，和以天倪，因以曼衍，所以窮年。……有自也而可，有自也而不可；有自也而然，有自也而不然。惡乎然？然於然。惡乎不然？不然於不然。惡乎可？可於可。惡乎不可？不可於不可。物固有所然，物固有所可，无物不然，无物不可。非巵言日出，和以天倪，孰得其久！萬物皆種也，以不同形相禪，始卒若環，莫得其倫，是謂天均。天均者，天倪也。（《寓言》）

① 莊子還有與惠施著名的“濠梁之辯”，見本章第六節。

② 《莊子》爲何運用“三言”？《天下篇》概括爲“天下爲沈濁，不可與莊語”。這當然是一個理由，但顯然是膚淺和表面的。因爲，《天下篇》的作者僅僅把莊周看作一個清醒的高人隱士，而非哲學家。徐希定博士認爲，《莊子》用“無限的語言”即重言、寓言、巵言，來克服語言的有限性。（見徐希定博士論文《〈莊子·齊物論篇〉研究——以“我”與“物”之關係爲中心》。

“寓言”意與今日漢語大約近似，但《莊子》的寓言人名很多也有特別含義。“十九”原指十分之九，此處爲大略比重。下文“十七”義同。“重言”即重要之言。“巵言”意即渾圓之言，不可知端倪之言。“巵”意爲圜。《説文》云：“巵，圜器也。”又云：“圜，天體也。”朱駿聲《通訓定聲》：“渾圓爲圜，平圓爲圓。”“日出”意謂日新。“和以天倪”意爲和合、和順自然之分。“藉外論之”意爲假借另外的事物議論。“親父不爲其子媒”意即親生父親不給兒子做婚媒，因爲讚揚自己的兒子，不如讓别人讚揚。這不是爲父的過錯，而是别人的過錯。世俗人情往往是“與己同則應，不與己同則反；同於己爲是之，異於己爲非之”。“反”與“應”對言。“所以已言也，是爲耆艾”，意爲引長老之言，止天下爭辯。“年先”意即以年歲居先。“无經緯本末以期年耆者，是非先也”大意爲，胸無經緯高論徒稱年高者，則不足爲“先”。“人而无以先人，无人道也；人而无人道，是之謂陳人”大意爲，無禮義以先人，則無人倫之道。無人倫之道，則爲陳舊、腐朽之人。“曼衍”意謂無心。“窮年”意爲終其天年。“自”意即由，因由。“然”即可。“種”即種類。“禪”即禪代、替代。“始卒若環”意即從始到終如鐵環一樣循環。“莫得其倫”意爲不能得到其中道理。“天均”、“天倪”意爲自然之分。可以看出，所謂“巵言”，就是“惡乎然？然於然。惡乎不然？不然於不然。惡乎可？可於可。惡乎不可？不可於不可”，簡言之，即無可無不可之論。

《天下》篇對於《莊子》的言説方式和語言風格也有概括，説法略有不同：

以謬悠之說，荒唐之言，无端崖之辭，時恣縱而不儻，不以觭見之也。以天下爲沈濁，不可與莊語，以卮言爲曼衍，以重言爲真，以寓言爲廣。獨與天地精神往來而不敖倪於萬物，不譴是非，以與世俗處。其書雖瓌瑋而連犿无傷也。其辭雖參差而諔詭可觀。彼其充實不可以已，上與造物者遊，而下與外死生无終始者爲友。其於本也，宏大而闢，深閎而肆，其於宗也，可謂調適而上遂矣。雖然，其應於化而解於物也，其理不竭，其來不蛻，芒乎昧乎，未之盡者。（《天下》）

“謬悠”意謂迂遠虛悠，即虛遠不實。“荒唐”意謂廣大無際。“端崖”即開端，邊際。“恣縱”意即放縱。“儻”同“黨”，意爲結黨、朋羣。“觭”同“奇”，奇數，意指一端自見。“沈濁”意指沉滯闇濁。“莊語”即莊重之言。“敖倪”即傲視。“譴”即譴責。“瓌瑋”意謂奇偉。“連犿”意爲婉轉。“參差”意謂虛實不一。“諔詭”即弔詭。“已”即息止。“外”意謂超脫。“辟”意即開闊。“肆”意即伸展，縱放。“宗”即宗旨。“遂”意謂暢達。“化”即造化，變化。“解”意即解達。“蛻”即退脫、遺失。“芒”、“昧”意謂窈渺、幽冥。

從以上兩處引文，大致可知關於“三言”之意指。“重言”的含義比較清楚，爲強調之言。胡適說：“《莊子》所說的‘重言’，即是這一種借重古人的主張。康有爲稱這一種爲‘托古改制’，極有道理。”[①]《莊子》中借老聃、黃帝、堯、舜、許由（有時也用孔子）等各種聖賢之口言說。但很多此類言說與寓言交織一體，難分難解。

① 胡適：《中國哲學史大綱》，卷上，東方出版社，1996年版，導言第14頁。

"寓言"意指與現代漢語所稱一般寓言相近。而且寓言在《莊子》中的作用尤其重要。試舉幾例：

天根遊於殷陽，至蓼水之上，適遭无名人而問焉，曰："請問爲天下。"无名人曰："去！汝鄙人也，何問之不豫也！予方將與造物者爲人，厭，則又乘夫莽眇之鳥，以出六極之外，而遊无何有之鄉，以處壙埌之野。汝又何帠以治天下感予之心爲？"又復問。无名人曰："汝遊心於淡，合氣於漠，順物自然而无容私焉，而天下治矣。"(《應帝王》)

黄帝遊乎赤水之北，登乎崐崘之丘而南望，還歸，遺其玄珠。使知索之而不得，使離朱索之而不得，使喫詬索之而不得也。乃使象罔，象罔得之。黄帝曰："異哉！象罔乃可以得之乎？"(《天地》)

南伯子葵曰："子獨惡乎聞之？"曰："聞諸副墨之子，副墨之子聞諸洛誦之孫，洛誦之孫聞之瞻明，瞻明聞之聶許，聶許聞之需役，需役聞之於謳，於謳聞之玄冥，玄冥聞之參寥，參寥聞之疑始。"(《大宗師》)

衆罔兩問於影曰："若向也俯而今也仰，向也括而今也被髮，向也坐而今也起，向也行而今也止，何也？"影曰："叟叟也，奚稍問也！予有而不知其所以。予，蜩甲也，蛇蛻也，似之而非也。火與日，吾屯也；陰與夜，吾代也。彼吾所以有待邪？而況乎以有待者乎！彼來則我與之來，彼往則我與之往，彼強陽則我與之強陽。強陽者，又何以有問乎！"(《寓言》)

這裡涉及的寓言人物就有“天根”、“殷陽”、“无名人”、“黃帝”、“離朱”、“喫詬”、“象罔”、“南伯子葵”、“副墨之子”、“洛誦之孫”、“瞻明”、“聶許”、“需役”、“於謳”、“玄冥”、“參寥”、“疑始”、“罔兩”、“影”等。(這些寓言在本書其他地方亦爲引用,故文字内容不再展開解釋。)不僅是故事,僅僅這些人名,其中想象力和深刻的寓意就讓人驚贊不已。比較而言,《莊子》寓言的含義及意旨也較爲明確,一般不會引起理解的很大歧義。

然而,“卮言”從含義之界定到《莊子》中如何使用之,皆不甚明確。大略論之,“卮言”無論是渾圓之言,還是無邊際之言,所謂渾圓無際,其義相差不遠。例如《莊子》中“不言則齊,齊與言不齊,言與齊不齊也,故曰無言。言無言,終身言,未嘗(不)言;終身不言,未嘗不言”(《寓言》),“无謂有謂,有謂无謂”(《齊物論》),等,這一類言說大約屬於“卮言”。其義即《寓言》篇所云:“有自也而可,有自也而不可;有自也而然,有自也而不然”(大意爲所有言說皆爲無可無不可),故“非卮言日出,和以天倪,孰得其久”。由此可見,“三言”皆爲《莊子》說“不可說”之言,而“卮言”則爲其中之最。

《天下》篇論及《莊子》的言說方式,還有“其辭雖參差而諔詭可觀”之說。其中“弔詭”(“諔詭”)的言說,沒有言明是否歸屬於“三言”,此處暫時存而不論。但此類言說,確實近乎癡人說夢,莊子亦以此調侃自己:

夢飲酒者,旦而哭泣;夢哭泣者,旦而田獵。方其夢也,不知其夢也。夢之中又占其夢焉,覺而後知其夢也。且有大覺

> 而後知此其大夢也，而愚者自以爲覺，竊竊然知之。君乎，牧乎，固哉！丘也與女，皆夢也；予謂女夢，亦夢也。是其言也，其名爲弔詭。萬世之後而一遇大聖，知其解者，是旦暮遇之也。(《齊物論》)

夢中在飲酒，醒來卻哭泣。夢中在哭泣，醒來卻在狩獵。在做夢之時不知是夢，而夢中又有占夢之事。醒來才知道這是在做夢。只有大覺悟之人醒來才會知道這是南柯大夢，但愚人自以爲明白，竊竊然自得私語。君王啊，州牧啊，皆爲固陋(“固”)！孔丘與你，都是夢；像這樣的言說方式，其名即是“弔詭”。萬世之後如一遇大聖人，解開其中迷惑，如同早晚遇到的人一樣。

莊子堅信“萬世之後”會有他的知音。關於“弔詭”，郭象注：“弔當卓詭，而不識其懸解。”蔣錫昌云：“‘弔詭’即幻怪或奇異之義”，與“恢恑憰怪”義同。[①]簡而言之，“弔詭之言”大意爲，以詭異悖謬的方式來言説真理。《莊子》也常常用“弔詭”的方式言説：

> 列子行食於道(從)【徒】，見百歲髑髏，攓蓬而指之曰：“唯予與女知，而未嘗死，未嘗生也。若果養乎？予果歡乎？”(《至樂》)

列子在路旁吃飯(“徒”意爲旁邊)，看見一個百年的骷髏(“髑髏”)，便撥開蓬草(“攓蓬”)指著骷髏説：唯有我和你(“女”同“汝”)知

① 蔣錫昌:《齊物論校釋》，成都古籍書店，1988年版，第174頁。

道，你（“而”同“爾”）未嘗死，也未嘗生。你（“若”）果然憂患（“養”借爲“恙”）嗎？我果然快樂嗎？這段列子與骷髏對話有多重深意和弔詭之處。第一重，按世俗之見，“百歲骷髏”早已無生，列子卻視之爲生；第二重，骷髏雖現爲無生，但卻經歷生，然後死。而列子謂骷髏“未嘗生，未嘗死”；第三重，死者無憂樂可言，而列子沒有否定“骷髏爲憂”，也沒肯定自己爲樂，即生者爲樂。由此可見，“弔詭”的言說方式，其意涵之豐富，難以盡說。

20世紀德國哲學家海德格爾認爲，只有“詩意言說”能夠切中事物本身。《莊子》之“三言”與“弔詭”言說，其目標亦是海氏所謂“詩意言說”所指向的目標——切中事物本身。

第五節　得意忘言

《莊子》通過“三言”和“弔詭”的方式言說真意，對話和閱讀者就不能停留在字句的表面意思，而是通過字句的帳幔，看到背後的真相。用《莊子》的話說，即“得意忘言”。

言與意的關係，不同於能指與所指的關係。如果說能指與所指在某些情況下可以一一對應，例如“蘇格拉底”、“珠穆朗瑪峰”、“黃河”、“清華大學”等，而在哲學的層面，言與意之間則沒有如此確定、牢固的關係。不僅一些比較抽象的詞語例如“正義”、“善”、“美”等概念，即使是日常的語詞例如“時間”、“吃飯”、“山”等，也是很難界定其意義，甚至是無法定義。由此可見，語詞的意義有一個富有彈性的廣闊空間，其中不確定的因素很大、很多。古代中國很早就有"辭不達意"、"詩無達詁"之説，表明人們早就認識到表達和理解難以逾越語言本身的屏障，具有巨大的不足和局限。《莊子》對此當然十分明瞭：

> 斯而析之，精至於无倫，大至於不可圍。或之使，莫之爲，未免於物而終以爲過。或使則實，莫爲則虚。有名有實，是物之居；无名无實，在物之虚。可言可意，言而愈疏。未生不可忌，已死不可阻。死生非遠也，理不可覩。或之使，莫之爲，疑之所假。吾觀之本，其往无窮；吾求之末，其來无止。无窮无止，言之无也，與物同理……或使、莫爲，在物一曲，夫胡爲於大方？（《則陽》）

"斯"意爲分割。"精"指精細。"倫"意爲比較。"或之使，莫之爲，未免於物而終以爲過"大意爲，或使用語言，或不用語言，此二種方式都離不開物并終究有錯（"或之使"猶"或之爲"）。"名"、"實"指名稱和事物。"居"意即居住、在場。"有名有實，是物之居；无名无實，在物之虚"大意爲，若言説爲實，則是物之所居。若言説爲虚，則言與物皆空。"可言可意，言而愈疏"大意爲，可以言説、意察者，則離道愈加疏遠。"未生不可忌，已死不可阻"意爲生死都不可阻擋（"忌"意即禁止）。死生在目前，但其理不可能看見。"或之使，莫之爲，疑之所假"大意爲，使用或不使用語言，疑惑都會出現。"本"、"末"、"往"、"來"、"窮"、"止"皆相對言。"在物一曲"意指停留在事物偏曲不全之處。"方"意指道。

簡而言之，此段文字大意是，人對於宇宙萬物，分割探究，精微可至於無比(無倫),巨大可至於無窮(不可圍)。但“可言可意,言而愈疏”,一般的言說,會越說離事物本身越遠,無論如何不能盡意。在宇宙萬象之前,人的視野只是“一曲”,何以可能言說世界的根本和奥秘?故此,《莊子》認爲:

> 言而足,則終日言而盡道;言而不足,則終日言而盡物。(《則陽》)

“足”意即充分。“盡”意謂到達、止於。郭象注:“不能忘言存意則不足。”《老子》開篇即云:“道可道,非常道。”“言而足”即“非常道”也。言道者與言物者具有天壤之别。《莊子》借用寓言,在一些場景中多次言及此意:

> 仲尼之楚,楚王觴之,孫叔敖執爵而立,市南宜僚受酒而祭曰:“古之人乎!於此言已。”曰:“丘也聞不言之言矣,未之嘗言,於此乎言之。市南宜僚弄丸而兩家之難解,孫叔敖甘寢秉羽而郢人投兵。丘願有喙三尺。”彼之謂不道之道,此之謂不言之辯,故德總乎道之所一。而言休乎知之所不知,至矣。道之所一者,德不能同也;知之所不能知者,辯不能舉也。(《徐无鬼》)

“觴”爲酒器,“觴之”意指楚王設酒席宴孔子。“孫叔敖”是楚國宰相。“爵”亦爲酒器。“市南宜僚”爲人名,是楚之賢人。“受酒而祭”爲古人之飲酒禮,内容有祝頌聖人,故下文“古之人乎!於此言已”爲祭辭、酒辭。“不言之言”意指聖人之言。“未之甞言，於此乎言之”，意即前此未嘗言不言之言，今日言之，執意請孔子說話。孔子說：市南宜僚用一種雜耍遊戲(“弄丸”)，解除了楚國白公勝犯兵作亂(“難解”意即解除危難)。孫叔敖執羽扇(“秉羽”)安寢(“甘寢”，含自得之意)，而楚國(“郢”是楚國都城)息兵(“投兵”)。[①]我但願有三尺之口(“喙”即口。孔子之意是願像市南宜僚、孫叔敖那樣言不言之言)。“彼之謂不道之道，此之謂不言之辯”，“彼”指市南宜僚、孫叔敖，“此”指孔子。孔子辯說二子之事，最後歸於不言，是不言之辯。“一”即道。“休”意即停止。“同”意謂與道同。“舉”意爲標舉、舉證。

《莊子》在此推崇“不言之言，不言之辯”。而當時之善辯者，只是“言而盡物”，不能“言而盡道”。因而這些辯者能勝人之口，不能服人之心。故《莊子》對於名家如公孫龍、惠施之人，給以深刻的批評，亦有深切的惋惜之情：

> 桓團公孫龍辯者之徒，飾人之心，易人之意，能勝人之口，不能服人之心，辯者之囿也。惠施日以其知與人之辯，特與天下之辯者爲怪，此其柢也。然惠施之口談，自以爲最賢，曰：“天地其壯乎！”施存雄而无術。南方有倚人焉曰黄繚，問天地所以不墜不陷，風雨雷霆之故。惠施不辭而應，不慮而對，

① 孔子所云爲楚國一個事件。成玄英疏：“楚白公勝欲因作亂，將殺令尹子西。司馬子綦言熊宜(即市南宜僚)勇士也，若得，敵五百人，遂遣使屈之。宜僚正上下弄丸而戲，不與使者言。使因以劍乘之，宜僚曾不驚懼，既不從命，亦不言佗。白公不得宜僚，反事不成，故曰兩家難解。”司馬彪注云：“言叔敖願安寢恬臥，以養德於廟堂之上。”

偏爲萬物説，説而不休，多而无已，猶以爲寡，益之以怪。以反人爲實而欲以勝人爲名，是以與衆不適也。弱於德，强於物，其塗隩矣。由天地之道觀惠施之能，其猶一蚉一虻之勞者也。其於物也何庸！夫充一尚可，曰愈貴道，幾矣！惠施不能以此自寧，散於萬物而不厭，卒以善辯爲名。惜乎！惠施之才，駘蕩而不得，逐萬物而不反，是窮響以聲，形與影競走也。悲夫！（《天下》）

桓團、公孫龍皆名家代表人物。"飾"即雕飾。"囿"意爲局限。"知"同"智"。"特"意爲將要。"怪"即怪異、詭異。"柢"意爲方略。"壯"意即偉大。"施存雄而無術"意即惠施意在雄辯而無道也。"倚"同"畸"，意即怪異。"黃繚"爲人名。成玄英疏曰："不偶於俗，羈異於人，遊方之外，賢士者也。""辭"即推辭、辭謝。"偏"同"遍"。"已"意爲停止。"益"意即增加。"偏爲萬物説，説而不休，多而无已，猶以爲寡，益之以怪"，成玄英疏曰："偏爲陳説萬物根由，並辯二儀雷霆之故，不知休止，猶嫌簡約，故加奇怪以騁其能者也。""以反人爲實而欲以勝人爲名"，意即以反人情爲實，欲勝過他人獲取名聲。"反人"意即反人情。"與衆不適"意即與衆人不和、不適應。"塗隩"意即路途曲折。"何庸"意爲有何功用。"充一尚可，曰愈貴道，幾矣"大意爲，充當一見則尚可，若愈貴爲道本，就勉強了（"幾"即庶幾）。"自寧"即自我安寧。"散於萬物而不厭"，意即散亂精神不厭其煩高談萬物。"卒"即最終。"駘蕩而不得"意即放縱而無得。"反"意謂反本。"窮響以聲，形與影競走"，即用聲音來消止音響（"窮"即窮盡，引申爲消止），用身體與自己影子競走。這些皆爲無功徒勞之舉。

日常生活中，常常有言不盡意的現象，還有一些其他的交流障礙。譬如：

> 有孫休者，踵門而詫子扁慶子曰："休居鄉不見謂不脩，臨難不見謂不勇；然而田原不遇歲，事君不遇世，賓於鄉里，逐於州部，則胡罪乎天哉？休惡遇此命也？"扁子曰："子獨不聞夫至人之自行邪？忘其肝膽，遺其耳目，芒然彷徨乎塵垢之外，逍遥乎无事之業，是謂爲而不恃，長而不宰。今汝飾知以驚愚，脩身以明汙，昭昭乎若揭日月而行也。汝得全而形軀，具而九竅，无中道夭於聾盲跛蹇，而比於人數，亦幸矣，又何暇乎天之怨哉！子往矣！"孫子出。扁子入，坐有閒，仰天而嘆。弟子問曰："先生何爲嘆乎？"扁子曰："向者休來，吾告之以至人之德，吾恐其驚而遂至於惑也。"弟子曰："不然。孫子之所言是邪？先生之所言非邪？非固不能惑是。孫子所言非邪？先生所言是邪？彼固惑而來矣，又奚罪焉！"扁子曰："不然。昔者有鳥止於魯郊，魯君悦之，爲具太牢以饗之，奏《九韶》以樂之，鳥乃始憂悲眩視，不敢飲食。此之謂以己養養鳥也。若夫以鳥養養鳥者，宜棲之深林，浮之江湖，食之以委蛇，則平陸而已矣。今休，款啓寡聞之民也，吾告以至人之德，譬之若載鼷以車馬，樂鴳以鐘鼓也。彼又惡能无驚乎哉！"（《達生》）

孫休爲人名。“踵”即腳跟，引申爲行走。“詫”意即告訴。扁慶子亦爲人名，魯之賢人，孫休之師。孫休告訴扁慶子：我居處鄉間無人說我沒有修道，面臨危難時無人說我不勇敢。然而耕種卻不遇好年成，爲君王做事卻不逢時。鄉裡擯棄我，州縣放逐我。我對天何罪，讓我遭遇這樣的命運？扁慶子說：你沒有聽説至人順自然嗎？忘記自己的肝膽和耳目，無心無知放任於塵俗之外。逍遙於無爲之事。這就是所謂率性而不恃能，長物而不居功。現在你文飾巧智以驚動愚眾，修養身性以顯他人汙穢，如高舉日月昭昭而行。你形體和九竅（五官加下二竅）俱全，平生沒有遭遇聾盲斷腿跛足，比於常人，已經幸運了。有何理由怨於天道！你去吧！頃刻之間，扁慶子開始懷疑自己說的話能否爲孫休理解。因爲，孫休衹是見識短淺之人，而他講的是至人之德。就像魯侯以"己養"養鳥一樣，孫休一定也被驚嚇而更加迷惑。弟子說：不會這樣。孫子所說是對的嗎？先生所說是錯嗎？錯的不會混淆對的。孫子所說是錯的嗎？先生所說是對的嗎？他是由於迷惑才來請教先生的，先生何錯之有！扁慶子說：不是這樣。傳說有鳥棲息在魯國郊區，魯侯非常喜歡這個鳥，以祭祀的最高禮儀（"太牢"）給它享用，奏《九韶》之樂給它快樂，然而鳥開始憂鬱，目光搖蕩，不敢飲食。這即是以"己養"之法養鳥。如果以"鳥養"之法養鳥，就讓這個鳥棲息深林，浮飛江湖，啄食泥鰍，在平原、湖渚上生存。今日之孫休，短淺（"款啟"）少聞之人，我告訴他至人之德，正如用車馬載乘鼷鼠，以韶樂娛樂鴳雀一樣，他如何不受驚懼呢！

可見，對牛彈琴也是人們語言交流中的一種現象。《莊子》因此提出，真正的言說不是停留在事物、事件的表面，而是要穿透這些"遮蔽"之物指向事物本身，指向真理（道），這即是"言而盡道"。

而真正的聆聽理解者，則要穿透字詞的表面意義，獲得其中真正的意旨，即"得意忘言"。這裡的"意"就是言說中所指向的真理：

> 荃者所以在魚，得魚而忘荃；蹄者所以在兔，得兔而忘蹄；言者所以在意，得意而忘言。吾安得夫忘言之人而與之言哉！"（《外物》）

"荃"爲一種香草，可爲魚餌。"蹄"爲捕兔之網。"忘言之人"意指體道者。[①]《莊子》中的理想人物之間，就是這種"得意忘言"的知音關係，他們之間達到真正的理解：

> 子祀子輿子犁子來四人相與語曰："孰能以无爲首，以生爲脊，以死爲尻，孰知死生存亡之一體者，吾與之友矣。"四人相視而笑，莫逆於心，遂相與爲友。（《大宗師》）
>
> 子桑戶孟子反子琴張三人相與友，曰："孰能相與於无相與，相爲於无相爲？孰能登天遊霧，撓挑无極；相忘以生，无所終窮？"三人相視而笑，莫逆於心，遂相與友。（《大宗師》）

"子祀、子輿、子犁、子來"與下文"子桑戶、孟子反、子琴張"皆寓言人名。誰能夠以無作爲頭？以生作爲脊梁？以死作爲尾巴骨

① "言意之辨"爲中國古代著名語言哲學命題，這個話題不僅有相當複雜的問題域，而且具有悠久的歷史。關於"言不盡意"和"言盡意"的論辯，是魏晉玄學最重大的議題之一。《莊子》的"得意忘言"之說，是這個問題首倡者，也是這個理論中最有代表性的思想之一。而且，"得意忘言"不僅對於哲學，還對中國藝術產生了極爲深刻和久遠的影響。

(“尻”即脊梁骨端)?誰能夠知道生死存亡爲一體之物?那麼我就與他爲友。於是子祀、子輿、子犁、子來相互會心一笑。遂成莫逆之交。誰能夠將無給與作爲給與?將無作爲作爲作爲?誰能夠登天遨遊雲霧(“遊霧”)?婉轉(“撓挑”)於無極?相忘其生,無所謂死(“終窮”)?子桑戶、孟子反、子琴張三人相視會意一笑,遂成爲莫逆之交。如此之言說,彼此能心領神會,可謂知音。《莊子》以“三言”的方式言說,也是爲了尋求真正的理解。理解者就是知音:

> 莊子送葬,過惠子之墓,顧謂從者曰:“郢人堊漫其鼻端若蠅翼,使匠石斲之。匠石運斤成風,聽而斲之,盡堊而鼻不傷,郢人立不失容。宋元君聞之,召匠石曰:‘嘗試爲寡人爲之。’匠石曰:‘臣則嘗能斲之。雖然,臣之質死久矣。’自夫子之死也,吾无以爲質矣,吾无與言之矣。”(《徐无鬼》)

莊子送葬時經過惠子墓,回頭對跟隨的人說:泥畫匠人(“郢人”)的鼻尖上污濺(“漫”)有薄若蒼蠅翅膀的白土(“堊”),讓匠石來砍削(“斲”)。匠石揮舞斧頭(“運斤”)像一陣風,泥畫匠人放手聽任其砍削,白土盡除而鼻子毫無傷害。泥畫匠人站在那裡神色自然,毫不驚慌。宋元君聽說了,召見匠石說:你也試試爲我表演一下你的本事。匠石說:我雖然還能夠砍削薄若蠅翼的鼻尖白土,但我的合作對手(“質”)早已死了。莊子自嘆:惠子死後,我就無談論合作的對手了。我無人可以談論了。

由此段文字可以看出莊子的孤獨。作爲大哲學家、大思想家、大文學家,莊子在茫茫人群之中試圖尋求一個可以對談的高人雅士，幾乎不可能。惠施儘管驕人傲物，沉迷爭辯，不能"自寧"，但畢竟才氣過人，智識超群，或可爲莊子談論對象。有一知音，彌足珍貴。莊子曾感慨："吾安得夫忘言之人而與之言哉！"（《外物》）可見知音難覓。

第六節　語言與邏輯

語言與邏輯的關係問題，是20世紀西方語言哲學最爲核心的問題之一。從弗雷格(G.Frege 1848—1925年)、羅素(B.Russell 1872—1970年)、維特根斯坦(L.Wittgenstein 1889—1951年)以至後來的蒯因(W.O.Quine 1908—2000年)、克里普克(S.Kripke 1941—　)等，都曾致力於探討語言與邏輯之間關係。

中國古代的名家討論的很多命題也是語言與邏輯的關係。[①]《莊子》中保存了大量的這一類命題。除了"白馬非馬"、"合同異"、"離堅白"等等，《莊子·天下》篇對這一類命題作了集中的描述：

> 惠施多方，其書五車，其道舛駁，其言也不中。歷物之意，曰："至大无外，謂之大一；至小无内，謂之小一。无厚，不可積也，其大千里。天與地卑，山與澤平。日方中方睨，物方生方死。大同而與小同異，此之謂小同異；萬物畢同畢異，此之

① 胡適著有《先秦名學史》，其中第四編第二章即"莊子的邏輯"。見《胡適文集》第六册，北京大學出版社，1998年版。

謂大同異。南方无窮而有窮,今日適越而昔來。連環可解也。我知天下之中央,燕之北越之南是也。氾愛萬物,天地一體也。"惠施以此爲大,觀於天下而曉辯者,天下之辯者相與樂之。卵有毛,雞三足,郢有天下,犬可以爲羊,馬有卵,丁子有尾,火不熱,山出口,輪不蹍地,目不見,指不至,至不絕,龜長於蛇,矩不方,規不可以爲圓,鑿不圍枘,飛鳥之景未嘗動也,鏃矢之疾而有不行不止之時,狗非犬,黃馬驪牛三,白狗黑,孤駒未嘗有母,一尺之捶,日取其半,萬世不竭。辯者以此與惠施相應,終身无窮。

由於歷史的原因,其中有些命題例如"一尺之捶,日取其半,萬世不竭"等,我們可以基本理解,而很多命題今日大多無解。但是,其中所包含的思想深度是毋庸置疑的。這些命題中涉及的基本問題即是語言與邏輯的關係問題。由此可見在兩千多年前戰國時期,中國古人對邏輯問題有著特別的興趣,還有精深的思考。他們之間論辯的問題是極爲專業和極有深度的。難能可貴之處在於,我們在《莊子》中也看到莊子本人提出的一些語言與邏輯關係的問題。下面略引幾例,可以由此展示莊子對於語言與邏輯問題的思考及其理解的程度。

今且有言於此,不知其與是類乎?其與是不類乎?類與不類,相與爲類,則與彼無以異矣。(《齊物論》)

"是"即此。"類"意即類似。"彼"意指是非之論。這段文字郭象注云:“欲爲之類,則我以無爲是,而彼以無爲非,斯不類矣。然此雖是非不同,亦固未免於有是非也,則與彼類矣。故曰類與不類又相與爲類,則與彼無以異也。”這是一個簡單的邏輯推理,非常清晰。

> 不言則齊,齊與言不齊,言與齊不齊也,故曰无言。(《寓言》)

“齊”猶“一”。全部文字大意爲:不言爲一,那麼,一與言說則不能爲一;這樣言說與一就不能統一了。故此等於無言。此爲一邏輯推論。試做如下解讀:

> 不言則齊:不言 = 1;
> 齊與言不齊:1 + 言 = 非 1;
> 言與齊不齊也:言 + 1 ≠ 1;
> 故無言:1 = 1

這裡運用的其實就是邏輯的同一律。用邏輯的方法,《莊子》關於對立兩派的辯論的表述,則更加清晰、準確:

> 既使我與若辯矣,若勝我,我不若勝,若果是也,我果非也邪?我勝若,若不吾勝,我果是也,而果非也邪?其或是也,其或非也邪?其俱是也,其俱非也邪?我與若不能相知也,則人固受其黮闇。吾誰使正之?使同乎若者正之?既與若同矣,

惡能正之！使同乎我者正之？既同乎我矣，惡能正之！使異乎我與若者正之？既異乎我與若矣，惡能正之！使同乎我與若者正之？既同乎我與若矣，惡能正之！然則我與若與人俱不能相知也，而待彼也邪？（《齊物論》）

“若”即你。“是”即正確，與“非”相對。“而”同“爾”，即你。“黮闇”意爲不明晰狀。《莊子》描述的這種狀況可以用數學來統計，假設n爲參加辯論的人數，每個人的選擇有讚成或反對兩種選擇，那麽其可能的結果就是2^n。

下面一個邏輯推論，與古代希臘哲學家亞里士多德批評柏拉圖的“第三者”説，頗爲一致。①

天地與我并生，萬物與我爲一。既已謂之一矣，且得無言乎？一與言爲二，二與一爲三。自此以往，巧歷不能得，而況其凡乎！故自無適有以至於三，而況自有適有乎！無適焉，因是已。（《齊物論》）

“一”意即一體。“巧歷”指精通曆算之人。“凡”即凡夫俗子。“適”即至、往，意爲達到。“自無適有”意即從無到有，“自有適有”

① 亞里士多德批評柏拉圖的“理念論”會造成“第三者”的邏輯悖論。“所謂‘第三者’，指爲了解釋兩個概念的相似性而設定第三個概念的無限倒退。……比如，爲了説明一個人與他所屬的理念型相‘人’的相似之處，需要第三個關於人的理念型相；爲了説明這個新設的理念型相與它所要説明的‘人’之間的相似之處，再設立一個新的第三者，如此等等。‘第三者’的循環是普遍與特殊相分離所導致的惡果。”（趙敦華：《西方哲學簡史》，北京大學出版社，2000年版，第105頁。）

意即從有到有。“無適”意謂止於論說。此段文字大意爲：說出“天地與我爲一”，即已經言說了。但是，言說、評論皆有對象，因此“一”與“言說”爲二，二再加上其中之一即爲三，如果再加上其他具體言說對象，則由此推至無窮數。善算之人都無法推算出結果，一般凡人更是無法獲知最終結果。“我”既與萬物並生而成爲一體，即無對象，對於自我的言說亦是把自我作爲一個對象。這是從無到有，然後到三，如果從有到有，那就更難以計算了。故無法對萬物進行評說。①

另一例子則略微複雜：

> 楚王與凡君坐，少焉，楚王左右曰凡亡者三。凡君曰：“凡之亡也，不足以喪吾存。夫‘凡之亡不足以喪吾存’，則楚之存不足以存存。由是觀之，則凡未始亡而楚未始存也。”（《田子方》）

“楚王”指楚文王。“凡”爲國名，“凡君”即凡僖侯。成玄英疏曰：“楚文王與凡僖侯同坐，論合從會盟之事。”但具體對話不可考，故此段文字亦爲寓言。“楚王左右曰凡亡者三”意指楚王左右三次說到凡國滅亡。“存存”意即以存在證明其存在。“由是觀之”即由此觀之。凡僖侯說話大意爲：凡國滅亡了，不足以喪失作爲凡國國君我的存在。因此，楚君的存在也不足以證明楚國之存在。由此推

① 蔣錫昌云：“此謂自此以往，‘三’加‘一’爲‘四’，‘四’加‘一’爲‘五’，以至無窮，縱有巧於曆算者，亦不能得其終，況常人乎。”（見蔣錫昌：《齊物論校釋》，成都古籍書店，1988年版，第148頁。）

論，凡國沒有滅亡而楚國也不存在。當然，這裡有詭辯，莊子運用概念置換，得出他的結論。用邏輯符號表示就可以清楚地看出來：

1. "凡之亡也，不足以喪吾存"，雖然表面上說的是凡國與凡君，但實際上是一個全稱句A：對任何國X，X國亡未必X君亡(這牽涉到古代語言和邏輯的一個特點，即經常用單稱代表全稱，用典型事例表達一般情形)。

2. 這個全稱句A邏輯等價於全稱句B：對任何國X，X君存未必X國存。因此從A可推出B。

3. 由B可以繼續推出C：楚君存未必楚國存。(當然目前楚國存，但這不保證將來存。這即是"楚之存不足以存存")。

(上面的推理，原文表達爲"夫凡之亡不足以喪吾存，則楚之存不足以存存"。)

4. 既然對凡對楚，都是"國亡未必君亡"或"君存未必國存"(二者都等價于"可能國亡而君存")，那麼這一點上，凡楚無差別。如果你說凡亡，那麼楚也不存；如果你說楚存，那麼凡也未亡。("由是觀之，則凡未始亡而楚未始存也。")

這裡面有全称判斷，有模态邏輯。最後一步，凡君是有意詭辯：雖然二者都是"可能國亡而君存"，但實際的情形是"凡亡而楚存"。可能情形中二者無差別，而實際情形中二者是有差別。凡君故意混淆可能與現實。[①]因爲論辯中的詭辯，雖然與事實不符，卻常常

① 此段邏輯推論文字引用邢濤濤教授給作者的電子信件。

符合邏輯。例如一個瘋子說：

> 大前提：死人是不吃飯的。
>
> 小前提：我是一個死人。
>
> 結論：因此，我不吃飯。

可見，邏輯沒有問題，而結論是荒唐的。邏輯真值並非與事實一致。

《莊子》非常著名的“濠梁之辯”，其實也是一個邏輯問題：

> 莊子與惠子遊於濠梁之上。莊子曰：“儵魚出游從容，是魚樂也。”惠子曰：“子非魚，安知魚之樂？”莊子曰：“子非我，安知我不知魚之樂？”惠子曰：“我非子，固不知子矣；子固非魚也，子之不知魚之樂，全矣。”莊子曰：“請循其本。子曰‘女安知魚樂’云者，既已知吾知之而問我，我知之濠上也。”（《秋水》）

由於此段對話非常著名，故經常被引用。可是惠施與莊周的最後問答被略去，尤其是莊周的最後回答，歷代解釋語焉不詳。此處的關鍵詞是“安知”。“安”在現代漢語中可以譯爲“如何”、“怎麼”，亦可譯爲“哪裡”。學術界過去的一般解釋是說莊子偷換了“安知”的原來意涵，用“哪裡”替換了“如何”。我們當然不能否定這種解釋的合法性。即使是這樣解釋，也表明莊子利用語詞的多義性來進行論辯。通過這種論辯，至少說明惠施的提問沒有達到一種精確意義的表達，是有缺陷的，因此，反詰也是成功的。

但是，“安”既然有“如何”、“怎樣”的意涵，那麼我們就不能排除用“如何”、“怎樣”的意涵來解釋原文。如果我們用“如何”解釋“安”，把這段文字翻譯成白話，那麼這段文字的意思究竟會發生什麼樣變化？

> 惠施說：“我不是你，固然不知你啊；你固然不是魚，你也不知魚的快樂。意思全都在此了。”
>
> 莊周說：“請再回到論題本身。你說‘你如何知道魚的快樂？’這樣的話，既然已經知道我已經知道(魚的快樂)而問我，我在濠梁之上得知的。”

在這樣的翻譯中，莊子辯論似乎文不對題。爲什麼“你如何知道魚快樂”的問話，就已經包含了“你知道我已經知道魚快樂”呢？其實，這也是語言自身的問題造成的歧義。莊子的反詰同樣成立。這裡出現的語言現象，在20世紀西方分析哲學中是一個討論的焦點。

奧地利哲學家邁農(A. Meinong)首次提出，當人們說“金山不存在”時，他們使用的“金山”一詞已經肯定了與之相應的東西的存在，至少是“金山”的觀念的存在。[①]對此，英國哲學家羅素提出了一種摹狀詞理論加以解決。羅素說：“我所說的‘摩述’(摹狀詞)是指像‘美國的現任總統’一類的短語，不用名字來指明一

① 參見趙敦華：《現代西方哲學新編》，北京大學出版社，2000年版，第112頁。

個人或一件東西，而用某種據假定或已知他或它特有的性質。這樣的短語曾造成很多麻煩。假定我說‘金山不存在’，再假定你問‘不存在的是什麼？’如果我說‘是金山’，那麼就仿佛我把某種存在歸給了金山。很明顯，我說這話和說‘圓正方形不存在’不是一樣的陳述。這似乎意味著金山是一種東西，圓正方形另是一種東西，固然兩者都是不存在的。摹述(摹狀詞)理論就是打算應付這種困難以及其他困難的。”①

羅素提出了解決這個悖論的辦法。他說：

“有一個人、而且衹有一個人寫了《威弗利》，那個人就是司各脫。”或者，說得更完全一些就是：

“有一個實體C，使得若X是C，‘X寫了《威弗利》’這個陳述便是真的，否則它是假的；而且C是司各脫。”

這句話的前一部分，即“而且”二字以前的部分，定義成指“《威弗利》的作者存在(或者曾存在，或者將存在)的意思。”因而，“金山不存在”的意思是：

“沒有一個實體C，使得當X是C時，‘X是金的而且是山’是真的，否則它就不是真的。”

有了這個定義，關於說‘金山不存在’是指什麼意思的難題就沒有了。

根據這個理論，‘存在’衹能用來給摹述下斷言。我們能夠說“《威弗利》的作者存在”，但是說“司各脫存在”卻不合

① 羅素：《西方哲學史》下卷，馬德元譯，商務印書館，1982年版，第391—393頁。

語法，更確切地講，不合句法。這澄清了從柏拉圖的《泰阿泰德篇》開始的、兩千年來關於"存在"的思想混亂。[①]

我們在這樣的語言哲學背景下再看"濠梁之辯"。惠施的問題"你如何知道魚快樂"，從詞義分析，其中確實已經含有"(莊周)已經知道魚快樂"。而莊周的回答，正是抓住語詞與觀念存在之間的關係，由此反詰，最終勝辯。

因此，我們不能排除，邁農、羅素等人思考的語義本身容易造成的悖論，並試圖以"摹狀詞"理論加以解決的問題，兩千多年前的莊子則已經發現了，并成功運用於論辯之中。

語言與事物的關係問題，包括語言的能指與所指的關係問題，涉及最終真理性問題，以及真知的可說與不可說的問題等，也是認識論的關鍵問題。這個問題可以說是哲學家揮之不去的噩夢，貫穿於整個西方哲學。古希臘哲學中的logos概念就與語言言說糾纏不清。智者學派高爾吉亞認爲，人們即是知道真知也無法說，說了人們也不能理解。他的不可知論也從語言問題獲得支持。從奧古斯丁(A.Augustinus 354—430年)開始的基督教哲學，關於logos與上帝言說的問題，也是極爲複雜難以理清的話題。黑格爾集古典哲學之大成，認爲從自然、社會到精神都是概念的外化，概念成爲從自然、社會到精神展開之源，也是認識自然、社會和精神的最高形式。因此，黑格爾哲學的底蘊也在語言及其意義之上。20世

① 羅素:《西方哲學史》下卷，馬德元譯，商務印書館，1982年版，第392頁。

紀的分析哲學開啟了對於語言研究的現代哲學範式。今日英美哲學仍然聚焦在語言問題上。而語言哲學漸漸與語言學、計算機科學、心理學以及人工智能等學科交叉，展示出難以預測的未來學術前景。

不能否認，莊子提出了語言哲學中一些非常深刻的問題，這些問題至今仍然是哲學家們討論的熱點。《莊子》的一些思想與分析哲學某些觀點內在相通，與海德格爾很多論述可謂不謀而合，甚至德里達顛覆能指與所指關係的論證，與《莊子》也有大致相同的思路。推想兩千多年前的《莊子》居然產生如此偉大的思想，令人不可思議。然而，出現這樣的情況絕非偶然的巧合。

現存名家的辯題表明，古代中國的思想家們提出了很多深刻的語言哲學和邏輯問題。從莊子把惠施作爲知音即可知，莊子本人不僅也屬於名家，而且還是名家之中的高手。他對於惠施的反詰表明他的思考在惠施之上，更遠在一般名家之上。因此，《莊子》對於語言提出諸多極爲深刻的問題，實屬自然而然。

限於知識結構，我對於語言哲學的理解非常有限。本章只能拋磚引玉，更期待語言哲學專家深入探討《莊子》的語言哲學思想。或許，我們在《莊子》之中還會發覺到更有價值的語言哲學思想，作爲未來語言哲學研究的資源。

第五章　存在論——性命學說

存在論(Ontology)也稱本體論,其核心問題是存在。因此,存在論與形上學之間具有交叉的關係。當然,存在首先是人類個體的當下存在,即實際的生存,是存在論的首要問題。海德格爾認爲,人的存在和本質是人類之外一切對象存在的前提和基礎。因此,海德格爾把對當下個體的人的生命存在(Dasein,可譯爲“此在”)的討論,稱之爲基礎存在論。海德格爾的基礎存在論也是他全部哲學的基礎。

《莊子》的性命學說就是存在論,而且與海德格爾的基礎存在論有相通之處。[①]

---

① 韓林合認爲,整部《莊子》的主題即是人生問題:“莊子認爲,就人的存在(即人的生命,簡言之,人生)而言,它應該是實現如下終極的目標:其一,在其中主體找到了絕對的價值,諸如至真、至善、至美等。其二,在其中主體享有絕對的自由。其三,在其中主體享有絕對的安全。其四,在其中主體生活於絕對幸福之中。其五,在其中主體生活於永恆之中。但是,從上面我們看到,人生的這些終極的目標恰恰不能在世界之中獲得實現。……經驗主體生活於世界之中,但是他們卻不能在其中找到他們的存在意義。因此,世界本身的存在對於經驗主體來說也是成問題的。”而解決人生問題是通過“體道”途徑實現的。“按照莊子的觀點,只要人們按照他所開列的人生處方行事,人生就會有意義,社會就會得到大治。這個人生處方就是:心齋、齊物、安命、體道。……雖然任何人都無法完全貫徹莊子的人生處方,但是如果我們時時想著這個處方,並且盡可能地按照其行事,那麼毫無疑問,人生當會有另一番景象,社會也會變的更爲和諧。”(韓林合:《虛己與游世——〈莊子〉哲學研究》,商務印書館,2014年版,第12、450—451頁。)可備一說。

第一節　生與死

哲學亦被認爲是關於世界觀的學問。世界觀的核心是人生意義問題。而人生意義問題的首要問題則是生死問題。《論語·先進》篇云:"季路問死。【子】曰:未知生,焉知死!"可見孔子是懸置了死的問題,而專門探究在世人生的意義。此段文字皇侃疏引顧歡曰:"夫從生可以善死,雖幽顯路殊,而誠恒一。"注者認爲,明白生命的意義,死的問題也迎刃而解。但是,很多哲學家則把這個問題倒置過來,從死的問題而回溯在世人生的問題。蘇格拉底確信,死對於一個好人來說是一場戲的開幕,他的整個生命就是這場戲的排演——一場靈魂從身體在"拘留所"或"牲畜柵欄"的限制中解放出來的戲。[①]法國存在主義哲學家加繆(A.Camus 1913——1960年),對於人生與死亡的關係的思考極爲透徹,並用非常簡明、洗練語言進行概括。他說:"真正的哲學問題只有一個:那就是自殺。"[②]因爲,自殺意味著生存的理由不存在了。存在哲學奠基人海德格爾認爲,人是知道自己必死的生物。由於人知道自己必死,才會有"時間性",故才會"設計"自己的人生,因此而爲人生"操心"。當然,人生的意義也由此呈現。因此,死亡是人生意義的起點。"此在"的問題是他的代表作《存在與時間》論證的焦點,而死

① 見A.E.泰勒、Th.龔珀茨:《蘇格拉底傳》,趙繼銓、李真譯,商務印書館,1999年版,第78頁。

② 加繆:《西西弗的神話》,杜小真譯,三聯書店,1987年版,第1頁。

亡問題則是《存在與時間》的邏輯起點。故學界稱海德格爾哲學爲“向死而生”之人生哲學。

海德格爾哲學對於死亡與人生意義之間的關係做出的重大論斷，在西方哲學史上具有里程碑的意義。可見，生命的意義與死之間具有極爲深邃的關係。對於死亡的認識，是在世個人生命意義的基礎。基於此，我們也是從生死問題爲起點，來展開《莊子》的哲學存在論。

《莊子》對於在世個體的生死問題有極爲深刻的思考。這種思考首先是在生命源起的宇宙空間和人類生命延續的幽深歷史縱面展開。《莊子》的問題序列是：天地到底是什麽？因而人類是什麽？繼而人生是什麽？莊子本人也知道，對這些常人懶得提起的問題，即使一些碩學鴻儒也難以說清，甚至聖人也是困惑的。

> 冉求問於仲尼曰：“未有天地可知邪？”仲尼曰：“可。古猶今也。”冉求失問而退，明日復見，曰：“昔者吾問‘未有天地可知乎？’夫子曰：‘可。古猶今也。’昔日吾昭然，今日吾昧然，敢問何謂也？”仲尼曰：“昔之昭然也，神者先受之；今之昧然也，且又爲不神者求邪？无古无今，无始无終。未有子孫而有子孫，可乎？”冉求未對。仲尼曰：“已矣，未應矣！不以生生死，不以死死生。死生有待邪？皆有所一體。有先天地生者物邪？物物者非物，物出不得先物也，猶其有物也。猶其有物也，无已。聖人之愛人也終无已者，亦乃取於是者也。”（《知北遊》）

冉求是孔子弟子。他問孔子是否知道“未有天地”時的狀況。孔子說可以以今考古。“失問”即無法再問。第二天冉求突然又迷惘了，再問孔子。“昧”意爲闇晦、不明白，與“昭”意相對。孔子回答說：昨天他虛心(“神”)故明白，今日則又不虛心而問。無古則無今，無始則無終。人不能未有兒子所生之孫，而有孫子所生之重孫。冉求不能回應。孔子接著說：這些問題不要在追究了。人們不是爲了生而死，也不是爲了死而不生(“不以生生死，不以死死生”)。死與生能互相依賴(“待”)嗎？它們各自爲一體(“所”猶“其”)。有在道(“先天地而生”)之前的物嗎？道(“物物者”)不是物，萬物不能在道之先而生。由道生才出萬物。道生萬物，不會停息(“无已”)。聖人以愛人爲心，始終不會停息，亦取法天地之道(“取於是”)。人類世代繁衍生存，是自然而然之事。

雖然此處對話於史無徵，屬寓言。但從孔子和其弟子的討論中，可以看到人們在無限的追問中，孔子對於知識有限的無奈，只能用常識來進行推理。可是，芸芸衆生可以滿足於“不以生生死，不以死死生”的日常生活，而思想者和哲學家們，還是要追問最原初的生、死問題。這也可以看作是《莊子》存在論的基礎問題和起點。在《莊子》看來，生和死是一個根本界限，相比之下，壽夭之類是其次的問題，是非問題則更是等而下之：

> 中國有人焉，非陰非陽，處於天地之閒，直且爲人，將反於宗。自本觀之，生者，喑醷物也。雖有壽夭，相去幾何？須臾之說也。奚足以爲堯桀之是非！（《知北遊》）

這是《莊子》對於早期人類及其倫理秩序的一種描述。中國(意指九州,此說係鄒衍思想)早期的人,處於陰陽二氣相交初始之狀,姑且("直且")稱爲人,終將返回人道之本。從道本來看,生者就是有一口氣息("喑醷")之物。雖然有壽有夭,但差別不大,只是瞬間之事。何以以此論堯和桀的是非?

凡謂生物,皆有一口生氣。不過,生物之類別不同,千差萬別。而且,各種生物也有衍化、進化的歷史過程。《莊子》對於生命和人類的進化亦有思考,大致認爲萬物發生皆爲"化生"之果:

> 種有幾?得水則爲䥫,得水土之際則爲鼃蠙之衣,生於陵屯則爲陵舄,陵舄得鬱棲則爲烏足,烏足之根爲蠐螬,其葉爲胡蝶。胡蝶胥也化而爲蟲,生於竈下,其狀若脫,其名爲鴝掇。鴝掇千日爲鳥,其名爲乾餘骨。乾餘骨之沫爲斯彌,斯彌爲食醯。頤輅生乎食醯,黃軦生乎九猷,瞀芮生乎腐蠸。羊奚比乎不箰,久竹生青寧;青寧生程,程生馬,馬生人,人又反入於機。萬物皆出於機,皆入於機。(《至樂》)

此段文字大意爲,所有物種始於幾微,它得到水則能夠延續生命("䥫"),得到水土之間則成爲青苔("鼃蠙之衣"),生於丘陵土坡("陵屯")則爲車前草("陵舄"),車前草得到糞壤("鬱棲")則成爲烏足草,烏足草根即爲名爲蠐螬的蟲,[①]其葉子則爲蝴蝶。蝴蝶

① 蠐螬與蝤蠐類似。《爾雅·釋蟲》郝氏《義疏》云:"今蠐螬青黃色,身短足長,背有毛筋,從夏入秋,蜕爲蟬。蝤蠐白色,身長足短,口黑無毛,至春羽化爲天牛。"

稍頃("胥也")化成爲蟲,生於灶("竈")下,狀如新脱皮毛,名爲鴝掇之蟲。千日之後鴝掇化成爲鳥,名叫乾餘骨。乾餘骨的口水("沫")爲斯彌之蟲,斯彌是一種小飛蟲蠛蠓("食醯")。名叫頤輅的蟲生於食醯,名叫黃軦的蟲生於九猷之蟲,名叫瞀芮的蟲生於螢火蟲("腐蠸")。羊奚草根連接不生筍之竹("不箰"),時間長了生出名叫青寧的蟲;青寧化生豹子("程"),豹子化生出馬,馬化生出人,[①]人又返歸於幾微。萬物皆出生於幾微,皆回歸(死)於幾微。

這裡展示了一種進化論或自然史觀。在《莊子》看來,物類皆由幾微而來,一氣之變,所適萬形。最初的物種之幾微,用今日語言即微生物,在水中繁衍,有水土之利後,進化爲青苔,然後進化爲草類,然後進化爲蟲子,然後進化爲鳥類,然後爲虎豹獸類,然後進化爲馬,由馬生人。然後"人又反入於幾"。在兩千多年前的戰國時代,人們對於生命起源的知識基本建立在直觀經驗之上。這種素樸的自然史觀,今天看來近於猜測。因此,面對《莊子》如此論述,我們不能僅僅考慮這種知識與現代知識的可比性,而是更應看到其難能可貴之處是建構知識的願望和努力。

萬物演化如此,由此可見《莊子》對於人的生命的基本看法是,人也是造化自然生成的。在《莊子》這種宇宙演化論中,自然就蘊含有世界觀、人生觀:

① 關於"程生馬,馬生人"之說,錢穆《莊子纂箋》云:"陳景元曰:《尸子》云:'越人呼豹曰程。'《搜神記》:'秦孝公時有馬生人。'羅勉道曰:《筆談》云:'延州人至今謂虎豹爲程。'"(錢穆:《莊子纂箋》,台灣東大圖書公司,2004年版,第146頁。)王叔岷《莊子校詮》亦云:"《庶物異名疏》二九:'程,豹也。豹性廉,有所程度而食,故亦名程。'……《史記·六國年表》:'秦孝公二十一年,馬生人。'"(王叔岷:《莊子校詮》下,中華書局,2007年版,第662頁。)

> 日出東方而入於西極，萬物莫不比方，有目有趾者，待是而後成功，是出則存，是入則亡。萬物亦然，有待也而死，有待也而生。吾一受其成形，而不化以待盡，效物而動，日夜无隙，而不知其所終；薰然其成形，知命不能規乎其前……（《田子方》）

“極”意即盡頭。“比方”意謂順道。“有目有趾”意指人，人爲萬物之一。“待是”意即依賴、依恃日行之道、萬物化成之理。“是出則存，是入則亡”，意即日出則有世事（“存”），日入則無世事（“亡”）。“萬物亦然，有待也而死，有待也而生”，意即依賴造化之往來爲生死，如依日之出入爲存亡。“吾一受其成形，而不化以待盡”，意指我受造化而成我之形體、精神，以後更無變化而以此終年。“效物而動”意爲感應外物之物動而動。“日夜无隙，而不知其所終”，意即日夜代嬗無間隙，而不知其所終極。“薰然其成形，知命不能規乎其前”，意指人自動成爲人之形狀，雖知命者卻不能對自己預先規劃。因此，對待生命的態度，聖人是通達的：

> 聖人遭之而不違，過之而不守。調而應之，德也；偶而應之，道也；帝之所興，王之所起也。人生天地之閒，若白駒之過郤，忽然而已。注然勃然，莫不出焉；油然漻然，莫不入焉。已化而生，又化而死，生物哀之，人類悲之。解其天弢，墮其天袠，紛乎宛乎，魂魄將往，乃身從之，乃大歸乎！不形之形，形之不形，是人之所同知也，非將至之所務也，此衆人之所同論

也。彼至則不論，論則不至，明見无值，辯不若默。道不可聞，聞不若塞。此之謂大得。”(《知北遊》)

聖人遇到人倫好運之事不會違避，失去(“過”)也不拘守。調和應對之，爲德；隨機應對之，爲道。帝王皆因之所興起。人生天地之間，猶如白駒過隙(“郤”)，忽然而已。生機勃勃，是生長(“出”)之狀；油然寂寥(“漻”)，爲臨死之狀。萬物化成而生，又化成而死，生物哀傷之，人類悲哀之。解脱、毁棄其生死之天然囊袋(“弢”，“袠”)，紛然宛轉，魂魄消散，肉體歸土，真乃徹底回歸(“大歸”)！由無形到有形(生)，由有形到無形(死)，爲人所共知，並非得道者(“將至”)所追求的。此爲衆人共同之論。得道者(“彼”)得道故不議論，議論者則未能得道。讓人一眼看穿則不是真理(“值”)，爭辯不若沉默。道不可聞，聽聞不若閉塞。此即爲得道(“大得”)。

《莊子》在這裡從人類與萬物皆爲有生有死之物的維度，提出人生的處世態度。順應自然，順應造化，人之生命皆由此而生，由此而滅，就像自然界的一株樹、一棵草。故《莊子》對待生老病死十分坦然：

支離叔與滑介叔觀於冥伯之丘，崐崘之虚，黄帝之所休。俄而柳生其左肘，其意蹷蹷然惡之。支離叔曰：“子惡之乎？”滑介叔曰：“亡，予何惡！生者，假借也；假之而生生者，塵垢也。死生爲晝夜。且吾與子觀化而化及我，我又何惡焉！”(《至樂》)

“支離叔”、“滑介叔”皆寓言人名，亦涵寓意。“支離叔”意涵支體離析，以明忘形；“滑介叔”意涵滑稽挺特，以遺忘智。“冥伯”寓言地名，亦涵杳冥之意。“虛”同“墟”。此地曾爲黄帝休息之處。滑介叔忽然左肘生出瘤子（“柳”同“瘤”），有點驚動（“蹷蹷然”）討厭（“惡”）之意。支離叔問他是否討厭、嫌棄這事。滑介叔回答說：不，我爲何討厭它！人之出生是假借他物而成的，故假借之身體（“生生者”）如塵垢，生死如晝夜。我們都在觀照萬物皆爲自然造化，你和我也爲造化而成，有何必要厭惡！

因此，人類的誕生是自然演化之果，每個人的出生也是自然造化的結果。如果不能接受、順應這個自然造化的過程，那就是忤逆自然，爲不祥之人：

> 夫大塊載我以形，勞我以生，佚我以老，息我以死。故善吾生者，乃所以善吾死也。今大冶鑄金，金踊躍曰：“我且必爲鏌鋣！”大冶必以爲不祥之金。今一犯人之形，而曰：“人耳人耳！”夫造化者必以爲不祥之人。今一以天地爲大爐，以造化爲大冶，惡乎往而不可哉！（《大宗師》）

“大塊”意即自然。“鏌鋣”爲古代著名寶劍。“大冶”指鑄金工匠。每個人是造化的烘爐冶煉出來的形體，爲美爲醜，爲智爲愚，爲壽爲夭，爲弱爲強，皆爲自然之造，别無選擇。正如冶金工匠用一塊礦石煉銅煉鐵，而礦石呼喊“我要成爲鏌鋣那樣的名劍”，冶金工匠則肯定視之爲不祥之物。每個人來到這個世界，並不是自己的選擇，而是無意、被動、自然而來的。

有生有死，有死有生，生死相互轉化是宇宙萬物運行的常理。因此，人對於死亡理應淡然，造化將人轉化爲別的事物絕不是意外，也是正常的。《莊子》對於生死問題達到了一種徹悟，對此生死之轉化極爲超脫、瀟灑：

> 俄而子來有病，喘喘然將死，其妻子環而泣之。犁往問之，曰："叱！避！无怛化！"倚其戶與之語曰："偉哉造化！又將奚以汝爲，將奚以汝適？以汝爲鼠肝乎？以汝爲蟲臂乎？"子來曰："父母於子，東西南北，唯命之從。陰陽於人，不翅於父母；彼近吾死而我不聽，我則悍矣，彼何罪焉！（《大宗師》）

"喘喘"爲呼吸困難之狀。"環"即環繞。"犁"即子犁。"叱"爲呵斥聲。"避"意即避開。叱令其妻子避。"无怛化"意爲不要驚動這個(生死)變化。"奚以汝爲"意爲如何將你變化。"適"意即行往、去向。"鼠肝"、"蟲臂"即老鼠之肝、蟲子之臂。"以汝爲鼠肝乎？以汝爲蟲臂乎？"意即將你的五臟化爲鼠之肝，或將你的四肢化爲蟲之臂嗎？"於"同"與"。"不翅"同"不啻"。"彼近吾死"指陰陽造化要求我死。"悍"同"捍"，意即抵抗、對抗。子來這裡強調的也是順應造化自然，不怨天尤人的思想。

但是，人之常情是貪戀生而懼怕死。《莊子》認爲，這是由於人們對於死亡的無知而得出的錯誤觀念，是人類對於死亡認識的巨大誤區。人們用活著的日常經驗來推論、臆測死亡，是沒有根據，不可靠的。因此，人們對於死亡的認識完全是虛幻的。《莊子》以奇特的想象，特有手法，將人們對死亡問題的無知及其荒誕性，大白於天下：

> 莊子之楚，見空髑髏，髐然有形，撽以馬捶，因而問之，曰："夫子貪生失理，而爲此乎？將子有亡國之事，斧鉞之誅，而爲此乎？將子有不善之行，愧遺父母妻子之醜，而爲此乎？將子有凍餒之患，而爲此乎？將子之春秋故及此乎？"於是語卒，援髑髏，枕而臥。夜半，髑髏見夢曰："子之談者似辯士，諸子所言，皆生人之累也，死則无此矣。子欲聞死之說乎？"莊子曰："然。"髑髏曰："死，无君於上，无臣於下；亦无四時之事，從然以天地爲春秋，雖南面王樂，不能過也。"莊子不信，曰："吾使司命復生子形，爲子骨肉肌膚，反子父母妻子閭里知識，子欲之乎？"髑髏深矉蹙頞曰："吾安能棄南面王樂而復爲人間之勞乎！"（《至樂》）

此段文字大意是：莊子行至楚國，看見路邊一個空骷髏（"髑髏"），空枯有形（"髐"爲空枯之狀），便用馬杖敲擊（"撽以馬捶"）之，并與之對話。莊子問：你是貪生失去理智而死去的？還是（"將"猶"抑"）國家破亡而被人殺死？或是你行爲不善（"醜"猶"恥"）愧對父母妻子而自尋死路？或者你凍餓（"餒"）而死，抑或壽終正寢（"春秋故"）？莊子話畢，便用（"援"）骷髏作枕頭而臥。半夜，骷髏在莊子夢中出現（"見夢"），對莊子說：你大約是個辯者，你之所言皆爲活人（"生人"）的累贅，死亡之後則無此等事情。你願意聽死人之說嗎？莊子說好。骷髏說：死人上無君王，下無臣子；亦無四時勞作，放然（“從然”）以天地爲年月，雖世上君王，也不能超過死人之樂。莊子不信說：我讓地獄中掌管人命之鬼（“司命”）恢復你的生命，復有（“反”同“返”）形體肌膚、妻子兒女、親朋故友（“知識”意指朋友）等塵世生活的一切，你願意嗎？骷髏深感不安（“矉”同“顰”，憂愁狀。“頞”爲衍字。）說：我怎麼能拋棄君王之樂而重複人間的勞苦呢？

《莊子》的這段文字極爲驚世駭俗。[①]人們總是用在世生活的經驗來臆測死後的狀況，這實在是個巨大的誤區。其實，雖然人類從蒙昧的遠古時代，就開始極爲關注死亡的問題。而無論是原始宗教還是現代宗教，死亡都是所有宗教理論論證的起點，也是它們的旨歸。但是，關於人類死後的狀況如何，至今仍然沒有一個確定的證明。無論現代科學如何發達、先進，對於人死亡之後的情況仍然束手無策。正是因爲如此，迄今所有關於人死之後的說法，都只是想象和推測，不具有科學和理論的價值。正因爲如此，科學與宗教關於人死後的爭論，不可能有任何真理性的結果。幾乎所有的宗教都認爲，人的死亡只是在世生活的終結，死後則面臨一個新的生活的開始。生命會轉化成另一種形態，或進天堂，或下地獄；或進入六道輪迴成爲惡鬼、動物、阿修羅、人、天等；或者在天宮永生……所有宗教的這類來世之說，雖然不能用經驗驗證或邏輯推證，但是，人們也不能用經驗和邏輯反證這類來世之說爲假，統統

① 徐希定博士對《莊子》的死亡觀有很專門深入的研究。參見徐希定：《關於以死亡學對策的莊子死亡觀研究》（韓國成均館大學東洋哲學科碩士論文）、《〈莊子・齊物論篇〉研究——以“我”與“物”之關係爲中心》（北京大學哲學系博士論文）第八章第四節。

不能成立。所有的科學對這類來世之說也束手無策。簡而言之，死是人之生命的徹底終結，還是人之生命另一種形式的重新開始，是科學與宗教分歧的焦點。如果說科學認爲人死之後的生命終結爲“無”，宗教認爲人死之後是另一種形式生命的開始爲“有”，那麼，迄今爲止的任何宗教，都不能證明人在死亡之後生命仍然爲“有”（不管是什麼存在形式），現代科學也無法證明人在死亡之後的生命爲“無”（即沒有任何形式的個體生命形態）。就這一點來說，宗教與科學誰也沒有戰勝誰。而對這個至今無解的問題，兩千多年前的《莊子》則以詼諧、戲謔的方式，說出了其中的真理，捅開了人們認識誤區的沉重帳幔。從《莊子》這裡我們可知，人類至今對於死亡之後的情景，仍然是一無所知。用人類世俗生活的生存經驗來測度人類死亡之後的狀況，正如用井底的世界來測度東海之大、宇宙之大一樣，永遠不著邊際。

《莊子》還認爲，人們對於死亡的無知，與對於不確定的未來的無知，在思維方式上具有某種同構。人類不僅對於死後的世界一無所知，即使是在現實世界中，對於未來也所知甚少，常常因此而使人啼笑皆非：

> 予惡乎知說生之非惑邪！予惡乎知惡死之非弱喪而不知歸者邪！麗之姬，艾封人之子也。晉國之始得之也，涕泣沾襟；及其至於王所，與王同筐牀，食芻豢，而後悔其泣也。予惡乎知夫死者不悔其始之蘄生乎！（《齊物論》）

此段文字原是得道之人長梧子對向他請教的瞿鵲子所說的話。大意爲，我如何（"惡"）知道生之快樂（"説"同"悦"）不是迷惑呢？我如何知道對於死的厭惡、恐懼不是像小孩走失（"弱喪"）那樣而不知何處歸呢？麗姬是麗戎國艾地首領（"艾封人"）之女，被晉獻公奪取之時，啼哭漣漣。而到了晉國，與王同床（"筐牀"）共枕，錦衣玉食（"食芻豢"），開始後悔當初之哭泣。[①]我如何知道死亡之後的人不悔恨他曾經出生過呢！

真是無獨有偶，西方的蘇格拉底也説："充其量，死不過是一場不會被打斷的休息，因而並不是壞事。但是還有一個不同的信念（……），即對於一個好人來説，死是進入較好生活的一個入口。"[②]

那麼，人生到底是什麼？《莊子》對於人生透徹的觀察和深入的辨析，其結果也帶來一種實在的虛幻感：

> 夢飲酒者，旦而哭泣；夢哭泣者，旦而田獵。方其夢也，不知其夢也。夢之中又占其夢焉，覺而後知其夢也。且有大覺而後知此其大夢也，而愚者自以爲覺，竊竊然知之。君乎，牧乎，固哉！丘也與女，皆夢也；予謂女夢，亦夢也。是其言也，其名爲弔詭。（《齊物論》）

夢中在飲酒，醒來卻哭泣。夢中在哭泣，醒來卻在狩獵。在做夢之時不知是夢，而夢中又有占夢之事。醒來才知道這是在作夢。只

① 成玄英疏："昔秦穆公與晉獻公共伐麗戎之國，得美女一，玉環二。秦取環而晉取女，即麗戎國艾地守封疆人之女也。"

② 見A.E.泰勒、Th.龔珀茨：《蘇格拉底傳》，趙繼銓、李真譯，商務印書館，1999年版，第75頁。

有大覺悟之人醒來才會知道這是南柯大夢，但愚人自以爲明白，竊竊然自得私語。君王啊，州牧啊，皆爲固陋(固)！孔丘與你(此文原是對話，涉及孔子)，都是夢；這樣說話，即是"弔詭"。"弔詭"意即詭異悖謬。關於人生在世生存，就是一種"弔詭"的方式。

《莊子》中最著名的"莊周化蝶"之說，不僅同樣是關於生與死的"弔詭"之言，也提出了實在論的根本問題：

> 昔者莊周夢爲胡蝶，栩栩然胡蝶也。自喻適志與！不知周也。俄然覺，則蘧蘧然周也。不知周之夢爲胡蝶與，胡蝶之夢爲周與？周與蝴蝶，則必有分矣。此之謂物化。(《齊物論》)

"栩栩"猶"翩翩"，形容蝴蝶之狀。"自喻適志"意即自己覺得很快適。"俄然覺"意即忽然醒了。"蘧蘧然"爲驚動之貌。"物化"意即自然造化。

《莊子》中諸多處說夢，此爲最精要處。蝴蝶與莊周孰夢孰真，是對於人之自我存在的徹底懷疑。由此可知，如果此問題不甚明了，那麼，建基於此之上的人類所有問題，包括知識問題、倫理問題、政治問題、審美問題等，皆爲海市蜃樓、空中樓閣。18世紀法國哲學家笛卡爾由夢推理，說明了用日常經驗證明自我存在的不可靠性。他最終用"我思"推導出"我在"，爲哲學的理論大廈尋找到一個堅實的起點。"莊周夢蝶"的思想内涵，與笛卡爾論證基本相通。20世紀奧地利哲學家弗洛伊德(S. Freud 1856—1939年)的名著《釋夢》，則展示了人類的無意識世界，論證了無意識對於人類個人和社會的巨大影響。可見，對於夢的認識與分析，可以展示極爲深刻的哲學問題。

由於《莊子》對於生與死的精深思考，遠遠超越了世俗關於生老病死的一般見識，因此，《莊子》中出現的很多死亡事件，其筆下人物之神態舉止，皆特立獨行，與世俗之人迥異：

俄而子輿有病，子祀往問之。曰："偉哉夫造物者，將以予爲此拘拘也！曲僂發背，上有五管，頤隱於齊，肩高於頂，句贅指天。"陰陽之氣有沴，其心閒而无事，跰䠲而鑑于井，曰："嗟乎！夫造物者又將以予爲此拘拘也！"子祀曰："女惡之乎？"曰："亡，予何惡！浸假而化予之左臂以爲雞，予因以求時夜；浸假而化予之右臂以爲彈，予因以求鴞炙；浸假而化予之尻以爲輪，以神爲馬，予因而乘之，豈更駕哉！且夫得者，時也；失者，順也。安時而處順，哀樂不能入也。此古之所謂縣解也，而不能自解者，物有結之。且夫物不勝天久矣，吾又何惡焉！"（《大宗師》）

莫然有閒而子桑戶死，未葬。孔子聞之，使子貢往待事焉。或編曲，或鼓琴，相和而歌曰："嗟來桑戶乎！嗟來桑戶乎！而已反其真，而我猶爲人猗！"子貢趨而進曰："敢問臨尸而歌，禮乎？"二人相視而笑曰："是惡知禮意！"子貢反，以告孔子，曰："彼何人者邪？脩行无有，而外其形骸，臨尸而歌，顔色不變，无以命之。彼何人者邪？"孔子曰："彼，遊方之外者也；而丘，遊方之内者也。外内不相及，而丘使女往弔之，丘則陋矣。彼方且與造物者爲人，而遊乎天地之一氣。彼以生爲附贅縣疣，以死爲決𤴯潰癰，夫若然者，又惡知死生先後之所在！假於異物，託於同體；忘其肝膽，遺其耳目；反覆終始，不知端倪；芒然彷徨乎塵垢之外，逍遙乎无爲之業。彼又惡能憒憒然爲世俗之禮，以觀衆人之耳目哉！”(《大宗師》)

老聃死，秦失弔之，三號而出。弟子曰：“非夫子之友邪？”曰：“然。”“然則弔焉若此，可乎？”曰：“然。始也吾以爲其人也，而今非也。向吾入而弔焉，有老者哭之，如哭其子；少者哭之，如哭其母。彼其所以會之，必有不蘄言而言，不蘄哭而哭者。是遁天倍情，忘其所受，古者謂之遁天之刑。適來，夫子時也；適去，夫子順也。安時而處順，哀樂不能入也，古者謂是帝之縣解。”(《養生主》)

顏回問仲尼曰：“孟孫才，其母死，哭泣无涕，中心不感，居喪不哀。无是三者，以善喪蓋魯國。固有无其實而得其名者乎？回壹怪之。”仲尼曰：“夫孟孫氏盡之矣，進於知矣。唯簡之而不得，夫已有所簡矣。孟孫氏不知所以生，不知所以死；不知就先，不知就後；若化爲物，以待其所不知之化已乎！且方將化，惡知不化哉？方將不化，惡知已化哉？吾特與汝，其夢未始覺者邪！且彼有駭形而无損心，有旦宅而无情死。孟孫氏特覺，人哭亦哭，是自其所以乃。且也相與吾之耳矣，庸詎知吾所謂吾之乎？且汝夢爲鳥而厲乎天，夢爲魚而沒於淵。不識今之言者，其覺者乎，其夢者乎？造適不及笑，獻笑不及排，安排而去化，乃入於寥天一。”(《大宗師》)

第一個故事描述了子與對生老病死之事的坦然淡定。對於他來說，生死爲晝夜，也是命中註定。死爲解除倒懸之苦(即“縣解”，“縣”

同“懸”),故哀樂不入身。第二個故事描述了子桑戶死後,眾親友編曲鼓琴相和而歌,不拘世俗之禮。子貢不解,請教孔子。孔子說這些人是“遊方之外者”,視生如毒瘡爛腫,視死如潰癰去毒。第三個故事描述的場景亦頗爲異常:秦失在老聃喪禮上大叫三聲而出。眾人不解。他說老聃應時而生,順勢而死,爲自然之事。不爲之所樂,不爲之所哀,則爲真正解脱。第四個故事敘述孟孫才母喪,情不悲切,居喪不哀。顔回不解,請教孔子。孔子教導他:孟孫才是“不知所以生,不知所以死”的“覺者”,而顔回和自己皆爲“未始覺者”。對於這些參透生死之人來說,不拘俗禮,世人見之覺得怪誕,而“覺者”則能體察理解。故事中除了老聃、子與、子祀、孟孫才等人之外,還有孔子、子貢和顔回。尤其是故事中的孔子,幾乎是莊子的代言人。孔子的言説,不僅使故事極富戲劇性,而且也是《莊子》使用反諷的精彩之筆。《莊子》中有很多孔子之言,幾乎全部爲寓言。

《莊子》表明了對於死的透徹理解和洞悉,因此,對於現實的人生及其道路,就有了超越俗見的鮮明態度,和通達圓融的智慧,當然也有更高層面的疑問:

> 生有爲,死也。勸公,以其死也,有自也;而生陽也,无自也。而果然乎?惡乎其所適?惡乎其所不適?天有曆數,地有人據,吾惡乎求之?莫知其所終,若之何其无命也?莫知其所始,若之何其有命也?有以相應也,若之何其无鬼邪?无以相應也,若之何其有鬼邪?”(《寓言》)

此段文字大意爲，人生因有作爲，故喪其生。故勸導諸公，立足關注死，則會選擇如何生（“自”意即緣由）。生命由陽氣感而生發，既無所由從，故是自然而然。你（“而”同“爾”）果然能順其自然嗎？故於何處而可適宜生存，於何處而不可適宜生存？其實，所在之處皆適宜生存。天有星象運行之規律（“曆數”），地有人生存之依據，我有何求？死生終始無端，則無所謂有命、無命（“命”即命運）。如果有與此相應之事，如何沒有鬼神呼應？如果沒有與此相應之事，如何有鬼神而致之？①

可以見出，《莊子》基於生死問題，又開始對命運和鬼神問題發問。因爲，人生與命運纏繞一起，永遠無法分開，也無法盡言。

第二節　性與命

從上述文字中可以看到，《莊子》對於生與死問題的深透思考，絕非一般理論的泛泛而談，遠在世俗陳見之上。《莊子》提出的生死問題，不僅介於哲學與宗教之間，也是介於科學與宗教之間。雖然《莊子》的生死觀最終落在哲學懷疑論和不可知論之上，然而，這個思想卻向科學和宗教提出了嚴峻的挑戰。或許這個挑戰因爲無解而伴隨人類思考的始終。

對於生死問題的徹悟，本質上也是對於“性”和“命”的洞悉。

① 對於此段文字，王夫之《莊子解》注曰：“儒言命，墨言鬼，各有所通者各有所窮。言命者天而非鬼，言鬼者精而非命，皆不可而皆可，皆然而皆不然。”王叔岷《莊子校詮》注曰：“死生終始有別，則有有命、無命之辯。”

先秦諸子幾乎都有性命之學。“性”在他們思想中，也被認爲是人之自然本性，或可以說本性、本能。《孟子·告子上》所謂“食色”之“性”，正是言此。孔子還說：“吾未見好德如好色者也。”（《論語·子罕》）説明自然本性是人類自身中最深厚、最頑固的東西。孟子用“四端”概括人之性，并認爲人之本性爲善。荀子關於人之性有系統論證，認爲人性本惡，必須“化性起偽”，即通過教化改造人的本性。老子反而認爲，人類應該消解本性慾望。

《莊子》的性命之學，在很多地方與孔子、孟子、荀子尤其是老子有相交之處。在《莊子》看來，人之性是天生的，即本性、天性。人之命，即命運，與性相關。[①]西方諺語“性格即命運”，與中國“性命”之意相近。《莊子》首要告誡人們：人生要明天地之理、萬物之情、性命之本，由此才能知道每個人自己的生命意義。

> 泰初有无，无有无名；一之所起，有一而未形。物得以生，謂之德；未形者有分，且然无間，謂之命；留動而生物，物成生理，謂之形；形體保神，各有儀則，謂之性。性脩反德，德至同於初。同乃虛，虛乃大。合喙鳴；喙鳴合，與天地爲合。其合緡緡，若愚若昏，是謂玄德，同乎大順。（《天地》）

“泰初”意指宇宙之始。“一”指道。“未形”意即萬物尚未形成。“德”原意爲“得到”。萬物得道而生成謂之“德”。“分”意指分

① 筆者這裡所言《莊子》的“性”，與英文nature義近，“命”與英文destiny義近，但意義不能完全等同。

際。萬物未有形質，但有分際，不過是“无間”之狀，意謂非清晰可辨。這就是“命”。“留動”同“流動”。“形體保神”意爲形質保守精神。“儀則”意即規則、法則。形載神而保守之，合之視聽言動，各有應當之則，即所謂性。性即是與生俱來的東西。“喙”是鳥嘴。“喙鳴合”意即不言而言。“緡緡”即泯合。從德性而言，人要不言而言，泯合大同，回歸泰初。

從這段文字看出，《莊子》認爲萬物得道而生，故有生命。而人類出現，“形體保神，各有儀則”，故有性。這是從宇宙發生萬物演化的角度來說的。簡而言之，人之性命是天地賦予的，也即自然賦予的：

> 舜問乎丞曰：“道可得而有乎？”曰：“汝身非汝有也，汝何得有夫道？”舜曰：“吾身非吾有也，孰有之哉？”曰：“是天地之委形也；生非汝有，是天地之委和也；性命非汝有，是天地之委順也；孫子非汝有，是天地之委蜕也。故行不知所往，處不知所持，食不知所味。天地之彊陽氣也，又胡可得而有邪？”（《知北遊》）

“丞”傳説是舜之師。舜向他的老師詢問可否得道，丞回答説，舜的身體也不屬於自己，如何能得道？舜問他的身體屬於誰？丞説是天地賦予（“委”）他形體，天地賦予他出生之和、性命之順、子孫繁衍（“蜕”即蟬蜕，引申爲繁殖）。人的行住食味，皆率自然之氣而動（“彊陽”意謂運動），推尋根由，莫知其所。當然，從根本上來説，人的性命都是天地賦予的，這種説法不錯，但比較籠統。具體說來，何爲性？《莊子》如此界定：

> 性者，生之質也。性之動，謂之爲；爲之僞，謂之失。知者，接也；知者，謨也；知者之所不知，猶睨也。動以不得已之謂德，動無非我之謂治，名相反而實相順也。（《庚桑楚》）

“質”即本質。資質謂之性。自然之性是稟生之本。[①]“爲”意即作爲，即按照本性自然而然而動。“失”意指喪失真道。然而，自以爲有智慧的人與外界世界打交道（“接”），便用謀略、謀劃（“謨”）。然而，就像目之能視屬於自然，并非知視而視，若知而後爲，則爲喪真失道。迫不得已而後動才爲德行。“動無非我”即是人之有爲，違反自然。萬化之生，皆爲本性之動，其爲出於無爲。故曰名相反而實相順。可見，本性也是自然。簡而言之，

> 夫欲惡避就，固不待師，此人之性也。（《盗跖》）

“欲惡避就”即喜歡、厭惡、逃避、趨附，這些東西是人之本能，無師自通。這些就是人之性。故在《莊子》看來，性就是人之本性、本能。

但是，《莊子》認爲，每個人的性天生有别，不一而同。[②]尤其

① 《漢書·董仲舒傳》云：“質樸之謂性。”董仲舒《春秋繁露·深察名號》云：“性者，質也。”

② 《人間世》篇稱衛靈公太子爲：“有人於此，其德天殺。”意在説明其人冥滅人性，而非確指他天生無德。

是聖人之性，更是與常人不同，本身就通體達性，是常人楷模：

聖人達綢繆，周盡一體矣，而不知其然，性也。復命搖作而以天爲師，人則從而命之也。憂乎知而所行恒无幾時，其有止也若之何！生而美者，人與之鑑，不告則不知其美於人也。若知之，若不知之，若聞之，若不聞之，其可喜也終无已，人之好之亦无已，性也。……舊國舊都，望之暢然，雖使丘陵草木之緡，入之者十九，猶之暢然。況見見聞聞者也，以十仞之臺縣衆閒者也！（《則陽》）

許由曰："殆哉圾乎天下！齧缺之爲人也，聰明叡知，給數以敏，其性過人，而又乃以人受天。（《天地》）

上述文字大意爲，聖人通達奧妙（"達綢繆"），曲盡萬物一體而不知其然，是其本性，復歸本命動靜皆依乎自然。凡人則從而信之。人爲智所憂而又用智不已，其有停止之時又不能遺智去憂，如之奈何！天生美貌者，別人都是你的鏡子。若人不相告，則莫知自己美於人。或知之，或不知之。或聞之，或不聞之。其可喜竟然無終止。別人之喜好也無止境。故國故都，望之暢然喜悅。雖然荒廢日久，丘陵草木叢生，人進去被遮蔽只剩頭頂，而猶覺暢然喜悅。何況所見所聞以十仞之臺而懸於衆人耳目之間，此人所共見共聞者，其爲暢然可知。這幾句話意指人們見到本性就欣喜。第二段文字說得更加直白：天下很危險！而齧缺是得道者，本性就是聰明睿智，敏捷過人，而又從人爲復歸自然。

當然，人之本性與外在表現常常不一致，不能簡單從外貌觀之。有些人之本性深藏不露，有人甚至恰恰相反。

> 孔子曰："凡人心險於山川，難於知天；天猶有春秋冬夏旦暮之期，人者厚貌深情。故有貌愿而益，有長若不肖，有順懁而達，有堅而縵，有緩而釬。故其就義若渴者，其去義若熱。故君子遠使之而觀其忠，近使之而觀其敬，煩使之而觀其能，卒然問焉而觀其知，急與之期而觀其信，委之以財而觀其仁，告之以危而觀其節，醉之以酒而觀其則，雜之以處而觀其色。九徵至，不肖人得矣。"（《列禦寇》）

"期"即時節。"貌愿而益"意爲忠厚、謹慎而溢於外表。"長若不肖"意爲外表不像本性。"順懁而達"意爲形順躁急而心達理。"堅而縵"意即外堅強而内緩弱。"緩而釬"意爲紓緩而又桀悍。"就義"意即趨附仁義，與"去義"相對。"煩使之"意爲讓他做複雜之事。"卒然"即爲猝然。"知"同"智"。"急與之期"意爲緊急與之期約，觀信契。"委"即委任、委託。"節"即氣節。危易改節。"則"即法則、規則。"色"意即好色。雜處易淫。"徵"意即徵驗。九事徵驗，小人君子，厚貌深情，必無所避。雖至不肖之人，亦得其情。

《莊子》認爲，正常的健康的人生，應該是像自然萬物一樣的人生。而且，人之性猶如蓬草，旺盛頑強，很難徹底根除。

> 大林丘山之善於人也，亦神者不勝。德溢乎名，名溢乎暴，謀稽乎誸，知出乎爭，柴生乎守官，事果乎眾宜。春雨日

時，草木怒生，銚鎒於是乎始脩，草木之到植者過半而不知其然。（《外物》）

茂林深山之所以獲得人喜好（“善於人”），是因爲人的神明不勝情感，好清曠之境（“神者不勝”）。德之外溢是因爲名聲，名聲外溢是因爲過於顯露，情急而後自然密謀（“謀稽乎誸”），爭論引出智慧，防衛屏障生於五官之智（“柴生乎守官”），衆人皆宜之事則成（“事果乎衆宜”）。春雨安時節而來，草木蓬勃生長，人們雖然耘鋤雜草（“銚鎒”即耜鋤之類，“脩”意即鋤草），但是仍然阻擋不了雜草怒生（“到植”意即倒生），因爲時節使然。[①]因此，聖人大治天下，則無爲而治，讓國民自然而然：

吾意善治天下者不然。彼民有常性，織而衣，耕而食，是謂同德；一而不黨，命曰天放。（《馬蹄》）

“常性”即通常之性。“天放”意即天然。儘管《莊子》把性看作是生命的根本，是求生的意志和本能，但是，性不等同於慾望。因此，《莊子》爲“生之性”與“慾之情”劃出一個清晰的界限。《莊子》並不否定有益於生命的個體人生正常要求，但反對有害於生命的慾望：

① 這裡“草木之到植者過半而不知其然”句，成玄英疏曰：“銚鎒既脩，芸除萑葦，幸逢春日，鋤罷到生，良由時節使然，不可以人情均度。”《莊子》之意爲，理想的統治者，應該順應人之本性。

> 惠子謂莊子曰:“人故无情乎?”莊子曰:“然。”惠子曰:“人而无情,何以謂之人?”莊子曰:“道與之貌,天與之形,惡得不謂之人?”惠子曰:“既謂之人,惡得无情?”莊子曰:“是非吾所謂情也。吾所謂无情者,言人之不以好惡内傷其身,常因自然而不益生也。”惠子曰:“不益生,何以有其身?”莊子曰:“道與之貌,天與之形,无以好惡内傷其身。今子外乎子之神,勞乎子之精,倚樹而吟,據槁梧而瞑。天選子之形,子以堅白鳴!”(《德充符》)

惠子問莊子:人本來無情嗎?莊子說:是的。惠子說:人而無情,何以謂之人?莊子說:道賦予了他面貌,天賦予了他形體,如何不謂之人?惠子說:既謂之人,如何無情?莊子說:你說的非我所謂的情。我所謂的無情,指人不因爲喜好和厭惡之情内傷其身,順由自然而不做無益於生命(“益生”)之事。惠子說:不能有益於生命,何以有其身體?莊子說:道賦予了他的面貌,天賦予了他的形體,不以喜好厭惡之情内傷其身。今日你精神不休於性分之内,精氣不守於自身,倚樹而吟誦,憑藉枯梧而睡。天授予你的形狀,而你卻以“堅白論”到處與人爭鳴!從這段對話可見,《莊子》認爲,個體人生應該有七情六慾,這是人的自然本性。但是,人不能以好惡之情害身。《莊子》是極力反對這種害生之情:“有人之形,无人之情。有人之形,故羣於人,无人之情,故是非不得於身。眇乎小哉,所以屬於人也!謷乎大哉,獨成其天?”(《德充符》)不受害生之情影響的,則是德成於自然的高人。莊子對於以追逐名譽爲目的的爭論、爭辯深惡痛絕,認爲這是丟失本性、傷害生命之大惡:

> 且夫失性有五：一曰五色亂目，使目不明；二曰五聲亂耳，使耳不聰；三曰五臭薰鼻，困惾中顙；四曰五味濁口，使口厲爽；五曰趣舍滑心，使性飛揚。此五者，皆生之害也。而楊墨乃始離跂自以爲得，非吾所謂得也。夫得者困，可以爲得乎？則鳩鴞之在於籠也，亦可以爲得矣。且夫趣舍聲色以柴其内，皮弁鷸冠搢笏紳脩以約其外，内支盈於柴柵，外重纆繳，睆睆然在纆繳之中而自以爲得，則是罪人交臂歷指而虎豹在於囊檻，亦可以爲得矣。(《天地》)

此段文字大意爲，喪失本性有五種情況：一是五色(青、黄、赤、白、黑)亂目，使目不明；而是五聲(宫、商、角、徵、羽)亂耳，使耳不聰；三是五嗅(羶、薰、香、鯹、腐)熏鼻，是鼻子塞不通而中傷鼻莖額頭(“困惾中顙”)；四是五味(酸、辛、甘、苦、鹹)使人受傷害得病(“厲爽”。《老子》十二章曰：“五味令人口爽。”)；五是取(“趣”)捨亂(“滑”)心，使性情輕浮躁動(“飛揚”)。此五者，皆爲生命之害。而楊朱、墨翟離衆獨立(“離跂”)自以得意，這不是我所謂的獲得。獲得即爲困厄，這能叫獲得嗎？如果這樣，則斑鳩鴟鴞在鳥籠之中，也可以稱爲得。而且，取捨聲色圍護(“柴”同“棧”，意即圍護)五臟之内，官爵財富榮華富貴(“皮弁”即皮冠。“鷸冠”即以鷸鳥翠羽所飾之冠。“搢笏”插上玉珪笏。“紳脩”指大帶長裙，此皆以飾朝服)約束外表，内部以柵欄緊閉(“支盈”即塞滿)，外部重加繩索(“纆繳”)，看著(“睆睆”)在繩索之中而自以爲得，則無異於犯人被梱縛受刑(“交臂”意即反縛。“歷指”意即柙指、拶指)，而虎豹在口袋囚籠（“囊檻”）之中，也可以稱爲得。這當然是十分荒謬的。

在《莊子》看來，一切合乎事物本性的就是健康的，也是道德的。反之，則是不健康的，也是不道德的。而儒墨之說，史家之識，巧匠之能，樂師之技，大多爲殘害本性之舉，故《莊子》對之嚴辭厲色，進行猛烈抨擊：

> 駢拇枝指，出乎性哉！而侈於德。附贅縣疣，出乎形哉！而侈於性。多(方)乎仁義而用之者，列於五藏哉！而非道德之正也。是故駢於足者，連无用之肉也；枝於手者，樹无用之指也；多方駢枝於五藏之情者，淫僻於仁義之行，而多方於聰明之用也。是故駢於明者，亂五色，淫文章，青黄黼黻之煌煌非乎？而離朱是已。多於聰者，亂五聲，淫六律，金石絲竹黄鍾大吕之聲非乎？而師曠是已。枝於仁者，擢德塞性以收名聲，使天下簧鼓以奉不及之法非乎？而曾史是已。駢於辯者，纍瓦結繩竄句，遊心於堅白同異之間，而敝跬譽无用之言非乎？而楊墨是已。故此皆多駢旁枝之道，非天下之至正也。彼正正者，不失其性命之情。故合者不爲駢，而枝者不爲跂；長者不爲有餘，短者不爲不足。是故鳧脛雖短，續之則憂；鶴脛雖長，斷之則悲。故性長非所斷，性短非所續，无所去憂也。意仁義其非人情乎！彼仁人何其多憂也？且夫駢於拇者，決之則泣；枝於手者，齕之則啼。二者，或有餘於數，或不足於數，其於憂一也。今世之仁人，蒿目而憂世之患；不仁之人，決性命之情而饕貴富。故意仁義其非人情乎！自三代以下者，天

下何其囂囂也？且夫待鉤繩規矩而正者，是削其性者也；待繩約膠漆而固者，是侵其德也；屈折禮樂，呴俞仁義，以慰天下之心者，此失其常然也。天下有常然。常然者，曲者不以鉤，直者不以繩，圓者不以規，方者不以矩，附離不以膠漆，約束不以纆索。故天下誘然皆生而不知其所以生，同焉皆得而不知其所以得。故古今不二，不可虧也。則仁義又奚連連如膠漆纆索而遊乎道德之間爲哉，使天下惑也！夫小惑易方，大惑易性。何以知其然邪？自虞氏招仁義以撓天下也，天下莫不奔命於仁義，是非以仁義易其性與？故嘗試論之，自三代以下者，天下莫不以物易其性矣。小人則以身殉利，士則以身殉名，大夫則以身殉家，聖人則以身殉天下。故此數子者，事業不同，名聲異號，其於傷性以身爲殉，一也。(《駢拇》)

“駢拇”爲脚的大指與二指相連一體。“枝指”爲手大拇指旁生一指，俗稱六指。有人生出這樣的手脚也是出自本性。但與常人之德來説，屬於多餘。“侈”意即多余。“附贅縣疣”指人體上附生之贅肉、小疣，卻超過了自然之性。“多(方)乎仁義而用之者，列於五藏哉”大意爲，諸家學説以仁義爲術，分列如五臟。故非真正的道德。但是，諸子百家的學説，正如這多餘之肉。“樹”即樹立。“淫僻”意爲淫濫邪僻。“黼黻”爲兩種花紋。“離朱”傳説黄帝時人，百步見秋毫之末。“五聲”即宫、商、角、徵、羽。“六律”即黄鐘、大呂、姑洗、蕤賓、無射、夾鐘。“師曠”爲傳説晉平公樂師，極知音律。“擢”意即拔提。“簧”意爲鼓如笙簧鼓動。耳徹爲聰，眼徹爲明。“使天下簧鼓奉不及之法”意即使天下喧囂如鼓以奉行不相干之準則也。“曾史”即曾參、史鰌。曾參，字子輿，孔子弟子。史鰌，字子魚，衛靈公臣。傳此二人並秉性仁孝。“纍瓦結繩”意即無用之物如瓦之纍、繩之結。“竄句”意即穿鑿語句。“堅白”意指名家“離堅白”之論。“敝”意爲疲敝，勞頓。“跬譽”意謂虛小之名譽。勞敝於有近譽、無實用之言，故謂之駢於辯。“楊墨”即楊朱、墨翟。“正”即正道。“正正”應爲“至正”。上文云故此皆多駢旁枝之道，非天下之至正也，此云彼至正者不失其性命之情，兩文相承。“跂”同“岐”。莊子由目見之五色、文章，耳聽之五聲、六律，論說諸子學說之危害。“鳧”即小鴨。“仁人”指曾、史之類。“決”斷絶、離析。“齕”意爲咬斷。“蒿”同“瞲”，意謂明遠。“饕”意即貪婪。“鉤繩規矩”爲矯正之器。夫物賴鉤繩規矩而後曲直方圓也，此非天性也。“約”爲約束。“屈折”意謂使其曲屈折截。“呴俞”即“煦嫗”，形容虛假之貌。“常”意爲正常，根本。成玄英疏：“既而棄本逐末，故失其真常自然之性者也。”“附離”即依附。“纆”即繩索。“誘”，進也。“同”同“童”，意謂童蒙無知。“不二”即“常然”。“連連”，相續貌。此尊道德而斥仁義。”“方”指方向。“虞氏”即舜。“招”即舉。“是非”意謂“豈非”。

在莊子看來，歷來人們崇奉者如離朱、師曠等人，是亂人耳目的禍首；曾參、史鰌是亂人本性的罪魁；而楊朱、墨翟之流，更是惑亂天下，顛倒是非之徒。他們無非用仁義聖跡撓亂天下，使天下蒼生，棄本逐末而改其天性。可見莊子憤怒、痛心疾首之情，溢於言表。

人之性是天生的。天生之性不應當遭受殘害。但是，社會生活不可能讓每個人都符合他的本性而生存。因此，《莊子》認爲，每個人的本性不同，因而每個人的命運也不一樣。天賦人的秉性，也蘊含了這個人的命運。然而，如何知道并把握自己的命運，則是令人困惑的。但似乎有些高人能夠先知人之命運：

> 子綦有八子，陳諸前，召九方歅曰："爲我相吾子，孰爲祥？"九方歅曰："梱也爲祥。"子綦瞿然喜曰："奚若？"曰："梱也將與國君同食以終其身。"子綦索然出涕曰："吾子何爲以至於是極也！"九方歅曰："夫與國君同食，澤及三族，而況父母乎！今夫子聞之而泣，是禦福也。子則祥矣，父則不祥。"子綦曰："歅，汝何足以識之，而梱祥邪？盡於酒肉，入於鼻口矣，而何足以知其所自來？吾未嘗爲牧而牂生於奥，未嘗好田而鶉生於宎，若勿怪，何邪？吾所與吾子遊者，遊於天地。吾與之邀樂於天，吾與之邀食於地；吾不與之爲事，不與之爲謀，不與之爲怪；吾與之乘天地之誠而不以物與之相攖，吾與之一委蛇而不與之爲事所宜。今也然有世俗之償焉！凡有怪徵者，必有怪行，殆乎，非我與吾子之罪，幾天與之也！吾是以泣也。"无幾何而使梱之於燕，盜得之於道，全而鬻之則難，不若刖之則易，於是乎刖而鬻之於齊，適當渠公之街，然身食肉而終。(《徐无鬼》)

此段文字講述一個故事。大意爲：楚國人司馬子綦有八個兒子，請著名的九方歅(九方皋)看相。九方歅說：叫梱的孩子吉祥。子綦驚喜地問道：將怎樣？九方歅說：梱將來會與國君一起進餐，直至終生。子綦索然涕下說：我的兒子爲何到這種地步！九方歅說：

與國君一同進餐，恩惠澤及三族，何況父母！你聞之而泣，是拒福啊。你的兒子吉祥，父親則不祥。子綦說：你何以知道梱吉祥？吉祥就是專指滿足口腹之慾的酒肉，你何以知道它們來自何處？我沒有放牧而屋内西南角出現羊，沒有田獵而屋内東南角出現鶉鶉，若不奇怪，行嗎？我與我的兒子們同遊於天地，我與他們得到天的自然之樂，得到地的衣食之養。我與他們不爲世俗之事，不作操心之謀，故不會做怪異之行。我與他們乘天地之誠而不以外物來擾亂它，我與他們專一无心而隨物化，而不擇事所宜者爲之。今日有與國君同食之世俗報償！凡有怪異徵兆，必有怪異之行。危險啊！這不是我與我的兒子們之罪過，乃天所降之。我因此爲泣。不久楚國派遣梱出使燕國，半途爲強盜所劫，準備把他賣掉。但全身之人不好賣，於是刖了梱的足賣到齊國。正好遇到齊國君買去爲國君守門，故梱與君同食終生。九方歅的預言被證實。

可見，莊子也認爲人無法逃脫命運。[①]因此，無論何人，天賦此性，最終也逃不脫相應的命運：

> 子輿與子桑友，而霖雨十日。子輿曰："子桑殆病矣！"裹飯而往食之。至子桑之門，則若歌若哭，鼓琴曰："父邪！母邪！天乎！人乎！"有不任其聲而趨舉其詩焉。子輿入，曰："子之歌詩，何故若是？"曰："吾思夫使我至此極者而弗得也。

① 馮友蘭說："莊周所說的'命'的意義，並不是宗教所説的'上帝的命令'，而是指人力所無可奈何的、自然的和社會的力量。……這就是說，'命'是無法理解、無法抗拒、也無法逃避的；人只可以順從。"（《中國哲學史新編》第二卷，人民出版社，1984年版，第133頁。）

父母豈欲吾貧哉？天无私覆，地无私載，天地豈私貧我哉？求其爲之者而不得也。然而至此極者，命也夫！”（《大宗師》）

“子輿”、“子桑”皆爲人名。“霖”同“淋”。“殆”意爲近於。“裹”即包裹、裝裹。“食”作動詞。“父邪！母邪！天乎！人乎！”爲子桑之歌哭。“不任”意即不堪、不勝。“趨”同“趣”，意爲快、疾。“極”意爲困窘。子桑所説的話，成玄英疏曰：“夫父母慈造，不欲飢凍；天地無私，豈獨貧我！思量主宰，皆是自然，尋求來由，竟無兆朕。而使我至此窮極者，皆我之賦命也，亦何惜之有哉！”可見子桑對於命運有著清醒的認識。有些人在經歷了命運的挫折、打擊之後，對此亦有所悟：

公文軒見右師而驚曰：“是何人也？惡乎介也？天與？其人與？”曰：“天也，非人也。天之生是使獨也，人之貌有與也。以是知其天也，非人也。”（《養生主》）

名叫公文軒見到爲“右師”的官長，驚呼：你是什麼人？爲什麼是一足。是先天自然的，還是後天人爲的？右師回答：是天賦予的，非人爲的。天生讓我成爲一足，而人的相貌讓我有雙足。以此而知道此爲天意，並非人爲。故事中的“右師”是因爲犯法被剁掉一足，致此形殘。但“右師”自認亦是天命如此，無法逃避。這個故事亦深刻揭示了命運不可逃的道理。

當然，人的命運與人生的在世生活以及倫理責任也密切相關。人在本質上是社會關係的總和。人在社會中生活就必須有責任，現實中的人們對於一些必須承擔的社會責任，是無法逃避的。例如君臣、父子之類關係的義務和責任：

> 仲尼曰："天下有大戒二：其一，命也；其一，義也。子之愛親，命也，不可解於心；臣之事君，義也，无適而非君也，无所逃於天地之間。是之謂大戒。是以夫事其親者，不擇地而安之，孝之至也；夫事其君者，不擇事而安之，忠之盛也；自事其心者，哀樂不易施乎前，知其不可奈何而安之若命，德之至也。爲人臣子者，固有所不得已。行事之情而忘其身，何暇至於悅生而惡死！……"（《人間世》）

這段文字中孔子之言大意爲，天下有兩個最大的戒律，其一是命，其二是義。孝子事親，盡於敬愛，出自天然，中心率由，此爲命，不可逃脫。臣子事君爲義，人們無法去一個無君之地（"无適而非君者"），故無所逃於天地之間。這兩個是大戒。故此（"是以夫"）侍奉雙親，要不擇地位高卑而對他們安頓、盡責，此爲至孝。侍奉君王，無條件辦任何事而安頓之，此爲大（"盛"）忠。自己對待自己的心，如事君父之無所擇，雖哀樂之境不同，而不爲移易於其前。知其不可爲而安之若命，此爲至德。爲人臣子本有不得已之處，侍奉君王而忘其自身，哪有時間用來享受生之愉悅、憎惡死之痛苦。由此可見，世間人們生存之無奈和艱難！

因此，一些有志立功使君之士，不能得志，於是產生性命的困惑。這種困惑即使高人也不可避免。天道難違，性命亦難違。順應自然也是認命。《莊子》中亦有多處記述，孔子在困厄之中也是

承認命定的:

孔子遊於匡,宋人圍之數匝,而弦歌不惙。子路入見,曰:“何夫子之娛也?”孔子曰:“來!吾語女。我諱窮久矣,而不免,命也;求通久矣,而不得,時也。當堯舜而天下无窮人,非知得也;當桀紂而天下无通人,非知失也;時勢適然。夫水行不避蛟龍者,漁父之勇也;陸行不避兕虎者,獵夫之勇也;白刃交於前,視死若生者,烈士之勇也;知窮之有命,知通之有時,臨大難而不懼者,聖人之勇也。由處矣,吾命有所制矣。”无幾何,將甲者進,辭曰:“以爲陽虎也,故圍之。今非也,請辭而退。”(《秋水》)

孔子窮於陳蔡之閒,七日不火食,左據槁木,右擊槁枝,而歌猋氏之風,有其具而无其數,有其聲而无宮角,木聲與人聲,犁然有當於人之心。顔回端拱還目而窺之。仲尼恐其廣己而造大也,愛己而造哀也,曰:“回,无受天損易,无受人益難。无始而非卒也,人與天一也。夫今之歌者其誰乎?”回曰:“敢問无受天損易。”仲尼曰:“飢渴寒暑,窮桎不行,天地之行也,運物之泄也,言與之偕逝之謂也。爲人臣者,不敢去之。執臣之道猶若是,而況乎所以待天乎!”(《山木》)

兩段文字所載事跡意思相近。大意爲,孔子去衛國匡地遊學,遭到宋人(應爲衛人)幾層(“數匝”)圍困。[①]但孔子弦歌不止(“惙”)。

① 陸德明《經典釋文》注云:“衛人誤圍孔子,以爲陽虎。陽虎嘗暴於匡人。”

子路問孔子爲何還在娱樂？孔子説：我長期忌諱困厄(“諱窮”)而不能避免，這即是命。長期尋求通達而不得，這即是時運。處堯舜之世天下無時運困厄之人，並非是智慧所得；處桀紂之世天下無時運亨通之人，並非是智慧所失；是時勢使然。游泳不避蛟龍者(《史記·袁盎傳》索隱引《尸子》云：“孟賁，水行不避蛟龍，陸行不避兕虎。”)，是漁夫之勇；行路不避犀牛老虎者，是獵人之勇；短兵相接刀刀見血而視死如生者，是烈士之勇。知窮途厄運之有命，知亨通發達之有時，臨大難而不懼者，是聖人之勇。子路(“由”)安心吧，我命有天數(“制”)。孔子説完頃刻間，甲兵退去，并辭謝説：以爲孔子是陽虎，故圍之。現在發現錯了，請辭而退。

第二段文字大意爲，孔子在陳國、蔡國遭受圍困，七天沒有生火做飯，他左手憑據枯樹，右手用枯枝敲擊，唱古代歌謠“猋氏(神農氏)之風”，有枝木擊節而無準確節奏，有音聲而無宫調。而枝木擊節與人聲結合，使人釋然(“犁然”)而入耳(“當”)。顔回正身而坐回頭(“端拱還目”)而視孔子。孔子擔心由於伸張自己至於自大(“廣己而造大”)，愛護自己而至於自傷(“愛己而造哀”)，就説：顔回，不受到自然的損害容易，不受到人爲的益處很難(“无受天損易，无受人益難”)，無始而非終(“卒”)，人與天一樣。今日的歌者除了我還能是誰呢？顔回問：“不受到自然的損害容易”是什麽意思？孔子説：飢渴寒暑，窮塞不行，也是天地之運行，氣候之發泄，我也與之一起流逝。爲人臣者，不敢逃避君命。守臣之道猶如此，何況用以對於天呢！

雖孔子亦屢遭世間困厄，凡夫俗子更是在所難免。那麽，人們如何根據自己的秉性，來掌握自己的命運？《莊子》如此説：

> 死生，命也，其有夜旦之常，天也。人之有所不得與，皆物之情也。彼特以天爲父，而身猶愛之，而況其卓乎！人特以有君爲愈乎已，而身猶死之，而況其真乎！泉涸，魚相與處於陸，相呴以濕，相濡以沫，不如相忘於江湖。與其譽堯而非桀也，不如兩忘而化其道。夫大塊載我以形，勞我以生，佚我以老，息我以死。故善吾生者，乃所以善吾死也。……特犯人之形而猶喜之。若人之形者，萬化而未始有極也，其爲樂可勝計邪！故聖人將遊於物之所不得遯而皆存。善夭善老，善始善終，人猶效之，又況萬物之所係，而一化之所待乎！（《大宗師》）

生死是命，就像旦明夜闇是天之常道一樣。人進入社會遭遇（“與”意爲參與）各種人際物際關係，皆爲不得不爲。眾人（“彼”）以天爲父，身知愛天，而況卓然出於天之高人！人們以有君勝過無君，並爲君效忠而死，更何況爲了得道（“真”）！泉水乾涸，魚露在陸地，它們相互以濕氣相吹（“相呴以濕”），以吐沫相吸（“相濡以沫”），不若相忘於江湖。與其讚譽堯而非議桀，不如忘掉他倆而化成於道。造化自然（“大塊”）賦予我形體，讓我生而操勞，老年休閒，死以安息。故善待我生者，亦所以善待我死。我們投生於世成爲人類似乎應該欣喜。而像造化爲人形之事，這種變化無窮沒有終結，如果爲之欣喜則欣喜不盡。故聖人遊於事物不會遺失之地。善夭善老，善始善終，人猶效法之，何況面對萬物之所係，一化之所待的道呢！

對於死亡的徹悟，才能“達生”，做到生的達觀、從容。

第三節　人與世

每個人來到這個世界，即爲天賦予其性命。而人生在世則必然進入自然和社會。那麼，人如何與世界打交道？人與世界關係首先是一種什麼關係？《莊子》說：

> 天地與我並生，而萬物與我爲一。（《齊物論》）

"天地"意指世界萬物。"並"即同時，非前非後。"天地與我並生"，關鍵在於"並生"二字。意思是當"我"出世的時候，與"我"相關的世界萬物也"一併出生"。換句話說，當"我"來到這個世界之中的時候，與"我"相關的世界才對"我"展示出來。而在"我"出生之前，這個世界沒有對"我"展開。"我"不僅與天地萬物"並生"，當"我"死之後，即離開這個世界，這個世界萬物對於"我"來說，也因此消失。雖然《莊子》沒有說"天地與我並死"，但"萬物與我爲一"實際就包含了"天地與我並死"之意。"一"即一體。因此，"我"與這個世界是一體的，即同時誕生，亦同時消亡。故而才能"萬物與我爲一"。[①]同時，"我"只是爲此世界萬物中之一物，與萬

① 《莊子》這一思想與20世紀德國哲學家海德格爾"此在"（Dasein）思想有諸多相通之處。海德格爾認爲，每個具有血肉之軀的個體誕生之時，就"被拋"入"世界之中"，他與這個他身在其中的"世界"是共生的。這個"世界"的所有意義都由於他而顯現、展開，而在他死亡之後又歸於寂滅。他（Dasein）的生命所有意義也是對於這個"世界"顯現和展示的。

物具同等地位。這個思想在《齊物論》全篇之中表述得非常清晰。

因此,人與世界的關係是不可分離的。

> 非彼無我,非我無所取。是亦近矣,而不知其所爲使。若有真宰,而特不得其眹。(《齊物論》)

“彼”指自然。“取”意爲供給、資取。“非彼無我,非我無所取”大意爲,無自然即無我個體和人類;無我個體和人類,自然亦無所資養。“是亦近矣,而不知其所爲使”大意爲,這個道理就在我們身邊,但我們卻看不到。“其所爲使”意即“其使所爲”。“真宰”意指真正主宰者,即道。“而特不得其眹”,意即人們看不見道主宰自然的跡象(“眹”)。因此,作爲一個個體的人,一旦出生,就與這個世界難解難分。只是他在現實之中,沒有意識去專門感覺到這一切。

當然,每個個體的人對於自己生命的長度都有基本的了悟。因此,現實人生中的時間意識,不僅有宿命的色彩,也常常具有淡淡的無奈和哀傷:

> 仲尼曰:“惡!可不察與!夫哀莫大於心死,而人死亦次之。日出東方而入於西極,萬物莫不比方,有目有趾者,待是而後成功,是出則存,是入則亡。萬物亦然,有待也而死,有待也而生。吾一受其成形,而不化以待盡,效物而動,日夜无隙,而不知其所終;薰然其成形,知命不能規乎其前,丘以是日徂。吾終身與汝交一臂而失之,可不哀與!汝殆著乎吾所以著也。彼已盡矣,而汝求之以爲有,是求馬於唐肆也。吾服汝也甚

忘，汝服吾也亦甚忘。雖然，汝奚患焉！雖忘乎故吾，吾有不忘者存。”（《田子方》）

此段文字亦爲寓言。大意爲：孔子說：唉！不可不審察啊！哀莫大於心死，人死則次之。日出東方而落日西山，萬物莫不順應此道（“比方”），人類（“有目有趾者”）依賴、依恃日行之道，而後化成，故日出則有（“存”）世事，日入則無（“亡”）世事。萬物皆如此，待造化之往來爲生死，如依日之出入爲存亡。我一旦投世爲人，成形以後無變化，唯常然以此終年。感應事物而動，日夜流逝，而不知其所終；人自動（“薰然”）成爲人之形狀，雖知命者卻不能對自己預先規劃。我於是與變化俱往（“日徂”）。我與你交往終身卻如同失之交臂，可不悲哀！你僅僅見到我所做的事物。我的事跡和言說已經過去了，而你仍然求之以爲有，如同在只留下印跡的街市上尋找馬匹。我感念你也迅速過去了，你感念我也迅速過去了。雖然如此，有什麼憂患呢！雖然忘記故去的我，總有留存下來的我。這裡的孔子之言，不禁令人想起《論語・子罕》所載：“子在川上曰：逝者如斯夫！不舍晝夜。”不難看出其中情懷實有相通之處。

作爲個體的每個人別無選擇來到世界之中，就必然與世界打交道。從理論上說，每個個體的人都是自己的主宰。但是，每個人的天賦秉性不同，命運因而有異。那麼，人在世界之中是否快樂、幸福？這裡的前提應該是社會的狀況。只有在理想的社會里，人性才能健康發展，個體的人類能夠理性生活，獲得快樂和幸福。那麼，人類能否創造一個沒有勞役、煩惱的理想社會？《莊子》理想的社會是遠古時代，差不多茹毛飲血，人獸混居，萬物一體，無知無欲：

故至德之世，其行填填，其視顛顛。當是時也，山无蹊隧，澤无舟梁；萬物羣生，連屬其鄉；禽獸成群，草木遂長。是故禽獸可係羈而遊，烏雀之巢可攀援而闚。夫至德之世，同與禽獸居，族與萬物並，惡乎知君子小人哉！同乎无知，其德不離；同乎无欲，是謂素樸；素樸而民性得矣。(《馬蹄》)

在這樣理想的社會，人們的行爲持重(“填填”)，目光專一(“顛顛”)。山嶺沒有道路(“蹊隧”)，河澤沒有橋樑(“梁”)。人與草木禽獸萬類和諧居處，不知君子小人，不知仁義道德，無知無欲。“連屬”即相連係屬。“遂長”意爲成長。“援”意即牽、引。“族”即人群，聚合。“素樸”指本色、單純。莊子認爲，這種“素樸”的社會最符合人類的本性。

除此之外，《莊子》次一級的理想社會是無爲、不治，社會安寧。就像古代聖治之世，君臣皆無爲，优哉游哉。

天地雖大，其化均也；萬物雖多，其治一也；人卒雖眾，其主君也。君原於德而成於天，故曰，玄古之君天下，无爲也，天德而已矣。(《天地》)

“化”即化育。天地化育萬物，無所偏私，均受恩澤。“其治一也”意爲各得其所。“玄古”即遠古。“天德”意爲成天之德。《莊子》對於這樣的社會，表達了真切的嚮往：

> 諄芒將東之大壑，適遇苑風於東海之濱。苑風曰：“子將奚之？”曰：“將之大壑。”曰：“奚爲焉？”曰：“夫大壑之爲物也，注焉而不滿，酌焉而不竭；吾將遊焉。”苑風曰：“夫子无意于横目之民乎？願聞聖治。”諄芒曰：“聖治乎？官施而不失其宜，拔舉而不失其能，畢見其情事而行其所爲，行言自爲而天下化，手撓顧指，四方之民莫不俱至，此之謂聖治。”（《天地》）

“諄芒”、“苑風”皆寓言人物。“諄芒”含霧氣之意。“大壑”即大海。“奚之”意即去何處。“奚爲”意即何爲。“注”意爲注人。“酌”意爲倒出。“注焉而不滿，酌焉而不竭”指大海博大有容。“横目之民”意指民眾。“官施”意爲任意用度。“拔舉”即選拔舉薦官員。“畢”意即盡。“手撓顧指”意手動目指。此爲寓言，卻寄託《莊子》的社會理想。這個理想社會與傳說的上古三代社會相似，人們自然無爲，知無所用，安定祥和。

然而，這些理想的社會都被聖人破壞了：

> 及至聖人，蹩躠爲仁，踶跂爲義，而天下始疑矣；澶漫爲樂，摘僻爲禮，而天下始分矣。故純樸不殘，孰爲犧尊！白玉不毁，孰爲珪璋！道德不廢，安取仁義！性情不離，安用禮樂！五色不亂，孰爲文采！五聲不亂，孰應六律！夫殘樸以爲器，工匠之罪也；毁道德以爲仁義，聖人之過也。（《馬蹄》）

“蹩躠”、“踶跂”皆描繪跛行之狀，相爲互文。“澶漫”意爲縱逸、淫衍。“摘僻”意爲繁瑣多節。“天下始分”意指開始分出社會等級。“純樸不殘”意指全木不被殘破、雕刻。“犧尊”即祭祀用之酒器,刻有動物形象。“珪璋”即玉器。製造祭祀的酒器就要毀掉全木;製造玉器,就要毀掉璞玉;同樣,宣揚“仁義”,就要毀掉道德;講究禮樂,就要毀掉性情。爲了文采就要亂五色,爲了六律就要亂五聲。而毀料製器是工匠之罪過,毀道德講仁義則是聖人之罪過。歷史的發展造成人性喪失。人心不古,今不如昔。在《莊子》看來,歷史發展與道德衰敗並行:

> 古之人,在混芒之中,與一世而得澹漠焉。當是時也,陰陽和靜,鬼神不擾,四時得節,萬物不傷,羣生不夭,人雖有知,无所用之,此之謂至一。當是時也,莫之爲而常自然。逮德下衰,及燧人伏戲始爲天下,是故順而不一。德又下衰,及神農黄帝始爲天下,是故安而不順。德又下衰,及唐虞始爲天下,興治化之流,澆淳散朴,離道以善,險德以行,然後去性而從於心。心與心識知而不足以定天下,然後附之以文,益之以博。文滅質,博溺心,然後民始惑亂,无以反其性情而復其初。(《繕性》)

遠古之人在混沌蒙昧之中,與時世混爲一而冥然無跡。那時候,陰陽和靜,鬼神安寧,四時運行有序,萬物不受傷害,羣生各盡天年,沒有夭折。人雖有知而無所用之,此即爲物我不分的“至一”。那個時代無爲自然。至道德下衰時,即爲燧人伏戲時代,順黎庶之心,而不能混同至一。至道德再衰時,即爲神農黄帝時代,天下安定而羣生未順。至道德再衰時,即爲唐堯虞舜時代,設立典章制度治理教化民眾，毀淳素散樸質。離道而爲（“善”），掩蓋（“險”）德性而行，去除自然之性，遵從世俗之心。心與心識知則不足以定天，然後依附文章，增益之以博學。華表滅質樸，博學溺心靈。然後民眾開始迷惑混亂，不能返回原初質樸本性。①

因此，《莊子》認爲，對於古代聖賢，例如堯舜禹湯絕不能加以讚揚。

> 且夫二子者（堯舜），又何足以稱楊哉！是其於辯也，將妄鑿垣墻而殖蓬蒿也。簡髮而櫛，數米而炊，竊竊乎又何足以濟世哉！舉賢則民相軋，任知則民相盗。之數物者，不足以厚民。民之於利甚勤，子有殺父，臣有殺君，正晝爲盗，日中穴阫。吾語汝，大亂之本，必生于堯舜之閒，其末存乎千世之後。千世之後，其必有人與人相食者也！”（《庚桑楚》）

堯舜所謂尊賢讓利之所爲，猶如鑿破好垣墻，種植蓬蒿之草以爲蕃屏者，以梳頭煮飯、竊竊私議之類瑣事小道何足救世！舉賢則民

① 《莊子・天下》亦有描述遠古社會發展之狀：“‘古之所謂道術者，果惡乎在？’曰：‘无乎不在。’曰：‘神何由降？明何由出？’‘聖有所生，王有所成，皆原於一。’不離於宗，謂之天人。不離於精，謂之神人。不離於真，謂之至人。以天爲宗，以德爲本，以道爲門，兆於變化，謂之聖人。以仁爲恩，以義爲理，以禮爲行，以樂爲和，薰然慈仁，謂之君子。以法爲分，以名爲表，以操爲驗，以稽爲決，其數一二三四是也，百官以此相齒。以事爲常，以衣食爲主，蕃息畜藏，老弱孤寡爲意，皆有以養，民之理也。古之人其備乎！配神明，醇天地，育萬物，和天下，澤及百姓，明於本數，係於末度，六通四闢，小大精粗，其運无乎不在。其明而在數度者，舊法世傳之史尚多有之。其在於《詩》《書》《禮》《樂》者，鄒魯之士搢紳先生多能明之。《詩》以導志，《書》以導事，《禮》以導行，《樂》以導和，《易》以導陰陽，《春秋》以導名分。”可見這是另一種社會發展觀。

相傾軋，任用智能之人則民相盜詐。這些辦法都不能使百姓受惠。民眾若趨心逐利，則子有弒父，臣有弒君，白日盜竊，正午挖墻。大亂之根本，必生於堯舜之間，而其末端流於千世之後。千世之後，必然出現人食人的可怕現象！

然而，諸子尤其是儒、墨兩家，皆有爭當聖人之意。儒家宣揚“仁義”、“道德”，墨家鼓吹“兼愛”、“非攻”，儒墨把本來淳樸安順的人心攪動了，變得不安分，被天理刑罰，帶來災禍。儒墨之爭害人害己，貽害無窮。

> 鄭人緩也呻吟裘氏之地。祇三年而緩爲儒，河潤九里，澤及三族，使其弟墨。儒墨相與辯，其父助翟。十年而緩自殺。其父夢之曰：“使而子爲墨者予也。闔胡嘗視其良，既爲秋栢之實矣？”夫造物者之報人也，不報其人而報其人之天。彼故使彼。夫人以己爲有以異於人，以賤其親，齊人之井飲者相捽也。故曰今之世皆緩也。自是，有德者以不知也，而況有道者乎！古者謂之遁天之刑。（《列御寇》）

鄭國有個名叫緩的青年人，在裘氏之地求學(“呻吟”)。經過(“祇”)三年而學成儒學。九里三族皆受其潤澤，并讓自己弟弟翟學習墨學。儒墨經常辯論，父親幫助學墨學的翟。十年後緩自殺。他父親夢到緩，緩對他說：我讓你的兒子(翟)成爲墨者，你爲何不來看看我的墳墓，上面已經秋柏之木而且結子實了。(意在抱怨其父久不悔悟。)莊子對此評論：造物者施與人的是其性，而不是其作爲。緩弟有墨性，故學習墨學(“彼故使彼”)。緩自恃於己學之功異於常人,故輕賤其親,不尊重其父。正如鑿井之人,爲已有造泉之功而毆打飲者(“齊人之井飲者相捽也”),不知泉爲天然之物。當今之世,儒、墨以至諸子百家皆自是而相非者也(“今之世皆緩也”)。有德者皆以不知爲知,何況有道者!這些人逃遁天理,必遭天之刑罰懲處(“遁天之刑”又被《莊子》稱爲“天刑”),意即儒、墨之爭,皆爲“遁天之刑”。

所謂“聖人”敗壞了這種理想社會,從此以後,天下不得太平,戰亂不可避免。然而,《莊子》仍然試圖很冷靜地化解人們心中的仇怨,停止戰爭和殺戮,實現和平:

> 復讎者不折鏌干,雖有忮心者不怨飄瓦,是以天下平均。故无攻戰之亂,无殺戮之刑者,由此道也。不開人之天,而開天之天,開天者德生,開人者賊生。不厭其天,不忽於人,民幾乎以其真!”(《達生》)

雖然人間用劍殺人,因以結仇,而報仇之人不應瞋怒此劍而折毁之。正如飄落之瓦砸中某人,其人雖心中有怨(“忮”)卻不怪瓦片,由其無情。這樣天下就會平安、均等。故无攻戰之亂,无殺戮之刑者,由此道也。不要開動人智,而要開動天道。開動天道者有德於生民,開動人智者殘害於生民。不要厭煩天道,不要忽視民衆,民衆就接近(“幾”)人性之本真。

不過,《莊子》的願望難以阻擋時勢巨大的車輪,諸侯征戰可謂如火如荼。對於這些戰爭的起因和性質,《莊子》中有生動的描繪和無情的譏刺:

> 魏瑩與田侯牟約，田侯牟背之。魏瑩怒，將使人刺之。犀首聞而恥之曰："君爲萬乘之君也，而以匹夫從讎！衍請受甲二十萬，爲君攻之，虜其人民，係其牛馬，使其君内熱發於背。然後拔其國。忌也出走，然後抶其背，折其脊。"季子聞而恥之曰："築十仞之城，城者既十仞矣，則又壞之，此胥靡之所苦也。今兵不起七年矣，此王之基也。衍亂人，不可聽也。"華子聞而醜之曰："善言伐齊者，亂人也；善言勿伐者，亦亂人也；謂伐之與不伐亂人也者，又亂人也。"君曰："然則若何？"曰："君求其道而已矣！"惠子聞之而見戴晉人。戴晉人曰："有所謂蝸者，君知之乎？"曰："然。""有國於蝸之左角者曰觸氏，有國於蝸之右角者曰蠻氏，時相與爭地而戰，伏尸數萬，逐北旬有五日而後反。"君曰："噫！其虛言與？"曰："臣請爲君實之。君以意在四方上下有窮乎？"君曰："无窮。"曰："知遊心於无窮，而反在通達之國，若存若亡乎？"君曰："然。"曰："通達之中有魏，於魏中有梁，於梁中有王。王與蠻氏，有辯乎？"君曰："无辯。"客出而君惝然若有亡也。(《則陽》)

"魏瑩"即魏惠王。"田侯牟"即齊威王。齊魏二國約誓立盟，不相征伐。但是，齊國毀約。於是"魏瑩怒，將使人刺之"。虎牙將軍("犀首")公孫衍听到此言後，觉得人君一怒令匹夫行刺報仇("從讎")，实在可羞，于是請魏王授予自己甲兵二十萬，申請去攻打齊國，虜其人民，奪("係")其牛馬，讓齊王怒氣蘊於心，癰疽發於背("内熱發於背")。然後奪取("拔")齊國。這樣齊國名將田忌將會出走他國，然後可以擊打（“抶”）折斷他的脊梁骨。魏國大臣季子聽到此言後，以公孫衍之意爲恥，説：築十仞之城，戰亂又要毀城，這是人民（“胥靡”）最痛苦的事。魏國至今七年沒有戰爭，這是君王穩固之基業。公孫衍是禍亂之人，其言不可聽。魏國大臣華子，對於季子之言亦以爲恥（“醜”），説：巧言征伐齊國，爲禍亂之人；聲稱征戰與不征戰對於人民的禍亂，也是禍亂之人。魏王問他：那麼如何是好？華子説：惠王要尋求根本的解決之道。惠施聽聞此言後去見梁國賢人戴晉人。戴晉人説：蝸牛上兩隻角（“觸氏”、“蠻氏”以蝸之兩角譬喻假設之國名）爲爭地相爭，死者數萬，把打敗（“北”）的追逐十五日後才返回。魏王不解其意。戴晉人便化虛爲實，告訴魏王，而宇宙之中有海内（“通達”），海内之中有（“存”、“亡”即有、無）魏國，魏國之中有梁國，梁國之中有王，魏王相比宇宙之大，跟蝸牛與魏國之比，有何差別（“辯”）？可見在《莊子》看來，諸侯之間爭城爭地之戰，相當於蝸牛兩隻角的相互廝殺，實在荒謬。

《莊子》中還有一個寓言與此相似：

> 韓魏相與爭侵地。子華子見昭僖侯，昭僖侯有憂色。子華子曰：“今使天下書銘於君之前，書之言曰：‘左手攫之則右手廢，右手攫之則左手廢，然而攫之者必有天下。’君能攫之乎？”昭僖侯曰：“寡人不攫也。”子華子曰：“甚善！自是觀之，兩臂重於天下也，身亦重於兩臂。韓之輕於天下亦遠矣，今之所爭者，其輕於韓又遠。君固愁身傷生以憂戚不得也！”僖侯曰：“善哉！教寡人者衆矣，未嘗得聞此言也。”子華子可

謂知輕重矣。(《讓王》)

韓國與魏國相鄰,爭侵土地,干戈既動,勝負未知。“華子”是魏國賢人。“昭僖侯”爲韓國君。“銘”即書記、筆錄。“攫”即攫取。“廢”意棄除、斬除。“固”猶“何”。子華子對昭僖侯說:假如寫一紙書約放你面前,如果你的左手取此書約則斬去右手,右手取書約則斬去左手,能攫取書約則必能得天下。你願意嗎?昭僖侯說:不願意。可見即使是昭僖侯本人也不願意斬兩臂而換取天下。傷形損性,恐其不得,豈不惑哉!雖然昭僖侯似乎一時明白,但是阻擋不住列國征戰的大勢。

在如此慘烈的亂世,普通百姓則爲刀俎之上之魚肉,處世艱難可以想象。《莊子》用新奇和越軌的筆致,生動、深刻地揭露了當時社會帶給人民的苦難:

柏矩學於老聃,曰:“請之天下遊。”老聃曰:“已矣!天下猶是也。”又請之,老聃曰:“汝將何始?”曰:“始於齊。”至齊,見辜人焉,推而強之,解朝服而幕之,號天而哭之,曰:“子乎子乎!天下有大菑,子獨先離之,曰莫爲盜!莫爲殺人!榮辱立,然後覩所病;貨財聚,然後覩所爭。今立人之所病,聚人之所爭,窮困人之身使无休時,欲无至此,得乎!古之君人者,以得爲在民,以失爲在己;以正爲在民,以枉爲在己;故一形有失其形者,退而自責。今則不然。匿爲物而愚不識,大爲難而罪不敢,重爲任而罰不勝,遠其塗而誅不至。民知力竭,則以僞繼之,日出多僞,士民安取不僞!夫力不足則僞,知不足則

欺，財不足則盜。盜竊之行，於誰責而可乎？”（《則陽》）

栢矩是一有道之人。他請老聃準行，欲遊行宇内，觀風化，察物情。而老子止之，不許其往。說天下物情，與此處沒有不同之處。栢矩復又請，老聃不好推辭，問從何處開始游？栢矩是魯國人，魯國與齊國相近。聽聞齊人無道，就從齊國先行。栢矩到齊國見一臨行死罪犯（“辜人”。古人對罪犯行刑，必棄尸於市）。栢矩將其尸首放正（“推而強之”），解朝服而蓋上（“幕之”）。然後對尸首哭號說：先生啊先生（“子乎子乎”）！天下有大災（“菑”），你獨自先罹難（“離”）。雖然執法者（“曰”指執法者言）要你不要搶劫，不要殺人，但勢所必然，何人能止！有了榮辱觀，人們就會看到困惑的東西（“病”）；有了財富積纍，人們就會看到爭鬥的東西。今天提倡使人們困惑的東西，聚焦使人們爭奪休之物，使人們困惑和妄念，無法休止。古代帝王（“君人者”）把成就歸諸百姓，把過錯歸諸自己；以百姓所爲都正確，以自己所爲爲枉曲。若有一物（“形”應爲“物”）失所而虧其形性者，則退而自責。今天則不是如此，因爲不知道而犯藏匿之罪也責罰之（“愚不識”），爲民製定極難達到之獎勵法規，反以不敢爲者爲罪（“罪不敢”），能力不足而承擔重責反受懲罰（“罰不勝”），路途遙遠無法如期達至而遭殺頭（“誅不至”）。百姓智力竭盡不免造假，以避誅罰；人民懼罰情急，故繼之以偽善。力量不足只有造假，智力不足只有欺騙，財産不足於是偷盜。因此，對於盜竊的行爲，應該指責誰？（“誰責”即責誰）郭象注：“當責上也。”這當然都是統治者造成的。

在這樣一個時代，人們禍福難料，隨時都有殺身之禍。但是，人們又無處可逃，又必須在亂世中生存。這種在驚恐、擔憂之中的可悲命運，真是罄竹難書。《人間世》通篇講人世社會險惡，禍福不測。

> 葉公子高將使於齊，問於仲尼曰："王使諸梁也甚重，齊之待使者，蓋將甚敬而不急。匹夫猶未可動也，而況諸侯乎！吾甚慄之。子嘗語諸梁也曰：'凡事若小若大，寡不道以懽成。事若不成，則必有人道之患；事若成，則必有陰陽之患。若成若不成而後无患者，唯有德者能之。'吾食也執粗而不臧，爨无欲清之人。今吾朝受命而夕飲冰，我其内熱與！吾未至乎事之情，而既有陰陽之患矣；事若不成，必有人道之患。是兩也，爲人臣者不足以任之，子其有以語我來！"（《人間世》）

"葉公子高"爲楚國大夫，姓沈名諸梁，字子高。他將出使齊國，行前向孔子請教：楚昭王對他委寄甚重，而齊國對待使臣的態度是貌敬而緩於應事（"甚敬而不急"）。匹夫也不容易被説動（"動"），何況諸侯！是故子高非常懼怕（"慄"）。孔子常常對他教誨，凡事無論小大，不依道能使事成而無後悔者少有（"寡不道以懽成"）。如果楚君的使命不能完成，則必須要受職責處罰（"人道之患"）；如果完成了使命，則必須憂慮成疾（"陰陽之患"）。無論使命完成與否，能夠不帶來後患的，只有有德者才能做到。而子高本人平素飲食粗而不精（"臧"），清心寡慾（"爨"即炊）。今日早晨接受使命傍晚就要飲冰，我的心多麼内熱憂懼啊！我還沒有行乎事之實（"情"），就有了憂慮之疾了，倘若不能完成使命，又必受楚君之責。這兩個危機，說明我不能承擔楚君使命，故請孔子指教。相比之下，給人的内心造成煎熬和傷害是無形的，但卻絕不亞於外在傷害。

　　爲外刑者，金與木也；爲内刑者，動與過也。宵人之離外刑者，金木訊之；離内刑者，陰陽食之。夫免乎外内之刑者，唯真人能之。（《列御寇》）

“刑”即刑罰。“金”、“木”意指金屬、木質兵器、刑具。“動”猶“惑”。“過”即悔過。“宵人”即小人。“離”意爲罹難。“訊”即問訊。“食”同“蝕”。内結寒暑，陰陽殘食之也。

從葉公子高所言之中，可見爲人臣者入世行事之艱難。下文的孔子之言，可以見出他對於君王内心世界和脾性習慣極爲深入的了解，見出孔子何其老道世故：

　　仲尼曰：“譆！若殆往而刑耳！夫道不欲雜，雜則多，多則擾，擾則憂，憂而不救。古之至人，先存諸己而後存諸人。所存於己者未定，何暇至於暴人之所行！且若亦知夫德之所蕩而知之所爲出乎哉？德蕩乎名，知出乎爭。名也者，相軋也；知也者，爭之器也。二者凶器，非所以盡行也。且德厚信矼，未達人氣，名聞不爭，未達人心。而彊以仁義繩墨之言術暴人之前者，是以人惡有其美也，命之曰菑人。菑人者，人必反菑之，若殆爲人菑夫！且苟爲悅賢而惡不肖，惡用而求有以異？若唯无詔，王公必將乘人而鬬其捷。而目將熒之，而色將平之，口將營之，容將形之，心且成之。是以火救火，以水救水，名之曰益多。順始无窮，若殆以不信厚言，必死於暴人之前矣！且昔者桀殺關龍逢，紂殺王子比干，是皆脩其身以下傴拊人之民，以下拂其上者也，故其君因其脩以擠之。是好名者也。昔者堯攻叢枝、胥敖，禹攻有扈，國爲虛厲，身爲刑戮，其用兵不止，其求實无已。是皆求名實者也，而獨不聞之乎？名實者，聖人之所不能勝也，而況若乎！"（《人間世》）

此段文字生動描繪了暴君之奪人氣勢以及心理變化，進諫之人面對暴君必然陷於死地。孔子說：哎呀（"譆"）！你（"若"）即將（"殆"）去受刑罰了！處世之道不欲雜多，雜多則頭緒紛繁，頭緒紛繁則擾亂心智，擾亂心智則憂愁，憂愁就不能完成拯救別人的使命。古代至人，先安頓保全自己後才拯救別人。如果自己的安頓安全都沒有保證，怎麼可能（"何暇"）到暴君之前說事（"至"借爲"質"，意謂對質）。而且，你不是也知道道德爲何流蕩，智慧爲何而出嗎？道德流蕩是爲了名，智慧所出是爲了爭辯。爲名就相互傾軋，智慧就是爭辯的工具。二者都是兇禍之器，不可以任憑（"盡"）其大行其道。你雖有德行，但沒有造成廣汎人氣（"德厚信矼，未達人氣，名聞不爭，未達人心"），你强行在暴君面前言述（"術"）仁義規矩（"繩墨"），實際上是讓人厭惡他賣弄美德（"而彊以仁義繩墨之言術暴人之前者，是以人惡有其美也"），這樣的人被名（"命"）爲以人爲惡之人（"菑人"）。以人爲惡，必然反過來被人所害，你將爲人所害嗎？假使衛君爲了取悅賢人而憎惡小人（"不肖"），則朝多正人，何用你（"而"）來求以自異（"且苟爲悅賢而惡不肖，惡用而求有以異"）？如果你不能應對（"詔"），衛君必將乘勢而鬬以捷辯（“鬬其捷”）。那時你將會目光眩暈，面色和平，自己開始自救，心裡贊成君王，並顯於形色（“而目將熒之，而色將平之，口將營之，容將形之，心且成之”），故這種進諫完全是“以火救火、以水救水”，枉自增多（“益”）。如果子高繼續像起初那樣（“順始”）深入進諫（“厚言”），則必死無疑。往昔夏桀誅殺賢臣關龍逢，商紂王誅殺叔父比干，皆是因爲他們爲了美好聲譽而愛撫（“傴拊”）人民，以臣下之位違逆君上，故其君主因他們的美德（“脩”）而排擠陷害他們。他們就是好名聲之人！過去堯攻伐叢枝、胥敖國，舜攻伐有扈國，遍地焦土（“虚厲”同“墟戾”），殺人無數，用兵不止，皆爲了求實利。這些追求虚名實利之事，你不知道嗎？名實之事，聖人（龍逢、比干、堯、禹等）也不能勝任，何况你呢！

可見追逐虚名，往往身首異處，有殺身之禍。但是，即使順從君王，愛護君王，稍不留神，亦可殺身。

> 汝不知夫養虎者乎？不敢以生物與之，爲其殺之之怒也；不敢以全物與之，爲其決之之怒也；時其飢飽，達其怒心。虎之與人異類而媚養己者，順也；故其殺者，逆也。夫愛馬者，以筐盛矢，以蜄盛溺。適有蚉寅僕緣，而拊之不時，則缺銜毁首碎胷。意有所至而愛有所亡，可不慎邪！”（《人間世》）

“生物”即活物。成玄英疏：“豬羊之類，不可生供猛獸，恐其因殺而生嗔怒也。”“全物”即完整之動物。“決”意爲分開。郭象注：“方使虎自齧分之，則因用力而怒也。”“時其飢飽”意爲伺候進食。“達其怒心”意即順達其暴怒之心。“順”意謂順其性情。“故其殺者，逆也”，意即被它所殺的都是違逆它的。“矢”同“屎”。“蜄”即大蛤。“僕緣”意爲附著。“拊”即拍打。“缺銜”意即沖缺銜勒。“適有蚉蝱僕緣，而拊之不時，則缺銜毀首碎胷”，大意爲，蚉虻附緣馬身，主人撲打不小心，則馬缺銜勒，挽破轡頭，致馬體損毀嚴重。“意”指愛馬之情意。“亡”即失去。《莊子》以侍虎之險惡，比喻侍君之處境。正所謂伴隨君王如伴虎。

不過，《莊子》也提出伴君之法：

> 顏闔將傅衛靈公大子，而問於蘧伯玉曰：“有人於此，其德天殺。與之爲无方，則危吾國；與之爲有方，則危吾身。其知適足以知人之過，而不知其所以過。若然者，吾奈之何？”蘧伯玉曰：“善哉問乎！戒之，慎之，正女身哉！形莫若就，心莫若和。雖然，之二者有患。就不欲入，和不欲出。形就而入，且爲顛爲滅，爲崩爲蹶。心和而出，且爲聲爲名，爲妖爲孽。彼且爲嬰兒，亦與之爲嬰兒；彼且爲无町畦，亦與之爲无町畦；彼且爲无崖，亦與之爲无崖。達之，入於无疵。(《人間世》)

“顏闔”是魯國賢人。他將做衛國太子蒯聵的老師。蒯聵凶德，天性嗜殺(“天殺”)。於是顏闔向衛國大夫蘧伯玉，請教與之相處的方法(“方”)。蒯聵之智(“知”)只能知道別人之過錯，而不知道別人過錯的原因(“所以過”，意指由蒯聵造成的)。蘧伯玉說：你(“女”)以戒慎正身，外形莫若遷就君臣之禮，內心莫若寬和。然而儘管如此，此二者仍然存有隱患。還要注意遷就不能完全認同(“入”)，和順不能彰顯突出(“出”)。如果遷就完全認同，就會顛覆滅絕，崩蹶敗壞，與彼俱亡；如果和順顯出，而且獲取聲名，就會成爲妖孽。因此，如果蒯聵爲嬰兒般無知愚鄙，你也如此；如果蒯聵與你無威儀界限（“町畦”），你也如此；如果蒯聵與你言無容止（“崖”），你也如此。通達如此，就不會有問題了（“疵”）。當然，更好的方法應該是迴避君王：

> 且夫乘物以遊心，託不得已以養中，至矣。何作爲報也！莫若爲致命。此其難者。（《人間世》）

“乘物遊心”意謂超然物外。“託不得已以養中”意指藉口不能推脫之事逃避君王，涵養中和之心。“何作爲報”意即爲何要回報（君王）。“莫若爲致命”，意即不能完成君王指令。雖然這是很難的。但隱士高人自然有伴君之術。

> 徐无鬼因女商見魏武侯，武侯勞之曰：“先生病矣！苦於山林之勞，故乃肯見於寡人。”徐无鬼曰：“我則勞於君，君有何勞於我！君將盈嗜欲，長好惡，則性命之情病矣；君將黜嗜欲，掔好惡，則耳目病矣。我將勞君，君有何勞於我！”武侯超然不對。少焉，徐无鬼曰：“嘗語君，吾相狗也。下之質執飽而止，是狸德也；中之質若視日，上之質若亡其一。吾相狗，又不若吾相馬也。吾相馬，直者中繩，曲者中鉤，方者中矩，圓者中規，是國馬也，而未若天下馬也。天下馬有成材，若卹若失，若喪其一，若是者，超軼絕塵，不知其所。”武侯大悅而笑。（《徐无鬼》）

隱士徐无鬼因魏國宰臣女商之故去見魏武侯。武侯慰問(“勞”)他說:先生貧病了吧!久居山林很是勞苦,故肯來見我了。徐无鬼說:我是來慰問君的,君有什麼慰問我呢!君要是充盈嗜欲,滋長喜好厭惡,則性命之根基(“情”)就出問題了。君要是廢黜嗜欲,引除掉(“掔”)好惡,則耳目就要受病。武侯悵然(“超然”)不回答。稍頃,徐无鬼說:我嘗試爲君說說,我會相狗。下品(“質”)之狗吃飽就滿足了,屬於貓(“狸”)之德;中品之狗不顧目前小獸望如視日(“若視日”),上品之狗遺忘自己身體(“亡其一”)。我相馬更長於相狗。馬,“直者中繩,曲者中鉤,方者中矩,圓者中規”(“繩”、“鉤”、“矩”、“規”皆工匠器具),可謂國馬,但不是天下最好的馬。天下最好的馬天然成才,神氣定審,若忘己身。這樣的馬,風馳電掣(“超軼絕塵”),不知其所往、所止。武侯聽之大笑。徐无鬼察言觀色,迅疾調整思路,讓魏武侯轉不樂爲樂,逃避災禍上身。

除了深處廟堂之高、暴君之側的近臣時時會有殺身之禍,普通百姓也因爲日常生活中的小事帶來災難性的後果。尤其不經意的是禍從口出,語言是重要的禍亂之源。

> 且以巧鬭力者,始乎陽,常卒乎陰,泰至則多奇巧;以禮飲酒者,始乎治,常卒乎亂,泰至則多奇樂。凡事亦然。始乎諒,常卒乎鄙;其作始也簡,其將畢也必巨。言者,風波也;行者,實喪也。夫風波易以動,實喪易以危。故忿設无由,巧言偏辭。獸死不擇音,氣息茀然,於是並生心厲。剋核太至,則必有不肖之心應之,而不知其然也。苟爲不知其然也,孰知其所終!故《法言》曰:“无遷令,无勸成,過度益也。”遷令勸成殆

事，美成在久，惡成不及改，可不慎與！（《人間世》）

角力遊戲，起初喜樂（“陽”），常常最終忿怒（“陰”），極力取勝（“泰至”）則多爲奇巧，由好勝之情漸漸產生相害之意。飲酒開席，尊卑有別，賓主獻酬，自有倫理（“治”）。但終席之時，則不免混亂，極力盡興者多淫樂（“奇樂”）。凡事亦然，開始文雅（“諒”），終了鄙野（“鄙”）；開始簡單，將終了時複雜（“巨”）。煩生於簡，事起於微，此必至之勢。言說如同風波，行動者，則有得有失（“實喪”）。風波容易挑起，得失潛伏危險。忿怒發作無由無端（“忿設无由”），巧言偏激陷佞（“偏辭”）。野獸臨死吼不擇音，氣息茀然暴怒（“茀然”），於是產生惡心（“心厲”）。刻薄苛求（“剋核”），則有不善（“不肖”）之心對應之而不知其然。因爲不知其然，故誰也不知道其結局。古書云：不用改動訓令，不用勸獎其成就，言過其度則溢（“无遷令，无勸成，過度益也”）。強令勸助其成就則危殆，成就好事需時日久，成就壞事則必有不及改者（“美成在久，惡成不及改”）。世道艱辛，人心也難測。

當然，世人很難明瞭這些道理。

知士无思慮之變則不樂，辯士无談說之序則不樂，察士无淩誶之事則不樂，皆囿於物者也。招世之士興朝，中民之士榮官，筋力之士矜難，勇敢之士奮患，兵革之士樂戰，枯槁之士宿名，法律之士廣治，禮教之士敬容，仁義之士貴際。農夫无草萊之事則不比，商賈无市井之事則不比。庶人有旦暮之業則勸，百工有器械之巧則壯。錢財不積則貪者憂，權勢不尤則

> 夸者悲。勢物之徒樂變，遭時有所用，不能无爲也。此皆順比於歲，不物於易者也，馳其形性，潛之萬物，終身不反，悲夫！（《徐无鬼》）

智謀之士如果沒有時逢禍變而思慮憂患則不快樂，好辯之士如果沒有論說辯談的端敘則不快樂，審問偵察之士沒有凌辱責罵之對象則不快樂，他們都被外界事務桎梏了自己。應舉被招之賢士能夠興邦，治民之士能夠榮耀朝廷，筋力強壯之士以御難自矜，勇敢之士遇禍患而奮起，軍人武夫樂於征戰，山林隱士留名，刑法之士思廣治術，禮教之士敬飾容儀，仁義之士行乎交際。農民無田間之事則不和樂，商賈無買賣之事則不和樂。百姓庶民有糊口職業則自勉，匠人百工有器械技術則工作高效。錢財不聚則貪心者憂慮，權勢不大虛浮夸飾之士悲傷。以勢逞能之徒喜歡世變，逢其時而被任用，不能無所作爲。凡此諸士，順其倫次各有所用，若四時之不可易，入世干政不能自已，馳騖身心，沉潛俗務，終身不知返歸。可悲！

甚至孔子本人也常知其不可而爲之，故遭人譏刺、勸告：

> 孔子適楚，楚狂接輿遊其門曰："鳳兮鳳兮，何如德之衰也！來世不可待，往世不可追也。天下有道，聖人成焉；天下无道，聖人生焉。方今之時，僅免刑焉。福輕乎羽，莫之知載；禍重乎地，莫之知避。已乎已乎，臨人以德！殆乎殆乎，畫地而趨！迷陽迷陽，无傷吾行！吾行卻曲，无傷吾足！"山木自寇也，膏火自煎也。桂可食，故伐之；漆可用，故割之。人皆知

有用之用，而莫知无用之用也。(《人間世》)

孔子行往楚國。楚國狂人接輿知孔子歷聘，在他的門前行歌譏刺：天下有道時可成就聖人，天下無道時聖人應該保全自己("天下有道，聖人成焉；天下无道，聖人生焉")。當今之世僅可免於刑戮。福輕乎羽毛，不知如何承載、抓住。禍重於大地，不知如何逃避。停止吧停止吧，向人顯露德行("臨人以德")。危殆啊危殆，畫定路線行走("畫地而趨")。佯狂佯狂("迷陽")，就不會傷害到我的生活。尋空隙("郤曲")之地行走，就不會傷害我的腳。《莊子》也説，山木自己被砍伐("寇")，油膏自己焚燒。桂花香而可食因此樹被砍，漆可用故膠被割。人皆知有用之用，而不知無用之用。在《莊子》全書中，孔子有很多面孔，大多於史籍無考而屬於寓言。但此處孔子事跡亦見《論語・微子》，基本屬實。孔子所爲，悲壯與滑稽參半，智慧與迂腐並存。這都是莊子所不認同的。

在《莊子》看來，遠古混沌無知社會之後，上古三代已經屬於亂世，而在戰國時期，整個社會則成爲一個巨大的絞殺器，個體人類的生存則極爲險惡。稍不留意則有殺身之禍。著名成語"螳螂捕蟬黃雀在後"、"螳臂當車"就是出於《莊子》：

莊周遊乎雕陵之樊，覩一異鵲自南方來者，翼廣七尺，目大運寸，感周之顙而集於栗林。莊周曰："此何鳥哉，翼殷不逝，目大不覩？"蹇裳躩步，執彈而留之。覩一蟬，方得美蔭而忘其身；螳蜋執翳而搏之，見得而忘其形；異鵲從而利之，見利而忘其真。莊周怵然曰："噫！物固相累，二類相召也！"捐彈而反走，虞人逐而誶之。莊周反入，三月不庭。藺且從而問之："夫子何爲頃間甚不庭乎？"莊周曰："吾守形而忘身，觀於濁水而迷於清淵。且吾聞諸夫子曰：'入其俗，從其俗，'今吾遊於雕陵而忘吾身，異鵲感吾顙，遊於栗林而忘真，栗林虞人以吾爲戮，吾所以不庭也。"（《山木》）

莊周到一個陵墓（"雕陵"）之地（"樊"同"藩"）遊玩，看見一個奇異大鳥從南方飛來。此鳥翅膀有七尺之長，眼睛直徑約一寸（"運寸"），觸碰到莊周的額頭（"顙"）後停息栗樹林中。莊周說：這是什麼鳥啊，翅膀太大不能遠飛（"翼殷不逝"），眼睛大而不能視？於是提起衣服疾行（"蹇裳躩步"），拿起彈弓停留在那裡。忽然莊周又看到一隻蟬，得到一塊好樹蔭（"美蔭"）而忘記了藏身。螳螂用樹葉爲陰翳（"執翳"）捕獲了它，螳螂正得意忘形，大鳥又抓住螳螂。大鳥抓住螳螂又忘記藏身（"真"）。莊周不禁驚悚說：哎呀！蟬召螳螂，螳螂召鵲，皆自招害，爲物利所累。於是丟棄彈弓返回，不意管園之人追逐到莊周并審問他（"虞人逐而誶之"）。莊子回去后，三月不快（"不庭"）。弟子藺且問莊子：夫子爲何這麼長時間（"頃間"）很不快樂？莊周說：我只顧看守異鵲而忘記自己身體，觀察於混濁之利而迷惑於清明本性。而且聽老聃說，入其俗，應遵守禁令（"從其俗"應爲"從其令"），這次遊雕陵而忘記自身。莊子爲此行爲受到侮辱（"戮"）感到後悔，所以不愉快。

莊子反躬自省，不僅後悔，還有點後怕。而現實中，很多人對於社會生活的險惡幾乎沒有認知。甚至還有一些自不量力的救世者，他們躍躍欲試，企圖獨撐危樓，挽狂瀾于既倒，則正如擋車的螳螂。《莊子》對此異常清醒，大呼警戒這些自不量力者：

汝不知夫螳蜋乎？怒其臂以當車轍，不知其不勝任也，是其才之美者也。戒之，慎之！積伐而美者以犯之，幾矣。（《人間世》）

“當”同“擋”。“其才之美”意即自美其才。“積”意積累、蘊積。“伐”意爲誇讚。“而”同“尔”。“幾”即危險。郭象注：“積汝之才，伐汝之美，以犯此人，危殆之道。”

簡而言之，人生充滿險惡，生存非常艱難，尤其在亂世。《莊子》描述這種險惡的人世，可謂字字如刀，入木三分：

一受其成形，不亡以待盡。與物相刃相靡，其行盡如馳，而莫之能止，不亦悲乎！終身役役而不見其成功，苶然疲役而不知其所歸，可不哀邪！人謂之不死，奚益！其形化，其心與之然，可不謂大哀乎？人之生也，固若是芒乎？其我獨芒，而人亦有不芒者乎？（《齊物論》）

人一旦出生，稟受自然造化使我們成人之形體，要保（“不亡”）其形體，以盡天年。但是，世界並不處處遂人心意。“相刃相靡”比喻人生艱險之境遇，可謂血淚斑斑。“行盡”同“行進”。“苶然”意爲疲憊、困倦之狀。“形化”意指形體變化、衰老。“與之然”意即與形體一樣變化、衰老。“芒”意指茫然、蒙昧。這是戰亂時代人生的血淚悲歌。故在《莊子》看來，能夠全生活命的都是道德的。因此，

名譽之觀，不足以爲廣。泉涸，魚相與處於陸，相吻以濕，相濡以沫，不若相忘於江湖！（《天運》）

“廣”意爲增廣。“吻”應爲“呴”，吐出吐沫。“濡”沾濕。此數句又見《大宗師》篇。但是，能夠徹悟這個人世至理的，終究不多。人在這世界之中如何應對這個世界，不用說市井小民，即使是智識階級，很多人亦很茫然。其中，對於普通民眾世人誤導最大、最蠱惑人心的是儒家倫理學說。

第四節　性命之外化：世俗人生種種

如何在亂世中保全自己，頤養天年，即“不亡以待盡”？《莊子》如此說：

備物以將形，藏不虞以生心，敬中以達彼，若是而萬惡至者，皆天也，而非人也，不足以滑成，不可內於靈臺。靈臺者有持，而不知其所持，而不可持者也。不見其誠己而發，每發而不當，業入而不舍，每更爲失。爲不善乎顯明之中者，人得而誅之；爲不善乎幽間之中者，鬼得而誅之。明乎人，明乎鬼者，然後能獨行。券內者，行乎无名；券外者，志乎期費。行乎无名者，唯庸有光；志乎期費者，唯賈人也，人見其跂，猶之魁然。與物窮者，物入焉；與物且者，其身之不能容，焉能容人！

不能容人者无親，无親者盡人。（《庚桑楚》）

此段文字大意爲：備外物以供順養其形體（“備物以將形”），退藏不思慮之地以防活動心思，敬慎其内智，以達於外觀。若果這樣還有禍事（“萬惡”）來臨，那是天之意，不是人爲。因此這種變故不足以亂其已成之德（“不足以滑成”），不可以入心靈。對心靈若有執持，而不知道執持，故而不執持。不見其反身而誠（“誠己”）而發作於外，故每發而不得當；世事攖擾入心中不能舍止，每次變更就會喪失本真（“業入而不舍，每更爲失”）。把作惡之念付諸行爲（“顯明”），人人得而誅之。把作惡之念隱匿（“幽閒”）中施行，鬼得而誅之。知人知鬼，則能獨行不懼。契合内心（“券内”）者，行爲但求無名。契合外物者，志欲窮極其財用（“券乎外，志乎期費”）。行爲但求無名者，其用充實而有光輝（“唯庸有光”）。志欲窮極其財用者，只是個商人而已，别人看出他的危險（“跂”），表面好像安然無恙（“魁然”）。窮極、終始追逐外物者，會以物爲歸依（“與物窮者，物入也”）。與外物苟且者（“與物且者”），自身都不爲所包容，豈能包容别人！不能容人者無親，無親者周圍没有人（“盡人”）。

可見《莊子》應對現實生活的策略，就是謹慎小心，自然寡慾。對待變故，應該安之若命，處之泰然。然而，由於對於社會的認識不同，因而也有迥然相異的生活態度。現實社會之中，人們受各種利益誘惑，或被百家學説蒙蔽、鼓動，自主或不自主捲入爭鬥、傾軋之中。只有聖人與衆不同：

聖人安其所安，不安其所不安；衆人安其所不安，不安其所安。(《列御寇篇》)

“安”意爲順任。聖人就是對於自己的性和命有透徹的認識，這是他們與俗衆的本質區別。種種自作聰明者都逃脫不了被捕之蟬和螳螂的命運。人們要是沒有對自己的天性和命運清醒的認識，本末倒置，就會傷人害己。《莊子》描繪了現實的世俗人生，由於不能認識自身的性命，故有種種狀態、展示和結果。

1. 得勢者

所謂“得勢”，即是爵祿財貨之謂，而且也是短暫的。

樂全之謂得志。古之所謂得志者，非軒冕之謂也，謂其无以益其樂而已矣。今之所謂得志者，軒冕之謂也。軒冕在身，非性命也，物之儻來，寄也。寄之，其來不可圉，其去不可止。故不爲軒冕肆志，不爲窮約趨俗，其樂彼與此同，故无憂而已矣。今寄去則不樂，由是觀之，雖樂，未嘗不荒也。故曰，喪己于物，失性於俗者，謂之倒置之民。(《繕性》)

“樂”即快樂。“志”即情志。“軒冕”本義爲車與冠，意指官爵。“益其樂”意即其樂無以復加了。“儻來”意即意外忽來。“寄”即寄託。“其來不可圉”，意即來時不可阻擋。“肆”意爲放縱。“約”意指貧困。“其樂彼與此同”指軒冕與窮困等同。“荒”意即荒廢，廢亂。“倒置”意謂“逆生”。劉師培云:“‘倒置之民’猶云‘逆生之民’也。”[①]這類人其下場一定可悲。這種事例,屢見不鮮,史不絕書。故遵道者視富貴如浮雲:

> 楚昭王失國,屠羊說走而從於昭王。昭王反國,將賞從者,及屠羊說。屠羊說曰:“大王失國,説失屠羊;大王反國,説亦反屠羊。臣之爵禄已復矣,又何賞之有!”王曰:“強之!”屠羊說曰:“大王失國,非臣之罪,故不敢伏其誅;大王反國,非臣之功,故不敢當其賞。”王曰:“見之!”屠羊說曰:“楚國之法,必有重賞大功而後得見,今臣之知不足以存國,而勇不足以死寇。吴軍入郢,説畏難而避寇,非故隨大王也。今大王欲廢法毁約而見説,此非臣之所以聞於天下也。”王謂司馬子綦曰:“屠羊說居處卑賤而陳義甚高,子其爲我延之以三旌之位。”屠羊說曰:“夫三旌之位,吾知其貴於屠羊之肆也;萬鍾之禄,吾知其富於屠羊之利也;然豈可以貪爵禄而使吾君有妄施之名乎!説不敢當,願復反吾屠羊之肆。”遂不受也。(《讓王》)

楚昭王爲楚國君。“失國”即喪失王位。“屠羊說”爲宰羊之人,名説。“反國”意即奪回王位。“強之”意爲強行給屠羊説受賞。“伏其誅”意即伏法受誅。“當其賞”猶“受其賞”。“見之”意即接見屠羊說。“死寇”意爲殺死敵寇。“郢”爲楚國都。“故隨”意即故

① 見王叔岷:《莊子校詮》上,第575頁。

意、執意追隨。“約”意指法令。“司馬子綦”爲人名，即下文“子其”。“延之以三旌之位”意爲延請、聘請屠羊說爲三公。“肆”即店鋪、作坊。“鍾”爲量器。古代俸祿以糧穀計算，“萬鍾”謂厚祿。“妄施”意爲不合情理施與。有道之人安貧樂道，不去君王面前爭寵，終有善報：

> 子列子窮，容貌有飢色。客有言之於鄭子陽者曰：“列御寇，蓋有道之士也，居君之國而窮，君无乃爲不好士乎？”鄭子陽即令官遺之粟。子列子見使者，再拜而辭。使者去，子列子入，其妻望之而拊心曰：“妾聞爲有道者之妻子，皆得佚樂，今有飢色。君過而遺先生食，先生不受，豈不命邪！”子列子笑謂之曰：“君非自知我也。以人之言而遺我粟，至其罪我也又且以人之言，此吾所以不受也。”其卒，民果作難而殺子陽。（《讓王》）

列子有道而窮困。《列子·天瑞》曰：“子列子居鄭圃，四十年人無識者。”“子陽”爲鄭國宰相。“好士”意即尚賢。“遺之粟”即贈送列子米粟。然而列子辭謝不受。“拊”同“撫”。“佚”同“逸”。“君過”意即君王過問列子生計。“豈不命邪”意爲“豈非命啊”。“罪”意爲治罪。“其卒”意即最終、結果。《史記·鄭世家》云：“繻公二十五年，鄭公殺其相子陽。”

2. 忠臣烈士

此類人士，皆受儒家思想荼毒，至死不悟。

外物不可必，故龍逢誅，比干戮，箕子狂，惡來死，桀紂亡。人主莫不欲其臣之忠，而忠未必信，故伍員流于江，萇弘死于蜀，藏其血三年而化爲碧。人親莫不欲其子之孝，而孝未必愛，故孝己憂而曾參悲。木與木相摩則然，金與火相守則流。陰陽錯行，則天地大絯，於是乎有雷有霆，水中有火，乃焚大槐。有甚憂兩陷而无所逃，螴蜳不得成，心若縣於天地之閒，慰暋沈屯，利害相摩，生火甚多，眾人焚和，月固不勝火，於是乎有僓然而道盡。(《外物》)

“外物不可必”意爲遺忘外在事物而不可固執於外在事物。“物”即指財富聲譽之類。龍逢是夏桀賢臣，後爲夏桀斬首。比干是殷紂庶叔，因忠諫而被紂王剖心。箕子是殷紂庶叔。忠諫不從，懼紂之害，所以佯狂。惡來是殷紂佞臣，畢志從紂，與紂俱亡。“伍員”即伍子胥，忠諫夫差，反而被殺，取馬皮作袋盛伍員屍，浮之於江。萇弘是周敬王大夫，遭譖而被放歸蜀，自恨而刳腸而死。傳蜀人以匱盛其血，三年而化爲碧玉，爲精誠之至。孝己是殷高宗太子，遭後母之難，憂苦而死。曾參是孔子弟子，至孝而爲父所憎，嘗見絕糧而後甦醒。“然”同“燃”。“流”意爲化通。鑽木取火，以火熔金。“錯行”即錯亂運行。“絯”同“駭”。陰陽錯亂，不順五行，故雷霆擊怒，驚駭萬物，焚燒大樹。“甚憂兩陷”意指憂患於得失利害兩端而不能自拔。“螴蜳”意即怵惕、恐懼。“縣”同“懸”。“暋”同“愍”，鬱悶。“沈屯”猶“沉頓”。遇境則沈溺，觸物則屯邅。“生火”指產生内火、内熱。“焚和”意即灼燒中和之性。不能守分無爲，溺於利害，自焚其心中太和之氣。“月”意指人之清明本性。[①]“僓然”意即頹然。在利欲熏心之下，人性頹然隳壞，天理盡而生機熄。這些所謂赤膽忠心之人，不是爲君王所殺，也是放逐流浪，憂憤而終。

這類人也屬於迂腐者，例如下文所列之人：

> 比干剖心，子胥抉眼，忠之禍也；直躬證父，尾生溺死，信之患也；鮑子立乾，申子不自理，廉之害也；孔子不見母，匡子不見父，義之失也。此上世之所傳，下世之所語，以爲士者正其言，必其行，故服其殃，離其患也。(《盜跖》)

“抉”意即挖出、挑出。子胥忠諫夫差，被夫差所殺。他臨死前云：死後請挖出我的眼睛懸掛於城門東，讓我看到越國滅吳。“直躬”爲人名，其父盜羊，他出來作證。“尾生”亦爲人名，他與一女子相約，女未到而河水上漲，他不肯離去抱梁而死。此皆守信而致其患。“鮑子”指鮑焦，周末人，廉貞不仕，遭子貢譏諷，抱樹立乾而死。“立乾”猶“立枯”。“申子”即晉獻公太子申生，遭麗姬讒謗，不自申理，自縊而死。“匡子”名章，齊人，諫其父，爲父所逐，故終身不見其父。“離”同“罹”。這些所謂忠貞守信之人，莫不遭罹其患難。

---

① 王先謙云：“人心之清明，譬猶月也，豈能勝此火乎？”見王先謙：《莊子集解》，第238頁。

3. 聰明反被聰明所誤者

在《莊子》看來，一些被世俗看作精明幹練之人，終是爲人所用，難得善終。

> 陽子居見老聃，曰："有人於此，嚮疾彊梁，物徹疏明，學道不勌。如是者，可比明王乎？"老聃曰："是於聖人也，胥易技係，勞形怵心者也。且也虎豹之文來田，猨狙之便執斄之狗來藉。如是者，可比明王乎？"（《應帝王》）

"陽子居"即楊朱，字子居。楊朱學派著名觀點即"拔一毛而利天下而不爲。""嚮疾彊梁"意指像聲音一樣迅疾的精幹之人。"物徹疏明"意爲洞徹事物，疏通明達。"明王"指聖明君王。"胥易技係"意爲胥徒瑣事。"勞形怵心"意即身形勞累，心靈怵惕。"來田"意即召來狩獵，與下文"來藉"義近。虎豹之皮有文章，故被人狩獵。"猨狙"即獼猴。"便"即便捷。"斄"同"貍"。"藉"意爲繩，用作動詞。獼猴、狗正由於敏捷反被人用繩子捉住。這也正是一些幹才人物的結局。

《莊子》還用譬喻的手法，生動描繪了這類機敏敏捷者的可悲下場：

> 吳王浮于江，登乎狙之山。眾狙見之，恂然棄而走，逃於深蓁。有一狙焉，委蛇攫搔，見巧乎王。王射之，敏給搏捷矢。

王命相者趨射之，狙執死。王顧謂其友顔不疑曰：“之狙也，伐其巧恃其便以敖予，以至此殛也！戒之哉！嗟乎，无以汝色驕人哉！”顔不疑歸而師董梧以鋤其色，去樂辭顯，三年而國人稱之。(《徐无鬼》)

“浮”意即泛舟。“恂”意爲驚恐。“蓁”意指荊棘叢。“委蛇攫搔”意爲從容騰挪。“見”同“現”。“敏給”即敏捷、機敏。“搏”意即抓住、接住。箭往雖速，狙皆接之，其敏捷也如此。“相”意爲佐助。“趨”急促、快速。“顔不疑”爲人名。“伐其巧恃其便”意爲矜伐其勁巧依仗其便捷。“敖”同“傲”，傲慢於王。“殛”意即死。“色”意指意態身貌。“董梧”亦爲人名，有道者，吳之賢人。“鋤”借爲“鉏”，意即去除。“去樂辭顯”意即辭別浮華榮顯，韜晦素樸。這隻大難臨頭還不知道自保，反而賣弄小聰明、小技藝的猴子，除了可悲，亦很可笑。現實中類似於這隻猴子的人，絕不少見。

不過，亂世中亦有謹小慎微之人。但這些人不明大道，亦有所障，故而仍然不能免禍。

將爲胠篋探囊發匱之盜而爲守備，則必攝緘縢，固扃鐍，此世俗之所謂知也。然而巨盜至，則負匱揭篋擔囊而趨，唯恐緘縢扃鐍之不固也。然則鄉之所謂知者，不乃爲大盜積者也？故嘗試論之，世俗所謂知者，有不爲大盜積者乎？所謂聖者，有不爲大盜守者乎？何以知其然邪？昔者齊國鄰邑相望，雞狗之音相聞，罔罟之所布，耒耨之所刺，方二千餘里。闔四竟之内，所以立宗廟社稷，治邑屋州閭鄉曲者，曷嘗不法聖人

> 哉！然而田成子一旦殺齊君而盗其國。所盗者豈獨其國邪？并與其聖知之法而盗之。故田成子有乎盗賊之名，而身處堯舜之安；小國不敢非，大國不敢誅，十二世有齊國。則是不乃竊齊國，并與其聖知之法以守其盗賊之身乎？（《胠篋》）

“胠篋探囊發匱之盜”即開箱撬鎖開匣之類盜竊。“攝緘縢，固扃鐍”，即用繩索捆結，把關鈕牢固。但是，大盜來了，連箱櫃也一起取走，唯恐捆結不牢固。“趨”意爲疾走。因此，爲防備小盜的智慧，實則幫了大盜的忙。“鄉之所謂知者”意即向來以爲智慧者。“積”意即儲積、準備。正如齊簡公，效聖人之法，兢兢業業治理國家，但不防爲大夫田成子(陳恒)所弑，不僅命喪失國，反而成全田成子之名。“剌”即刺開，意指耕種。①

在《莊子》中，屢見莊子與惠施相遊，莊子還以惠子爲知音。故莊子也諄諄勸誡惠子，不要耍弄聰明：

> 惠子謂莊子曰：“吾有大樹，人謂之樗。其大本擁腫而不中繩墨，其小枝卷曲而不中規矩，立之塗，匠者不顧。今子之言，大而無用，衆所同去也。”莊子曰：“子獨不見狸狌乎？卑身而伏，以候敖者；東西跳梁，不避高下；中於機辟，死於罔罟。今夫犛牛，其大若垂天之雲。此能爲大矣，而不能執鼠。

① 成玄英疏：“田成子，齊大夫陳恒，是敬仲七世孫。初，敬仲適齊，食(菜)【采】於田，故改爲田氏。魯哀公十四年，陳恒弑其君，君即簡公也。割安平至于郎邪，自爲封邑。至恒曾孫太公和，遷齊康公於海上，乃自立爲齊侯。自敬仲至莊公，凡九世知齊政；自太公至威王，三世爲齊侯；通計爲十二世。”

今子有大樹，患其無用，何不樹之於無何有之鄉，廣莫之野，彷徨乎無爲其側，逍遙乎寢臥其下。不夭斤斧，物無害者，無所可用，安所困苦哉！”（《逍遙遊》）

樗樹爲栲漆之類，嗅之甚臭，被稱爲惡木。“大本”即主幹，其形狀盤結如癰腫。“不中繩墨”意即不合木匠度量、切割木材之器具。下文“不中規矩”與此義同。“小枝”與上文“大本”對文。“塗”同“途”。“眾所同去”意爲眾人之所以同樣拋棄。“狸”即野貓。“狌”即鼬，黃鼠狼。“伏”意即藏伏、藏匿。“敖者”指雞、鼠等。“跳梁”即跳躍。“中於機辟”意即被機關擊中。“罔罟”即網。“斄牛”即牦牛。成玄英疏曰：“斄牛，猶旄牛也，出西南夷。其形甚大，山中遠望，如天際之雲。”“能爲大矣”猶“可謂大矣”。“執鼠”即捉鼠、捕鼠。“患”意即憂慮、操心。“無何有”即虛無之意。“無何有之鄉”、“廣莫之野”，皆《莊子》寓言筆法，喻虛無縹緲之地。“彷徨”即逍遙之意。

4. 不知足與冒險者

現實中不知足者比比皆是，《莊子》通過深入的辨析，爲他們的心態作了細緻描述：

無足問於知和曰：“人卒未有不興名就利者。彼富則人歸之，歸則下之，下則貴之。夫見下貴者，所以長生安體樂意之道也。今子獨无意焉，知不足邪？意知而力不能行邪？故推正不忘邪?”知和曰:“今夫此人以爲與己同時而生,同鄉而處者,以爲夫絕俗過世之士焉;是專无主正,所以覽古今之時,是非之分也,與俗化。世去至重,棄至尊,以爲其所爲也;此其所以論長生安體樂意之道,不亦遠乎!慘怛之疾,恬愉之安,不監於體;怵惕之恐,欣懽之喜,不監於心;知爲爲而不知所以爲,是以貴爲天子,富有天下,而不免於患也。”无足曰:“夫富之於人,无所不利,窮美究勢,至人之所不得逮,賢人之所不能及,俠人之勇力而以爲威強,秉人之知謀以爲明察,因人之德以爲賢良,非享國而嚴若君父。且夫聲色滋味權勢之於人,心不待學而樂之,體不待象而安之。夫欲惡避就,固不待師,此人之性也。天下雖非我,孰能辭之!”知和曰:“知者之爲,故動以百姓,不違其度,是以足而不爭,无以爲故不求。不足故求之,爭四處而不自以爲貪;有餘故辭之,棄天下而不自以爲廉。廉貪之實,非以迫外也,反監之度。勢爲天子而不以貴驕人,富有天下而不以財戲人。計其患,慮其反,以爲害於性,故辭而不受也,非以要名譽也。堯舜爲帝而雍,非仁天下也,不以美害生也;善卷許由得帝而不受,非虛辭讓也,不以事害己。此皆就其利,辭其害,而天下稱賢焉,則可以有之,彼非以興名譽也。”无足曰:“必持其名,苦體絕甘,約養以持生,則亦久病長阨而不死者也。”知和曰:“平爲福,有餘爲害者,物莫不然,而財其甚者也。今富人,耳營鍾鼓管籥之聲,口嗛於芻豢醪醴之味,以感其意,遺忘其業,可謂亂矣;侅溺於馮氣,若負重行而上也,可謂苦矣;貪財而取慰,貪權而取竭,靜居則溺,體澤則馮,可謂疾矣;爲欲富就利,故滿若堵耳而不知避,且馮而不舍，可謂辱矣；財積而无用，服膺而不舍，滿心戚醮，求益而不止，可謂憂矣；内則疑刦請之賊，外則畏寇盗之害，内周樓疏，外不敢獨行，可謂畏矣。此六者，天下之至害也，皆遺忘而不知察，及其患至，求盡性竭財，單以反一日之无故而不可得也。故觀之名則不見，求之利則不得，繚意絕體而爭此，不亦惑乎！”（《盗跖》）

在這段文字中，《莊子》設置了兩個虛構人物的對話。“无足”、“知和”皆寓言人名，名亦涵寓意。无足意指貪婪之人，不止足者。知和意指體知中和之道，守分清廉之人。“知”同“智”。无足問知和：眾人沒有不喜歡名利的，有財富則別人就來歸順，歸順於他則自然謙下而尊貴他。得到別人對自己謙下和尊貴，這樣的富貴之人則悅情適性，體安而長壽。今日閣下獨對富貴無意，是智慧不足，還是知道自己無力行之呢？故此推尋正道而不忘，不去追求富貴啊？知和回答：今日有人(指无足)以爲，同時而生同鄉而處者(即知和)認爲，當下富貴之人乃不合世俗之士。那麼，其實此人(指无足)不能專一，不行正道。故而以世俗觀念來看古今之時，是非之分。當下之世丟棄生和道這些至重至尊之物，并以此作爲目標。這樣的流俗之人，其所爲於長生之道，不是甚遠嗎！他們悲苦之病，愉悅安處，不能明察於體；惴惴恐懼，欣欣喜悅，不能明察於心。但知爲之有爲，不知爲之無爲，如斯之人雖貴爲天子貴甲天下，也不能免於怵惕等患。无足又說：富之於人，無所不利。窮盡天下善美和人間威勢，至人也不能企及，賢人亦不能達到。挾人之勇力而強捍，秉持人之智謀而明察。因憑人之德而爲賢良，無君王之位而尊貴若君父。而且聲色滋味權勢之於人，心不用學就會感到快樂，身體不用學就會安適。欲求、厭惡、逃避、趨附，凡此之事無師自通，是人之本性。天下人雖與我有異，但誰能夠辭讓這些！知和說道：智者所爲，以百姓之需而動，不違反其法度，因此知足而不相爭，無所爲故而不貪求。不知足故而貪求，四方相爭而不自以爲貪；有多餘才會辭讓，雖丟棄天下而不自以爲廉。廉貪之實，不是迫於外物，反視其内之度量即可知之。勢爲天子而不以貴驕人，富有天下而不以財戲謔别人。測度其災患，憂慮其變化，以爲傷害真性，故而遠離不受。并非是以此獲取名譽。堯舜爲帝而和雍，并非仁愛天下，而是不以善害其生；善卷許由得到帝位而不受，并非虚辭推讓，而是不以事務事害己。凡此皆爲趨就其利，辭讓其害，故而天下稱其爲賢，他們可以接受，但他們並非以此興名釣譽。无足又説：如果必須獲得美名，故而苦其形體，絕其甘美，簡約養生，那就是亦長久病阨不死而已。知和答道：平常爲福，有餘招禍害，凡物皆如此，而財富爲最甚者。今日之富人，充耳迷惑於鍾鼓管籥之聲，口享於芻豢美酒之味，以感其意，遺忘其業，可謂亂矣；酒食充塞於盛氣，正如負重而登山坡，可謂苦矣；貪財而得病，貪權而獲疾，靜居則沉溺其中，體型肥潤而氣盛，亦謂疾病；爲欲富就利，故而財滿如墻而不知迴避，並且孜孜尋求而不捨棄，可謂辱矣；財積而无用，服膺而不捨，滿心煩惱，欲求增益而不停止，可謂憂矣；内部疑慮盜劫之賊，外部畏懼寇盜之害，重樓内匝，外出不敢獨行，可謂畏矣。此六者(亂、苦、疾、辱、憂、畏)，天下之至害也，人皆遺忘而不知察。等到災難臨頭，試圖盡其性竭其財，但求返回一日无故之時而不可得也。故觀之名則不見，求之利則不得，殫精竭慮奮不顧身而爭此財富，不是迷惑嗎！

儘管如此，亂世中亦有冒險之人，不惜以生命爲賭注。

> 人有見宋王者，錫車十乘，以其十乘驕穉莊子。莊子曰："河上有家貧恃緯蕭而食者，其子沒於淵，得千金之珠。其父謂其子曰：'取石來鍛之！夫千金之珠，必在九重之淵而驪龍頷下，子能得珠者，必遭其睡也。使驪龍而寤，子尚奚微之有哉！'今宋國之深，非直九重之淵也；宋王之猛，非直驪龍也；子能得車者，必遭其睡也。使宋王而寤，子爲韲粉夫！"（《列御寇》）

宋王指宋襄王。"錫"意爲賞賜、賜予。"穉"意爲驕傲。"恃緯蕭而食"意爲依靠編織蒿草器物爲生。"沒"即沉沒、潛水。"鍛"意爲捶擊。"驪龍"即黑龍。"寤"即醒。"奚微之有"意指所剩無幾，即爲龍所食無餘。"直"猶"但"。下同。"韲粉"即細粉。人類不乏冒險者，干刀尖上舔血的營生，所謂富貴險中求。還有一些人，巴結權貴，追逐權色，自以爲萬無一失，其實也是與虎口奪食無異。翻開歷史，一些叱咤風雲的人物，例如文種、韓信、周亞夫之流，沒有幾個能夠得到善終。

古代希臘有個傳說，米達斯(Midas)王問酒神的伴侶，聰明的西勒諾斯(Selenus)：對於人絕好絕妙的是什麼？這位神靈呆若木雞，一言不發。可是王一再強逼他，他終於在宏亮的笑聲中說出這樣的話：世間絕好的東西是你永遠得不到的——那就是不要降生，不要存在，成爲烏有。但是，對於你次好的是——早死。[①]這是希臘人面對苦難艱險生活現實的人生觀的折射。

人生在世既短暫又漫長，既艱辛又歡愉，既痛苦又有憧憬。對於思想者來説，人生充滿迷惑。哲學史上的各種存在論就是對於人生最大困惑的可能解答。從以上論述可見，《莊子》的存在論從個體存在的基本維度入手，深刻觀察、分析了當時的社會狀況，揭示了那個時代人生在世的種種問題以及險惡處境，在根本上思考了人生之真諦及其與世界的本原性關係。此外，在揭示人生意義的思考深度上具有某種徹底性的同時，《莊子》的存在論還展示了人生在世社會經驗的巨大豐富性。這種純粹的理性思考和極爲豐富的經驗體驗之間形成的張力，使得《莊子》的存在論具有獨特的穿透力和魅力。我們在全部海德格爾哲學中，能夠不經意發現《莊子》思想的吉光片羽，聽到從悠久歷史的隧道中傳來古代東方《莊子》的蒼涼聲音。

那麼，處在社會生活之中的人們，如何依據一種生存原則而生活？或者説，在如此險惡的社會，怎樣才是一種有道德的生活？

接下來《莊子》的思考，自然就要討論在這樣世界生存，人們所必須依據的道德法則以及相應的人生態度。在《莊子》看來，明晰了道德的真正含義，也就領悟了養生的秘訣。

① 見繆靈珠：《繆靈珠美學譯文集》第四卷，中國人民大學出版社，1991年版，第12頁。

第六章　倫理學——養生論

倫理學(Ethics)是對人類個體道德進行哲學思考的系統理論,核心問題是善、惡問題。西方哲學至少從蘇格拉底開始,就對於善的問題進行了極爲精深和細密的討論和論證。蘇格拉底認爲最高的知識就是善,而每個人本性是善的。柏拉圖則把善看作是最高的理念,如同太陽之於萬物。亞里士多德認爲幸福是生命的自然目的,也是最高的善。理性是一種分辨是非善惡并趨善避惡的能力。當理性如此指導人的行爲時,理性便成爲德性。城邦的目的是實現最高的善。一個好的城邦的標誌就是“個個公民都是善人”。自此以後,倫理學成爲西方哲學的一個重要分支。無論是羅馬時期的斯多葛學派、犬儒主義,還是中世紀基督教哲學,以至近、現代哲學,西方哲學持續推進對於善的問題的深入討論,形成了諸多理論體系。幾乎所有哲學大家都提出了自己鮮明、獨特的倫理學思想,例如康德的“絕對命令”之說等。

如果說,中國古代哲學在形上學、存在論、知識論的系統理論方面,較之西方哲學略顯薄弱,那麼,中國古代哲學的倫理學體系,則爲全人類哲學寶庫中之重鎮。以儒家倫理學爲代表的中國古代哲學,提出了極爲豐富、精湛的倫理學思想體系。孔子提出的“己所不欲勿施於人”作爲人類個體的道德底線,今日被認爲是全人類的道德金律。但是,中、西方倫理學卻具有不同的指向,在理論形態和品質上亦有差異。

比較而言，西方倫理學所宣揚的道德以善的概念爲核心。從蘇格拉底、柏拉圖直到黑格爾，他們的倫理學中善的概念具有很強的形上學色彩，例如柏拉圖把善比作滋養萬物的太陽，類似一種宇宙原則。而亞里士多德的善的概念則具有政治學色彩，富於濃郁的社會生活氣息。同樣，康德的善的概念是實踐哲學意義上的，當然有很强的現實指向。最初中國倫理學的道德概念也有形上學色彩。古代漢語中“德”通“得”，所謂“得道”爲“德”。這個思想主要爲後來的道家接承。《老子》認爲，道本身就有至德：“生而不有，爲而不恃，長而不宰，是謂玄德。”（十章）而萬物自然生長、繁衍，皆不離道，故而皆有德：“道生之，德蓄之，物行之，勢成之。是以萬物莫不尊道而貴德。”（五十一章）而整個儒家的形上學反而具有倫理學的色彩，這從《中庸》所云“天命之謂性，率性之謂道，修道之謂教”即可見出。

古代中國儒、道兩家在倫理學的基本觀念上對立極爲鮮明，有著根本對立的理論體系。儒家以天下爲己任的強烈入世精神，與道家具有清教色彩的養生保命學說，勢同水火。《老子》曾激烈抨擊儒家倫理學的核心觀念“仁”、“義”之說，尖銳提出：“絕聖棄智，民利百倍；絕仁棄義，民復孝慈。”（十九章）同樣，《莊子》對於儒家的“仁”、“義”之說給予辛辣的諷刺和批判，堪稱絕唱，歎爲觀止！與《老子》對於儒家倫理學偏於純粹抽象的批判不同，《莊子》對於儒家的批判更重在一種強烈的現實指向。

《莊子》作者面對的是戰國時期最爲慘烈的亂世。孟子所描述的“爭地以戰，殺人盈野；爭城以戰，殺人盈城”（《孟子·離婁上》),是當時社會的真實寫照。不僅普通百姓的性命朝夕難保,智識階級也常常"朝爲座上客,暮成階下囚"。因此,《莊子》認爲,人生首先是生存、平安、安定,其次才是其他的需求。因爲很簡單,不能生存,其他一切都不可能。因此,《莊子》倫理學的基本觀念是,保全生命是善,是大德;殘害生命是惡,是首惡。《莊子》討論道德和善的問題,幾乎全部圍繞個體的社會生存問題,即如何在那個慘烈的亂世中生存問題。全部《莊子》倫理學就是企圖爲人們在亂世如何保全性命、苟活一隅提供處方。

當然,作爲哲學家,莊子也必須對於他的倫理學進行論證。

第一節　《莊子》關於人類個體幸福的討論

《莊子》並非否認一個社會的倫常秩序。在人倫的基本規範上,《莊子》也沒有顛覆性的言說,基本上認同已經形成的社會倫理規範。莊子說:

果蓏有理,人倫雖難,所以相齒。(《知北遊》)

瓜果("果蓏")有生長之理,人類倫理多樣複雜,所以以年齡長幼相序("相齒")。"序齒"是中國尊老的優良傳統,亦非常悠久。全部《莊子》沒有對於傳統的人倫秩序提出異議,只是在某些儀式(例如喪葬)的情感表達方式上,對於儒家的陳規陋習作了尖銳諷刺。而莊子批判諷刺儒家陋習的根據,則是這些陋習的虛僞性違反了人性的本真。相反，從《莊子》的很多文字中看出，他極爲讚賞子輿、子犁、子桑戶等人的莫逆之交，極爲在意血緣、師生和朋友之情。他視惠子爲知音，表明他們之間深厚的友情。《莊子》也讚賞“安貧樂道”的君子操守，鄙視并嘲諷“富貴而驕”的鄙薄小人。《莊子》沒有集中討論這些通常的倫理規範，是因爲《莊子》關注的是這些通常人倫最基礎的問題。

按照亞里士多德的觀點，幸福是生命的自然目的，也是最高的善。人生的目標是追求幸福。《莊子》對人類個體的幸福，即他所謂“至樂”問題，進行了非常深入的思考。

> 天下有至樂无有哉？有可以活身者无有哉？今奚爲奚據？奚避奚處？奚就奚去？奚樂奚惡？夫天下之所尊者，富、貴、壽、善也；所樂者，身安、厚味、美服、好色、音聲也；所下者，貧、賤、夭、惡也；所苦者，身不得安逸，口不得厚味，形不得美服，目不得好色，耳不得音聲。若不得者，則大憂以懼。其爲形也亦愚哉！夫富者，苦身疾作，多積財而不得盡用，其爲形也亦外矣。夫貴者，夜以繼日，思慮善否，其爲形也亦疏矣。人之生也，與憂俱生，壽者惛惛，久憂不死，何之苦也！其爲形也亦遠矣。列士爲天下見善矣，未足以活身。吾未知善之誠善邪，誠不善邪？若以爲善矣，不足活身；以爲不善矣，足以活人。故曰，‘忠諫不聽，蹲循勿爭。’故夫子胥爭之以殘其形，不爭，名亦不成。誠有善无有哉？今俗之所爲與其所樂，吾又未知樂之果樂邪，果不樂邪？吾觀夫俗之所樂，舉羣趣者，踁踁然如將不得已，而皆曰樂者，吾未之樂也，亦未之

> 不樂也。果有樂无有哉？吾以无爲誠樂矣，又俗之所大苦也。故曰，“至樂无樂，至譽无譽。”天下是非果未可定也。雖然，无爲可以定是非。至樂活身，唯无爲幾存。請嘗試言之。天无爲以之清，地无爲以之寧，故兩无爲相合，萬物皆化。芒乎芴乎，而无從出乎！芴乎芒乎，而无有象乎！萬物職職，皆從无爲殖。故曰：天地无爲也而无不爲也，人也孰能得无爲哉！（《至樂》）

“可以活身”意爲可能夠養活身命。“奚”意即何。“其爲形也亦愚”意即這樣保養身形亦爲愚蠢。下文“其爲形也亦外”、“其爲形也亦疏”與此義近，“外”意即外在、身外，“疏”意即疏遠。“列士爲天下見善”意即烈士則以身殉名。“活人”意爲周濟生民。“忠諫不聽，蹲循勿爭”意爲主人不聽忠諫，則爲人臣者當逡巡而退，勿與之爭。“羣趣”意指流俗。“誙誙然”意爲趨死之狀。“幾存”意爲接近存活。“萬物皆化”意即萬物皆爲化生。“芒”、“芴”義同“恍”、“惚”。《老子》曰：“道之爲物，惟恍惟惚。惚兮恍兮，其中有象；恍兮惚兮，其中有物。”（二十一章）《鶡冠子·夜行》：“芴乎芒乎，中有象乎！芒乎芴乎，中有象乎！”“職職”意爲繁殖貌。“殖”意即繁殖。

《莊子》知道，人們都嚮往“富、貴、壽、善”，追求“身安、厚味、美服、好色、音聲”，討厭“貧、賤、夭、惡”，如果“身不得安逸，口不得厚味，形不得美服，目不得好色，耳不得音聲”就會痛苦、憂慮、恐懼。這樣，即使獲得了“富、貴、壽、善”，也日夜思慮，久憂不死。至於忠臣烈士爲名殉身者，則連性命都不能保全。因此，

《莊子》以爲，世人所謂的幸福、快樂，在當時的社會都是不可能的。在那個社會個體的真正幸福，就是活下來："至樂活身。"《莊子》的這個斷論，其内在表達的思想不僅僅是一種個體生存的無奈，更可以看作是一種絕望中生存的呼救！

由此可見，對每個有道德的個體人類的幸福來説，需要有一個堅實的前提，即一個合理、完善的社會制度。如果最大限度地符合每個社會成員追求幸福的目標，那就是一個美好的、善的制度。一般而言，這樣的社會只是理想的社會。當然，無論什麼社會實行的社會制度，都不可能讓每個社會成員同等地獲得他所追求的幸福。社會制度和體制的問題屬於政治學、社會學的範疇。因此，哲學家、思想家們不僅一直在探索至善美好的社會制度，而且還在討論每一種現實的社會制度改革、進步的可能性。而革命家、政治家們，則投身於社會活動之中，爲他們認定的美好社會制度而奮鬥，甚至不惜獻出生命。但是，由於社會制度是個體人類幸福的前提，討論人類個體幸福的倫理學，卻因此具有不同的向度。在一個比較正常社會狀況下，大多倫理學討論的善的指向，是與追求個人幸福相關。但是，如果現實社會的個體生活在一個糟糕或者惡的社會狀況之中，人們的生命朝不保夕，倫理學的指向就截然不同。因爲對於個體生命來説，"什麼是善"的首要問題是保全性命，而不是幸福、快樂的問題。

在慘烈的戰國時代，整個社會成爲一個巨大的絞肉機，人生處處充滿險惡和殺機。因此，個體人生的首要需求就是活下來，即使是不健全、扭曲地活下來，也是必須的。因爲人性的首要之點，就是人的基本本能：活命、繁衍。這是在正常社會基本不需要思考的問題。故《莊子》所設立的道德底線就是：保全生命爲善，違背這個善則爲不道德。或許也可以把《莊子》的這個思想稱爲“底線倫理學”。[①]與一般倫理學討論善、惡的指向是人類的幸福不同，這種“底線倫理學”即是指向個體生命的存活。因此，《莊子》的“底線倫理學”的視角，與一般倫理學是反向的。

《莊子》“底線倫理學”道德原則的闡發，具有一個異常堅實的基礎，那就是生命體的生存本能。《莊子》認爲，合乎本性生活就是道德的。這是《莊子》堅守的道德立場。

> 道者，德之欽也；生者，德之光也；性者，生之質也。(《庚桑楚》)

“欽”同“廞”。“道者，德之欽”意即道爲德之陳列、展示。《易傳·繫辭下》曰：“天地之大德曰生”，故生化萬物者爲盛德之光華。“質”意即本質。不僅是人類，動物亦是如此。

> 丘(孔子)也嘗使於楚矣，適見㹠子食於其死母者，少焉眴若，皆棄之而走。不見已焉爾，不得類焉爾。所愛其母者，非愛其形也，愛使其形者也。戰而死者，其人之葬也不以翣資；刖者之屨，无爲愛之；皆无其本矣。爲天子之諸御，不爪翦，不

① 當代中國一些學者針對中國道德滑坡的現實提出過“底線倫理”的說法，呼籲人們在社會生活中不要越過最低的道德底線，意即人們即使不去行善，也不要作惡。我所謂《莊子》的“底線倫理”與當代中國學者提出的“底線倫理”在意涵上具有根本的不同。參見何懷宏：《底線倫理的概念、含義與方法》，《道德與文明》2010年第1期。

穿耳；取妻者止於外，不得復使。形全猶足以爲爾，而況全德之人乎！（《德充符》）

此段文字大意爲：孔子見一群小豬向母豬吮乳，少頃皆驚恐棄之而走，因爲它們發現母豬死了。可見小豬不是愛母豬的形體，而是愛其生命。戰死之人的葬禮不需要武將出行裝飾之具（“翣”），受刖足刑罰之人不可能喜歡鞋子，因爲所存之本已無。爲天子選送的后妃，不修指甲，不穿耳環，恐傷其形。已經娶妻之人，也不能作爲天子男寵。形全者如此，更何況全德之人！沒有生命，一切價值和意義沒有載體。故生之謂大德。

《莊子》所理想的國君、王者，首先就是堅守這個原則，認同人的生命高於一切（包括土地），爲一切價值的前提。

大王亶父居邠，狄人攻之；事之以皮帛而不受，事之以犬馬而不受，事之以珠玉而不受，狄人之所求者土地也。大王亶父曰：“與人之兄居而殺其弟，與人之父居而殺其子，吾不忍也。子皆勉居矣！爲吾臣與爲狄人臣奚以異！且吾聞之，不以所用養害所養。”因杖筴而去之。民相連而從之，遂成國於岐山之下。夫大王亶父，可謂能尊生矣。能尊生者，雖貴富不以養傷身，雖貧賤不以利累形。今世之人居高官尊爵者，皆重失之，見利輕亡其身，豈不惑哉！（《讓王》）

大王亶父是周文王祖父。“邠”同“豳”，是地名。狄人攻伐大王亶父之邦國，大王亶父給狄人進貢皮帛、犬馬、珠玉，以換取和平。

但狄人皆不要這些財貨，只要土地。大王亶父說：我與大家一起生活居住，不忍叫你們的兄弟兒子被人殺掉。你們都勉力而生活吧（“子皆勉居矣”）。做我的臣子與做狄人的臣子有何區別！而且我聽說一個道理，不能以土地（“用養”）給百姓（“所養”）帶來災難。雖然大王亶父仗策（“筴”）而去，但人民對於這樣的君王更加崇信，扶老攜幼（“民相連”）跟隨他遷移。“岐山”今在陝西。“亡其身”同“忘其身”。

其實，通常人們對於亂世中無爲的人生處世法則也明晰其中道理。但是，因爲現實的利益和誘惑，這個認識被蒙蔽了。

> 祝宗人玄端以臨牢筴，說彘曰：“汝奚惡死？吾將三月犧汝，十日戒，三日齊，藉白茅，加汝肩尻乎彫俎之上，則汝爲之乎？”爲彘謀，曰不如食以糠糟而錯之牢筴之中。自爲謀，則苟生有軒冕之尊，死得於腞楯之上、聚僂之中則爲之。爲彘謀則去之，自爲謀則取之，所異彘者何也？（《達生》）

“祝宗人”是司祭之官。他端正衣冠到豬圈，對豬說：“你何須厭惡死呢？我豢養你三月，十日戒，三日齋，薦白茅（祭神需以白茅），把你的肩部和臀部放置雕花的盛肉器皿之上。如此相待你願意嗎？”爲豬算計，則每日不如食糠糟而置與豬圈之中活著；爲自己算計，則假設生有高官厚祿，死於雕飾的靈車之上、棺槨之中，也願意這樣。爲豬算計則去白茅雕俎，自爲算計則取於高官厚祿，與豬有何差異呢？《莊子》認爲人們常常爲短暫的虛榮誘惑而遺忘人生的根本，作出誤判。

亂世如是，名利、道德皆是禍害，在世的幸福不可求，生存只是無奈。在論證了一些聖賢也本末倒置，進行誤導之後，《莊子》提出了在世生存最低的、可能的幸福理念：

> 顔淵問乎仲尼曰："回嘗聞諸夫子曰：'无有所將，无有所迎。'回敢問其遊。"仲尼曰："古之人，外化而内不化，今之人，内化而外不化。與物化者，一不化者也。安化安不化，安與之相靡，必與之莫多。狶韋氏之囿，黄帝之圃，有虞氏之宫，湯武之室。君子之人，若儒墨者師，故以是非相鳌也，而况今之人乎！聖人處物不傷物。不傷物者，物亦不能傷也。唯无所傷者，爲能與人相將迎。山林與！皋壤與！使我欣欣然而樂與！樂未畢也，哀又繼之。哀樂之來，吾不能禦，其去弗能止。悲夫，世人直爲物逆旅耳！"（《知北遊》）

此段顔回與孔子對話於史無徵，屬於寓言。"將"意即送，與"迎"對言。"送"、"迎"皆爲應對外在世界接物而言。聖人心如止水，順物自然，對於世界萬事萬物不送不迎。"問其遊"意即"問其所由"。"内"、"外"意指内心與身體。"化"即變化。古人純樸，合道者多，故能外形隨物，内心凝靜。"内化"意指今日人們爲外在世界而心神搖蕩。"一不化者"意爲内不化，亦即外與物化而内不失其情。"安化安不化，安與之相靡，必與之莫多"意爲任憑化和不化，雖與物相順，而不過度。"安"意即任憑。"狶韋"、"軒轅"、"虞舜"、"殷湯"、"周武"並是聖王。無心順物之道，正如狶韋彷徨之苑囿，軒轅遨遊之園圃，虞舜養德之宫闈，湯武怡神之虚室，乃羣聖之所遊而處之，無廣狹之別。“以是非相(鳌)”意爲儒、墨者之流以是非之爭引起天下混亂。“爲能與人相將迎”意爲乃能與之相將迎。“皋壤”意即平原。“禦”意即控禦、控制。如果像世人那樣，不能掌控哀樂，成爲外物的旅店（“逆旅”），那就可悲了。

不以外在世界萬事萬物之變化而傷害自己的身心，《莊子》倡導的“全生”、“保身”倫理觀點，概而言之，就是自然無爲。

> 无爲爲之之謂天，无爲言之之謂德。(《天地》)
>
> 人之所舍，謂之天民；天之所助，謂之天子。(《庚桑楚》)

“天”即自然之意，亦含有天理之意。論述無爲之理即爲倫常道德。“舍”意即舍居、舍止。人來依附，天亦佑助。“天民”、“天子”皆謂得道者。出則天子，處則天民，無位而尊，此亦可謂另一種内聖外王之道。

> 故海不辭東流，大之至也；聖人并包天地，澤及天下，而不知其誰氏。是故生无爵，死无謚，實不聚，名不立，此之謂大人。狗不以善吠爲良，人不以善言爲賢，而況爲大乎！夫爲大不足以爲大，而況爲德乎！夫大備矣，莫若天地；然奚求焉，而大備矣。知大備者，无求，无失，无棄，不以物易己也。反己而不窮，循古而不摩，大人之誠。(《徐无鬼》)

“辭”即推辭、拒絕。“氏”即氏族。聖人推功於人，故人不識其氏族。“爵”、“謚”即爵位、謚號。“實不聚”謂有其實而不居。“大人”即大德之人。“大備”意指最大的完備。“以物易己”即以外物置換自己。“反己而不窮，循古而不摩”大意爲，反本還原之妙極無窮盡，順古而不被消滅。

自然無爲人生態度的首要之點，就是不要關注所谓仁義、是非之争。“自我觀之，仁義之端，是非之涂，樊然殽亂，吾恶能知其辯！”(《齊物論》)但是，孔子和儒家學説卻於此尖鋭對立。

第二節　儒家倫理學批判

基於上述強大的倫理思想基礎，《莊子》堅決反對諸子百家中關於傷害生命的倫理觀念。在《莊子》看來，先秦諸家之中，以仁義道德惑亂人心，違反人性，孔子和儒家可爲其禍首。因此，《莊子》中對孔子和儒家的批判，第一最爲集中，篇幅最多，貫穿於全部文字之中；第二手法多種，從儒者事跡到思想理論，從正面論述到寓言反諷，可謂無所不用其極；第三尖鋭刻薄，尤其是對於儒家宣揚“捨生取義”、“殺身成仁”學説，《莊子》則給予無情的嘲弄，并展開深刻和系統的批判。

儒家倫理學的核心概念即是“仁”、“孝”等，《莊子》首先展開“仁”、“孝”的概念辨析。

商大宰蕩問仁於莊子。莊子曰：“虎狼，仁也。”曰：“何謂也？”莊子曰：“父子相親，何爲不仁？”曰：“請問至仁。”莊子曰：“至仁无親。”大宰曰：“蕩聞之，无親則不愛，不愛則不孝。

> 謂至仁不孝，可乎？”莊子曰：“不然。夫至仁尚矣，孝固不足以言之。此非過孝之言也，不及孝之言也。夫南行者至於郢，北面而不見冥山，是何也？則去之遠也。故曰：以敬孝易，以愛孝難；以愛孝易，而忘親難；忘親易，使親忘我難；使親忘我易，兼忘天下難；兼忘天下易，使天下兼忘我難。夫德遺堯舜而不爲也，利澤施於萬世，天下莫知也，豈直太息而言仁孝乎哉！夫孝悌仁義，忠信貞廉，此皆自勉以役其德者也，不足多也。故曰，至貴，國爵并焉；至富，國財并焉；至願，名譽并焉。是以道不渝。”（《天運》）

這裡“商”是春秋時宋國。“大宰蕩”即太宰名蕩。“至仁尚矣”之“尚”意指高尚。“過孝”意爲超過了孝，與下文“不及”相對。“郢”爲楚國都城。“冥山”爲山名，在朔州北。“愛孝”意爲出自內心之孝，與“敬孝”相對。“忘我”意謂百姓各自得其樂，自適其所。“忘天下”意謂遺忘萬物。“遺”即遺棄、遺忘。郭象注：“遺堯舜，然後堯舜之德全耳。”“太息”即嗟歎。“役”即勞役。“并”意爲除去。“渝”意爲變化。

《莊子》此段文字大意，首說虎狼爲仁，[1]并認爲“至仁無親”。[2]但是，“無親”並非“不孝”，“至仁”也不能達到“孝”。[3]真正的

① 成玄英疏云：“仁者，親愛之跡。夫虎狼猛獸，猶解相親，足明萬類皆有仁性也。父子親愛，出自天然。”

② 所謂“至仁”即“大仁”。《齊物論》篇有“大仁不仁。”《淮南子·詮言》：“大仁無親。”《大宗師》篇曰：“有親，非仁也。”

③ 王先謙注云：“以親愛爲至仁，非過孝之言，不及孝之言也。”見王先謙：《莊子集解》，第122—123頁。

“仁”、“孝”是遺忘萬物，不爲所累。而儒家的也即世俗的孝悌仁義、忠信貞廉，則是人們的道德枷鎖。[①]必須去除這些浮華虛名，才能真正像人一樣生活。《莊子》對於仁、孝的解釋突破了儒家的藩籬，解構了普通民眾集體無意識中的心理定式和常識，展示了中國倫理學說中核心概念的新的意域。因爲孔子和儒家的學說，首先是用仁義道德桎梏人的思想，這種桎梏除了給人們帶來外在的戕害和傷殘，主要是荼毒人之心靈。

因此，解除人們認識的誤區必須從解脫這種心靈的桎梏入手，澄清儒家和諸子顛倒、混亂的觀念。從心理和意識層面解除了仁、孝這類概念束縛人們的沉重枷鎖，《莊子》的論說更加縱橫捭闔，深閎而肆，恣縱不儻：

> 故跖之徒問於跖曰：“盜亦有道乎？”跖曰：“何適而无有道邪！”夫妄意室中之藏，聖也；入先，勇也；出後，義也；知可否，知也；分均，仁也。五者不備而能成大盜者，天下未之有也。由是觀之，善人不得聖人之道不立，跖不得聖人之道不行；天下之善人少而不善人多，則聖人之利天下也少而害天下也多。故曰，脣竭則齒寒，魯酒薄而邯鄲圍，聖人生而大盜起。掊擊聖人，縱舍盜賊，而天下始治矣。夫川竭而谷虛，丘夷而淵實。聖人已死，則大盜不起，天下平而无故矣。（《胠篋》）

① 成玄英疏云：“以此上八事，皆矯性僞情，勉強勵力，捨己效人，勞役其性，故不足多也。”

“何適而无有道”意即去什麽地方沒有道。“妄意室中之藏”，意即妄心億度別人家裡所庫藏財寶。斟量商度，有無必中，其驗若神，故言聖。“出後，義也”指偷盜時最後出來，即爲義氣。“知可否，知也”意指權衡分析情況能否進行偷盜，即是智慧。“分均，仁也”意指平均分贓，即是仁。“脣竭”意即嘴唇沒有了。“薄”意即稀薄、淡。[①]“掊擊”意爲打擊。“縱舍”意爲放任。“夷”意即平。“掊擊聖人，縱舍盜賊，而天下始治矣”，成玄英疏曰：“夫智惠出則姦偽生，聲跡亡則大盜息。猶如川竭谷虛，丘夷淵實，豈得措意，必至之宜。”不僅虎狼爲仁，仁義道德並非只有儒家一種解釋。反過來，按照儒家的觀念，强盜也是道德的，即“盜亦有道”。這是對於儒家極大的諷刺！下文中的老萊子則對於孔子直接進行訓教。

老萊子之弟子出薪，遇仲尼，反以告，曰：“有人於彼，脩上而趨下，末僂而後耳，視若營四海，不知其誰氏之子。”老萊子曰：“是丘也。召而來。”仲尼至。曰：“丘！去汝躬矜與汝容知，斯爲君子矣。”仲尼揖而退，蹙然改容而問曰：“業可得進乎？”老萊子曰：“夫不忍一世之傷，而驁萬世之患，抑固窶邪？亡其略弗及邪？惠以歡爲驁，終身之醜，中民之行進焉耳，相引以名，相結以隱。與其譽堯而非桀，不如兩忘而閉其

① “魯酒薄而邯鄲圍”爲一典故。陸德明《經典釋文》注：“楚宣王朝諸侯，魯恭公後至而酒薄。宣王怒，將辱之。恭公不受命，乃曰：‘我周公之胤，長於諸侯，行天子禮樂，勳在周室。我送酒已失禮，方責其薄，無乃太甚！’遂不辭而還。宣王怒，乃發兵與齊攻魯。梁惠王常欲擊趙，而畏魯救。楚以魯爲事，故梁得圍邯鄲。言事相由也，亦是感應。”

所譽。反无非傷也，動无非邪也。聖人躊躇以興事，以每成功。奈何哉其載焉終矜爾！”(《外物》)

老萊子傳爲楚國賢者。他的弟子出門砍柴時遇到孔子，返回來告訴老萊子說：那兒有個人，上身長下身短(“脩上而趨下”)，脊梁佝僂耳朵後貼(“末僂而後耳”)，[1]目光深遠，不知是什麼人。老萊子說：是孔丘，招呼他來。孔子來了。老萊子說：孔丘，除去你身上躬行的矜持和外表的智慧，就像個君子了。孔子揖讓退出，然後驚恐(“蹙然”)改容問：我的學說能否推進？老萊子說：不忍當世之亂，卻忽視萬世之禍害，豈不淺陋嗎(“抑固窶邪”)？還是謀略不及呢(“亡其略弗及邪”)？以施仁惠博衆人之歡欣，成一己之驕傲(“驁”)，乃終身之恥(“醜”)。此爲平庸(“中民”)之人的行爲，他們以名利相引慕，以恩怨私仇(“隱”)相結合。與其讚譽堯而非毀桀，不如兩個都忘掉，不去評價。毀譽不忘，退則内自傷，動則入於邪。聖人從容(“躊躇”)興業，以謀求(“每”同“謀”)成功。你怎麼推行(“載”)仁義而終於自矜呢！老萊子以教導的口吻，批評孔子推行仁義實爲賺取聲名，不知是害民之舉反而驕矜自負。

因此，真正的得道者對於儒家理想的社會，則避之唯恐不及。

齧缺遇許由，曰：“子將奚之？”曰：“将逃尧。”曰：“奚謂邪？”曰：“夫堯，畜畜然仁，吾恐其爲天下笑。後世其人與人

① 孔子“脩上而趨下，末僂而後耳”，與《史記·孔子世家》所述相同，頗有“纍纍若喪家之犬”之狀。

相食與！夫民，不難聚也；愛之則親，利之則至，譽之則勸，致其所惡則散。愛利出乎仁義，捐仁義者寡，利仁義者衆。夫仁義之行，唯且无誠，且假夫禽貪者器。是以一人之斷制利天下，譬之猶一覕也。夫堯知賢人之利天下也，而不知其賊天下也，夫唯外乎賢者知之矣。"（《徐无鬼》）

齧缺是許由老師。"奚之"意即何往。"畜畜"猶"煦煦"，溫潤之意。老百姓之聚散并不難。愛之他們則相親，給利益他們就會來，譽贊之他們則相勸勉，給他們厭惡的東西他們就離散。愛和利益出乎仁義，有仁義而不居者少有，託於聖跡以利用仁義者多。推行仁義則尚且無誠意，成爲貪婪如禽獸之人（"禽貪"）假借的工具。以一個人專斷（"斷制"）利於天下，正如目之一瞥（"覕"）所見之限，豈能盡萬物之情。堯知道賢人有利於天下之處，卻不知道賢人損害（"賊"）天下之處。只有遺忘（"外"）賢者才能知之。《莊子》以爲，聖賢之跡即使爲利一時，而萬代之後必生賊害。

在《莊子》全書之中，不僅是賢者如老聃、老萊子等人，還有山野之人如菜農、樵夫、漁父等人，甚至呼嘯山林的綠林盜寇也可以訓導孔子。以下兩段文字大體意義不難識讀，故對字詞未加解釋，篇幅略顯冗長，但含義亦很豐富，故迻置於此：

孔子遊乎緇帷之林，休坐乎杏壇之上。弟子讀書，孔子弦歌鼓琴，奏曲未半。有漁父者，下船而來，鬚眉交白，被髮揄袂，行原以上，距陸而止，左手據膝，右手持頤以聽。曲終而招子貢子路，二人俱對。客指孔子曰："彼何爲者也？"子路對曰:“魯之君子也。”客問其族。子路對曰:“族孔氏。”客曰:“孔氏者何治也?”子路未應,子貢對曰:“孔氏者,性服忠信,身行仁義,飾禮樂,選人倫,上以忠於世主,下以化於齊民,將以利天下。此孔氏之所治也。”又問曰:“有土之君與?”子貢曰:“非也。”“侯王之佐與?”子貢曰:“非也。”客乃笑而還,行言曰:“仁則仁矣,恐不免其身;苦心勞形以危其真。嗚呼,遠哉其分於道也!”子貢還,報孔子。孔子推琴而起曰:“其聖人與!”乃下求之,至於澤畔,方將杖拏而引其船,顧見孔子,還鄉而立。孔子反走,再拜而進。客曰:“子將何求?”孔子曰:“曩者先生有緒言而去,丘不肖,未知所謂,竊待於下風,幸聞咳唾之音以卒相丘也!”客曰:“嘻!甚矣子之好學也!”孔子再拜而起曰:“丘少而脩學,以至於今,六十九歲矣,无所得聞至教,敢不虛心!”客曰:“同類相從,同聲相應,固天之理也。吾請釋吾之所有,而經子之所以。子之所以者,人事也。天子、諸侯、大夫、庶人,此四者自正,治之美也,四者離位,而亂莫大焉。官治其職,人憂其事,乃无所陵。故田荒室露,衣食不足,徵賦不屬,妻妾不和,長少无序,庶人之憂也;能不勝任,官事不治,行不清白,羣下荒怠,功美不有,爵祿不持,大夫之憂也;廷无忠臣,國家昏亂,工技不巧,貢職不美,春秋後倫,不順天子,諸侯之憂也;陰陽不和,寒暑不時,以傷庶物,諸侯暴亂,擅相攘伐,以殘民人,禮樂不節,財用窮匱,人倫不飭,百姓淫亂,天子有司之憂也。今子既上无君侯有司之勢,而下无大臣職事之官,而擅飾禮樂,選人倫,以化齊民,不泰多事乎!且人有八疵,事有四患,不可不察也。非其事而事之，謂之揔；莫之顧而進之，謂之佞；希意導言，謂之諂；不擇是非而言，謂之諛；好言人之惡，謂之讒；析交離親，謂之賊；稱譽詐僞以敗惡人，謂之慝；不擇善否，兩容顔適，偷拔其所欲，謂之險。此八疵者，外以亂人，内以傷身，君子不友，明君不臣。所謂四患者：好經大事，變更易常，以挂功名，謂之叨；專知擅事，侵人自用，謂之貪；見過不更，聞諫愈甚，謂之很；人同於己則可，不同於己，雖善不善，謂之矜。此四患也。能去八疵，无行四患，而始可教已。"孔子愀然而嘆，再拜而起曰："丘再逐於魯，削迹於衛，伐樹於宋，圍於陳、蔡。丘不知所失，而離此四謗者何也？"客悽然變容曰："甚矣，子之難悟也！人有畏影惡迹而去之走者，舉足愈數而迹愈多，走愈疾而影不離身，自以爲尚遲，疾走不休，絶力而死。不知處陰以休影，處静以息迹，愚亦甚矣！子審仁義之閒，察同異之際，觀動静之變，適受與之度，理好惡之情，和喜怒之節，而幾於不免矣。謹脩而身，慎守其真，還以物與人，則无所累矣。今不脩之身而求之人，不亦外乎！"孔子愀然曰："請問何謂真？"客曰："真者，精誠之至也。不精不誠，不能動人。故强哭者雖悲不哀，强怒者雖嚴不威，强親者雖笑不和。真悲无聲而哀，真怒未發而威，真親未笑而和。真在内者，神動於外，是所以貴真也。其用於人理也，事親則慈孝，事君則忠貞，飲酒則歡樂，處喪則悲哀。忠貞以功爲主，飲酒以樂爲主，處喪以哀爲主，事親以適爲主，功成之美，无一其迹矣。事親以適，不論所以矣；飲酒以樂，不選其具矣；處喪以哀，无問其禮矣。禮者，世俗之所爲也；真者，所以受於天也，自然不可易也。故聖人法天貴真，不拘於俗。愚者反此。不能法天而恤於人，不知貴真，祿祿而受變於俗，故不足。惜哉，子之早湛於人僞，而晚聞大道也！”孔子又再拜而起曰：“今者丘得遇也，若天幸然。先生不羞而比之服役，而身教之，敢問舍所在，請因受業而卒學大道。”客曰：“吾聞之，可與往者與之，至於妙道；不可與往者，不知其道，慎勿與之，身乃无咎。子勉之！吾去子矣，吾去子矣！”乃刺船而去，延緣葦閒。顔淵還車，子路授綏，孔子不顧，待水波定，不聞拏音而後敢乘。子路旁車而問曰：“由得爲役久矣，未嘗見夫子遇人如此其威也。萬乘之主，千乘之君，見夫子未嘗不分庭伉禮，夫子猶有倨敖之容。今漁父杖拏逆立，而夫子曲要磬折，言拜而應，得无太甚乎？門人皆怪夫子矣，漁父何以得此乎？”孔子伏軾而嘆曰：“甚矣，由之難化也！湛於禮義有閒矣，而樸鄙之心至今未去。進，吾語汝！夫遇長不敬，失禮也；見賢不尊，不仁也。彼非至人，不能下人，下人不精，不得其真，故長傷身。惜哉！不仁之於人也，禍莫大焉，而由獨擅之。且道者，萬物之所由也，庶物失之者死，得之者生，爲事逆之則敗，順之則成。故道之所在，聖人尊之。今漁父之於道，可謂有矣，吾敢不敬乎！”(《漁父》)

似乎孔子的内心世界還不是非常強大，也不時傾聽和反思自己的言行。《莊子》中對於孔子抨擊的另一種方式是當面斥責和羞辱：

孔子下車而前，見謁者曰：“魯人孔丘，聞將軍高義，敬再拜謁者。”謁者入通，盜跖聞之大怒，目如明星，髮上指冠，曰：

“此夫魯國之巧僞人孔丘非邪？爲我告之：‘爾作言造語，妄稱文武，冠枝木之冠，帶死牛之脅，多辭謬説，不耕而食，不織而衣，摇脣鼓舌，擅生是非，以迷天下之主，使天下學士不反其本，妄作孝悌，而儌倖於封侯富貴者也。子之罪大極重，疾走歸！不然，我將以子肝益晝餔之膳！’”孔子復通曰：“丘得幸於季，願望履幕下。”謁者復通，盜跖曰：“使來前！”孔子趨而進，避席反走，再拜盜跖。盜跖大怒，兩展其足，案劍瞋目，聲如乳虎，曰：“丘來前！若所言，順吾意則生，逆吾心則死。”孔子曰：“丘聞之，凡天下有三德：生而長大，美好无雙，少長貴賤見而皆悦之，此上德也；知維天地，能辯諸物，此中德也；勇悍果敢，聚衆率兵，此下德也。凡人有此一德者，足以南面稱孤矣。今將軍兼此三者，身長八尺二寸，面目有光，脣如激丹，齒如齊貝，音中黄鍾，而名曰盜跖，丘竊爲將軍恥不取焉。將軍有意聽臣，臣請南使吴越，北使齊魯，東使宋衛，西使晉楚，使爲將軍造大城數百里，立數十萬户之邑，尊將軍爲諸侯，與天下更始，罷兵休卒，收養昆弟，共祭先祖。此聖人才士之行，而天下之願也。”盜跖大怒曰：“丘來前！夫可規以利而可諫以言者，皆愚陋恒民之謂耳。今長大美好，人見而悦之者，此吾父母之遺德也。丘雖不吾譽，吾獨不自知邪？且吾聞之，好面譽人者，亦好背而毁之。今丘告我以大城衆民，是欲規我以利而恒民畜我也，安可長久也！城之大者，莫大乎天下矣。堯舜有天下，子孫无置錐之地；湯武立爲天子，而後世絶滅；非以其利大故邪？且吾聞之，古者禽獸多而人民少，於是民皆巢居以避之，晝拾橡栗，暮栖木上，故命之曰有巢氏之民。古者民不知衣服，夏多積薪，冬則煬之，故命之曰知生之民。神農之世，臥則居居，起則于于，民知其母，不知其父，與麋鹿共處，耕而食，織而衣，无有相害之心，此至德之隆也。”（《盗跖》）[1]

而《莊子》對於孔子和儒家學説批評最爲尖刻的，莫過於指出仁义道德是“天刑”。

无趾語老聃曰：“孔丘之於至人，其未邪？彼何賓賓以學子爲？彼且蘄以諔詭幻怪之名聞，不知至人之以是爲己桎梏邪？”老聃曰：“胡不直使彼以死生爲一條，以可不可爲一貫者，解其桎梏，其可乎？”无趾曰：“天刑之，安可解！”（《德充符》）

“无趾”寓言人名，義含無足趾之人。他對老聃説：孔丘達到至人了嗎？還沒有吧？他爲何頻頻（“賓賓”）以授弟子爲業？他追求（“蘄”）以弔詭（“諔詭”）幻怪之説聞名，不知道至人以此爲自己的桎梏嗎？老聃説：爲何不直接讓他知道以死生爲一體（“一條”），以可與不可爲一貫，解放他的桎梏，這樣可能嗎？无趾説：他被天判了刑罰（“天刑”），如何能解放！《莊子》用“天刑”界説孔子，這是思想家的深刻加上文學家的藝術，其思想和語言入木三分，可謂獨到、深刻甚至刻毒。類似手法還有：

---

① 此段文字在20世紀70年代的“批林批孔”運動中廣爲流傳，并有小人書出版。

> 意而子見許由。許由曰:"堯何以資汝?"意而子曰:"堯謂我:'汝必躬服仁義而明言是非。'"許由曰:"而奚來爲軹?夫堯既已黥汝以仁義,而劓汝以是非矣,汝將何以遊夫遙蕩恣睢轉徙之塗乎?"(《大宗師》)

"意而子"、"許由"皆是傳説中賢人。堯曾經欲禪位與許由。意而子去見許由。許由説:堯如何幫助("資")你?意而子説:堯要求我必須躬服仁義,明言是非。許由説:你爲何而來啊("而奚來爲軹")?堯已經用仁義來"黥"了你,以是非來"劓"了你。[①]你將如何去逍遙自得、順時任化("遙蕩恣睢轉徙")?"黥汝以仁義,而劓汝以是非",與上文"天刑"義同,是對儒家最深刻、最刻薄的批判。

《莊子》不僅指責儒家以仁義道德殘害人們心靈,還痛責儒家"捨生取義"之説,借盗跖之口歷數儒生以義害生的歷史:

> 然而黄帝不能致德,與蚩尤戰於涿鹿之野,流血百里。堯舜作,立羣臣,湯放其主,武王殺紂。自是之後,以強陵弱,以衆暴寡。湯武以來,皆亂人之徒也。今子脩文武之道,掌天下之辯,以教後世,縫衣淺帶,矯言偽行,以迷惑天下之主,而欲求富貴焉,盗莫大於子。天下何故不謂子爲盗丘,而乃謂我爲盗跖?子以甘辭説子路而使從之,使子路去其危冠,解其長劍,而受教於子,天下皆曰孔丘能止暴禁非。其卒之也,子路欲殺衛君而事不成,身菹於衛東門之上,是子教之不至也。子

① "黥"爲古代在犯人臉上刺字之刑罰。"劓"爲古代將犯人割鼻之刑罰。

自謂才士聖人邪？則再逐於魯，削跡於衛，窮於齊，圍於陳、蔡，不容身於天下。子教子路菹此患，上无以爲身，下无以爲人，子之道豈足貴邪？世之所高，莫若黄帝，黄帝尚不能全德，而戰涿鹿之野，流血百里。堯不慈，舜不孝，禹偏枯，湯放其主，武王伐紂，文王拘羑里。此六子者，世之所高也，孰論之，皆以利惑其真而強反其情性，其行乃甚可羞也。世之所謂賢士伯夷、叔齊。伯夷、叔齊辭孤竹之君而餓死於首陽之山，骨肉不葬。鮑焦飾行非世，抱木而死。申徒狄諫而不聽，負石自投於河，爲魚鼈所食。介子推至忠也，自割其股以食文公，文公後背之，子推怒而去，抱木而燔死。尾生與女子期於梁下，女子不來，水至不去，抱梁柱而死。此四子者，无異於磔犬流豕操瓢而乞者，皆離名輕死，不念本養壽命者也。世之所謂忠臣者，莫若王子比干、伍子胥。子胥沈江，比干剖心，此二子者，世謂忠臣也，然卒爲天下笑。自上觀之，至于子胥、比干，皆不足貴也。丘之所以說我者，若告我以鬼事，則我不能知也；若告我以人事者，不過此矣，皆吾所聞知也。今吾告子以人之情，目欲視色，耳欲聽聲，口欲察味，志氣欲盈。人上壽百歲，中壽八十，下壽六十，除病瘦死喪憂患，其中開口而笑者，一月之中不過四五日而已矣。天與地无窮，人死者有時，操有時之具而託於无窮之閒，忽然无異騏驥之馳過隙也。不能悦其志意，養其壽命者，皆非通道者也。丘之所言，皆吾之所棄也，亟去走歸，无復言之！子之道，狂狂伋伋，詐巧虛僞事也，非可以全真也，奚足論哉！（《盜跖》）

“涿鹿”是地名。[①]“立羣臣”即“置百官。”“湯放其主”指湯流放桀於南巢。“殺紂”猶“弑紂”。“暴”意即強暴。“縫衣淺帶”即指寬衣博帶之儒服。“矯”意即矯僞，與“僞”互文。“甘辭”意爲甜美之辭。“危冠”即高冠。子路好勇，冠似雄雞形，背負豭斗，用表己強也。“菹”意菹醢，即肉醬。“偏枯”即有疾病。大禹風櫛雨沐，致偏枯之疾，半身不遂。“羑里”獄名。“孰”同“熟”，“羞”即恥。“伯夷、叔齊”爲孤竹國君二子。“鮑焦”、“申徒狄”皆人名。“介子推”爲晉文公忠臣。“燔”即燒。“尾生”人名。“期”即期會、約會。“磔”意爲分裂。“流豕”爲沉在水中死豬。“操瓢”意爲乞丐拿瓢乞討。“離”同“利”，本亦作“利”。“本養”意即歸本養生。“剖”意即破開。“盈”即充實。“病瘦”之“瘦”應爲“瘐”，亦爲疾病。“騏驥”即駿馬。“亟”意爲急。“狂狂伋伋”形容惶惶不足之狀。“奚”即何。此段文字，歷數從黄帝到堯舜禹湯文武孔子之劣跡，揭露了所有忠臣烈士、賢士義行，例如伯夷、叔齊、比干、伍子胥、鮑焦、申徒狄、介子推、尾生等，皆爲慕名而喪身的犧牲品，證明儒家仁義之説不僅矯飾虚僞，而且誤人性命。《莊子》對這樣慘烈、黑暗的社會，無比激憤，對儒墨之徒的行爲，無比憎惡、不齒：

> 今世殊死者相枕也，桁楊者相推也，刑戮者相望也，而儒墨乃始離跂攘臂乎桎梏之間。意，甚矣哉！其无愧而不知耻

① 關於黄帝與蚩尤之戰，陸德明《經典釋文》注曰：“蚩尤，神農時諸侯，始造兵者也。神農之後，第八帝曰榆罔。世蚩尤世強，與榆罔爭王，逐榆罔。榆罔與黄帝合謀，擊殺蚩尤。”

也甚矣！吾未知聖知之不爲桁楊椄槢也，仁義之不爲桎梏鑿枘也，焉知曾史之不爲桀跖嚆矢也！（《在宥》）

今日身首異處者（“殊死者”）横尸枕藉。行刑之具（“桁楊”）不可盡數（“相推”），刑戮之人相望於市，而儒墨兩家仍然標新立異（“離跂”）奔走相告於桎梏之間。太過分了！他們沒有羞愧不知羞恥無以復加。我不知道真正的聖智不能成爲桎梏之上楔械楔（“桁楊椄槢”），仁義不能成爲桎梏之榫頭（“鑿枘”），哪裡知道曾史之流不能成爲桀跖所用的響箭（“嚆矢”）！

《莊子》還深刻揭示出儒家學説的虚僞性特征，指出儒家宣揚仁義之説的目的，實際上也是爲了世俗的名利：

子張問於滿苟得曰：“盍不爲行？无行則不信，不信則不任，不任則不利。故觀之名，計之利，而義真是也。若棄名利，反之於心，則夫士之爲行，不可一日不爲乎！”滿苟得曰：“无恥者富，多信者顯。夫名利之大者，幾在无恥而信。故觀之名，計之利，而信真是也。若棄名利，反之於心，則夫士之爲行，抱其天乎！”子張曰：“昔者桀紂貴爲天子，富有天下，今謂臧聚曰：‘汝行如桀紂’，則有怍色，有不服之心者，小人所賤也。仲尼、墨翟，窮爲匹夫，今謂宰相曰：‘子行如仲尼、墨翟’，則變容易色稱不足者，士誠貴也。故勢爲天子，未必貴也；窮爲匹夫，未必賤也；貴賤之分，在行之美惡。”滿苟得曰：“小盜者拘，大盜者爲諸侯，諸侯之門，義士存焉。昔者桓公小白殺兄入嫂而管仲爲臣，田成子常殺君竊國而孔子受幣。論則賤之，行則下之，則是言行之情悖戰於胷中也，不亦拂乎！故《書》曰：‘孰惡孰美？成者爲首，不成者爲尾。’”子張曰：“子不爲行，即將疏戚无倫，貴賤无義，長幼无序；五紀六位，將何以爲別乎？”滿苟得曰：“堯殺長子，舜流母弟，疏戚有倫乎？湯放桀，武王殺紂，貴賤有義乎？王季爲適，周公殺兄，長幼有序乎？儒者僞辭，墨者兼愛，五紀六位將有別乎？且子正爲名，我正爲利。名利之實，不順於理，不監於道。吾日與子訟於无約曰：‘小人殉財，君子殉名。其所以變其情，易其性，則異矣；乃至於棄其所爲而殉其所不爲，則一也。’故曰：无爲小人，反殉而天；无爲君子，從天之理。若枉若直，相而天極；面觀四方，與時消息。若是若非，執而圓機；獨成而意，與道徘徊。无轉而行，无成而義，將失而所爲。无赴而富，无殉而成，將棄而天。”（《盜跖》）

子張是孔子弟子。“滿苟得”爲虛構人名，亦涵苟活即滿足之意。子張向滿苟得發問：爲什麼不行仁義？不行仁義之行則不被信用，不被信用則無職任，無職任則無利祿。因此，觀其名義，算其利害，這樣做是正確的。假若拋棄名利，復歸本心，則士大夫立身，不可一日不行仁義。滿苟得回答說：無恥者富貴，多言者顯名。大名大利者幾乎都是無恥多言之人。因此，觀其名義，算其利害，這樣的多言是正確的。假如拋棄名利，回歸本心，則士大夫之行爲應該抱守自然。子張又說：過去夏傑商紂貴爲天子，富有天下，今日如果問僕役：“你的行爲如同桀紂。”僕役也感到羞慚，且有不服之心，連小人也鄙視桀紂。孔子、墨子如下層窮人，今天對宰相說：“你的行爲如同孔子墨子。”宰相定會驚慌變色自稱不能望其項背。士大夫虔誠尊貴孔子墨子。因此，威勢如天子則未必高貴，貧窮如百姓亦未必下賤。貴賤之分，在行爲之善惡。滿苟得則回答：小盜被拘捕，大盜成諸侯。諸侯之門就有仁義。過去齊桓公小白殺兄娶嫂，而管仲願爲他的臣子，田成子常殺君竊國，而孔子願意接受他所賜財物。言議則以爲鄙賤，行爲則卑下而事之。這樣言行相反相逆而戰於胸中，不是忤逆嗎！故《書》曰：“孰惡孰善？成者爲是，不成者爲非。”子張說：你若不行仁義，即將疏親无倫，貴賤無儀，長幼无序；五倫六紀，[1]將如何進行分別啊？滿苟得回答：堯殺長子，舜流放母弟，疏親有倫嗎？湯放逐夏桀，武王殺商紂，貴賤有儀嗎？王季爲嫡長子，周公殺兄，長幼有序嗎？儒者虛僞之辭，墨者兼愛之說，五倫六紀將有分別嗎？而且你正爲名，我正爲利。名利本身，不順於理，不明於道。我過去與你論說的《无約》曰：“小人順從錢財，君子順從名義。他們所以變化其情感，改易其性情有不同之處；乃至於拋棄其所爲而順從其所不爲，則相同爲一。”故曰：無爲小人，反而順從他的自然之道；無爲君子，亦是順從天理。或曲或直，順遂自然；面觀四方，應時盈虛變化。若是若非，執於環中之道以應之；你獨化自成，與道徘徊相遊。你不要固執專爲，學仁義之道，這將喪失你的真性。莫奔赴於富貴，毋殉逐於成功。反之則背棄你的天然之性。

這段文字中可以看作爲儒、道兩家的高手對決。孔門高徒子張可謂滿腹經綸，極富辯才，試圖對滿苟得辨析倫理，曉以利害，試

① 《白虎通·三綱六紀》曰：“六紀者，謂諸父、兄弟、族人、諸舅、師長、朋友也。”

圖說服滿苟得,不料敗北。不成之後,他見功名利祿不能打動滿苟得,便用高尚的聲譽名節來說服他,誰知仍然不成。他見聲譽名節不能說服滿苟得,便用親情五倫之序觸碰滿苟得的惻隱之心。可是,名爲"滿苟得"而實爲自然無爲者,在幾近酣暢淋漓的言辭中,將孔門高徒子張駁斥得體無完膚。真可謂"道高一尺魔高一丈"!

然而,常識中都有好人與壞人之别。因而雖然有些人做著同樣的事情,評價卻迥然不同。這種人們認識的盲區,究其深層緣由,也是儒家仁義思想在作祟。

> 臧與穀,二人相與牧羊而俱亡其羊。問臧奚事,則挾筴讀書;問穀奚事,則博塞以遊。二人者,事業不同,其於亡羊均也。伯夷死名於首陽之下,盜跖死利於東陵之上,二人者,所死不同,其於殘生傷性均也,奚必伯夷之是而盜跖之非乎!天下盡殉也。彼其所殉仁義也,則俗謂之君子;其所殉貨財也,則俗謂之小人。其殉一也,則有君子焉,有小人焉;若其殘生損性,則盜跖亦伯夷已,又惡取君子小人於其間哉!且夫屬其性乎仁義者,雖通如曾史,非吾所謂臧也;屬其性於五味,雖通如俞兒,非吾所謂臧也;屬其性乎五聲,雖通如師曠,非吾所謂聰也;屬其性乎五色,雖通如離朱,非吾所謂明也。吾所謂臧,非仁義之謂也,臧於其德而已矣;吾所謂臧者,非所謂仁義之謂也,任其性命之情而已矣;吾所謂聰者,非謂其聞彼也,自聞而已矣;吾所謂明者,非謂其見彼也,自見而已矣。夫不自見而見彼,不自得而得彼者,是得人之得而不自得其得者也,適人之適而不自適其適者也。夫適人之適而不自適其適,雖盜

跖與伯夷，是同爲淫僻也。(《駢拇》)

“臧”、“穀”各統稱一類貧寒子弟。二人牧羊而且都把羊丟失了。問臧因何丟了羊，臧說在捧著簡策(“挾筴”)讀書；問穀因何丟了羊，穀說在玩遊戲(“博塞”)。二人所做事情不同，但丟掉羊是一樣的。伯夷爲名死於首陽山下，盜跖爲利死於東陵之上，二者追求不同，但皆以終結性命爲結局，這是一樣的。人們故何必認同伯夷而否定盜跖！天下之人皆爲殉葬品。那些爲仁義殉葬的，世俗謂之君子；那些爲財物而殉葬的，世俗謂之小人。其實都一樣，哪有君子小人之分！若論起殘害性命，盜跖同於伯夷，爲什麼用君子小人給他們作分別！而且，性情殷服仁義者，雖通達如曾參史魚，我也不認爲好(“臧”)。性情殷服五味者，雖通達如俞兒(古時善識味之人)，我也不認爲好。性情殷服五聲者，雖通達如師曠，我也不認爲善聽(“聰”即“聽”)。性情殷服五色者，雖通達如離朱，我也不認爲目明。我所謂的好(“臧”)，非指仁義而言，而是任其性命之情而已矣；我所謂的善聽，非指能聽到外界的五聲，而是傾聽自己的內心；我所謂的目明，非指能看到外界的五色，而是能看到自己的內心世界。不能看到自己的內心世界而只看到外在世界，不能自得而只是得到外在的東西，皆爲得到別人認同的東西而非自己認同的東西，適意別人適意的東西而非自己適意的東西。只是適意別人適意的東西而非自己適意的東西，雖盜跖和伯夷，同樣都是失去自己本性(“淫僻”)。《莊子》通過尖銳的反常識手段，揭示出人們習以爲常意識中的謬誤，昭示了被儒家仁義道德所深深遮蔽的公平和正義。因爲，所有殘害自己身體和生命的行爲，都是不道德的。

當然,《莊子》也描述了鼓吹仁義之說的孔子不僅爲各國諸侯嫌棄,而且也不受下層人民歡迎,甚至連自身安全亦不能保護,這是對於儒家學說的絕大嘲弄和諷刺:

> 孔子窮於陳蔡之閒,七日不火食,藜羹不糝,顔色甚憊,而弦歌於室。顔回擇菜,子路子貢相與言曰:"夫子再逐於魯,削迹於衛,伐樹於宋,窮於商周,圍於陳蔡,殺夫子者无罪,藉夫子者无禁。弦歌鼓琴,未嘗絕音,君子之无恥也若此乎?"顔回无以應,入告孔子。孔子推琴喟然而歎曰:"由與賜,細人也。召而來,吾語之。"子路子貢入。子路曰:"如此者可謂窮矣!"孔子曰:"是何言也!君子通於道之謂通,窮於道之謂窮。今丘抱仁義之道以遭亂世之患,其何窮之爲!故内省而不窮於道,臨難而不失其德,天寒既至,霜雪既降,吾是以知松柏之茂也。陳蔡之隘,於丘其幸乎!"孔子削然反琴而弦歌,子路扢然執干而舞。子貢曰:"吾不知天之高也,地之下也。"古之得道者,窮亦樂,通亦樂。所樂非窮通也,道(德)【得】於此,則窮通爲寒暑風雨之序矣。故許由娛於潁陽,而共伯得乎丘首。(《讓王》)

"藜羹不糝"意爲不加米粒的灰菜羹。"憊"意即衰憊。"擇"即擇采。"再逐於魯,削迹於衛,伐樹於宋,窮於商周,圍於陳蔡",皆孔子遭受挫折之事跡。[1]"藉夫子"意爲詆毀、欺凌孔子。"无恥"即不知恥辱。"喟然"即嗟歎。"細人"意爲細碎之人。"可許窮矣"應爲"可謂窮矣"。"内省而不窮於道"應爲"内省而不疚於道"。"天寒既至"應爲"大寒既至"。"隘"同"厄"。"削然"應爲"厲然"。"反琴"意即返回繼續彈琴。"扢然"爲威武之狀。"潁陽"爲地名。"共伯"爲周武王之孫。"丘首"爲山名。[2]文中可見雖然自得其樂的孔子有種末路英雄的悲壯色彩，而實質上這一隊人馬無人待見四面楚歌，幾近窮途末路。

在《莊子》看來，説到底，孔子及其儒家之説已經不合時宜，故被世人所棄：

> 孔子西遊於衛。顔淵問師金曰："以夫子之行爲奚如？"師金曰："惜乎，而夫子其窮哉！"顔淵曰："何也？"師金曰："夫芻狗之未陳也，盛以篋衍，巾以文繡，尸祝齊戒以將之。及其已陳也，行者踐其首脊，蘇者取而爨之而已；將復取而盛以篋衍，巾以文繡，遊居寢卧其下，彼不得夢，必且數眯焉。今而夫子，亦取先王已陳芻狗，取弟子遊居寢卧其下。故伐樹於宋，削迹於衛，窮於商周，是非其夢邪？圍於陳蔡之間，七日不火食，死生相與鄰，是非其眯邪？夫水行莫如用舟，而陸行莫

① 成玄英疏："仕於魯而被放，游於衛而遭削跡，講於宋樹下而司馬桓魋欲殺夫子，憎其坐處，遂伐其樹。"

② 關於共伯事跡，成玄英疏："共伯，名和，周王之孫也，懷道抱德，食封於共。厲王之難，天子曠絕，諸侯知共伯賢，請立爲王，共伯不聽，辭不獲免，遂即王位。一十四年，天下大旱，舍屋生火，卜曰：'厲王爲祟。'遂廢共伯而立宣王。共伯退歸，還食本邑，立之不喜，廢之不怨，逍遙於首丘之山。"

如用車。以舟之可行於水也而求推之於陸，則沒世不行尋常。古今非水陸與？周魯非舟車與？今蘄行周於魯，是猶推舟於陸也，勞而无功，身必有殃。彼未知夫无方之傳，應物而不窮者也。”（《天運》）

衛國在魯國西，故孔子向西遊。顏淵問魯國太師金說：你以爲孔子之行爲如何？師金說：可惜啊，你老師困厄啊！顏淵說：爲什麼？師金說：芻狗（一種巫術道具，以草扎成狗狀）沒有陳列展示的時候，放在器具（“篋衍”）之中，蓋上繡花的布，[1]主祭的尸祝（即代死者說話和主持祭祀的巫師）齋戒之後送去佈置。祭祀之後，佈置的芻狗被行者踐踏其首脊，拾柴火者拿去做飯（“爨”）而已。但若祭祀之後，仍重新取回芻狗放置器具之中，蓋上繡花布，臥睡其旁，即使不做噩夢亦會中魘（“眯”）。今日你的老師，就是取先王已經陳設過了之芻狗，聚集眾弟子遊臥其下。故伐樹於宋，削迹於衛，窮於商周，這不是噩夢嗎？圍於陳蔡之間，七日不火食，死生相伴（“鄰”），這不是中魘了嗎？水道行走莫如用舟，陸路行走莫如用車。以可行於水之舟在陸路行走，則終生不能遠行（“尋常”）。古今之差不就是水陸之差嗎？周魯之差不就是舟車之差嗎？今日尋求在魯國推行周禮，如同在陸地行舟，勞而無功，身心必遭禍殃。孔子不知無常之轉變（“无方之傳”），不能明天地之理、萬物之情，順時應變。孔子和儒家抱殘守缺之迂腐，這也是被《莊子》抨擊的理由。

---

① 《淮南子・齊俗》曰：“譬若芻狗土龍之始成，文以青黃，絹以綺繡。”

> 昔者堯舜讓而帝，之噲讓而絶；湯武爭而王，白公爭而滅。由此觀之，爭讓之禮，堯桀之行，貴賤有時，未可以爲常也。梁麗可以衝城，而不可以窒穴，言殊器也；騏驥驊騮，一日而馳千里，捕鼠不如狸狌，言殊技也；鴟鵂夜撮蚤，察豪末，晝出瞋目而不見丘山，言殊性也。故曰：蓋師是而无非，師治而无亂乎？是未明天地之理，萬物之情者也。是猶師天而无地，師陰而无陽，其不可行明矣。然且語而不舍，非愚則誣也。帝王殊禪，三代殊繼。差其時，逆其俗者，謂之篡夫；當其時，順其俗者，謂之義徒。(《秋水》)

此段文字大意：同樣是禪讓，堯舜爲帝而燕王噲與宰相子之被殺；[①] 同樣是征伐，商湯周武王成爲王而楚平王孫白勝被滅。可見征伐和禪讓之理(“禮”)，堯和桀之行爲，貴賤有時，不可以一成不變。巨柱(“梁麗”)可以衝擊城門，但不能堵塞鼠穴，性能不對；駿馬(“騏驥驊騮”)一日千里，捕鼠則不如野貓(“狸狌”)，它們技能不同；鴟鴞夜間能捕獲跳蚤，審察毫末之差，然而白晝張目不見山丘，它們的習性不同。因此，師法治亂之道、天地陰陽，應該明其中之情理，切中時機，不能停留在表面。“語而不舍，非愚則誣”意爲說

① 關於燕國丞相子之爭奪燕王一事，成玄英疏：“子之，即蘇秦女婿也。秦弟蘇代，從齊使燕，以堯讓許由故事說燕王噲，令讓位與子之，子之遂受。國人恨其受讓，皆不服子之，三年國亂。齊宣王用蘇代計，興兵伐燕，於是殺燕王噲於郊，斬子之於朝，以絕燕國。”下文言楚平王孫白勝之事，陸德明《經典釋文》注云：“作亂而死。事見《左傳》哀公十六年。”

此話時不捨於口者，不是愚蠢就是誣罔。“繼”即承繼。不切中時機而行動就是篡權者，而順勢而取則被認爲是仁義之徒。

戰國時期，孔子和儒家之說不爲諸侯和霸主欣賞和接受，依然難行於世，原因很多。《莊子》從自身的理論視角對孔子和儒家所作出的批判，也是極爲深刻，可以說是比較徹底的。

第三節　處世之道

在入木三分犀利甚至刻毒地批判了孔子和儒家的倫理思想基礎上，《莊子》闡發了自己的處世哲學。首先，從保全性命的角度說，儒者追求虛名，捨身取義，傷生害性，當然不能得處世之道。

> 溫伯雪子適齊，舍於魯。魯人有請見之者，溫伯雪子曰：“不可。吾聞中國之君子，明乎禮義而陋於知人心，吾不欲見也。”至於齊，反舍於魯，是人也又請見。溫伯雪子曰：“往也蘄見我，今也又蘄見我，是必有以振我也。”出而見客，入而歎。明日見客，又入而歎。其僕曰：“每見之客也，必入而歎，何邪？”曰：“吾固告子矣：‘中國之民，明乎禮義而陋乎知人心。’昔之見我者，進退一成規，一成矩，從容一若龍，一若虎，其諫我也似子，其道我也似父，是以歎也。”仲尼見之而不言。子路曰：“吾子欲見溫伯雪子久矣，見之而不言，何邪？”仲尼曰：“若夫人者，目擊而道存矣，亦不可以容聲矣。”（《田子方》）

“溫伯雪子”姓溫名伯字雪子，楚國懷道之人。“中國”指魯國，孔子故里。溫伯雪子到魯國，有很多人請求見他。他不見，並說魯國的君子“明乎禮儀而陋於知人心”。從齊國返回魯國後，仍然有很多人求見（“蘄”）。他想這些頑固求見的人可能給他啟發（“振”），於是就答應見客。連續兩天見客之後他都歎息，更加證明他原先的看法。這些腐儒見人，擎跪揖讓，前行退席，規規矩矩。舉止（“從容”）逶迤若龍，槃辟若虎。像兒子對父親那樣勸諫他，像父親對兒子那樣教導（“道”）他。孔子見了溫伯雪子之後說：只要眼睛看到（“擊”）他，就知道他有道在其身。《莊子》用孔子之言讚許溫伯雪子，是對於儒生迂腐處世之道的又一層批評。

於是，《莊子》進而宣揚自己的處世之道。這也是“一破一立”，水到渠成。《莊子》關於個體處世之道的方案和策略，大約有如下幾種：

1. 辭讓和隱退

此爲古代聖賢的生活。

古之至人，假道於仁，託宿於義，以遊逍遙之虛，食於苟簡之田，立於不貸之圃。逍遙，无爲也；苟簡，易養也；不貸，无出也。古者謂是采真之遊。以富爲是者，不能讓祿；以顯爲是者，不能讓名；親權者，不能與人柄。操之則慄，舍之則悲，而一无所鑒，以闚其所不休者，是天之戮民也。怨、恩、取、與、

諫、教、生、殺，八者，正之器也，唯循大變无所湮者爲能用之。故曰，正者，正也。其心以爲不然者，天門弗開矣。”（《天運》）

古代至人，借（“假”）道於仁，寄託（“託宿”）於義，以遊逍遙之墟（“虚”），從隨意簡略（“苟簡”）之田地獲取糧食，立於不施與之地（“不貸之圃”）。逍遙，即是無爲；簡略隨意，容易養活自己；不施與，即不付出（“无出”）。古時以此爲得道之法（“采真之遊”）。以追求富貴爲標準的人，不會辭讓爵禄；以顯耀名聲爲目標的人，不會辭讓名譽；貪戀（“親”）權勢之人，不能授人以權柄。弄權之時戰戰慄慄如履薄冰，但又不忍捨棄權力，對於他們所無法休止追逐的原因，於理一無所見，真是受到自然刑戮之人（“天之戮民”）。[①] 怨憤、恩惠、獲取、施與、進諫、教訓、放生、處死等八件事，是正人之具。[②] 只有遵順巨變之道（“大變”）而不受到阻塞、遲滯（“湮”）的人才能使用它們。因此説，唯有自己正，才能正人。其心若不如此，則心靈（“天門”）不能頓開。對於世俗名譽地位權力財富無欲無求，安貧樂道，則可以苟安於世。

《莊子》中的一些寓言，描述了古代聖人的生活。

堯觀乎華。華封人曰：“嘻，聖人！請祝聖人。”“使聖人壽。”堯曰：“辭。”“使聖人富。”堯曰：“辭。”“使聖人多男子。”堯曰：“辭。”封人曰：“壽，富，多男子，人之所欲也。女

① 《大宗師篇》云：“孔子曰：丘，天之戮民也。”文意於此關聯。

② 成玄英疏：“怨敵必殺，恩惠須償，分内自取，分外與佗，臣子諫上，君父教下，應青春以生長，順素秋以殺罰，此八者治正之器，不得不用之也。”

獨不欲，何邪？”堯曰：“多男子則多懼，富則多事，壽則多辱。是三者，非所以養德也，故辭。”(《天地》)

“華”是地名。“封人”爲地方守官。“請祝”意即請爲祝福。封人見堯有聖人之德，光臨天下，恭請祝願。下文“使聖人壽”、“使聖人富”、“使聖人多男子(兒孫)”皆祝辭。“辭”即辭讓。“女”同“汝”。在聖人看來，兒孫滿堂則多懼怕，家藏財富則煩擾多事，壽高則辱。此三者，皆不利於養德養生。

有些所謂“聖人之僕”，亦有聖人之風範，隱於塵世。

孔子之楚，舍於蟻丘之漿。其鄰有夫妻臣妾登極者，子路曰：“是稯稯何爲者邪？”仲尼曰：“是聖人僕也。是自埋於民，自藏於畔。其聲銷，其志无窮，其口雖言，其心未嘗言，方且與世違而心不屑與之俱。是陸沈者也，是其市南宜僚邪？”子路請往召之。孔子曰：“已矣！彼知丘之著於己也，知丘之適楚也，以丘爲必使楚王之召己也，彼且以丘爲佞人也。夫若然者，其於佞人也羞聞其言，而況親見其身乎！而何以爲存？”子路往視之，其室虛矣。(《則陽》)

此段文字大意說，孔子行至楚國，住在蟻丘一家草舍。鄰居有丈夫妻妾雜役等人爬到屋頂上看人。子路說：這些湊熱鬧的人在幹啥？孔子說：他們是聖人的生徒，自己隱藏於民間，隱藏於田埂之畔。他們銷毀聲名，而心志遠大。他們雖然也說話，但其心無言。他們不混同於俗，不屑與之同流合污。他們作爲人中隱者，如無水而沈。他們是市南宜僚的人嗎？子路請求去招請來一晤。孔子說：算了吧！他知道孔丘了解他，知道孔丘到楚國了，以爲孔丘一定是讓楚王推薦招請他，故認爲孔丘是諂佞之人。如果這樣的話，他羞於聽到諂佞之人的話，更何況親見其身呢！你以爲還在那裡？子路去看，果然人去室空。市南宜僚確爲歷史人物，《左傳》云："市南有熊宜僚，楚人也。"

在《莊子》撰述的寓言中，孔門弟子也有躲避權勢深居陋巷者，他們鄙視仁義之說，安貧樂道，遠離塵世的浮華、喧囂。

> 原憲居魯，環堵之室，茨以生草；蓬戶不完，桑以爲樞；而甕牖二室，褐以爲塞；上漏下溼，匡坐而弦。子貢乘大馬，中紺而表素，軒車不容巷，往見原憲。原憲華冠縰履，杖藜而應門。子貢曰："嘻！先生何病？"原憲應之曰："憲聞之，无財謂之貧，學而不能行謂之病。今憲，貧也，非病也。"子貢逡巡而有愧色。原憲笑曰："夫希世而行，比周而友，學以爲人，教以爲己，仁義之慝，輿馬之飾，憲不忍爲也。"曾子居衛，縕袍无表，顔色腫噲，手足胼胝。三日不舉火，十年不製衣，正冠而纓絕，捉衿而肘見，納屨而踵決。曳縰而歌《商頌》，聲滿天地，若出金石。天子不得臣，諸侯不得友。故養志者忘形，養形者忘利，致道者忘心矣。(《讓王》)

原憲是孔子弟子。此段文字大意爲：原憲住在方丈之室，草蓋屋頂長草，蓬草所作之門扉破壞，桑樹條作門臼、門軸，以破罐爲兩間居室窗戶，以麻織短衣塞窗戶，屋漏地濕，他正坐而弦歌。孔子另一弟子子貢乘高車大馬去見原憲，穿深青色衣服，罩白色外套。車大不能進入小巷。原憲頭戴樺皮帽子，足踏無跟鞋子，拄藜藿杖，在門口見他。子貢說：哎呀！先生有什麼病？原憲回答說：我聽說無財謂之貧，學而不能行謂之病。我今日是貧而非病。子貢猶疑不決而有愧色。原憲笑道：顧望世譽而行，周旋親密以結朋黨，所學炫耀於人，教訓私藏爲己，依託仁義作姦作惡，飾車馬以衒矜夸，我不忍爲之。曾參亦爲孔子弟子。他居處衛國時，以麻緼爲袍絮而無表裡，面色浮腫，手足長滿老繭。三日之内不生火熟食，十年不製新衣。繩爛正冠而纓斷，袖破捉襟而肘現，陋履後跟破壞，踏屣而歌《商頌》，聲漫天地，若金石一般。天子不能將他作爲臣子，諸侯不能和他爲友。故養志者遺忘其形體，養形者遺忘其利益，求道者遺忘其心機啊。

更有意思的是，《莊子》還杜撰了孔子在窮困之後經過反省，也去歸隱山林的故事：

孔子圍於陳蔡之閒，七日不火食。太公任往弔之曰："子幾死乎？"曰："然。""子惡死乎？"曰："然。"任曰："予嘗言不死之道。東海有鳥焉，其名曰意怠。其爲鳥也，翂翂翐翐，而似无能；引援而飛，迫脅而棲；進不敢爲前，退不敢爲後；食不敢先嘗，必取其緒。是故其行列不斥，而外人卒不得害，是以免於患。直木先伐，甘井先竭。子其意者飾知以驚愚，脩身以明汙，昭昭乎如揭日月而行，故不免也。昔吾聞之大成之人曰：'自伐者无功，功成者墮，名成者虧。'孰能去功與名而還與衆人？道流而不明居，得行而不名處；純純常常，乃比於

> 狂；削迹捐勢，不爲功名。是故无責於人，人亦无責焉。至人不聞，子何喜哉？”孔子曰：“善哉！”辭其交遊，去其弟子，逃於大澤；衣裘褐，食杼栗；入獸不亂羣，入鳥不亂行。鳥獸不惡，而況人乎！孔子問子桑雽曰：“吾再逐於魯，伐樹於宋，削迹於衛，窮於商周，圍于陳蔡之閒。吾犯此數患，親交益疏，徒友益散，何與？”子桑雽曰：“子獨不聞假人之亡與？林回棄千金之璧，負赤子而趨。或曰：‘爲其布與？赤子之布寡矣；爲其累與？赤子之累多矣；棄千金之璧，負赤子而趨，何也？’林回曰：‘彼以利合，此以天屬也。’夫以利合者，迫窮禍患害相棄也；以天屬者，迫窮禍患害相收也。夫相收之與相棄亦遠矣。且君子之交淡若水，小人之交甘若醴；君子淡以親，小人甘以絕。彼无故以合者，則无故以離。”孔子曰：“敬聞命矣！”徐行翔佯而歸，絕學捐書，弟子无挹於前，其愛益加進。”（《山木》）

“太公任”爲寓言人名。“弔”意即慰問。“幾”意爲近乎。“惡死”即厭惡死。“意怠”爲鳥名，即鷾鴯。“翂翂翐翐”爲勉強飛行之狀。“引援而飛”意指援引同伴一起飛。“迫脅而棲”意即與衆鳥一起棲息。“緒”意爲剩餘。“行列不斥”意即飛行隊列不被斥散。“卒”即終。“飾知以驚愚，脩身以明汙”，意指孔子意在裝飾才智驚異愚俗，修持身心突顯他人污染（“汙”）。“揭日月而行”意爲高舉日月而行。“不免”意指不免遭受攻擊、圍困。“大成之人”意指老子。“自伐”意爲誇讚自己。“道流而不明居，得行而不名處”，意即大道流行不會顯明居處，道德（“得”）廣被不會留名宣揚。

“純純常常，乃比於狂”意即素樸恒常，如狂人之無心。“削迹捐勢”意爲削除聖跡、捐棄權勢。“无責於人”意即不去指責、譴責別人。“裘褐”爲粗衣。“杼栗”即橡栗。“子桑雽”爲人名，疑爲《大宗師篇》之子桑戶。“假人之亡”意指假國之滅亡。“假”爲國名。“林回”爲人名，當是假之逃民。“赤子”即親子。“趨”即逃亡。“布”即貨幣、財物。“彼以利合，此以天屬”意爲那樣是爲了利益，我這樣是天然關聯。“收”意即收留，與上文“棄”對言。“醴”爲甜酒。“翔佯”意爲閒放自在。“挹”意指收取。“其愛”意指弟子對孔子之敬愛。寓言虛構孔子遠遁大澤，回歸自然，不乏天真和想象力，實質上也是另一種批判。

戰國紛爭，其核心和興奮點是爭王爭霸。因此，《莊子》竭力鼓吹“讓王”之說。其中堯舜禪位之古老傳說，被加工改造，加以演繹，著力渲染，并多次出現。

堯讓天下於許由，曰：“日月出矣而爝火不息，其於光也，不亦難乎！時雨降矣而猶浸灌，其於澤也，不亦勞乎！夫子立而天下治，而我猶尸之，吾自視缺然。請致天下。”許由曰：“子治天下，天下既已治也。而我猶代子，吾將爲名乎？名者，實之賓也。吾將爲賓乎？鷦鷯巢於深林，不過一枝；偃鼠飲河，不過滿腹。歸休乎君，予無所用天下爲！庖人雖不治庖，尸祝不越樽俎而代之矣。”（《逍遙遊》）

堯以天下讓許由，許由不受。又讓於子州支父，子州支父曰：“以我爲天子，猶之可也。雖然，我適有幽憂之病，方且治之，未暇治天下也。”夫天下至重也，而不以害其生，又況他物

乎！唯无以天下爲者，可以託天下也。(《讓王》)

舜讓天下於子州支伯。子州支伯曰："予適有幽憂之病，方且治之，未暇治天下也。"故天下大器也，而不以易生，此有道者之所以異乎俗者也。舜以天下讓善卷，善卷曰："余立於宇宙之中，冬日衣皮毛，夏日衣葛絺；春耕種，形足以勞動；秋收斂，身足以休食；日出而作，日入而息，逍遙於天地之閒而心意自得。吾何以天下爲哉！悲夫，子之不知余也！"遂不受。於是去而入深山，莫知其處。舜以天下讓其友石戶之農，石戶之農曰："捲捲乎后之爲人，葆力之士也！"以舜之德爲未至也，於是夫負妻戴，攜子以入於海，終身不反也。(《讓王》)

許由字仲武，傳爲上古隱士，隱於箕山。堯知其賢，讓以帝位。許由聞之，臨河洗耳，辭而不受。子州支父，姓子名州字支父，亦爲支伯，懷道之隱者，堯讓以帝位不受。善卷、石戶之農皆應爲隱士。除了堯舜禪位之説，還有其他類似故事。

越人三世弑其君，王子搜患之，逃乎丹穴。而越國无君，求王子搜不得，從之丹穴。王子搜不肯出，越人薰之以艾。乘以玉輿。王子搜援綏登車，仰天而呼曰："君乎君乎！獨不可以舍我乎！"王子搜非惡爲君也，惡爲君之患也。若王子搜者，可謂不以國傷生矣。此固越人之所欲得爲君也。(《讓王》)

"王子搜"假借爲王子之名。此説亦爲寓言。

歸納上述高人“讓王”的理由：其一，不願意越俎代庖；其二，認爲簡樸的生活方式無需帝王權勢，此不是生存之必須條件；其三，本身有憂患之病；其四，志在逍遙；其五，全身活命。《莊子》給出的這些理由應該是充分的。當然，普通人很難具有這樣透徹的想法，故很難做到辭讓功名利禄，隱退山林。國君和諸侯這樣位高權重之人，要隱退避世，就更加困難了。

市南宜僚見魯侯，魯侯有憂色。市南子曰："君有憂色，何也？"魯侯曰："吾學先王之道，脩先君之業；吾敬鬼尊賢，親而行之，无須臾離居；然不免於患，吾是以憂。"市南子曰："君之除患之術淺矣！夫豐狐文豹，棲於山林，伏於巖穴，靜也；夜行晝居，戒也；雖飢渴隱約，猶且胥疏於江湖之上而求食焉，定也；然且不免於罔羅機辟之患。是何罪之有哉？其皮爲之災也。今魯國獨非君之皮邪？吾願君刳形去皮，洒心去欲，而遊於无人之野。南越有邑焉，名爲建德之國。其民愚而朴，少私而寡欲；知作而不知藏，與而不求其報；不知義之所適，不知禮之所將；猖狂妄行，乃蹈乎大方；其生可樂，其死可葬。吾願君去國捐俗，與道相輔而行。"君曰："彼其道遠而險，又有江山，我无舟車，奈何？"市南子曰："君无形倨，无留居，以爲君【舟】車。"君曰："彼其道幽遠而无人，吾誰與爲鄰？吾无糧，我无食，安得而至焉？"市南子曰："少君之費，寡君之欲，雖无糧而乃足。君其涉於江而浮於海，望之而不見其崖，愈往而不知其所窮。送君者皆自崖而反，君自此遠矣！故有人者累，見有於人者憂。故堯非有人，非見有於人也。吾願去君之累，除君之憂，而獨與道遊於大莫之國。方舟而濟於河，有虛船來觸舟，雖有惼心之人不怒；有一人在其上，則呼張歙之；一呼而不聞，再呼而不聞，於是三呼邪，則必以惡聲隨之。向也不怒而今也怒，向也虛而今也實。人能虛己以遊世，其孰能害之！”（《山木》）

“先王”、“先君”指祖先君王。“无須臾離居”應爲“无須臾居”，意爲無須臾停止。“豐狐文豹”意指皮毛豐美之狐、豹。“飢渴隱約”意謂飢餓窮困。“胥疏於江湖”意即須遠於江湖。“定”意即定是。“罔羅機辟”皆爲捕鳥獸器具。“獨非”猶“豈非”。“刳”意即剖開。“洒”意即清洗。“知作而不知藏”意指只知道勞作不知道貯藏。“與而不求其報”意即施與而不求回報。“禮之所將”意即禮之所行，與上文“適”互文。“猖狂妄行”意謂隨意而行。“大方”意指大道。“捐”即捐棄。“彼其道”即去南越之道。“君无形倨，无留居，以爲君【舟】車”，意指魯侯若無倨傲之形，無滯守、留戀之意，就有了舟車。此對魯君“我无舟車”而言。“費”指資費。“所窮”意即極限。“有人者”意指君王，“見有於人者”意指爲君王所役使之民。“大莫之國”意即“烏有之鄉”。“方舟而濟於河，有虛船來觸舟，雖有惼心之人不怒；有一人在其上，則呼張歙之；一呼而不聞，再呼而不聞，於是三呼邪，則必以惡聲隨之。向也不怒而今也怒，向也虛而今也實”，此段文字大意爲，兩舟並行，一舟被衝撞。被撞舟上之人定會責罵對方。若撞人之舟空虛無人，則平安無事。假使舟上僅有一人，被反復責罵，亦會憤起對罵。“方舟”意爲兩舟相並。“濟”即渡水。“虛船”意即空船。“惼”意爲性急。

“張歙”意即其口開翕。“惡聲”即辱罵。“向”意即之前。“實”意謂舟上有人，與“虛”相對。“虛己”意爲無己、無心。無心内空則與世無爭，可全身保命。

當然，也有功成身退之人：

> 文王觀於臧，見一丈夫釣，而其釣莫釣；非持其釣有釣者也，常釣也。文王欲舉而授之政，而恐大臣父兄之弗安也；欲終而釋之，而不忍百姓之无天也。於是(且)【旦】而屬之大夫曰：“昔者寡人夢見良人，黑色而頓，乘駁馬而偏朱蹄，號曰：‘寓而政於臧丈人，庶幾乎民有瘳乎！’”諸大夫蹵然曰：“先君【命】王也。”文王曰：“然則卜之。”諸大夫曰：“先君之命，王其无它，又何卜焉！”遂迎臧丈人而授之政。典法无更，偏令无出。三年，文王觀於國，則列士壞植散羣，長官者不成德，斔斛不敢入於四境。列士壞植散羣，則尚同也；長官者不成德，則同務也；斔斛不敢入於四境，則諸侯无二心也。文王於是焉以爲大師，北面而問曰：“政可以及天下乎？”臧丈人昧然而不應，泛然而辭，朝令而夜遁，終身无聞。(《田子方》)

此段文字大意説，文王在臧地遊觀，見到一男子在釣魚，而釣上無鉤(“莫釣”)。不用有鉤之釣來釣魚，是釣者中之上者(“常”借爲“尚”)。文王意欲推舉他管理國家，又擔心大臣和父兄不安，如果最終捨棄用他(“釋之”)，又不忍百姓遭殃(“天”意謂庇護)。於是早晨與大夫説(“屬”同“囑”)：昨夜我夢見一個好漢，黑面美髯(“頓”同“髯”)，騎一匹一蹄偏赤的雜色馬，大呼：“把國家政事託付給一個臧地男子，或許老百姓就有救（‘瘳’即病愈）啦！”衆大夫非常驚懼（“蹵然”），說：這是故去的先王之命。文王說：那麼占卜一下。衆大夫說：是先王之命，不必懷疑（“其无他”），爲什麼還要占卜！於是文王詔迎臧地男子管理朝政。國家法典政令無一改變。三年後，文王在國内視察，見士大夫解散門客生徒（“列士壞植散羣”），官員不居功獨成其德（“長官者不成德”），四境之内沒有度量器具（“䕶斛不敢入於四境”，意謂民衆誠信）。可見舉國官員百姓，同心同德，務實合作。文王於是任用臧地男子爲太師（“大師”），執弟子禮（“北面”）問道：天下可以託付給你嗎？臧地男子漠然不應，淡然而辭。早晨發佈朝政，夜裡逃走，終身不知所向。這個故事糅合周宣王舉傅說和周文王舉姜太公兩個故事，但結局不同。姜太公能夠善終，在於功成身退，及時歸隱。這是一種大智慧。

還有一種歸隱之法，即通過謙退來辭讓。

> 正考父一命而傴，再命而僂，三命而俯，循墻而走，孰敢不軌！如而夫者，一命而吕鉅，再命而於車上儛，三命而名諸父，孰協唐、許！（《列御寇》）

正考父是孔子七代祖。“命”即爵位、封號。“傴”意爲曲身。下文“僂”、“俯”與此義近，皆意謂恭敬。“不軌”即不法。傴曲、循墻，並敬容極恭，卑退若此，誰敢將不軌之事而侮之。“而夫”即凡夫。“吕鉅”同“旅距”，不從虚驕之貌。“儛”同“舞”。再命則援綏作舞。“名”即稱呼。“諸父”即叔伯。三命善識自高，下呼伯叔之名。"協"意即相同。"唐"、"許"即唐堯、許由，皆崇讓者。所謂正考父之事跡，當然是寓言。

2. 無用與無心

爲了全身保命，抵禦世俗誘惑，或者躲避君王聘用，最好是無學無用無能。《莊子》非常清晰透徹地説明了無用之用：

> 惠子謂莊子曰："子言无用。"莊子曰："知无用而始可與言用矣。天地非不廣且大也，人之所用容足耳。然則廁足而墊之致黄泉，人尚有用乎？"惠子曰："无用。"莊子曰："然則无用之爲用也亦明矣。"(《外物》)

"言"即言説，意指學説。"容"即容納。莊子的話大意是：認識到無用然後才知道談論有用。天地非常廣大，但人所用的只有立錐之地。然而，如果從立足之外的地方挖掘至黄泉("廁足而墊之致黄泉")，人還能夠站立和行動嗎？《莊子》的這個比喻可謂極富智慧，淺顯生動而又十分深刻地説明了，人所謂有用之物，必須依賴無用之物。而且，人類生活須臾不可沒有無用之物。

而已經成爲君王者則很難做到無爲無用。《莊子》從救世出發，還是規勸君王無爲：

> 徐无鬼見武侯，武侯曰："先生居山林，食芧栗，厭葱韭，以賓寡人，久矣夫！今老邪？其欲干酒肉之味邪？其寡人亦

> 有社稷之福邪？”徐无鬼曰：“无鬼生於貧賤，未嘗敢飲食君之酒肉，將來勞君也。”君曰：“何哉，奚勞寡人？”曰：“勞君之神與形。”武侯曰：“何謂邪？”徐无鬼曰：“天地之養也一，登高不可以爲長，居下不可以爲短。君獨爲萬乘之主，以苦一國之民，以養耳目鼻口，夫神者不自許也。夫神者，好和而惡姦；夫姦，病也，故勞之。唯君所病之，何也？”武侯曰：“欲見先生久矣。吾欲愛民而爲義偃兵，其可乎？”徐无鬼曰：“不可。愛民，害民之始也；爲義偃兵，造兵之本也；君自此爲之，則殆不成。凡成美，惡器也；君雖爲仁義，幾且僞哉！形固造形，成固有伐，變固外戰。君亦必无盛鶴列於麗譙之閒，无徒驥於錙壇之宫，无藏逆於得，无以巧勝人，无以謀勝人，无以戰勝人。夫殺人之士民，兼人之土地，以養吾私與吾神者，其戰不知孰善？勝之惡乎在？君若勿已矣，脩胷中之誠，以應天地之情而勿攖。夫民死已脱矣，君將惡乎用夫偃兵哉！”（《徐无鬼》）

徐无鬼是魏國隱士，覲見魏武侯。武侯説：先生隱居山林，食橡子，滿足於葱韭蔬菜，丟棄我很長時間了。今日老了，想求酒肉之滋味了？我社稷也有福了？徐无鬼説：无鬼生於貧賤，不敢求食於君王之酒肉。今日到此是慰勞君侯。武侯説：爲什麼？君來慰勞我？徐无鬼説：慰勞君侯的神與形。武侯説：此爲何意？徐无鬼説：天地對人的滋養是均等的。登高不可以爲長，居下不可以爲短。君侯爲萬乘之主，勞苦一國之民，以養自己耳目鼻口，心神當有不自得處。心神本身，喜好與物同和而厭惡自私。自私即是病，因此我來慰勞君侯。君侯爲何不解？武侯説：我欲見先生久矣。我想愛民而爲仁義息兵，可以嗎？徐无鬼說：不可。愛民是害民之始；爲仁義息兵是造兵之本；君侯自此爲之，則不會成功。凡成就美名的就是作惡之工具；君侯雖爲仁義，幾乎造僞！仁義有形，故僞形必作。而成則必毁，内心不寧則外生爭戰。君侯亦必不能心馳神往像閲兵一樣列於觀樓之上，行兵馬於王宫之間，不要做悖逆之事去獲取，不要以巧勝人，不要以謀勝人，不要以戰勝人。屠殺别人之士民，兼并别人之土地，以滋養自己的私慾和心神，其戰不知有何善德？勝在哪裡？君侯莫若止其爲仁義息兵之心，脩胷中之誠，以應天地之情而勿打擾。民既已免死，君侯將爲何去息兵呢！

下一則是關於魏武侯之父魏文侯的寓言，似乎魏文侯是爲高人之説所動，産生了歸隱之心。

> 文侯曰："然則子无師邪？"子方曰："有。"曰："子之師誰邪？"子方曰："東郭順子。"文侯曰："然則夫子何故未嘗稱之？"子方曰："其爲人也真，人貌而天，虚緣而葆真，清而容物。物无道，正容以悟之，使人之意也消。无擇何足以稱之！"子方出，文侯儻然終日不言，召前立臣而語之曰："遠矣，全德之君子！始吾以聖知之言、仁義之行爲至矣，吾聞子方之師，吾形解而不欲動，口鉗而不欲言。吾所學者真土梗耳，夫魏真爲我累耳！"(《田子方》)

據傳田子方爲魏文侯之師，文侯與田子方對談。東郭順子，居在郭東，以爲氏，名順子，田子方之師。文侯問田子方爲何没有稱讚老師東郭順子。田子方説東郭順子：爲人真，貌與人同，即自然在内，人貌在外。虛心順物而守護真元。清虛而包容人、物。對世間無道之物，東郭自正容儀，使其惑亂之意自然消除。我(“无擇”)庸鄙如此，哪能夠稱揚他。“儻然”意爲自失之狀。“形解”意即形體解散。我形體解散，不能動止。“口鉗”意即閉口。“真”意即乃。“土梗”意指土人、土偶。“魏”指魏國。以人爵爲累。

當然，無爲無名無譽是很難做到的。《莊子》描畫的人物，栩栩如生展示了人們糾結於名利權勢的複雜心理：

> 中山公子牟謂瞻子曰：“身在江海之上，心居乎魏闕之下，奈何？”瞻子曰：“重生，重生則利輕。”中山公子牟曰：“雖知之，未能自勝也。”瞻子曰：“不能自勝則從，神无惡乎？不能自勝而強不從者，此之謂重傷。重傷之人，无壽類矣。”魏牟，萬乘之公子也，其隱巖穴也，難爲於布衣之士；雖未至乎道，可謂有其意矣。(《讓王》)

魏國公子牟，封中山國。他對魏國賢人瞻子說：身在江海之上，心在朝廷魏闕之下，怎麼辦？瞻子說：重於生道，則輕於榮利，榮利既輕，則不思魏闕。公子牟說：雖知重於生道，未能勝於情欲。瞻子說：不能自控則順從情慾，心神不厭煩嗎？不能自控而又強行不順從情慾，此之謂重複傷害。重複傷害之人，自然會夭折，不得長壽。於是，萬乘之公子魏牟，隱居巖穴，身履艱辛而爲布衣之士。雖然他還未至乎道，亦可謂有其誠意了。

還有一些具有一技之長的不尋常人物，他們也難以做到無爲處世。因爲，君王會用各種辦法籠絡他們，讓他們爲自己服務。

羿工乎中微而拙乎使人无己譽。聖人工乎天而拙乎人。夫工乎天而佷乎人者，唯全人能之。唯蟲能蟲，唯蟲能天。全人惡天？惡人之天？而況吾天乎人乎！一雀適羿，羿必得之，威也；以天下爲之籠，則雀无所逃。是故湯以庖人籠伊尹，秦穆公以五羊之皮籠百里奚。是故非以其所好籠之而可得者，无有也。介者拸畫，外非譽也；胥靡登高而不懼，遺死生也。夫復謵不餽而忘人，忘人，因以爲天人矣。故敬之而不喜，侮之而不怒者，唯同乎天和者爲然。出怒不怒，則怒出於不怒矣；出爲无爲，則爲出於无爲矣。欲靜則平氣，欲神則順心。有爲也欲當，則緣於不得已。不得已之類，聖人之道。(《庚桑楚》)

此段文字大意爲：后羿精通射技而拙於使人不稱讚自己。聖人善於契合自然而拙於應對人爲之事。善於契合自然而又善於應對人爲之事，只有全人(神人、至人)才能做到。唯有蟲自能爲蟲，自然而然。在全人則無有所謂自然，無有所謂人爲之自然。何況吾所謂自然啊人爲啊！一隻鳥雀遭遇后羿，后羿射必得之，此后羿之威猛。以天下爲鳥籠，則鳥雀無所逃。故商湯以廚子(美食)爲籠，籠絡賢臣伊尹。秦穆公以五色羊皮從狄人贖出百里奚，百里奚因此爲他所用。因此，逆其本性而籠絡人才，從未有也。被刑罰斷其足者，不用裝飾自己容貌，是超脱了非毁讚譽。囚徒登高而不懼怕，是忘記了生死。人們往復對我恐懼而我無愧，是我忘記了人。能夠忘記人，是自然之人。因此，受敬而不喜，被侮辱而不怒，唯有同自然之和者能行。該發怒而不怒，則怒出於不怒也。該作爲時無爲,則爲出於無爲也。平氣則靜,理足順心則神功至。緣於不得已,則所爲皆當。如斯所爲,則爲聖人所用爲正道。

這裡的關鍵是無心無欲。能做到無心無欲,就是得道之人了。

> 魯君聞顔闔得道之人也,使人以幣先焉。顔闔守陋閭,苴布之衣而自飯牛。魯君之使者至,顔闔自對之。使者曰:"此顔闔之家與?"顔闔對曰:"此闔之家也。"使者致幣,顔闔對曰:"恐聽者謬而遺使者罪,不若審之。"使者還,反審之,復來求之,則不得已。故若顔闔者,真惡富貴也。故曰,道之真以治身,其緒餘以爲國家,其土苴以治天下。由此觀之,帝王之功,聖人之餘事也,非所以完身養生也。今世俗之君子,多危身棄生以殉物,豈不悲哉!凡聖人之動作也,必察其所以之與其所以爲。今且有人於此,以隨侯之珠彈千仞之雀,世必笑之。是何也?則其所用者重而所要者輕也。夫生者,其特隨侯之重哉!(《讓王》)

"魯君"即魯哀公。"顔闔"爲魯國隱者。"以幣先"意爲,先行送去錢幣。"守"意即居住、居守。"苴布"即子麻布。"飯牛"意即飼養牛。"對"即應對。"恐聽者謬而遺使者罪,不若審之"大意爲,恐聽錯了讓使者你獲錯送之罪,不若再核實一下。"則不得已"意爲顔闔已避去。"緒餘"意即殘餘。"土苴"即糞草。用真道以持身者,必以國家爲殘餘之事,將天下同於草土。"殉物"意即逐物。"所以之"、"所以爲"意指要做之事與做事目標。"隨侯"即隨國君。隨國近濮水,濮水出寶珠。"隨侯之珠"爲國之寶。"要"意即求取。“隨侯之重”應爲“隨侯珠之重”。這裡頗有魏晉玄學“本末之辯”的意味。對於生命之“本”來說，一切榮華富貴皆爲“末”。故所有懷道之人，對於這個道理十分明了，從不懷疑。

> 則陽遊於楚，夷節言之於王，王未之見，夷節歸。彭陽見王果曰：“夫子何不譚我於王？”王果曰：“我不若公閱休。”彭陽曰：“公閱休奚爲者邪？”曰：“冬則擉鱉于江，夏則休乎山樊。有過而問者，曰：‘此予宅也。’夫夷節已不能，而況我乎！吾又不若夷節。夫夷節之爲人也，无德而有知，不自許，以之神其交，固顛冥乎富貴之，非相助以德，相助消也。夫凍者假衣於春，暍者反冬乎冷風。夫楚王之爲人也，形尊而嚴；其於罪也，无赦如虎；非夫佞人正德，其孰能橈焉！故聖人，其窮也使家人忘其貧，其達也使王公忘爵祿而化卑。其於物也，與之爲娛矣；其於人也，樂物之通而保己焉；故或不言而飲人以和，與人並立而使人化。父子之宜，彼其乎歸居，而一閒其所施。其於人心者若是其遠也。故曰待公閱休。”（《則陽》）

則陽傳爲魯國人，姓彭名陽字則陽。他游事諸侯，後入楚，欲事楚文王。夷節爲楚臣，將則陽之意稟告楚文王。楚王仍未見則陽。則陽去見楚國賢人王果，說：夫子爲何不向楚王舉薦（“譚”同“談”，含推薦之意）我？王果說：我不如公閱休。則陽問：公閱休爲何人。王果說：公閱休冬天在江中捉鱉，夏天休息於山旁茂林。有經過這裡的人問，他說“這就是我家。”夷節都不能做到如此，我又不如夷節，何況我呢！夷節之爲人，無真德有俗智，不自信，因此伸展其交遊，迷惑於富貴之中，非相助以得，乃相助以損。受凍者逢春不啻假之以衣，受熱中暑（“暍”）者反求助冬天冷風。楚王之爲人，形尊而嚴；對於蒼生，如虎狼而無寬善之心；惟有才辯之人（“佞人”）及正德之士能使楚王屈服（“橈”）。因此，聖人（公閱休）窮困時也使家人忘其貧，發達時讓王公化其高貴之心而爲卑下之行。他對於外物，皆與之娛樂。對於人，則外與物化而內不失其情。故不言而使人中和（“飲”），與人平等而使人受教化。他使彼父父子子各歸其所。其所施同天地之德，故閒靜而不二。公閱休於人心之影響如此深遠。故要依賴公閱休。意即說服楚王而從公閱休，將以靜泰之風鎮其動心。

下文所說楚國令尹孫叔敖，就是這種不爲權勢地位榮華富貴所動、心如止水之人。

> 肩吾問於孫叔敖曰：“子三爲令尹而不榮華，三去之而无憂色。吾始也疑子，今視子之鼻間栩栩然，子之用心獨奈何？”孫叔敖曰：“吾何以過人哉！吾以其來不可却也，其去不可止也，吾以爲得失之非我也，而无憂色而已矣。我何以過人哉！且不知其在彼乎，其在我乎？其在彼邪？亡乎我；在我邪？亡乎彼。方將躊躇，方將四顧，何暇至乎人貴人賤哉！”仲尼聞之曰：“古之真人，知者不得說，美人不得濫，盜人不得劫，伏戲黃帝不得友。死生亦大矣，而无變乎己，況爵祿乎！若然者，其神經乎大山而无介，入乎淵泉而不濡，處卑細而不憊，充滿天地，既以與人，己愈有。”（《田子方》）

“肩吾”爲寓言人物。孫叔敖爲楚國賢人，曾爲令尹。肩吾問孫叔敖：你三次作令尹而不榮華富貴，三次丟棄令尹官職而無憂色。[①]今日看見你鼻間有歡暢之意（“栩栩”），你的心裡到底若何？孫叔敖說：我哪有什麼過人之處啊！我的態度是，被任命令尹之官爵不可辭卻，丟棄之時也不能阻止。我以爲得失不是我自己，遂无憂色而已。我哪有什麼過人之處啊！而且我不知道尊貴之處是在令尹爵位，還是在我？若在官爵？則沒有我。若在我？則沒有官爵。我正欲躊躇、四顧，哪有容暇關注人之貴賤！孔子聞聽此言說：古時真人，智者不能說服他，美人不能淫（“濫”），盜賊不能劫掠，伏羲黃帝不得成爲朋友。死生大矣，而不變於己，何況爵祿！這樣的人，其心神經乎大山而無障礙，入乎深泉不會濡溼。處貧賤（“細卑”）而不疲憊、抱怨，其神明充滿天地，盡以濟人，而己愈有（“既”與“愈”互文，愈以與人己愈多）。

與孫叔敖相比，孔門子弟曾參的心態卻又是一番意思：

> 曾子再仕而心再化，曰：“吾及親仕，三釜而心樂；後仕，三千鍾不洎，吾心悲。”弟子問于仲尼曰：“若參者，可謂无所縣其罪乎？”曰：“既已縣矣。夫无所縣者，可以有哀乎？彼視三釜三千鍾，如觀雀蚊虻相過乎前也。”（《寓言》）

曾參是孔子弟子。他第二次做官時心發生變化。說“雙親健在而

① 《論語·公冶長》曰：“令尹子文三仕爲令尹，無喜色；三已之，無慍色。”又見《論衡·問孔》。《呂氏春秋·知分》、《淮南子·道應》及《氾論》則並作孫叔敖。此處孫叔敖事跡爲莊子撰述，大致屬於寓言，與史籍有異。

做官，俸祿雖少而歡樂。後來做官時，俸祿三千鐘而不能侍奉雙親，我心悲。”弟子問孔子：“像曾参這樣，可以說超脫了利祿之罔羅了嗎？”孔子說：“已經係於祿養了。若無係利祿者，能有哀傷嗎？真正超脫者，視榮祿若蚊虻鳥雀飛過眼前。”孔子此言十分正確。但是，《莊子》也描述了孔子與顏回的一個對話，表明孔子亦有心動之時，非常有趣：

> 孔子謂顏回曰：“回來！家貧居卑，胡不仕乎？”顏回對曰：“不願仕。回有郭外之田五十畝，足以給飦粥；郭內之田十畝，足以爲絲麻；鼓琴足以自娱，所學夫子之道者足以自樂也。回不願仕。”孔子愀然變容曰：“善哉回之意！丘聞之，‘知足者不以利自累也，審自得者失之而不懼，行脩於內者无位而不怍。’丘誦之久矣，今於回而後見之，是丘之得也。”(《讓王》)

上面文字大意：孔子對顏回說：回啊，家裡貧窮居處卑微，爲什麼不去做官？顏回答：不願做官。顏回遠郊有五十畝田，足以供給厚粥；近郊有十畝田，足以供給做衣絲麻。鼓琴足以自娱，所學夫子之道者足以自樂。我不願做官。孔子感動變容說：善哉顏回之想法！我聽說，“知足者不以利自累，審察自得因而失去利益而不懼怕，修行於內者无官位而不羞慚。”我吟誦之久矣，今天在顏回身上見之，是我的收獲。

綜上所述，似乎《莊子》認爲隱藏越深、避世越遠就越加安全：

> 弟子曰：“不然。夫尋常之溝，巨魚无所還其體，而鯢鰌爲

之制；步仞之丘陵，巨獸无所隱其軀，而孽狐爲之祥。且夫尊賢授能，先善與利，自古堯舜以然，而況畏壘之民乎！夫子亦聽矣！”庚桑子曰：“小子來！夫函車之獸，介而離山，則不免于罔罟之患；吞舟之魚，碭而失水，則蟻能苦之。故鳥獸不厭高，魚鼈不厭深。夫全其形生之人，藏其身也，不厭深眇而已矣。且夫二子者，又何足以稱揚哉！（《庚桑楚》）

庚桑楚傳爲老聃弟子。弟子問：小溝里巨大的魚沒有迴旋之地，但小魚、泥鰍之類卻處之自如。幾丈高的丘陵巨獸不能隱藏，但狐狸卻樂得其中。以善與利爲先，自堯舜即如此，何況山民村婦呢！先生就聽任他們吧。庚桑楚說：口能含車的巨獸孤獨離開山林，但不能免除網罟之災禍。口能吞舟的大魚，波蕩而失去水，就會受被蟻螻噬咬之苦。因此，鳥獸不會嫌棄居處之高，魚鱉不會嫌棄居處之深。全身保命之人藏身於世，不會嫌棄其深遠幽眇。故堯舜二人又何足以稱讚！

然而，雖然《莊子》在很多地方反復論述“無用之用”，但是，《莊子》又特別指出，無用無才並非是全身保命的絕對法寶。在某些特殊的情況之下，無才無用之人也是有危險的，甚至是殺身之禍。

莊子行於山中，見大木，枝葉盛茂，伐木者止其旁而不取也。問其故，曰：“无所可用。”莊子曰：“此木以不材得終其天年。”夫子出於山，舍於故人之家。故人喜，命豎子殺鴈而烹之。豎子請曰：“其一能鳴，其一不能鳴，請奚殺？”主人曰：

> "殺不能鳴者。"明日，弟子問於莊子曰："昨日山中之木，以不材得終其天年；今主人之鴈，以不材死；先生將何處？"莊子笑曰："周將處夫材與不材之閒。材與不材之閒，似之而非也，故未免乎累。若夫乘道德而浮遊則不然。无譽无訾，一龍一蛇，與時俱化，而无肯專爲；一上一下，以和爲量，浮遊乎萬物之祖；物物而不物於物，則胡可得而累邪！此神農、黄帝之法則也。若夫萬物之情，人倫之傳，則不然。合則離，成則毀；廉則挫，尊則議，有爲則虧，賢則謀，不肖則欺，胡可得而必乎哉！悲夫！弟子志之，其唯道德之鄉乎！"(《山木》)

"舍於故人之家"即住宿在朋友故舊家裡。"豎子"即童僕。"鴈"即鵝。"奚殺"意即殺哪一個。"免乎累"意即免於患累。"訾"意即訾毀，與"譽"對言。"龍"、"蛇"意謂顯與隱，或龍見，或蛇蟄。"化"意即變化、物化。"專爲"意即專爲一事一物。"一上一下"意指至人能隨時上下，以和同爲度量。"萬物之祖"意謂造物者。"物物而不物於物"大意爲，視外物爲世之一物，而我不爲外物之所累。"人倫之傳"意指人倫之理的轉變。"合則離，成則毀"大意爲，合則離之，成者必毀。"廉則挫"意即鋭利則受挫折。"尊則議"意指尊貴則被疑議。"不肖"意即不孝。"必乎哉"意指上述賢與不肖等事何必爲也。"志"意即記住。

故此，避世、辭讓、無爲、無用、無才，也不能從根本上全身保命。《莊子》最高的處世之道是：與道相遊。

3. 遊刃有餘

《莊子》用比喻說明，爲什麼無爲、隱退等也不是最爲安全的：

> 夫藏舟於壑，藏山於澤，謂之固矣。然而夜半有力者負之而走，昧者不知也。藏小大有宜，猶有所遯。若夫藏天下於天下而不得所遯，是恒物之大情也。（《大宗師》）

把船藏在溝壑之中，把山藏於大澤之中，可謂牢固了。然而，夜半有巨力者把它們背負而走，這是蒙昧之人所不知的。小大之物皆有可藏之處，但仍能遺失。如果藏天下於天下，因而不會遺失，這是對待事物之大智慧。藏身於世。遊世是“藏”的最高形態，或可謂“不藏之藏”。

> 莊子曰：“人有能遊，且得不遊乎？人而不能遊，且得遊乎？夫流遁之志，決絕之行，噫，其非至知厚德之任與！覆墜而不反，火馳而不顧，雖相與爲君臣，時也，易世而无以相賤，故曰至人不留行焉。夫尊古而卑今，學者之流也。且以狶韋氏之流觀今之世，夫孰能不波，唯至人乃能遊於世而不僻，順人而不失己。”（《外物》）

莊子言說大意爲：人祇要能遊爲什麼不遊呢？如果人不能遊他如何能得到遊呢？流蕩放任之志向，果斷決絕之行爲，皆非至智厚德之人所任從。身家被覆沒顛墜不知悔反，馳逐物情猶如火而不知回顧，雖然相互爲君臣，是時命之適然。世遭革易，不可以當時爲臣爲君而相賤輕。世有興廢，隨而行之，至人曾無留滯。古無所尊，今無所卑，而今日學者尊古而卑今，失其原真。若以古聖王狶韋氏之觀念觀察今世，孰能不波動於中。唯有至人能夠與世同遊而不僻處，順應世人而不失本己。常人不能得道，不慎則遭遇災禍。

> 田開之見周威公。威公曰："吾聞祝腎學生，吾子與祝腎遊，亦何聞焉？"田開之曰："開之操拔篲以侍門庭，亦何聞於夫子？"威公曰："田子无讓，寡人願聞之。"開之曰："聞之夫子曰：'善養生者，若牧羊然，視其後者而鞭之。'"威公曰："何謂也？"田開之曰："魯有單豹者，巖居而水飲，不與民共利，行年七十而猶有嬰兒之色；不幸遇餓虎，餓虎殺而食之。有張毅者，高門縣薄，无不走也，行年四十而有内熱之病以死。豹養其内而虎食其外，毅養其外而病攻其内，此二子者，皆不鞭其後者也。"（《達生》）

"田開之"爲寓言人名，學道之人。"周威公"是周諸侯，名無實考。"祝腎"亦爲寓言人名，懷道者。周威公問田開之：我聽說祝腎習養生之道（"學生"），你與祝腎相遊，有何見聞？田開之說：我拿掃帚（"拔篲"）伺候在他的門庭之前，哪有什麼見聞？周威公說：先生不要客氣推辭，我願意聽聽。田開之說：我聽先生說，善養生者如同放牧一樣，鞭其後者令其折中。周威公說：這是何意？田開之說：魯國有個隱士叫單豹，居山巖飲清泉，不與他人爭利，年高七十而面色如嬰兒。不幸遇到餓虎，被老虎吃了。還有個魯國人叫張毅，富貴門庭（“高門縣薄”）之下，人過之必去趨附。年僅四十而得内熱病死了。單豹善於養身於内而虎食之於外，張毅求於外人卻被熱病攻身於内，此二人各滯一邊，未爲折中，故爲不鞭其後。

遊世似乎衹是至人所爲，但其中包含順其自然之義。自然即是真正的無心。無心是保命養身的重要前提。即使是在偶遇的突發災難中，真正無心也少受傷害：

> 夫醉者之墜車，雖疾不死。骨節與人同而犯害與人異，其神全也。乘亦不知也，墜亦不知也，死生驚懼不入乎其胷中，是故遻物而不慴。彼得全於酒而猶若是，而況得全於天乎？聖人藏於天，故莫之能傷也。（《達生》）

醉酒之人從疾馳的車上摔下來，雖然受傷（“疾”）卻不會要命。骨節與别人一樣而受傷害不一樣，是因爲其“神全”。他乘車也不知道，摔下來也不知道，死生驚懼不在心中，所以撞擊外物（“遻物”）而不懼怕（“慴”）。他借助於酒都能夠如此保全自己，何況借助於天的保全呢(意指自然無心)？聖人藏於天，故無人能傷害他。

> 冉相氏得其環中以隨成，與物无終无始，无幾无時。日與物化者，一不化者也，闔嘗舍之！夫師天而不得師天，與物皆殉，其以爲事也若之何？夫聖人未始有天，未始有人，未始有始，未始有物，與世偕行而不替，所行之備而不洫，其合之也

若之何？湯得其司御門尹登恒爲之傅之，從師而不囿；得其隨成，爲之司其名；之名嬴法，得其兩見。仲尼之盡慮，爲之傅之。容成氏曰："除日无歲，无内无外。"(《則陽》)

此段文字大意爲：上古聖王冉相氏，得真空之道，體環中之妙，順物自成，與物無始無終無期無時。每日與物同時變化之人，外在變化而内心體道不變，從不捨棄。有心師法自然則不得自然，終歸於逐物而毁滅。有心以師法自然爲事能如何呢？聖人無心故無有自然，無有人，無有開始，無有外在事物，與世並行而無所替廢，所行皆備而無所敗壞("洫")。而無心師學卻自然合道是如何呢？商湯得到他的司御之官伊尹爲師，從師而不囿於其師，得環中隨成之道。湯爲其師獲得其名，名歸之師。其名之餘跡("嬴法")，得其兩顯("見")，謂湯得其實，傅得其名。孔子無心，以此爲師。古聖王容成氏説：計於時日無有生死，無内無外。這是聖人之遊。關鍵之處在於與道相遊。與道相遊亦爲居中之意。無爲而無不爲，過與不及皆與道相悖。

是以自外入者，有主而不執；由中出者，有正而不距。四時殊氣，天不賜，故歲成；五官殊職，君不私，故國治；文武大人不賜，故德備；萬物殊理，道不私，故无名。无名故无爲，无爲而无不爲。(《則陽》)

此段文字大意爲，教化由外而内("外入")，自己有主見但不偏執；發自本性之見("中出")，也不要拒斥("距"同"拒")他人意見。

四時氣候不同，爲自然常態，故有莊稼年成。(郭象注："殊氣自有，故能常有，若本無之而由天賜，則有時而廢。")百官("五官")職能不同，君王無私心，故國家大治。文人武將大德之人，其能皆非所賜，故功德自居。萬物運化不同，而道無私心，故無名。無名故無爲，無爲而無不爲。

《莊子》中多處論及孔子屢屢碰壁，還是在於沒有得道。於是，有孔子問道於老聃，希望聆聽老聃教誨。

> 孔子曰："請問遊是。"老聃曰："夫得是，至美至樂也，得至美而遊乎至樂，謂之至人。"孔子曰："願聞其方。"曰："草食之獸不疾易藪，水生之蟲不疾易水，行小變而不失其大常也，喜怒哀樂不入於胷次。夫天下也者，萬物之所一也。得其所一而同焉，則四支百體將爲塵垢，而死生終始將爲晝夜而莫之能滑，而況得喪禍福之所介乎！棄隸者若棄泥塗，知身貴於隸也，貴在於我而不失於變。且萬化而未始有極也，夫孰足以患心！已爲道者解乎此。"孔子曰："夫子德配天地，而猶假至言以修心，古之君子，孰能脫焉？"老聃曰："不然。夫水之於汋也，无爲而才自然矣。至人之於德也，不脩而物不能離焉，若天之自高，地之自厚，日月之自明，夫何脩焉！"孔子出，以告顏回曰："丘之於道也，其猶醯雞與！微夫子之發吾覆也，吾不知天地之大全也。"(《田子方》)

"遊是"意指遊心於道，下文"得是"亦指得道。"方"亦意指至美至樂之道。"不疾易藪"意即不懼怕遷移沼澤。食草之獸，不患易移藪澤，同様，水生之蟲不患改易池沼。“大常”意指常規、常道。“胷次”即胸中。“萬物之所一”意謂萬物源自道。“得其所一而同”意即得道者故能混同。是以物我皆空，百體將爲塵垢。“滑”意即亂。“得喪禍福之所介”意指得失禍福之所分別。“棄隸者”意爲丟棄隸屬之物，例如財富官爵之類。“未始有極”意即沒有終點。“患心”意爲困擾我心。萬化無極，我亦與之爲無極。“已爲”意即唯當。唯有道者能行之。“假”即假借。“脱”意爲免除。古之君子，誰能遣於言説而免於修爲呢？“汋”意指水自然湧出之狀。言水之澄湛，其性自然。“物”泛指人和物。聖人不言修而體物不遺。“醯雞”是小飛蟲，即酒上蠛蠓。“與”同“歟”。“微夫子之發吾覆”意即若無老子揭開我的蒙蔽之物。“大全”意指道。

除老聃外，還有其他高人給孔子指點迷津：

> 異日，桑雩又曰：“舜之將死，真泠禹曰：‘汝戒之哉！形莫若緣，情莫若率。緣則不離，率則不勞；不離不勞，則不求文以待形；不求文以待形，固不待物。”（《山木》）

桑雩説話大意爲：舜將死之時，命（“真泠”應爲“直命”）禹説：你要戒慎啊！形必順物，情必率中。順物不離於物，率中則不至辛勞。率性而動，任樸直前，就不用假文跡而飾其外。不求於禮文以外飾其形，就不會依賴外在事物了。以此批評孔子屢遭困厄的原因是矯僞失性，試圖匡救天下。而孔子似乎亦有自省之意，領悟順自然之大義：

> 子貢曰:“然則夫子何方之依?”曰:“丘,天之戮民也。雖然,吾與汝共之。”子貢曰:“敢問其方。”孔子曰:“魚相造乎水,人相造乎道。相造乎水者,穿池而養給;相造乎道者,无事而生定。故曰:魚相忘乎江湖,人相忘乎道術。”子貢曰:“敢問畸人。”曰:“畸人者,畸於人而侔於天。故曰,天之小人,人之君子;人之君子,天之小人也。”(《大宗師》)

子貢問孔子:方内方外,淺深不同,未知夫子依從何道?孔子說:我既依方内,聖跡禮義乃桎梏形性,故自然刑戮之人。雖然如此,我與你共享大道。子貢說:敢問夫子大道是什麼?孔子說:魚在水中活命,人在大道中活生。在水中活命,可以鑿池養育;活生於大道之中,則無事而性情安定。故云:魚相忘於江湖,人相忘於道術。子貢說:敢問何謂奇人(“畸人”,意即疏外形體,乖異人倫,不偶於俗)?孔子說:奇人,就是異於人而同於(“侔”)自然。故云:以人情言之,能篤守禮文者謂之君子,而天道謂之小人也。相反,天之君子,不偕於禮,則人皆不然,謂之小人。

《莊子》處世之道的核心思想,在“庖丁解牛”故事中得到集中而又完滿的闡釋。莊子並不是完全要求人們退守山林作隱居之士,而是像“庖丁解牛”那樣,在人世間遊刃有餘,保命全身。下面這段文字爲讀《莊子》者耳熟能詳:

> 庖丁釋刀對曰:“臣之所好者道也,進乎技矣。始臣之解牛之時,所見无非牛者。三年之後,未嘗見全牛也。方今之時,臣以神遇而不以目視,官知止而神欲行。依乎天理,批大

> 郤，導大窾，因其固然。技經肯綮之未嘗，而況大軱乎！良庖歲更刀，割也；族庖月更刀，折也；今臣之刀十九年矣，所解數千牛矣，而刀刃若新發於硎。彼節者有間，而刀刃者无厚；以无厚者入有間，恢恢乎其於遊刃必有餘地矣，是以十九年而刀刃若新發於硎。雖然，每至於族，吾見其難爲，怵然爲戒，視爲止，行爲遲。動刀甚微，謋然已解，如土委地。提刀而立，爲之四顧，爲之躊躇滿志，善刀而藏之。”文惠君曰：“善哉！吾聞庖丁之言，得養生焉。”（《養生主》）

“庖丁”即屠夫。“釋”意即放下。“進”意即超過。“官知止而神欲行”大意爲，五官功能有限止，而縱心順理。“天理”指牛體之肌肉理路。“批大郤、導大窾”大意爲，擊打間隙交際之處，令其筋骨離異，然後導入空隙處。“因其固然”意即順因天然。“技經肯綮之未嘗，而況大軱乎”大意爲，經絡骨結這些難解之處也未嘗使用刀刃，何況大骨等好解之處。“族庖”指普通屠夫，“折”意即折斷，指用刀折斷骨頭。“新發於硎”意即剛磨新刀。文惠君“得養生”之言，意指獲養生之理。

“庖丁解牛”主要是說庖丁在屠宰牛的過程中，如何保養護理他的刀。所以養生之理如同庖丁之養刀之理。故郭象注云：“以刀可養，故知生亦可養。”這裡的刀刃，意同人之身體性命。而關鍵處在於，庖丁之養刀，並非將刀收進匣中，束之高閣，精心守護，而是相反，他是在屠宰分解牛的肢體過程中養刀。因此，“庖丁解牛”給人的啟示是，人們不是必須消極避世隱居山林才算是保命養生，而是可以在五光十色的喧鬧塵世之中保命養生。“遊刃有餘”是這裡的關鍵詞,即思想之精要所在。

庖丁說:"臣之所好者道也,進乎技矣。"他使用刀解剖牛體,從技藝上升爲道。可見處世和保命養生的最後的落腳點還是得道。從道的角度認識人生的意義,是一種徹底的方法,也會得到徹悟。

第四節　德有所全,形有所殘

爲了論證和倡導保命養生的觀點,《莊子》通過各種方式向人們深刻闡發一個道理,即爲了虛名和浮華而丟失生命是不智慧的。保命养生是最大的善,殘害生命是最大的恶。從這個邏輯推演,能夠在亂世保命的殘疾人,則成了《莊子》現世的道德理想人物。這也是《莊子》的風格,用極致的手法來提出顛覆性的思想。

首先,《莊子》用反證說明,在那個亂世之中,上至國君諸侯、公卿大夫、碩學策士,下至販夫走卒、市井小民,幾乎所有四肢健全之人的職業,都是充滿風險的。世俗所追求的一些正面價值,就職業而言恰恰是有害於自己生命的,故不爲德。這是就職業而言。就個體而言,天資稟賦也潛藏著不同的危險。從世俗的角度看,人們在現實世界的生存需要智慧和本領。可是眾生芸芸,每個人的天資稟賦都不相同。當然,尺有所短寸有所長,因此每個人也有不同的命運。而《莊子》恰恰把世俗人們肯定的稟賦,看作是人生災難的禍根。

賊莫大乎德有心而心有眼,及其有眼也而內視,內視而敗矣。凶德有五，中德爲首。何謂中德？中德也者，有以自好也，而吡其所不爲者也。窮有八極，達有三必，形有六府。美、髯、長、大、壯、麗、勇、敢，八者俱過人也，因以是窮。緣循，偃佒，困畏不若人，三者俱通達。知慧外通，勇動多怨，仁義多責。達生之情者傀，達於知者肖；達大命者隨，達小命者遭。（《列御寇》）

賊害莫大於有心爲德（"德有心"）而且如用目般用心（"心有眼"），及至不以目視而以心視（"内視"），則心與事俱敗。凶德有心耳眼舌鼻五種（亦稱五根，禍因此得），而心（"中德"）爲禍首。心之德，自以爲是，并訾毁（"吡"）别人爲非。困厄（"窮"）有八種極端，通達有三個必然，刑罰有六種府第。人如果具有八種超常過人之處，即恣媚、髭鬢、高、粗大、有力、妍華、勇猛、果敢（"美、髯、長、大、壯、麗、勇、敢"），受外人役使亦超過常人，故定會窮困。順從、隨和、怯懦（"緣循、偃佒、困畏"）若不如人，此三者既不以事見任，故人生必會通達。知、慧、勇、動、仁、義，此六者乃刑罰之府第。智慧能傷身於外（"知慧外通"），敢雄强好爭必招仇隙（"勇動多怨"），行仁義必多受指責（"仁義多責"）。因此，任自然則大（"傀"），任智慧則小（"肖"）。如果長壽如彭祖壽考，隨而順之不厭其長久，如果短壽亦不以爲意（"達大命者隨，達小命者遭"）。

由這個反證得知，正因爲在險惡的社會，世俗那些好的價值必被世所用，遭到殘害，因此，保全生命的都是身形殘缺之人：

匠石之齊，至乎曲轅，見櫟社樹。其大蔽【數千】牛，絜之百圍，其高臨山十仞而後有枝，其可以爲舟者旁十數。觀者如市，匠伯不顧，遂行不輟。弟子厭觀之，走及匠石，曰："自吾執斧斤以隨夫子，未嘗見材如此其美也。先生不肯視，行不輟，何邪？"曰："已矣，勿言之矣！散木也，以爲舟則沈，以爲棺槨則速腐，以爲器則速毁，以爲門戶則液樠，以爲柱則蠹。是不材之木也，无所可用，故能若是之壽。"匠石歸，櫟社見夢曰："女將惡乎比予哉？若將比予於文木邪？夫柤梨橘柚，果蓏之屬，實熟則剝，則辱；大枝折，小枝泄。此以其能苦其生者也，故不終其天年而中道夭，自掊擊於世俗者也。物莫不若是。且予求无所可用久矣，幾死，乃今得之，爲予大用。使予也而有用，且得有此大也邪？且也若與予也皆物也，奈何哉其相物也？而幾死之散人，又惡知散木！"（《人間世》）

匠人名石的往齊國去，在曲轅地方，見到一株生於祭祀封土之神的社中的櫟樹。櫟樹異常高大，枝葉覆蔭能蔽數千牛，樹粗有百人之圍，高出小山十餘丈而後伸展枝葉，可以製作數十只船。觀者如市場人群。然而，匠石視同無物，行走不息。弟子飽觀櫟樹，走到匠石身邊問：我自從師父學木匠手藝至今，未見過如此好的木材。師父不肯看不願意停息，爲什麽？匠石說：別提啦，這是無用之木。用它製作船則沉沒，製作棺槨則很快腐朽，製作用具則很快毁掉，製作門戶則流液樹脂，用作柱子則被蟲蛀。正是如此無用，它才能生長如此之久。匠石回家后，夜裡夢見櫟樹向匠石發問：你將我如何作比？比那些有用之才嗎？果樹如柤梨橘柚，果實既熟，即遭剝落、欺侮。大枝被折斷，小枝被攀牽。因爲結果結實而遭受蹂躪，爲世俗之人打擊，不能終其天年而半途夭折。我祈求無所可用很長時間了，幾乎死了，今日方得全生，爲我大用。如果我是有用之才，我能夠長成如此大樹嗎？而且，你之與我皆造化之一物也，你豈能審查知道我？你是近死之散人，如何知我是散木！《莊子》中此類寓言有好幾個，相似故事還有：

> 南伯子綦遊乎商之丘，見大木焉有異，結駟千乘，隱將芘其所藾。子綦曰："此何木也哉？此必有異材夫！"仰而視其細枝，則拳曲而不可以爲棟梁；俯而視其大根，則軸解而不可以爲棺槨；咶其葉，則口爛而爲傷；嗅之，則使人狂酲，三日而不已。子綦曰："此果不材之(未)【木】也，以至於此其大也。嗟乎神人，以此不材！宋有荊氏者，宜楸柏桑。其拱把而上者，求狙猴之杙者斬之；三圍四圍，求高名之麗者斬之；七圍八圍，貴人富商之家求禪傍者斬之。故未終其天年，而中道之夭於斧斤，此材之患也。故解之以牛之白顙者與豚之亢鼻者，與人有痔病者，不可以適河。此皆巫祝以知之矣，所以爲不祥也。此乃神人之所以爲大祥也。(《人間世》)

南伯子綦爲人名，又稱南郭子綦。"商之丘"爲地名。"隱將芘其所藾"意爲，將千乘車馬隱庇在它的樹蔭下。"軸解"意爲軸心鬆散不密。"咶"同"舐"。"酲"即醉酒。"宋"指宋國。"荊氏"是地名。"宜"意爲適宜種植。"拱把"意即合手之粗。"杙"爲短木棍。"高名之麗者"即高大屋宇的棟樑。"禪傍"即棺材。"解之以牛之白顙者與豚之亢鼻者，與人有痔病者，不可以適河"大意爲，巫祝祭祀祛除不詳，白額之牛與高鼻之豬以及痣漏病之人，皆爲不祥之物，不可往於靈河用於祭祀。“大祥”意指保全生命。被常人視爲殘障、無用甚至不祥之物，往往能夠保命全生。但是，世俗之人是很難認識到這一點的，即使是一些著名人物。

> 申徒嘉，兀者也，而與鄭子產同師於伯昏无人。子產謂申徒嘉曰：“我先出則子止，子先出則我止。”其明日，又與合堂同席而坐。子產謂申徒嘉曰：“我先出則子止，子先出則我止。今我將出，子可以止乎，其未邪？且子見執政而不違，子齊執政乎？”申徒嘉曰：“先(王)【生】之門，固有執政焉如此哉？子而說子之執政而後人者也？聞之曰：‘鑑明則塵垢不止，止則不明也。久與賢人處則无過。’今子之所取大者，先生也，而猶出言若是，不亦過乎！”子產曰：“子既若是矣，猶與堯爭善，計子之德，不足以自反邪？”申徒嘉曰：“自狀其過以不當亡者衆，不狀其過以不當存者寡。知不可奈何而安之若命，唯有德者能之。遊於羿之彀中，中央者，中地也；然而不中者，命也。人以其全足笑吾不全足者衆矣，我怫然而怒；而適先生之所，則廢然而反。不知先生之洗我以善邪？吾與夫子遊十九年矣，而未嘗知吾兀者也。今子與我遊於形骸之內，而子索我於形骸之外，不亦過乎！”子產蹵然改容更貌曰：“子无乃稱！”（《德充符》）

“申徒嘉”人名，鄭之賢人。“兀者”即遭受刑罰斷足之殘疾人。子產是著名的鄭國大夫。“伯昏无人”是《莊子》中得道之人，名字即含有韜光若闇、洞忘物我之意。子産對申徒嘉説:“我先出門你就停止在後,你先出門我就停止在後。”意思是羞與刖者並行。“子見執政而不違,子齊執政乎”大意爲,你見到執政(官名,子産自稱)而不迴避,你想與執政平等嗎? “子而説子之執政而後人者”大意爲,你爲執政之位而自喜并叫别人讓你爲先。“鑑明則塵垢不止,止則不明也。”大意是,明亮的鏡子上沒有積累灰塵,有灰塵則不明亮。比喻明鏡無塵,賢人無過。“子之所取大者,先生也”大意爲,今日你之所取,所謂重大者,先生之道也。“子既若是矣,猶與堯爭善,計子之德,不足以自反邪?”大意爲,你既然如此明智,可與堯爭善,如此德行,爲何不足以補形殘之過。“自狀其過以不當亡者衆,不狀其過以不當存者寡”大意爲,很多人自己坦言其罪過,卻以爲不至失去其足。只有很少的人不坦言其罪過而自省,以爲保存其足是不適當的(意即被刖是罪有應得)。“遊於羿之彀中,中央者,中地也;然而不中者,命也”大意爲,在后羿的箭矢所及之内命中之地遊走,沒有被射中是命大。“怫然”爲憤怒之狀。“而適先生之所,則廢然而反”大意爲,求學伯昏先生之所後,則罷止以前之怒而恢復常態。“洗我以善”意爲以善洗滌我心。“索我”意即要求我。“蹵然”爲驚慚之狀。“子无乃稱”大意爲:你形殘與德行無關。

對待被刑罰斷足而形體殘缺者,連孔子亦有偏見:

魯有兀者叔山无趾,踵見仲尼。仲尼曰:“子不謹,前既犯患若是矣。雖今來,何及矣!”无趾曰:“吾唯不知務而輕用吾身,吾是以亡足。今吾來也,猶有尊足者存,吾是以務全之也。夫天无不覆,地无不載,吾以夫子爲天地,安知夫子之猶若是也！”孔子曰：“丘則陋矣。夫子胡不入乎，請講以所聞！”无趾出。孔子曰：“弟子勉之！夫无趾，兀者也，猶務學以復補前行之惡，而況全德之人乎！”（《德充符》）

“叔山无趾”寓言人名，義含無足趾之人。他去見孔子。“踵”即腳跟，此處用作動詞，跛行之意。孔子說：你不謹慎，因此犯法受到斬趾刑罰，形殘若此。雖然今天來，如何能夠彌補啊！無趾說：我以不識時務大道而輕用我的身體，因此失去足趾。今日我來，是有尊貴於足者（意即尊德）在此，我因此來追求全德。天無不覆，地無不載，我以夫子爲天地，哪裡知道夫子竟然如此！孔子說：我淺陋啊。你爲何不進門，我聽你教誨。“全德”意謂形德兩全。

從上述兩個故事中可以發現，這些形體殘缺者不僅有德，亦極富智慧。他們比子產、孔子這些在道德和才智兩個方面都高出一頭。而下面又一兀者故事，則直接描述了這些身殘德全之人的社會影響力，同樣也是利用孔子之口來敘述。

魯有兀者王駘，從之遊者與仲尼相若。常季問於仲尼曰：“王駘，兀者也，從之遊者與夫子中分魯。立不教，坐不議，虛而往，實而歸。固有不言之教，无形而心成者邪？是何人也？”仲尼曰：“夫子，聖人也，丘也直後而未往耳。丘將以爲師，而況不若丘者乎！奚假魯國！丘將引天下而與從之。”常季曰：“彼兀者也，而王先生，其與庸亦遠矣。若然者，其用心也獨若之何？”仲尼曰：“死生亦大矣，而不得與之變，雖天地覆墜，亦將不與之遺。審乎无假而不與物遷，命物之化而守其宗也。”常季曰：“何謂也？”仲尼曰：“自其異者視之，肝膽楚越也；自其同者視之，萬物皆一也。夫若然者，且不知耳目之所宜，而遊心乎德之和。物視其所一而不見其所喪，視喪其足猶遺土也。”(《德充符》)

魯國的兀者王駘，跟從他遊學之人與跟孔子的相當。叫常季的問孔子：跟隨王駘遊學者與跟隨孔子游學者各佔魯國一半。此人立不教授，坐不議論，求學者虛心而去，充實而歸。固有不言之教，忘形而心充足的人嗎？這是什麼人？孔子說：他是聖人。我也只是自在眾人後而沒有跟隨他。我將以他爲師，何況晚學之類，不如我的人呢！何止魯國，我將引導天下人跟隨他！常季說：他是個兀者，而勝過你，勝過庸常之人就更遠了。如果是這樣，他的運智用心有何與眾不同？孔子說：死生大事，而不能使之驚變，雖天地反覆，也不能讓他遺失自我。審視真我而不與物變遷，明物之化順其自然守其根本。常季說：這是什麼意思？孔子回答：從不同視角看，肝膽猶如楚越兩國；從相同的角度看，萬物皆一也。像王駘此人，不知道耳目之所適宜何物，而遊心於道德之和。視物其所同而不見其所遺失，視其丟失足猶丟失土塊也。

於是《莊子》連篇累牘激贊身殘德全之人。

魯哀公問於仲尼曰：“衛有惡人焉，曰哀駘它。丈夫與之處者，思而不能去也。婦人見之，請於父母曰‘與爲人妻寧爲夫子妾’者，十數而未止也。未嘗有聞其唱者也，常和人而已矣。无君人之位以濟乎人之死，无聚祿以望人之腹。又以惡駭天下，和而不唱，知不出乎四域，且而雌雄合乎前。是必有異乎人者也。寡人召而觀之，果以惡駭天下。與寡人處，不至以月數，而寡人有意乎其爲人也；不至乎期年，而寡人信之。國无宰，寡人傳國焉。悶然而後應，氾而若辭。寡人醜乎，卒授之國。无幾何也，去寡人而行，寡人卹焉若有亡也，若无與樂是國也。是何人者也？”(《德充符》)

“衛”指衛國。“惡”意爲醜陋。“哀駘它”爲人名，顧名思義是個駝背之人。但男子與他同處，戀仰不能捨去離開。婦女見到他，對父母說：“如爲人妻則寧爲哀駘它妾。”像這樣的女人有幾十個。沒有人聽到他唱歌，只是常應和別人而已。(《淮南子·詮言》曰：“聖人常後而不先，常應而不唱。”)他沒有君王之位能拯救人之死，沒有俸祿能夠滿足別人之腹。他又以醜陋驚駭天下，和而不唱，智慧不出於國内四方之遠，今乃男女皆來親之。因此他必有異於常人之處。魯哀公找見他，觀之果然如此。魯哀公與他相處不到一月，就有意他的爲人；與他相處不到一年，就信賴他。國家沒有宰相，哀公賦予他國政。然而哀駘它無動於衷，泛然而辭。哀公慚愧，最後讓國與他。俄頃之間，哀駘它離開魯哀公而去。魯哀公於是憂慮若有所失，雖君魯國，曾無歡樂。哀公不禁發問：哀駘它究竟是什麼人？孔子回答：

今哀駘它未言而信，无功而親，使人授己國，唯恐其不受也，是必才全而德不形者也。”哀公曰：“何謂才全？”仲尼曰：“死生存亡，窮達貧富，賢與不肖，毀譽，飢渴寒暑，是事之變，命之行也；日夜相代乎前，而知不能規乎其始者也。故不足以滑和，不可入於靈府。使之和豫，通而不失於兑；使日夜无郤而與物爲春，是接而生時乎心者也。是之謂才全。”“何謂德不形？”曰：“平者，水停之盛也。其可以爲法也，内保之而外不蕩也。德者，成和之脩也。德不形者，物不能離也。”（《德充符》）

孔子的意思是，哀駘它未言説人們就已經信任，沒有功勞就已經被親近，因爲他是“才全而德不形”之人，意即才能完備而德不形諸外表。死生存亡、發達窮困、榮華富貴、賢達和不肖、呰毀讚譽、饑渴寒暑，這都是世事變故和時運流轉。日夜流逝，雖有智慧卻不能測度其緣起。因此，所謂“才全”，就是這些事不足以攪亂和諧心境，不可入心靈。而使之和順安逸，流通而不失於出口。使日月無間隙而與物同處春和之中。這些事變之應對即是合而生春意於心。魯哀公問：何謂德不形？孔子説：天下之平，莫盛於止水。其可爲法則，由於水能保守其明澈而不波蕩。德，是成和的外飾。心先和豫，人見爲德。德不形者，無須修養而物自歸之。若天之自高，地之自厚，日月之自明。“德不形”意即其德已全而無須修飾。從另一個方面來説，全德之人與身體之完全與否沒有關係。而《莊子・德充符》反而突出強調德有所长而形有所忘，故有大德之人都是残疾人。例如兀者申徒嘉、叔山无趾、闉跂、支离无脣、甕盎大癭以及上述哀駘它等。首先，殘缺之人因禍得福，可以免除災難：

支離疏者，頤隱於齊，肩高於頂，會撮指天，五管在上，兩髀爲脅。挫鍼治繲，足以餬口；鼓筴播精，足以食十人。上徵武士，則支離攘臂於其間；上有大役，則支離以有常疾不受功；上與病者粟，則受三鍾與十束薪。夫支離其形者，猶足以養其身，終其天年，又況支離其德者乎！”（《人間世》）

“支離疏”人名，意涵形體支離不全之意。“頤隱於齊”意爲臉頰隱藏於肚臍之中，意思是脊曲頸縮。“頂”即頭頂。“會撮”即髮髻。古人髮髻在頸項之中，而支離疏脊曲頭低，故髮髻朝天。“五管”即五臟。“兩髀爲脅”即兩根股骨像脇肋一樣並列。因爲脊曲髀豎，故與脇並而有此貌。以上描述支離疏之狀，即含有支離破碎、雜亂疏鬆之意，極爲誇張，爲寓言人物，不可逐一落實。“挫鍼治繲”意即縫衣、洗衣。“鼓筴播精”意即用簸箕揚米。“上徵武士”即國家徵用勇夫。“攘臂於其間”意即捋袖出臂大搖大擺行走，因爲不會征用他。“大役”即大徭役。“不受功”意即不任功作。“鍾”爲量粟單位。支離疏以其外形逃避征役，保命養生。若有德者則更加逍遙。還有其他的長相怪異之人：

闉跂支離无脤說衛靈公，靈公說之；而視全人，其脰肩肩。甕㼜大癭說齊桓公，桓公說之；而視全人，其脰肩肩。故德有所長而形有所忘，人不忘其所忘而忘其所不忘，此謂誠忘。故聖人有所遊，而知爲孽，約爲膠，德爲接，工爲商。聖人不謀，惡用知？不斲，惡用膠？无喪，惡用德？不貨，惡用商？四者，天鬻也。天鬻也者，天食也。既受食於天，又惡用人！有人之形，无人之情。有人之形，故羣於人，无人之情，故是非不得於

身。眇乎小哉，所以屬於人也！謷乎大哉，獨成其天！（《德充符》）

“闉跂”意即曲折行走。“无脤”同“无脣”，即無嘴唇。“靈公說之”同“靈公悅之”。“其脰肩肩”即頸脖細小。“甕㼜大癭”意爲巨大腫瘤大如盆。“忘”意爲遺漏、遺失。“德有所長而形有所忘”大意爲：有大德之人身形則有所缺陷。“遊”意指逍遙之遊。“知爲孽，約爲膠，德爲接，工爲商”大意爲：智慧如萌櫱之草，約束如同膠漆（非自然而合），散德以接物，工巧而商賈起。因此，聖人不謀故不用智慧，不雕琢故不用膠漆，不會失去故不用得到，不借貸故不經商。“天鬻”“天食”意即天養、自然養育。意指自然之養。“人”意謂俗人之務。知、膠、德、商，皆屬於人。“羣於人”意即和光混跡，羣聚世間。“眇”即渺小。“謷”爲高大之貌。“獨成其天”意指獨成全於自然。

《莊子》中的各色人等，可謂一個完整的人間萬象圖。這些身殘德全之人，如支離疏、闉跂无脤、甕㼜大癭等人，其形體之怪異，庶幾可與《山海經》中之人物、動物有一比。很顯然，《莊子》用誇張的手法，將其道德理想淋漓盡致描繪出來。眾所周知，《莊子》最理想的道德化身是聖人、至人、神人、真人，然而他們只是一些不食人間煙火的世外高人。從在世生活的意義上來說，這些身殘德全的殘疾人，則是《莊子》現實中的道德理想。當然，所謂“德不全者”，也是一種扭曲的道德理想，猶如戰場上自殘自傷的軍人。這些形殘德全的畸形怪狀之人，也是中國繪畫藝術審美理想的源泉之一。我們在“美學”一章將討論這個問題。

第五節　簡短的評議

在人的一生中，他們的行爲怎樣才是善，因而是符合道德的？很多哲學家認爲，符合人性的行爲和生活就是善，因而是道德的。蘇格拉底爲此斷言："沒有人有意作惡或無意爲善。"[①]而康德倫理學認爲，自由意志所遵循的就是善，否則意志就是不自由的。道德命令是絕對的。亞里士多德將這種道德原則延伸到政治學的層面，提出一個城邦的制度如果是好的、道德的，就應該使每個公民都成爲善人。這些觀點與中國儒家孔子、孟子的"性善論"相近。

《莊子》雖然沒有明確強調人性爲善的觀點，但也沒有像荀子那樣提出人性爲惡的觀點。而且《莊子》認爲符合自然本性的行爲是善的，順從"性"是道德的，故《莊子》稱無爲爲"天德"："无爲也，天德而已矣。"（《天地》）當然，《莊子》認爲，道德的敵人是私慾，因爲人們常常爲一己之私做出不道德的事情。故縱容"慾"是不道德的。在這一點上，《莊子》與上述蘇格拉底、亞里士多德、康德以及儒家孔子、孟子的思想並無衝突，甚至在很多地方是大體一致的。

《莊子》倫理學與蘇格拉底等人以及儒家孔子、孟子倫理思想的分歧，應該歸集於亞里士多德提出的政治學問題。如果說，亞里士多德是在提出一個好的社會制度理想之下討論人們行爲的善惡

① 參見梯利：《西方哲學史》，葛力譯，商務印書館，1999年版，第58頁。

問題，那麼，《莊子》是在一種惡的不道德的社會制度前設之下，討論在這樣的制度下生存的人，他們的行爲如何才是善的、道德的。從這個視角，我們才能看到《莊子》倫理學更深層的思想。

從表面上看，《莊子》倫理學反對一些凝聚社會正能量的價值觀念，例如“仁”、“義”、“忠”、“信”等，似乎具有反倫理的色彩。而且，《天下》篇評論《莊子》“獨於天地精神往来而不傲睨萬物，不譴是非，而與世俗處”，似乎在社會生活中，莊子完全主張消極、被動、甚至是麻木地聽任自然。實質上，《莊子》沒有將道德問題虛無化。《莊子》堅守人的個體生命第一的原則，認爲任何誘導、誤導人們殘害生命的觀念都是不善的，也是不道德的。沿著這個思路，在《莊子》對於儒家仁義道德觀念的無情批駁和刻薄譏諷之中，我們不難看到一種對於生命的熾熱的摯愛之心；在《莊子》對於形體殘疾之人德性的近乎誇張的讚美辭中，不難看到一種對於生的執著和頑強的信念。

著名英國哲學家羅素對於希臘化時期的哲學特征有過這樣的概括：“甚至連那些像畢達哥拉斯或者在某種心情之下的柏拉圖那樣地鄙棄現象世界而力求逃避於神秘主義的人，也都有著要把統治階級而轉化成爲聖賢的具體計劃。但當政權轉到馬其頓人手裡的時候，希臘的哲學家們就自然而然地脫離了政治，而更加專心於個人德行的問題或者解脫問題了。他們不再問：人怎樣才能夠創造一個好國家？而是問：在一個罪惡的世界里，人怎樣才能夠有德；或者，在一個受苦受難的世界里，人怎樣才能夠幸福？”[①]莊子在那個時代

① 羅素：《西方哲學史》上卷，何兆武、李約瑟譯，商務印書館，1982年版，第292—293頁。

的處境和所思所想，與羅素描繪的情形極爲相似。由此可見《莊子》倫理學試圖回答的問題，與希臘化時期的哲學家有相通之處。但是，《莊子》倫理學與希臘化時期倫理學的不同也是顯而易見的。

希臘化時期的哲學主要有犬儒學派、斯多葛學派以及伊壁鳩魯哲學等。首先，《莊子》不同於犬儒學派。犬儒學派始於安提斯泰尼，他信仰"返回自然"，並把這種信仰貫徹得非常徹底。他鄙棄奢侈與一切人爲的對感官快樂的追求。雖然他是蘇格拉底的弟子，卻認爲一切精緻的哲學都毫無價值。他的弟子狄奧根尼(第歐根尼)決心像一條狗一樣地生活下去，所以就被稱爲"犬儒"。狄奧根尼拒絕接受一切習俗——無論是宗教的、風尚的、服裝的、居室的、飲食的或者禮貌的。他像一個印度托鉢僧那樣地以行乞爲生。然而狄奧根尼的所倡導的觀念，一點也沒有我們現在稱之爲"玩世不恭"("犬儒")的東西，而是恰好與之相反。他對"德行"具有一種熱烈的感情，他認爲和德性比較起來，俗世的財富是無足計較的。他追求德行，并追求從慾望解放出來的道德自由。"他認爲普羅米修斯由於把那些造成了近代生活的複雜與矯揉造作的技術帶給了人類，所以就公正地受到了懲罰。在這一點上他有似於道家、盧梭與托爾斯泰，但是要比他們更加徹底。"[①]但是，《莊子》理想的"大德"都是不食人間煙火的神仙之類，而且從來沒有縱慾的思想。

斯多葛學派也倡導人們"按照自然生活"。他們所謂的自然指世界本性，即邏各斯、"正確理性"。他們認爲，個體的人要服從宇

① 羅素：《西方哲學史》上卷，何兆武、李約瑟譯，商務印書館，1982年版，第291—295頁。

宙的目的，因而可能達到最大限度的完善。這就是人們"按照自然生活"的意義。因此，人們的行動要符合理性、邏各斯，實質上就是要服從命運。有人描述斯多葛的命運觀："好比一條狗被拴在一架車上，當它情願遵從時，它拉車；當它不情願遵從時，它被車拉。"不順應命運的態度則是非理性的情感，這樣的情感有四種：憂傷、恐懼、慾求和快樂。與此相反，理性的態度是"不動心"。即使面對死亡，也要不動心。不動心即是其所推崇的堅韌。[①]顯而易見，《莊子》的倫理學沒有斯多葛學派精密的宇宙論體系。雖然《莊子》也有道的學說，但沒有宇宙目的之說。而且，《莊子》所說的"道"，也沒有完善和好的含義。

至於伊壁鳩魯的倫理學，則與《莊子》倫理學相距更遠。伊壁鳩魯的倫理學被稱爲快樂主義。他認爲，按照感覺主義的準則，快樂無可辯駁地具有崇高的價值。因爲感覺證明了快樂爲善、痛苦爲惡這一常識的正確性，感情顯示了趨樂避苦的自發性和自明性。另外，視快樂爲幸福也是在人類生活中形成的前定觀念。因此，快樂的倫理價值是顯而易見的真理。當然，伊壁鳩魯堅決反對把快樂與享樂等同。他認爲靜態的快樂高於動態的快樂，而最高的幸福是不可增減的。不過，他的倫理學關心的只是個人的快樂，而不是社會的福利，達到個人快樂的途徑也與社會服務和利他行爲無關。伊壁鳩魯還認爲，哲學是通過論辯的方式產生幸福生活的一種活動。正如不能治療身體疾病的醫藥是無用的技藝，不能解除靈魂痛苦的哲學也是無用的空話。爲了能夠幸福地生活，必須學

① 參見趙敦華：《西方哲學簡史》，北京大學出版社，2000年版，第139—140頁。

習倫理學。爲了擺脱錯誤的認識和不必要的憂慮與恐懼，必須學習物理學。[①]而這些恰恰都是《莊子》所竭力反對的。

與儒家宣揚"捨身取義"、"殺身成仁"的倫理觀念比較，《莊子》保命養生的底線倫理學不免有點利己主義的色彩。利己主義是現代經濟學的基石。經濟學把每個人都追求利益和效益的最大化，作爲所有理論的前設。但是，倫理學的利己主義並不具有充足的理由。不過，《莊子》從堅守生命第一的原則出發，論證保全生命是善，應該不屬於利己主義，至少不是簡單功利意義上的利己主義。因爲，如果個體生命不存在，對於這個個體來説，一切社會價值和意義皆爲虛無。而從世界和人類的歷史來説，如果人類滅絕了，所有的理論還有什麼價值和意義呢？這正是海德格爾"基本存在論"之精義所在。《莊子》恰恰是向人們説明，爲了虛名和浮華而丟失生命是不道德的，也是不智慧的。在某種程度上我們至多可以説，這是一種倫理經濟學。

當然，《莊子》的倫理學特别是其中的養生論，也潛藏著一種理論的危機。按照《莊子》的觀念，善養生者則可保其性命。但保其性命意義何在？若性命終有消逝之時，則人生意義問題不可避免浮現而出：爲善或爲惡，爲人或爲己。而假若人之性命不死，善養生者則可以超越此問題：因爲不死即是生命之意義。由此推論，《莊子》是否宣揚養生——不死之道？這一個思考邏輯，直接將我們引入下一個問題：特别的養生功法和修煉。這也是後來道教之源頭。

① 參見趙敦華：《西方哲學簡史》，北京大學出版社，2000年版，第132—135頁。

第七章　自然哲學——氣論

西方哲學在古代希臘開端的時候，關注的主要問題是“世界是什麼”。哲學史家梯利說：“希臘哲學從探究客觀世界的本質開始。它最初主要是對外在的自然感興趣(自然哲學，natural philosophy)，只是逐漸地轉向内部，轉向人類本身而帶有人文主義性質。第一個大問題：什麼是自然，因而什麼是人類？第二個問題：什麼是人類，因而什麼是自然？從自然到人類這一興趣的轉移導致人類精神問題的研究，即研究人類思想和人類行爲，研究邏輯、倫理學、心理學、政治學和詩論。後來，注意力更特別集中于倫理問題：什麼是至善？什麼是人生的目的和目標？”[①] 從泰勒斯提出“萬物的本原是水”之後，哲學家們對於宇宙萬物的本原問題作出了種種探索性的思考。比較著名的有阿拉克西曼德(Anaximander 盛年約公元前570年)的“無定”說、阿拉克西美尼(Anaximenes 盛年約公元前546/545年)的“氣”說、畢達哥拉斯(Pythagoras 盛年約公元前532/531年)學派的數本原說，以及赫拉克利特(Heraclitus 盛年約公元前504—前501年)提出的“永恆的活火”說等，而德謨克利特(Democritus 盛年約公元前435年)的“原子論”是這個追問的總結性思想。哲學史家把古代希臘哲學的這一階段稱爲自然哲學階段。

---

① 梯利：《西方哲學史》，葛力譯，商務印書館，1999年版，第7—8頁。

從智者學派尤其是蘇格拉底開始，以至柏拉圖、亞里士多德哲學，被界定爲西方古典哲學階段。蘇格拉底對於真理和道德的闡述，柏拉圖用“相——現實”的二元論解釋世界的範式，以及亞里士多德百科全書式的哲學體系建設，奠定了西方哲學的基本形態，直至今日也沒有對這個形態產生根本顛覆的哲學理論。可見自然哲學還是哲學的初級階段。自然哲學家們所探索的這些問題，今日大多已經屬於自然科學例如宇宙科學、物理學等的問題，還有些應該屬於今日科學哲學的問題。黑格爾的《自然哲學》幾乎是一種邏輯化的自然科學史。

東、西方古代哲學家、思想家關於氣的理論非常豐富。上文提及的古希臘哲學家阿拉克西美尼提出宇宙萬物的氣本原說。他對於氣作了這樣的描述：“氣的形狀是這樣的：當它處於最平穩狀態時，不爲視力所見，但卻呈現於熱、冷、潮濕和運動之中。”氣稀疏爲火，濃聚則依次爲云、水、土、石。[①]這就從日常經驗的範圍，伸展爲哲學的想象。而古印度亦有“四大”之說：地、水、火、風，並認爲這是構成宇宙的基本元素。由此可見，古代哲學家們對於氣的形上學思考，決不是偶然的。

中國古代的道家哲學對於宇宙萬物本原的探討，與古希臘自然哲學具有比較相近的意旨。道家哲學認爲，道是宇宙萬物的源起和規律，而道與氣的關係則是難分難解。《老子》曰：“有物混成，先天地生。”（二十五章）這種“混成”之物，一般解釋爲道。由此可以推測，《老子》所謂的道，本身就與氣糾纏一體。而在《老

① 苗力田主編：《古希臘哲學》，中國人民大學出版社，1989年版，第31頁。

子》看來，宇宙生成之後，氣則充斥天地之間，無孔不入："天地之間，其猶橐籥。"（五章）"橐籥"即是風箱之類器物，天地就像一個大風箱。道是萬物的根據和規律，而萬物的構成則離不開氣。"萬物負陰而抱陽，沖氣以爲和。"（四十二章）雨雪雲霧，皆爲氣之變化。"天地相合，以降甘露。"（三十二章）而人類的每一個個體，都不可能須臾離開氣而存活。"載營魄抱一，能无離？"（十章）而且，人的修行和智慧，與對於氣的修煉極爲相關："專氣致柔，能嬰兒？"（十章）達到嬰兒的狀態，是道家修煉的極致境界。"終日號而不嗄，和之至。知和曰常，知常曰明，益生曰祥，心使氣曰強。"（五十五章）從氣可以體悟道，還可以實現人在現實世界的超越。

《老子》關於道和氣的學說，在後來道家哲學中有進一步的發展。《莊子》曰："通天下一氣耳。"（《知北遊》）可見在《莊子》看來，氣是宇宙基質——一切事物最根本的元素。《莊子》認爲，道是人不可感知和認識的，但是，氣則是可以時刻感知和認識的。人活一口氣，沒有氣就是死亡。因此，氣應該是可感知的不可再分的最小實體。莊子不認爲我們能夠認識我們的對象世界，然而他卻認爲，我們可以反觀内省我們的身體，通過修煉氣的功法，突破人的日常認知界限，達到一種難以言說的狀況——"心齋"、"坐忘"、"無何有之鄉"、"虛室生白"等等，甚至能夠體悟道本身。《莊子》關於氣的理論，不僅包括現在自然科學，例如生命科學、人體科學、醫學等，也是一種健身養生的方法；而作爲一種生活方式和理想，又與後來的道教直接關聯，因而具有原始宗教的色彩；甚至與藝術創作和鑒賞以及美學也有關係。

因此，本章稱謂"《莊子》自然哲學"，雖然與古代希臘的自然哲學也有交叉和相似的地方，但顯然不能完全等同。同時，即使在自然科學迅猛發展的今天，我們對於氣的認識也極爲有限。尤其是在中國傳統醫學、武術、繪畫、書法等門類之中，氣的轉化以及功能作用，所有的自然科學知識都無法解釋。

第一節　氣是宇宙構成的基質

古代漢語的“宇宙”指上下四方和古往今來之意，今日現代漢語“宇宙”一詞是英文cosmos的對譯。因此，古今漢語中“宇宙”意涵不盡相同。本節所用“宇宙”一詞即指cosmos之意，非古漢語“宇宙”之意。

我們知道，《莊子》認爲宇宙的發生和萬物的化育，在根本上歸因於道。道是宇宙萬物的本原。然而，道是人類所有外在感官所無法認知的，即道是不可見、不可聞、不可嗅、不可觸碰的。而展示在人類面前的大千世界則是萬紫千紅、神奇百怪的。就是說，從人類感知的角度說，道是“無”，而大千世界則是“有”。那麼，道是如何從無到有的？在道與大千世界之間是否有個介質？同時，這個介質也是大千世界之中一種最基本的元素，即是外在世界的以及整個宇宙的基質？

討論這個問題還必須從《莊子》關於道是如何創化宇宙萬物的描述開始。對於宇宙發生之初始是一種什麼狀況，《莊子》有這樣的描述：

> 天无爲以之清，地无爲以之寧，故兩无爲相合，萬物皆化。芒乎芴乎，而无從出乎！芴乎芒乎，而无有象乎！萬物職職，皆從无爲殖。故曰：天地无爲也而无不爲也，人也孰能得无爲哉！（《至樂》）

“无爲”是道的性狀和特征。“芒乎芴乎”義同“恍兮惚兮”。“无有象”即爲混沌。“萬物職職”形容萬物繁盛之狀。“殖”意即繁殖、繁衍。人類對於宇宙初始運動的認識，如果沒有近代科學，僅僅通過直觀的認識是無法解釋宇宙發生、萬類衍化之奧秘。《莊子》這裡所謂“芒乎芴乎，而无從出乎！芴乎芒乎，而无有象乎！萬物職職，皆從无爲殖”，則是對於宇宙初始萬物混沌無知的一種想象。《莊子》又說：

> 今彼神明至精，與彼百化，物已死生方圓，莫知其根也，扁然而萬物自古以固存。六合爲巨，未離其内；秋豪爲小，待之成體。天下莫不沈浮，終身不故；陰陽四時運行，各得其序。惛然若亡而存，油然不形而神，萬物畜而不知。此之謂本根，可以觀於天矣。（《知北遊》）

“今”應爲“合”。“彼”意指天地，與下文“彼”同義。“化”意即化生。“今彼神明至精，與彼百化”，意即與天地至精神明相合、相化生。“方圓”意謂物自身之形狀。郭象注云：“圓者已自圓而方者已自方。”“根”意即根由。“扁”同“翩”。萬物翩然，順時繁育，自古而然。“終身不故”之“故”意即故去。生長死亡，往來不住，新新相續。“惛”同“昏”。“油然”即自然之狀。“畜”意爲畜養，意即萬物被畜養而不自知。“本根”意指道。“天”即自然。“此之謂本根，可以觀於天矣”，意爲天道即自然。這裡提到“神明至精”的“精”，字面意思是精華、精髓之意，實際上在那個時代的語境中，“精”應與氣相關。

關於“精”與氣的關係，在《管子》的《心術》上下、《白心》《内業》(被稱爲“管子四篇”)，有較多論述。《管子》明確提出了“精”即是氣：

> 一氣能變曰精。(《心術》下)
>
> 精也者，氣之精者也。(《内業》)[①]

可見“精”也是一種氣，是一種精細的氣，即通常的大氣中在質量和等級上最精緻最精貴的氣。而且，《管子》認爲，“精”與道的關係極爲密切，更爲直接：

> 虚無無形謂之道。化育萬物謂之德。(《心術》上)
>
> 德者，道之舍，物得以生生，知得以職道之精。(《心術》上)

德爲道之載體。萬物得道而生。“物得以生生”意即萬物得道以

① 本書《管子》引文皆出於黎翔鳳撰、梁運華整理《管子校注》，中華書局，2004年版。

生。“知得以職道之精”意即獲得對於道的認知即爲智慧。“職”同“識”。“道之精”，實質就是指道本身。因此，《管子》有時把道與“精”混合使用：

> 凡物之精，(得)此則爲生。下生五穀，上爲列星。流於天地之間，謂之鬼神。藏於胸中，謂之聖人。是故民氣，杲乎如登於天，杳乎如入於淵，淖乎如在於海，卒乎如在於己。是故此氣者，不可止以力，而可安以德。(《内業》)

此處“精”基本與道同義。“民氣”即指“精”。“杲”爲明亮之意，“杳”即幽眇之意，“淖”即汋潤之意，“卒”爲高峻之意，皆爲對於“精”之狀況的形容。從上述《管子》論述中，可見“精”與氣、道與氣相關，是非常古老的觀念。[①]《莊子》也在概念上明確將“精”與“氣”直接對接起來：

> 精神四達並流，无所不極，上際於天，下蟠於地，化育萬物，不可爲象，其名爲同帝。(《刻意》)

---

① 《淮南子·天文訓》曰：“道始于虚霩，虚霩生宇宙，宇宙生氣。氣有涯垠，清陽者薄靡而爲天，重濁者凝滯而爲地。清妙之合專易，重濁之凝竭難，故天先成而地後定。天地之襲精爲陰陽，陰陽之專精爲四時，四時之散精爲萬物。積陽之熱氣生火，火氣之精者爲日；積陰之寒氣爲水，水氣之精者爲月。日月之淫爲精者爲星辰。”(見劉文典撰，封逸、喬華點校《淮南鴻烈集解》，中華書局，1997年版。)這是一個比較系統完整的宇宙發生論，應該晚於《管子》和《莊子》。

“蟠”同“盤”。“象”意即跡象。“同帝”意爲與天帝同用同德。[1]

雲將東遊,過扶搖之枝而適遭鴻蒙。鴻蒙方將拊脾雀躍而遊。雲將見之,倘然止,贄然立,曰:“叟何人邪?叟何爲此?”鴻蒙拊脾雀躍不輟,對雲將曰:“遊!”雲將曰:“朕願有問也。”鴻蒙仰而視雲將曰:“吁!”雲將曰:“天氣不和,地氣鬱結,六氣不調,四時不節。今我願合六氣之精以育羣生,爲之奈何?”鴻蒙拊脾雀躍掉頭曰:“吾弗知!吾弗知!”(《在宥》)

“雲將”是寓言人名,亦寓雲主帥之意。“扶搖”爲寓言中樹名,傳說爲生於東海的神木。“鴻蒙”是寓言人名,亦寓自然元氣之意。“拊脾雀躍”意即拍股雀躍。“倘然”形容自失之狀。“贄然”意即靜止。“輟”即停止。“朕”即自稱,後代只用於皇帝自稱。“六氣”意指陰陽風雨晦明。“四時不節”意即四時不合乎節氣。這個寓言充滿意蘊,“雲將”、“鴻蒙”,令人聯想混沌初開,天地之始。很顯然,“六氣之精”與“精氣”之意可以等同。可見《莊子》所謂“天地神明至精”相合,就是元氣淋漓之狀。下文《莊子》對於宇宙生成之時天地合氣情形的描述就更加直接、明確了:

至陰肅肅,至陽赫赫;肅肅出乎天,赫赫發乎地;兩者交通成和而物生焉,或爲之紀而莫見其形。消息滿虛,一晦一

① 馮友蘭說:“這裡所說的‘精’‘神’和稷下黃老學派所說,是一致的。”(《中國哲學史新編》第二卷,第127頁)

明，日改月化，日有所爲，而莫見其功。生有所乎萌，死有所乎歸，始終相反乎无端而莫知乎其所窮。非是也，且孰爲之宗！（《田子方》）

“肅肅”、“赫赫”形容陰陽二氣。肅肅，陰氣寒；赫赫，陽氣熱。“紀”意指綱紀。二氣交通，遂成和合，因此和氣而物生。雖復四序炎涼，紀綱庶物，而各自化，故莫見綱紀之形。“消息”意指陰陽。陰消陽息，夏滿冬虛。“日改月化”意即日月變遷、變化。日遷月徙，新新不住，故每日皆有所爲。“萌”意即萌生、萌發。“歸”意即回歸，歸於氣散。就形跡而言，萬物有“萌”、“歸”之別。“端”、“窮”意即始、終。死生終始，反覆往來，既無端緒，也無窮極。“非是也”之“是”意指道。“宗”即本。萬物之本宗。宇宙發生之時，天地萬物皆氤氳於一氣，氣分陰陽，陰陽交合，然後萬物化成。

可以看出，《莊子》認爲宇宙創始之初，就是一種氣化的狀態。不僅如此，《莊子》還非常強調這種宇宙混沌初開的氣，是構成宇宙的基本元素：

天地之彊陽，氣也……（《知北遊》）

“彊陽”意即運動。天地運動在於氣，氣之聚散流行，大化氤氳，滋養萬物。當然，《莊子》所謂的“氣”與今日我們所稱謂的“空氣”近似，而又不完全相同。從上文即可知，《莊子》所謂“氣”有“天氣”、“地氣”、“六氣”以及“六氣之精”。從這裡也看出莊子的宇宙觀，以及萬物、人與六氣的關係。而且，氣是可以看見的。因此，萬物皆依賴氣生存：

生物之以息相吹也。(《逍遙遊》)

“息”就是氣。氣不僅是萬類生存所必須依賴的首要之物，也是萬類構成最基本的元素。人也是氣的聚散。身體是形體與精氣結合一體。生爲氣之聚，死爲氣之散。

生也死之徒，死也生之始，孰知其紀！人之生，氣之聚也；聚則爲生，散則爲死。若死生爲徒，吾又何患！故萬物一也，是其所美者爲神奇，其所惡者爲臭腐；臭腐復化爲神奇，神奇復化爲臭腐。(《知北遊》)

“徒”即類別。氣聚而生，猶是死之徒類。“紀”意爲開端、端緒。死生循環無窮，莫知其端緒也。“患”即憂患。“一”意指道、氣。“惡”即厭惡。“復”意即又。人性各有不同，所好各異。他人之所美，我則厭惡之。我之所爲美，他人又厭惡之。天下萬物，皆同一氣。故臭腐神奇，是非美惡，難以確定。《至樂》記述了莊周在其喪妻之時說的話：

察其始而本无生，非徒无生也而本无形，非徒无形也而本无氣。雜乎芒芴之間，變而有氣，氣變而有形，形變而有生，今又變而之死，是相與爲春秋冬夏四時行也。

此段文字大意爲，考察她(指莊子妻子)的初始本自無生，未生之前亦無形質，無形質之前亦無氣。在駁雜不純恍惚之内，造化自然和雜清濁，變成陰陽二氣。氣變化而使萬物成形，形質變化而出現生命，今天又變化成死亡。這個過程正如春秋冬夏四時代序。

故《莊子》云：

> 通天下一氣耳。(《知北遊》)

從上述引證我們可以作出這樣的斷言：在《莊子》的宇宙論中，氣是構成宇宙萬物的基質。應該區别的是，氣作爲宇宙的基質，本身不是道。論證這個區别很容易，因爲萬物皆"以息相吹"，每個人類個體亦不能例外，吸氣而生，閉氣而亡。但是，吸氣不等於得道，人群中得道者是極爲少有之士。

> 精神四達並流，无所不極，上際於天，下蟠於地，化育萬物，不可爲象，其名爲同帝。純素之道，唯神是守；守而勿失，與神爲一；一之精通，合于天倫。野語有之曰："衆人重利，廉士重名，賢人尚志，聖人貴精。"故素也者，謂其無所與雜也；純也者，謂其不虧其神也。能體純素，謂之真人。(《刻意》)

"並"猶"旁"。神明四通並流，無所不及。"蟠"同"盤"。上際於天，下盤於地。"象"即跡象。不可得而爲跡象。"同帝"意即與天帝同用。此處所謂四達並流的"精神"應指精氣，"素"意即白。純精素質之道，唯在守神。"一之精通"、"聖人貴精"之"精"皆指精氣。“倫”即理、道。“无所與雜”意謂不與外物相雜合。能體悟妙契純素之理,獲得“精氣”,則所在皆真道,可謂得真道之人。當然,這裡的氣是人類呼吸吐納之氣,也是天地的精元。這種精氣與道相通,得精氣者即得道。

可見,氣有不同類型。萬物的構成可能與氣的不同種類以及組合排列相關。可以確定地説,《莊子》認爲人類的性格、氣質、才資、稟賦等,與氣的種類及其在體内的運行狀況相關。[①]

第二節 氣與人之形質及精神

《莊子》認爲,人生爲氣之聚合,死爲氣之散發。[②]每個人來到這個世界是命定,對於“我”來説,或可以説是偶然。“生之來不能却,其去不能止。”(《達生》)而出生之後的人,正常健康的人體和精神爲陰陽二氣之調和,生病則是“陰陽之氣有沴”,即陰陽二氣紊亂。因此,《莊子》中所謂陰陽,經常指陰陽二氣。人之本在於

① 漢字有關“氣”的詞彙非常豐富,通常有“才氣”、“氣質”、“氣象”、“神氣”、“膽氣”、“浩氣”,“邪氣”、“正氣”、“鬼氣”、“妖氣”、“陰氣”、“陽氣”、“盛氣”,“元氣”、“真氣”,以及孟子説的“浩然之氣”,大多都是描繪人的精神的。東漢《人物誌》以及魏晉時期品藻人物用語,都離不開“氣”。曹丕所謂“文以氣爲主”,謝赫説“氣韻生動”,揭示出氣是中國藝術之魂。而“星氣”、“節氣”等則與占星、農時相關。由此可見氣對中國文化影響之深之廣。

② 《管子》説:“凡人之生也,天出其精,地出其形,合此以爲人。”“氣,道乃生,生乃思,思乃知,知乃止。”(《内業》)意即人合氣而生。氣得道乃有生命,有生命則有心智,有心智則有知識,有知識則能有行止。

氣。在日常狀態，普通人之身體和精神與神氣、心氣相關。人之養生保健很重要的就是養氣。虛靜即爲養氣。

> 夫忿滀之氣，散而不反，則爲不足；上而不下，則使人善怒；下而不上，則使人善忘；不上不下，中身當心，則爲病。（《達生》）

“忿滀之氣”意即憤懣鬱結之氣，人忿怒則滀聚邪氣。“散而不反”、“上而不下”、“下而不上”、“不上不下”皆描述“忿滀之氣”在體內運行之狀。“不足”意謂衰疲。精神有逆，魂魄散於外，故曰不足。氣在體內運行狀況，是與人的心情、情緒相關的。用“忿滀之氣”來解釋得病之源，應與上古疾病認識有關。今本《黃帝内經》至少是戰國以後才出現的，其陰陽五行病理說，是這些思想和知識的系統總結。消除、化解了外在社會壓力，使人的心情、情緒處於輕鬆狀態，體内之氣就會運行正常，人就不會得病。古希臘哲學家德謨克利特說：“醫學治好人身體的毛病，哲學使人解除靈魂的煩惱。”[①]但是，莊子把這兩個方面的問題合而爲一，認爲只要人們的心靈平靜，身體也不會有病。

> 人大喜邪？毗於陽；大怒邪？毗於陰。陰陽并毗，四時不至，寒暑之和不成，其反傷人之形乎！（《在宥》）

① 北京大學哲學系外國哲學史教研室編：《西方哲學原著選讀》上，商務印書館，1981年版，第52頁。

“毗”意即傷害。“陰”、“陽”即指人體内的兩種氣。因此，人們應該：

徹志之勃，解心之謬，去德之累，達道之塞。貴、富、顯、嚴、名、利六者，勃志也。容、動、色、理、氣、意六者，謬心也。惡、欲、喜、怒、哀、樂六者，累德也。去、就、取、與、知、能六者，塞道也。此四六者不盪胷中則正，正則靜，靜則明，明則虛，虛則无爲而无不爲也。道者，德之欽也；生者，德之光也；性者，生之質也。性之動，謂之爲；爲之僞，謂之失。知者，接也；知者，謨也；知者之所不知，猶睨也。動以不得已之謂德，動無非我之謂治，名相反而實相順也。（《庚桑楚》）

“徹志之勃，解心之謬，去德之累，達道之塞”，意即消除心志之亂，解除心理束縛，丟棄道德累贅，打通道的堵塞。榮貴、富瞻、高顯、威嚴、名聲、利祿，此六者爲亂情志之具。容貌、變動、顏色、辭理、氣調、情意，此六者爲綢繆束縛心靈之具。憎惡、愛欲、欣喜、恚怒、悲哀、歡樂，此六者爲道德患累之具。去捨、從就、貪取、施與、知慮、伎能，此六者爲遮蔽真道之具。以上四種六字所指外在的功名利祿，和内心的喜怒哀樂，如果不動盪於胸中，則心神平正。心神平正則安靜，安靜則清明，清明則虛通，虛通則恬淡無爲，應物而無窮。“道者，德之欽”意爲萬物之生，即是道德之陳列。“生者，德之光”意爲天地之大德曰生，故生化萬物者，爲盛德之光華。“性者，生之質”意即自然之性是稟生之本質。（《漢書·董仲舒傳》

云："質樸之謂性。"）"性之動，謂之爲"意即率性自然而然，即爲作爲。"爲之僞，謂之失"意指如果矯僞造作，就會喪失真道。"知者，接也"意即智者接物而知之，謂之知。"知者，謨也"意即智慧之人，見事而慮之，故因謨見智。"知者之所不知，猶睨也"意即目之能視，非知視而視。不知知而知，所以爲自然。若知而後爲，則爲知之僞。迫而後動，乃見盛德。"動無非我"意爲動而不失自我。捨我逐物則亂，反是則治。"名"、"實"意謂表面與本質。德在内，治在外，德與治名相反而實相順。如果心胸淡定，則身心俱健。

故此，氣的問題説到底還是心的問題：

> 兵莫憯于志，鏌鋣爲下；寇莫大於陰陽，无所逃於天地之閒。非陰陽賊之，心則使之也。（《庚桑楚》）

刀劍如著名的鏌鎁，就傷人的鋒利來説，次於人的心志。人最大的敵寇是陰陽之氣。因此，無論人們躲在什麼地方，都逃不了陰陽之氣的殘害、賊害。而所謂陰陽二氣對人的殘害，其實就是人心使然。（郭象注曰："心使氣，則陰陽徵結於五藏而所在皆陰陽也，故不可逃。"）可見，人的内心有喜怒哀樂憂患，這些情緒擾亂了人體内陰陽二氣的平衡，這是人自己的大敵。心有躁競，喜怒戰於胸中，其寒凝水，其熱燋火，此陰陽之寇。勁敵巨寇，猶可逃之，而兵起内心，如何逃避！

> 爲外刑者，金與木也；爲内刑者，動於過也。宵人之離外刑者，金木訊之；離内刑者，陰陽食之。夫免乎外内之刑者，唯

真人能之。(《列御寇》)

“金”、“木”指刑具。“動”猶“惑”。“過”即過悔。“宵人”即“小人”。“離”同“罹”,意即罹難。“食”同“蝕”,侵蝕,消耗。

《莊子》還認爲,人類遺漏精子的病狀實質上也是直接損傷精氣:

長梧封人問子牢曰:“君爲政焉勿鹵莽,治民焉勿滅裂。昔予爲禾,耕而鹵莽之,則其實亦鹵莽而報予;芸而滅裂之,其實亦滅裂而報予。予來年變齊,深其耕而熟耰之,其禾繁以滋,予終年厭飧。”莊子聞之曰:“今人之治其形,理其心,多有似封人之所謂,遁其天,離其性,滅其情,亡其神,以眾爲。故鹵莽其性者,欲惡之孽,爲性萑葦蒹葭,始萌以扶吾形,尋擢吾性;並潰漏發,不擇所出,漂疽疥癰,内熱溲膏是也。”(《則陽》)

“長梧封人”是叫長梧地方的守封疆之人,即地方官。“子牢”是孔子弟子。“鹵莽”意指粗陋,草率事之。“滅裂”意謂輕薄,亦草率之意。“爲禾”即種地。“實”即果實,意指收成。“報”即回報。“芸”同“耘”。“變齊”意爲改變耕作方法。“耰”即鋤地。“滋”意即榮滋。“厭飧”即足食。“治其形,理其心”意指養護身體和心靈。“遁其天,離其性,滅其情,亡其神”意即逃離自然之性,熄滅真情,丟失精神。“以眾爲”即“以多爲”,指遁天、離性、滅情、亡神等。此處“鹵莽其性”,意指上述“眾爲”。“欲惡之孽,爲性萑葦”意即,好惡之情如同發芽的蘆葦。“始萌以扶吾形,尋擢吾性”大意即蘆葦妨礙莊稼,情慾傷害正性,皆由鹵莽浮僞所至。“扶”即扶助。“尋”意爲引導、逐漸。“擢”即拔。“並潰漏發,不擇所出,漂疽疥癰,内熱溲膏”意即精氣遺漏,熱毒腫痛膿瘡之類迸發,内熱遺精。“溲膏”意即遺精。在古人觀念中,精子與精氣有關。如此之人,外枯内槁,不能保命,更不能長生。

因此,人保養自己的身體,核心在於守護自己精元、精氣,這是根本。

達生之情者,不務生之所无以爲;達命之情者,不務知之所无奈何。養形必先之物,物有餘而形不養者有之矣;有生必先无離形,形不離而生亡者有之矣。生之來不能却,其去不能止。悲夫!世之人以爲養形足以存生;而養形果不足以存生,則世奚足爲哉!雖不足爲而不可不爲者,其爲不免矣。夫欲免爲形者,莫若棄世。棄世則无累,无累則正平,正平則與彼更生,更生則幾矣。事奚足棄而生奚足遺?棄事則形不勞,遺生則精不虧。夫形全精復,與天爲一。天地者,萬物之父母也,合則成體,散則成始。形精不虧,是謂能移;精而又精,反以相天。(《達生》)

形勞而不休則弊,精用而不已則勞,勞則竭。……夫有干越之劍者,柙而藏之,不敢用也,寶之至也。(《刻意》)

通達生存之實情,不會經營、操持與生存所不應該做的分外事務。通達性命之實情,不會經營那些得不到之物。養身體必須首先具備旦夕所需的資貨衣食，但是有人吃穿有餘身體卻不能得到保養。生命不能離開身體，然而有人身體仍在性命卻逝去了。我們不能拒絕自己出生到這個世界，也不能阻止死去離開這個世界。可悲啊！世人以爲保養身體足以保全生命，然而保養身體卻確實不能保全生命。那麼世間何事能夠對此有所作爲呢！雖然不足以作爲而又不可不爲，這個事情則是不可避免。若免除爲身體而爲，不如拋卻世事。拋卻世事則無所牽累，無所牽累則心靈平靜安寧，心靈平靜安寧則與造化與日俱新，與日俱新則接近道了。世事爲何足須拋棄而生命爲何足須遺忘？拋棄世事則形體不勞，遺忘生命則精神不虧。形全精復，與自然爲一體。天地是萬物之父母，合則成萬物之體，散則成萬物本始。形精不虧，是謂能自然變遷移；養精之至，反以相助參贊自然。"干越"即干溪、越山，意指吳越。干溪、越山出名劍。"柙"同"匣"，作動詞，本義爲劍鞘。《在宥》有黃帝向得道的廣成子請教修身延年之事：

> 廣成子南首而臥，黃帝順下風膝行而進，再拜稽首而問曰："聞吾子達於至道，敢問，治身奈何而可以長久？"廣成子蹷然而起，曰："善哉問乎！來！吾語女至道。至道之精，窈窈冥冥；至道之極，昏昏默默。无視无聽，抱神以靜，形將自正。必靜必清，无勞女形，无搖女精，乃可以長生。目无所見，耳无所聞，心无所知，女神將守形，形乃長生。慎女內，閉女外，多知爲敗。我爲女遂於大明之上矣，至彼至陽之原也；爲女入於窈冥之門矣，至彼至陰之原也。天地有官，陰陽有藏，慎守女身，物將自壯。我守其一以處其和，故我脩身千二百歲矣，吾形未

常衰。”

廣成子頭朝南而臥。黃帝以膝著地跪而行走，磕頭拜揖。“蹷然”意即驚厥。“自正”意即自定。“内”、“外”意指思慮、行爲。“大明”意即如日月之明。“天地有官”意指日月星辰和金木水火土。陰陽二氣如藏府。廣成子蓄氣養精，延年一千二百歲。可見精氣是形體之根本。

在日常生活中，人若不能夠守護精元，易喜易怒，則容易得病。人之喜怒哀樂憂懼之情，會直接導致生病。《莊子》説了一個非常生動有趣的故事，説明情緒心理對於疾病的立竿見影作用。

> 桓公田於澤，管仲御，見鬼焉。公撫管仲之手曰：“仲父何見？”對曰：“臣无所見。”公反，誒詒爲病，數日不出。齊士有皇子告敖者曰：“公則自傷，鬼惡能傷公！……”桓公曰：“然則有鬼乎？”曰：“有。沈有履，竈有髻。戶内之煩壤，雷霆處之；東北方之下者，倍阿鮭蠪躍之；西北方之下者，則泆陽處之。水有罔象，丘有峷，山有夔，野有彷徨，澤有委蛇。”公曰：“請問，委蛇之狀何如？”皇子曰：“委蛇，其大如轂，其長如轅，紫衣而朱冠。其爲物也，惡聞雷車之聲，則捧其首而立。見之者殆乎霸。”桓公囅然而笑曰：“此寡人之所見者也。”於是正衣冠與之坐，不終日而不知病之去也。(《達生》)

齊桓公狩獵，管仲駕車，桓公説看見鬼了。“誒詒”意爲倦怠貌。“皇子告敖”爲人名，他告訴桓公到處有鬼。“沈有履，竈有髻”意爲灶有灶精、灶神。"煩壤"即糞壤，今之垃圾。垃圾其中有鬼，名曰雷霆。人宅中東北牆下有鬼，名"倍阿鮭蠪"，躍狀如小兒。西北方之下有名叫"泆陽"的豹頭馬尾之鬼怪。水中有叫"罔象"的水神，狀如小兒，赤黑色，赤爪，大耳，長臂。丘陵中有名叫"峷"的鬼怪，狀如狗，有角，文身五采。大山中有名叫"夔"的神獸，大如牛，狀如鼓，一足。田野中有名叫"彷徨"的怪獸，狀如蛇，兩頭，五采文。大澤之中有名叫"委蛇"的鬼神，大小如爲車輪中心之圓木("轂")，長短如馬車前駕馬之長木("轅")。"惡聞"意即厭惡聽到。"見之者殆乎霸"意爲，見到"委蛇"就近爲霸主了。"囅"意爲大笑狀。

類似齊桓公這樣的情形，在生活中並不少見。除非一些人，達到臨危不懼、神氣不變的境地，就不容易受到外在事變的干擾，心平氣和，百病不侵。因此，莊子認爲人之有病，基本上是精神與心理問題，即"陰陽之患"(《人間世》)。而色欲則爲禍害之首。

> 仲尼曰："无入而藏，无出而陽，柴立其中央。三者若得，其名必極。夫畏塗者，十殺一人，則父子兄弟相戒也，必盛卒徒而後敢出焉，不亦知乎！人之所(取)【最】畏者，衽席之上，飲食之閒；而不知爲之戒者，過也。"(《達生》)

孔子所說大意爲：無接納外物("入")而藏於心中，無表露内心("出")而顯耀("陽")，如槁木立於("柴立")世界之中。得此三者，可稱至人。阻險可畏之路，十人同行，一人被殺，則父子兄弟之間相互戒備護衛不敢輕行，必待強盛卒伍，多結徒伴，斟量平安，然後敢去。這就是智慧之舉。人應該最畏懼的是臥席之上、飲食之間(色欲)。然而卻不知爲之戒備，罪過也。常人對於色欲之害，至於死地仍無戒心。就養生而言，色慾可謂陰陽大亂，喪失真氣，虧損精元，可謂禍首。

《莊子》除了指出在日常生活中，要善於守護真氣，保養身體和心靈，還特别指出遭受儒家仁義道德“黥”、“劓”的心靈殘疾之人，也需要在自然之道中養氣，進行治療、恢復。

> 意而子曰:“雖然，吾愿遊於其藩。”許由曰:“不然。夫盲者无以與乎眉目顔色之好，瞽者无以與乎青黄黼黻之觀。”意而子曰:“夫无莊之失其美，據梁之失其力，黄帝之亡其知，皆在爐捶之間耳。庸詎知夫造物者之不息我黥而補我劓，使我乘成以隨先生邪?”許由曰:“噫！未可知也。我爲汝言其大略。吾師乎！吾師乎！整萬物而不爲義，澤及萬世而不爲仁，長於上古而不爲老，覆載天地刻彫衆形而不爲巧。此所遊已。”(《大宗師》)

“意而子”傳説爲古代賢人。“許由”亦爲賢人，傳説堯欲禪位許由，許由避讓。“瞽”亦盲人。“黼黻”是古代禮服上之花紋，黑白相間爲黼，青黑相間爲黻。“无莊”爲傳説古代美人。“據梁”傳説古代大力士。“亡其知”意即遺忘其智慧。“爐捶”即冶煉鍛造，此處意謂修道過程。“庸詎”意即何以。“息我”即以養息、養氣來使我復生。“息”自然也與呼吸吐納養氣有關。“黥”、“劓”皆爲對罪犯臉上刺字、割鼻刑罰，這裡比喻受到儒家思想毒害之心靈殘疾。

“吾師”意指道。“齏”同“濟”，意謂成。這裡已經看出，《莊子》中養氣之說，與某種類似今日氣功的功法是相關的。在下面引文中，《莊子》借孔子之口也提到一種功法。

> 常季曰：“彼爲己，以其知得其心，以其心得其常心。物何爲最之哉？”仲尼曰：“人莫鑑於流水而鑑於止水，唯止能止衆止。受命於地，唯松柏獨也在冬夏青青；受命於天，唯舜獨也正，幸能正生，以正衆生。夫保始之徵，不懼之實。勇士一人，雄入於九軍。將求名而能自要者，而猶若是，而况官天地，府萬物，直寓六骸，象耳目，一知之所知，而心未嘗死者乎！彼且擇日而登假，人則從是也。彼且何肯以物爲事乎！”（《德充符》）

“常季”或爲孔子弟子，或爲寓言人名。常季問孔子：他（指得道者王駘，下同）修善修己，以其智慧使其靜心，以其靜心得其平常之心。衆人何爲群聚（“最”）而從之？孔子說：人們都不以流水爲鑒，而以平靜之水爲鑒。因爲唯有平靜之水能夠讓其他事物靜止下來。得自然之命於地，唯有松柏在冬夏常青；得自然之命於天，唯有舜能夠有天地正氣。舜得正氣，故能正衆生。保守本始性命之成，内懷不懼之志（“實”）。勇士一人，雄入九軍之中如入無人之境。求取功名以成名節尚能忘死忘生（“自要”猶“自成”），何況神通（“官”）天地、聚集（“府”）萬物、視四肢身首耳目如同木偶（“寓六骸”、“象耳目”），知與不知通而爲一，而心中無死之人！他擇日而升於玄遠之域，人們故而從之。他如何肯爲俗務而操勞呢！

這裡的“登假”意即“登霞”，意指仙遊。《楚辭·遠遊》有云：“載營魄而登霞兮”即爲證。遊仙修道也是一種修煉，也與煉氣相關。

按照《莊子》的觀點，人類的身體、精神、心理狀況與氣相關。氣在體內的運行平衡與否，會對心理、情緒產生直接影響，因而也會對人體健康和疾病產生直接影響。因此，修煉吐納氣息與調節心理情緒是互補和相成的。通常人們的身體有病，可以通過調節陰陽修生養息來恢復正常。但是，命中註定的一些不治之症，例如前文所說的子桑戶生病，則無法通過養氣痊愈。那麼，人們應該如何面對這樣的命定之事？順其自然，安之若素是智慧的。但是，如果對於整個生命的意義作一個與日常普通人完全不同的全新理解，對整個人生作一個與塵世生活完全不同的嶄新設計，那將是一種什麼樣的人生呢？《莊子》給出人生意義的這一指向，基本上是在宗教的義域之内了。

其實，在莊子看來，養身保健與修煉得道並行不悖，修煉過程也是得道過程。因此，由健身到修道是個水到渠成之事。這是從保健和醫學領域向宗教領域的無縫對接。

第三節　“熊經鳥申”與行氣導引之術

人之病與陰陽二氣不調相關，而陰陽之氣與心緒、慾望相關，心緒、慾望與人之精神境界即對於道(真理)之體悟相關。因此，要滌蕩内心雜念，去除邪氣戾氣，耳聰目明，身心爽朗而輕舉，歸根結底還是要得道。得道之人自然能夠守護精元，百毒不侵。

> 此謂王德之人。視乎冥冥，聽乎无聲。冥冥之中，獨見曉焉；无聲之中，獨聞和焉。故深之又深而能物焉，神之又神而能精焉；故其與萬物接也，至无而供其求，時騁而要其宿，大小，長短，脩遠。(《天地》)

“王”意爲旺盛。“冥冥”意爲不可察其顏色。“曉”意即昭明。“能物”猶“有物”。《老子》曰：“恍兮惚兮，其中有物。窈兮冥兮，其中有精。”(二十一章)“接”意爲應對、交接。“至无而供其求”意爲，遣物至於無，而隨機接物，求者即供。非有而求無不給。“時騁而要其宿”意爲，行遠而其歸可會。“大小，長短，脩遠”後應有“各有其具”。“視乎冥冥，聽乎无聲”也是“墮肢體、黜聰明”之意。得道者這樣的狀況也可以被描述爲：

> 性脩反德，德至同於初。同乃虛，虛乃大。合喙鳴；喙鳴合，與天地爲合。其合緡緡，若愚若昏，是謂玄德，同乎大順。(《天地》)

“反”同“返”。“初”意指太初。“合喙鳴”意即同於鳥鳴，含有無心於言而自言者，合於喙鳴之意。“合喙鳴”猶齊物之舉眾竅，於是天地亦無心而動。“緡緡”意爲冥合之貌。“玄德”意即玄深之德。“大順”意即自然運行。下面的文字對於得道者的描述就更加清晰了：

> 自其異者視之，肝膽楚越也；自其同者視之，萬物皆一也。夫若然者，且不知耳目之所宜，而遊心乎德之和。物視其所一而不見其所喪，視喪其足猶遺土也。(《德充符》)

“肝膽楚越”意指分別清楚。“一”即一體。若視萬物爲一體，則不見其所缺失。“德之和”意謂全德。“遺”意即遺失、缺失。夫天下也者，萬物之所一也。得其所一而同者，則四肢百體將爲塵垢，而死生終始將爲晝夜，而莫之能滑亂於心，而況世俗所謂得失禍福！如果失去腿腳猶如丢棄一塊泥土。

在《莊子》看來，通過調息吐納、修煉氣功，則是普通人得道的一條正途。其實，在莊子生活的時代，通過修煉氣的功法，以防治疾病、保健養生，甚至實現長壽，已經是一種常見的社會現象。後人將此稱爲行氣導引之術。[①]《莊子》中出現的人物，上從傳説中的神人聖人，到當時君王名臣諸子百家和山林隱士，下從農夫戍卒江湖術士到雞鳴狗盜之徒甚至呼嘯山林的強盜，還有肌膚如冰雪的天仙和四肢不全相貌醜惡的怪人，可謂應有盡有，不可勝數，囊括了社

① 按照王國維説法，這種行氣導引之術經歷了原始舞蹈、巫術、方術，後來成爲道教的道術。(見《王國維最後的講義》,《古史新證》清華大學出版社，1994年版)《呂氏春秋・古樂》曰：“昔陶唐氏之始，陰多滯伏而湛積，水道壅塞，不行其原，民氣鬱閼而滯著，筋骨瑟縮不達，故作爲舞以宣導之。”(許維遹:《呂氏春秋集釋》，中華書局，2009年版)可見原始舞蹈的功能之一也是爲了健身卻病。湖南長沙馬王堆漢墓的帛書中有《導引圖》《卻穀食氣篇》《陰陽十一脈灸經》等關於行氣導引的文字、圖錄資料，湖北張家山漢墓中的漢簡《引書》等，就是這種修煉氣的功法佐證。馬王堆漢墓年代在西漢初年，張家山漢墓的年代約在呂后時期，距離莊子生活的戰國晚期不過幾十年時間。在戰國至秦漢時期具有行氣導引之術的著名人物有張良、華佗、甘始等人。參閱唐蘭:《馬王堆帛書〈卻穀食氣篇〉考》,《文物》1975年第6期。)

會各個階層的所有角色。這些人物散見於《莊子》各篇，栩栩如生躍然紙上。在下面這段文字中，《莊子》集中描述了當時社會幾類人物的生活志向及其方式，并在比較中突出了修煉氣的功法與衆不同之處：

刻意尚行，離世異俗，高論怨誹，爲亢而已矣；此山谷之士，非世之人，枯槁赴淵者之所好也。語仁義忠信，恭儉推讓，爲脩而已矣；此平世之士，教誨之人，遊居學者之所好也。語大功，立大名，禮君臣，正上下，爲治而已矣；此朝廷之士，尊主彊國之人，致功并兼者之所好也。就藪澤，處閒曠，釣魚閒處，無爲而已矣；此江海之士，避世之人，閒暇者之所好也。吹呴呼吸，吐故納新，熊經鳥申，爲壽而已矣；此道引之士，養形之人，彭祖壽考者之所好也。若夫不刻意而高，無仁義而脩，無功名而治，無江海而閒，不道引而壽，無不忘也，無不有也，澹然無極而衆美從之。此天地之道，聖人之德也。故曰：夫恬惔寂漠虛無無爲，此天地之平而道德之質也。故曰：聖人休(休)焉，【休】則平易矣，平易則恬惔矣。平易恬惔，則憂患不能入，邪氣不能襲，故其德全而神不虧。故曰：聖人之生也天行，其死也物化；靜而與陰同德，動而與陽同波；不爲福先，不爲禍始；感而後應，迫而後動，不得已而後起。去知與故，循天之理。故無天災，無物累，無人非，無鬼責。其生若浮，其死若休。不思慮，不豫謀。光矣而不耀，信矣而不期。其寢不夢，其覺無憂。其神純粹，其魂不罷。虛無恬惔，乃合天德。故曰：悲樂者，德之邪；喜怒者，道之過；好惡者，(德)【心】之失。故

> 心不憂樂，德之至也；一而不變，靜之至也；无所於忤，虛之至也；不與物交，淡之至也；无所於逆，粹之至也。故曰：形勞而不休則弊，精用而不已則勞，勞則竭。水之性，不雜則清，莫動則平；鬱閉而不流，亦不能清；天德之象也。故曰：純粹而不雜，靜一而不變，淡而无爲，動而以天行，此養神之道也。夫有干越之劍者，柙而藏之，不敢用也，寶之至也。(《刻意》)

這裡描述的人士第一類"山谷之士"是隱士。他們鐫雕其意志，高尚其行爲，削意冷峻，遠離世俗社會，危言聳聽，抱怨非議，清高傲慢("亢")。這是一些非毀當世、形容枯槁、慷慨沉河之人，如鮑焦、介子推、申徒狄等。第二類"平世之士"是治世之士。他們主張仁義忠信，恭儉推讓，修身治世。這是一些好爲人師、遊說博學之人，如儒者之徒。第三類"朝廷之士"是入世干臣。他們追求功名，輔助君主治理朝政。這是一些尊主強國、開疆拓土建功立業之人，如管仲、樂毅等。第四類"江海之士"是閒雲野鶴。他們栖隱山藪，放曠皋澤，是一些無爲閑放避世之人，如許由、范蠡等。第五類"道引之士"是追求長壽的修煉之士。他們修煉之法即與氣相關。"吹呴"同"吹噓"。"吐故納新"意指人體呼出廢氣、吸入新鮮之氣。"熊經鳥申"意指日常行爲若熊攀樹而引氣，若鳥之飛空而伸腳。"道引"、"养形"即導引神氣，以養形魄。"無不有"即没有不獲得的。"眾美"意指美、善等德行。"恬惔寂漠"即恬淡寂漠。"天地之平"意即天地之平均。"道德之質"即道德之本質、實在。"聖人休(休)焉，【休】則平易"，意即聖人休息，休息則平易。"襲"意爲進入，與"入"互文。"天行"意指自然運行。"物化"意即與物俱化。聖人其死也類萬物之變化。“動而與陽同波”意爲應感而動，與陽氣同其波瀾。“先”、“始”爲互文，意指謀取、追逐。“福”與“禍”亦爲互文。“不得已”意即順自然。“去知與故”意爲去除智和巧。“其生若浮”意即生若浮遊。“豫謀”即預謀。“燿”即照耀。“期”即期待。“罷”同“羆”，意即疲勞。“一而不變”之“一”比喻道。“忤”意即忤逆。“鬱閉”意爲淤積堵塞。“干越”即吳越國的干溪、越山，這兩個地方以出名劍而聞名天下。“柙”同“匣”，劍鞘，在此作動詞用。

這裡所謂“吹呴呼吸，吐故納新，熊經鳥申，爲壽而已矣；此道引之士，養形之人，彭祖壽考者之所好也”，就是類似今日修煉氣功的一類修煉氣的功法。雖然在此段文字中，《莊子》並非完全推崇這種“道引之士”，反而倡導“不刻意而高，無仁義而脩，無功名而治，無江海而閒，不道引而壽”的“澹然無極”生活觀念。但是，從全部《莊子》的思想整體中，不難發現莊子對這種導引之術的推崇。在《莊子》中，修習吐納的氣功之術，可謂俯拾皆是。因爲，在《莊子》看來，這種修煉不僅保健養生甚至長壽不老，也能通向“天地之道，聖人之德”。在凡夫俗子和芸芸眾生身上，這可能是《莊子》認同的唯一的得道、體道方式。

> 雲將不得問。又三年，東遊，過有宋之野而適遭鴻蒙。雲將大喜，行趨而進曰：“天忘朕邪？天忘朕邪？”再拜稽首，願聞於鴻蒙。鴻蒙曰：“浮遊，不知所求；猖狂，不知所往；遊者鞅掌，以觀无妄。朕又何知！”雲將曰：“朕也自以爲猖狂，而民隨予所往；朕也不得已於民，今則民之放也。願聞一言。”鴻

> 蒙曰："亂天之經，逆物之情，玄天弗成；解獸之羣，而鳥皆夜鳴；災及草木，禍及止蟲。意，治人之過也！"雲將曰："然則吾奈何？"鴻蒙曰："意，毒哉！僊僊乎歸矣。"雲將曰："吾遇天難。願聞一言。"鴻蒙曰："意！心養。汝徒處无爲，而物自化。墮爾形體，吐爾聰明，倫與物忘；大同乎涬溟，解心釋神，莫然无魂。萬物云云，各復其根，各復其根而不知；渾渾沌沌，終身不離；若彼知之，乃是離之。无問其名，无闚其情，物故自生。"雲將曰："天降朕以德，示朕以默；躬身求之，乃今也得。"再拜稽首，起辭而行。(《在宥》)

"雲將"、"鴻蒙"爲寓言人物。"有宋"爲寓言國名。"天"指鴻蒙，下同。"天忘朕邪"即你忘記我了嗎。[①]雲將向鴻蒙稽首求教。鴻蒙說：我浮遊處世，不知所求；放任妄行("猖狂")，不知所往；遊樂自得("鞅掌")，神覆宇宙而無所望("妄")。我又知道什麽？雲將說：我也自以爲放任，但民衆隨我而行；我既爲民之君，今成爲民衆的依靠。故此請教。鴻蒙說：亂天然常道，逆萬物之情理，自然("玄天")之化不能成。解散獸羣，鳥則駭飛夜鳴。災及草木，禍及豸("止")蟲。這都是統治者之過。雲將說：我將如何？鴻蒙說：痛苦啊("毒哉")，翩翩("僊僊")而歸吧。雲將說：我遇到你很難，請指點一下。鴻蒙說：養心。你但處無爲，萬物自然化成。廢除("墮")你的形體，罷黜("吐")你的聰明，沉淪("倫")與物相忘，不逆物情之意；大同於自然之氣("涬溟")，解脱心神，莫然無魂。

① 王先謙曰："尊之曰天，如黄帝之稱廣成子。"見王先謙：《莊子集解》，第95頁。

芸芸萬物，各歸其本而不知。混混沌沌，終身不與自然分離。如果有知，則離自然。不問其名，無察其情理，萬物自己生成。雲將說：天降德於我（“朕”同“我”），以沉默展示出來；我孜孜以求，今日得之。向鴻蒙再次稽首，辭行而去了。

雲將向鴻蒙請教生之真諦，鴻蒙教授給他的就是通過修煉氣的功法來養心養生。通過修煉氣的功法，人的身體和精神狀況將會發生奇特的變化。而《莊子》甚至認爲，不僅人如此，動物也是如此。

> 徐无鬼曰：“嘗語君，吾相狗也。下之質執飽而止，是狸德也；中之質若視日，上之質若亡其一。吾相狗，又不若吾相馬也。吾相馬，直者中繩，曲者中鉤，方者中矩，圓者中規，是國馬也，而未若天下馬也。天下馬有成材，若卹若失，若喪其一，若是者，超軼絕塵，不知其所。”（《徐无鬼》）

“徐无鬼”隱士人名。“嘗語君”意爲嘗試爲君說。“相”意即看相。“質”即品質。“執”意爲獲取、取得。“狸”即貓。貓之捕鼠，飽而止。“若視日”意爲此狗不顧目前小獸，望如視日，中品狗。“亡其一”意指遺忘身體，下文“喪其一”義同。神氣定審，若無其身，上品之狗。“繩”、“鉤”、“矩”、“規”皆工匠器具。“國馬”意爲諸侯國之上品馬。“天下馬”意爲宇內之上品馬。“成材”即天然之材。“卹”猶“亡”。“失”意即遺失、遺忘。觀其神彩，若忘己身。“超軼絕塵”形容風馳電掣眾馬不及。“所”意即所往、所止。

紀渻子爲王養鬬雞。十日而問:"雞已乎?"曰:"未也,方虛憍而恃氣。"十日又問,(白)【曰】:"未也,猶應嚮景。"十日又問,曰:"未也,猶疾視而盛氣。"十日又問,曰:"幾矣。雞雖有鳴者,已无變矣,望之似木雞矣,其德全矣,異雞无敢應者,反走矣。"(《達生》)

紀渻子是人名。"已"即養成之意。"虛憍"意爲高傲驕矜。"應嚮景"意爲對響聲物影有反應。"疾視而盛氣"意爲顧視速疾義氣強盛。"幾"意即(盛氣)窮盡。不驕矜,心神安定。"无變"意指不爲外界所動。"異雞"指其他的雞。他人之雞,見到"木雞",紛紛逃離,無雞敢於應戰。

上面兩個故事所述之事或許有點誇張,但依照《莊子》的邏輯,則完全合乎情理。《莊子》所謂"通天下一氣耳",意指是宇宙萬物在根本性狀上都是氣,不僅人和動物依靠氣息存活,萬物皆如此。而修煉氣的功法既然對於人體產生奇妙功用,對於動物當然也會如此。我們亦可由此進一步深入理解《莊子》這個思想的更深邃含義。於是,我們也很容易理解,《莊子》描述的一些得道的非凡人物,通過修煉氣的功法而實現超越現實存在,是具有內在邏輯的。從開篇《逍遙遊》就有"列子御風而行,泠然善也,旬有五日而後反"之類文字,可見列子具有非同尋常的本領。很顯然,列子的這種本領是通過修道獲得的。《莊子》中有幾處對於列子修道的描述,我們可以見到列子修道的過程和細節。

列御寇之齊,中道而反,遇伯昏瞀人。伯昏瞀人曰:"奚方而使？”曰：“吾驚焉。”曰：“惡乎驚？”曰：“吾嘗食於十漿，而五漿先饋。”伯昏瞀人曰：“若是，則汝何爲驚已？”曰：“夫内誠不解，形諜成光，以外鎮人心，使人輕乎貴老，而𩐋其所患。夫漿人特爲食羹之貨，多餘之贏，其爲利也薄，其爲權也輕，而猶若是，而況於萬乘之主乎！身勞於國而知盡於事，彼將任我以事，而效我以功，吾是以驚。”伯昏瞀人曰：“善哉，觀乎！汝處己，人將保汝矣！”无幾何而往，則戶外之屨滿矣。伯昏瞀人北面而立，敦杖蹙之乎頤，立有閒，不言而出。賓者以告列子，列子提屨，跣而走，暨乎門，曰：“先生既來，曾不發藥乎？”曰：“已矣，吾固告汝曰人將保汝，果保汝矣。非汝能使人保汝，而汝不能使人无保汝也，而焉用之感豫出異也！必且有感，搖而本性，又无謂也。與汝遊者又莫汝告也，彼所小言，盡人毒也。莫覺莫悟，何相孰也！巧者勞而知者憂，无能者无所求，飽食而遨遊，汎若不繫之舟，虛而遨遊者也。”（《列御寇》）

列子行往齊國，中途返回，遇到伯昏瞀人(即伯昏無人)。伯昏瞀人說：何故而返？列子說：我驚懼了。伯昏瞀人說：爲何驚懼？列子說：我在有十家飯店之地進餐，有五家飯店爭先要免費饋贈給我。伯昏瞀人說：是這樣，你爲什麼驚懼了？列子說：我内心實智未能懸解，外形洩露走光，以外表鎮服人心，使人重御寇過於老人，恐釀成禍患。開飯店但爲供人吃喝之物，盈利微薄，權勢輕微，尚且如此競爭，而況萬乘君主權高利厚奔馳尊貴！身體疲倦於邦國，心智盡慮於世事。他必將任我以物務而驗我以功績。因此，我驚懼了。伯昏瞀人說：你的觀察好啊！你歸去吧，人將依附你了！不多時，很多請益者來到列子住處，室外擺滿了鞋子。(伯昏往御寇之所)伯昏瞀人向北而立，豎著拐杖低著下顎，倚立稍久，無言而歸去。門人將此情告訴列子，列子提著鞋赤足走出來，到門口說：先生既然來了，爲什麼還不啓發開導啊？伯昏瞀人說：罷了。我已經告訴你人將歸附你，果然歸附你了。這不是你能使人歸附於你，而是你不能使人不歸附於你，你爲何用此感悅而顯示異常！必有感迫而後搖動你的本性，有何可說！歸附你的人對你無忠告，他們的細巧之言，佞媚於人，盡爲鴆毒。莫能覺悟，如何能相成相濟！巧者辛勞而智者憂慮，無能者則無所求，飽食而逍遙，泛然如無繩係之舟，虛無而作逍遙之遊。

列子在行路途中被人發現自己的心志，誠惶誠恐向伯昏瞀人求教。伯昏瞀人教誨他“虛而遨遊”。“虛”即與修煉氣的功法相關，“遊”則是這種功法的一種功能。在列子學道的過程中，還曾投身於壺子門下。然而，這之間有曲折，也非常有趣。

> 鄭有神巫曰季咸，知人之死生存亡，禍福壽夭，期以歲月旬日，若神。鄭人見之，皆弃而走。列子見之而心醉。歸，以告壺子，曰：“始吾以夫子之道爲至矣，則又有至焉者矣。”壺子曰：“吾與汝既其文，未既其實，而固得道與？衆雌而无雄，而又奚卵焉！而以道與世亢，必信，夫故使人得而相汝。嘗試與來，以予示之。”明日，列子與之見壺子。出而謂列子曰：“嘻！子之先生死矣！弗活矣！不以旬數矣！吾見怪焉，見濕灰焉。”列子入，泣涕沾襟以告壺子。壺子曰：“鄉吾示之以地文，萌乎不震不正。是殆見吾杜德機也。嘗又與來。”明日，

又與之見壺子。出而謂列子曰："幸矣子之先生遇我也！有瘳矣，全然有生矣！吾見其杜權矣。"列子入，以告壺子。壺子曰："鄉吾示之以天壤，名實不入，而機發於踵。是殆見吾善者機也。嘗又與來。"明日，又與之見壺子。出而謂列子曰："子之先生不齊，吾无得而相焉。試齊，且復相之。"列子入，以告壺子。壺子曰："吾鄉示之以太沖莫勝。是殆見吾衡氣機也。鯢桓之審爲淵，止水之審爲淵，流水之審爲淵。淵有九名，此處三焉。嘗又與來。"明日，又與之見壺子。立未定，自失而走。壺子曰："追之！"列子追之不及。反，以報壺子曰："已滅矣，已失矣，吾弗及已。"壺子曰："鄉吾示之以未始出吾宗。吾與之虛而委蛇，不知其誰何，因以爲弟靡，因以爲波流，故逃也。"（《應帝王》）

此段文字大意爲：鄭國有個被稱爲神仙的巫師季咸[①]，知道人的死生存亡，禍福壽夭，能計算到年月旬日，若神。鄭國人見到他，皆避之而走(怕知道自己生死禍福)。列子見到他卻心醉神迷，歸來告訴他的老師壺子說：我起初以爲老師您的道行爲最高的，現在又有更高的得道者了。壺子說：過去我教你的盡是表面的，沒有實在的東西。你哪能得道啊！你受訓未熟，故未成道，如同有雌而無雄，

① 傳殷史官巫咸著有《巫咸星经》，爲我國第一部天文學著作，並有最早星表，據說含33座共144星，《晉書・天文志》、《隋書・天文志》、唐《開元占經》等皆有記載。但原本亡佚，後世存本列齊、趙國名，顯然屬於偽託。又傳西周有巫咸學派爲宋國司星繼承，巫咸袑(字子韋)是代表，《史記・天官書》記有宋國星象家子韋，《莊子・天運》有"巫咸袑"可证。此處季咸亦可能來源於巫咸。《尚書・君奭》提及殷代大臣巫咸。《世本・作》篇："巫咸作筮。"《史記・天官書》：殷商傳天數者有"巫咸"。

不能產卵。而你用這個道與世人相對抗，以必信顯於世，故使人得而看破你的底細。你試試叫他與你一起來，我展示一下給他看。第二天，列子與季咸一起見壺子。出來時，季咸對列子說：啊，你的先生要死了！活不了了！不過十天。我(在壺子身上)看見怪東西了，見到濕灰了。列子進來，淚流滿面把季咸的話告訴壺子。壺子說：剛才我向他展示的是“地文”，萌芽之狀不動不止。這個狀況接近讓人看到我關閉了德性機關。試試讓他再與你一起來。第二天，列子又與季咸一起來見壺子。出來時季咸告訴列子說：幸運啊你的老師遇到我了！病癒了，痊愈有生機了！我看到(他身上)關閉的機關轉變了。列子進來，把季咸的話告訴壺子。壺子說：剛才我向他展示了“天壤”，虛名和實在都不能進入，而生機發於腳後跟。這個狀況接近讓人看到我的好的生機了。試試讓他與你一起再來。第二天，列子與季咸一起又見壺子。出來時季咸對列子說：你的老師不齋戒，我無法看到他的狀況。你讓他試試齋戒，我再來爲他看相。列子進來，把季咸的話告訴壺子。壺子說：剛才我向他展示的是“太沖莫勝”。這個狀況接近讓人看到我發氣機關的平衡。“鯢桓之審”爲淵，“止水之審”爲淵，“流水之審”爲淵。淵有九名[①]，此處有三個。你試試與他再來。第二天，列子與季咸一起又來見壺子。還沒有站定，季咸落荒而逃。壺子說：快追他！列子出去追不到季咸。回來報告壺子說：已經逃之夭夭，看不見了，

---

① 《列子・黃帝》列九淵之名：鯢旋之潘、止水之潘、流水之潘、濫水之潘、沃水之潘、氿水之潘、雍水之潘、汧水之潘、肥水之潘，當是附會。成玄英疏：“而言淵有九名者，謂鯢桓、止水、流水、(汛)【氿】水、濫水、沃水、雍水、(文)【汧】水、肥水，故謂之九也。並出《列子》。“鯢”即鯨魚。“桓”意即盤桓。“審”意爲聚集。

我追不上了。壺子說：剛才我向他展示的都沒有超出我本身道法。我與他虛與委蛇，他不知我的道法是何物，這個狀態被他看作爲變化頹靡，看作爲流波不息，因此而逃之夭夭。

這段文字十分精彩，生動記述了壺子與季咸鬥法的過程。人物語言、形象、行動表情，都躍然紙上。其中“地文”、“天壤”、“太沖莫勝”應指壺子展示給季咸看的道法名稱。所謂“杜德機”、“不震不正”，以及“鯢桓之審”、“止水之審”、“流水之審”等“九淵”之說，都是描述這種功法的語言，無法具體解釋。而“機發於踵”之說與《大宗師篇》：“真人之息以踵”皆出一轍，與壺子此種道法相通。壺子這裡向季咸展示的就是他修煉氣的道法。通過這場鬥法，列子對於壺子的功法有了深入認識，徹底誠服。

> 然後列子自以爲未始學而歸，三年不出。爲其妻爨，食豕如食人。於事无與親，雕琢復朴，塊然獨以其形立。紛而封哉，一以是終。（《應帝王》）

列子爲妻子做飯，餵豬向伺候人一般，對任何事無親無近，返璞歸真。“塊然”意爲無情之貌。“紛而封哉，一以是終”意即無論世事紛亂散亂，皆總一歸道。列子後來可以“御風而行”，終於修成正果。

第四節　“坐忘”、“心齋”等與修煉氣之功法

修煉氣的功法是普通人得道、體道的唯一途徑，《莊子》中著名

的“坐忘”、“心齋”等狀態，也是與修煉氣的功法相關。

在《莊子》看來，得道高人與世俗的芸芸眾生之區別，在能夠比較的方面，最明顯的還是在心靈層面發生了變化。但是，在心靈上實現這種變化的途徑，也即得道的途徑，與時尚的知識、學問無關。

> 宇泰定者，發乎天光。發乎天光者，人見其人，人有脩者，乃今有恒；有恒者，人舍之，天助之。人之所舍，謂之天民；天之所助，謂之天子。學者，學其所不能學也；行者，行其所不能行也；辯者，辯其所不能辯也。知止乎其所不能知，至矣；若有不即是者，天鈞敗之。備物以將形，藏不虞以生心，敬中以達彼，若是而萬惡至者，皆天也，而非人也，不足以滑成，不可內於靈臺。（《庚桑楚》）

此段文字大意爲，心靈安泰而靜定之人（“宇”比喻心，“泰定”意即大定），其發心照物，由乎自然之智光（“天光”意指自然慧光。此即《人間世》“虛室生白”之意）。這樣的人，心如明鏡，可以鑑人、物之形（“人見其人”後闕“物見其物”四字）。真有道修之人，能持凝常之道（“恒”意即常）。這樣的人，眾人依附（“舍”意即舍居），上天幫助。眾人依附之人謂之“天民”，上天幫助之人謂之“天子”（“天民”、“天子”皆謂得道者）。世俗之學者皆不能學到得道之學，行動者也不能獲得得道之途，善辯者也不能辨別得道之理。能認識到知識自身界限的知識，則是最高的知識。如果達不到這樣的認識，自然之性則將毀壞。順應萬物而成其形（“將形”），包藏神智，不臆度、不思慮（“不虞”），遇物生心，敬守内心以應對外在世界萬物。如果這樣天災人禍（“萬惡”）降臨，那是天意而非人爲，皆不足以混亂性情（“滑成”），不可以進入心靈（“靈臺”）。

這裡說到，一般世俗的問學、行動和論辯，是不能得道的。這也是《老子》的觀點：“爲學日益，爲道日損。”（四十八章）在下面的文字中，《莊子》通過講述顔回的修煉過程，由於不得要領，亦步亦趨，也難以得道。

> 顔淵問於仲尼曰：“夫子步亦步，夫子趨亦趨，夫子馳亦馳；夫子奔逸絶塵，而回瞠若乎後矣！”夫子曰：“回，何謂邪？”曰：“夫子步，亦步也；夫子言，亦言也；夫子趨，亦趨也；夫子辯，亦辯也；夫子馳，亦馳也；夫子言道，回亦言道也；及奔逸絶塵而回瞠若乎後者，夫子不言而信，不比而周，无器而民滔乎前，而不知所以然而已矣。”（《田子方》）

顔淵對於孔子可謂亦步亦趨。“奔逸絶塵”意爲疾走。“瞠若乎後”意爲眼見在後面。孔子滅塵迅速不可追趁，故顔回直視而在後。“不言而信”意爲不說而爲人信任。“不比而周”意爲不親而自合。“无器”意爲無君人之位。“滔”同“蹈”。

然而，這樣亦步亦趨的學習孔子，不可能獲得正確的方法得道。得道的方法即爲“墮肢體、黜聰明”：

> 顔回曰：“回益矣。”仲尼曰：“何謂也？”曰：“回忘仁義矣。”曰：“可矣，猶未也。”它日，復見，曰：“回益矣。”曰：“何

謂也？”曰：“回忘禮樂矣。”曰：“可矣，猶未也。”它日，復見，曰：“回益矣。”曰：“何謂也？”曰：“回坐忘矣。”仲尼蹵然曰：“何謂坐忘？”顔回曰：“墮枝體，黜聰明，離形去知，同於大通，此謂坐忘。”仲尼曰：“同則无好也，化則无常也。而果其賢乎！丘也請從而後也。”（《大宗師》）

“益”意爲進步、長進。只有徹底忘掉仁義、禮樂這些世俗的價值、禮儀，以及正常人的感覺器官的基本功能，才能夠得道。而達到“墮肢體，黜聰明，離形去知，同於大通”的“坐忘”是通過什麽方法實現的呢？

有趣的是，《莊子》中關於顔回修煉道術的文字頗爲完備，下面的文字中，《莊子》更加具體地描述了顔回的修煉方法。

顔回曰：“吾无以進矣，敢問其方。”仲尼曰：“齋，吾將語若！有【心】而爲之，其易邪？易之者，皞天不宜。”顔回曰：“回之家貧，唯不飲酒不茹葷者數月矣。若此，則可以爲齋乎？”曰：“是祭祀之齋，非心齋也。”回曰：“敢問心齋。”仲尼曰：“若一志，無聽之以耳而聽之以心，無聽之以心而聽之以氣！聽止於耳，心止於符。氣也者，虛而待物者也。唯道集虛。虛者，心齋也。”顔回曰：“回之未始得使，實自回也；得使之也，未始有回也；可謂虛乎？”夫子曰：“盡矣。……瞻彼闋者，虛室生白，吉祥止止。夫且不止，是之謂坐馳。夫徇耳目内通而外於心知，鬼神將來舍，而況人乎！是萬物之化也，禹舜之所紐也，伏戲几蘧之所行終，而況散焉者乎！”（《人間

世》)

“進”意即進展。“方”即方法。“齋”即齋戒。“其易”猶“豈易”。“皞天”意指自然。“心齋”字面意爲心的齋戒。此爲《莊子》核心術語之一,描述《莊子》理想中一種高妙的内心體驗和人生境界。“一志”應爲“一汝志”,意謂純一你的心識。“心止於符”意爲心意起緣於思慮,必與出現的境遇符合。“唯道集虛”意爲只有真道才能集合空虛之心。“未始得使,實自回也”意即沒有實施心齋,感覺到顔回自身肉體存在。“得使之也,未始有回也”意爲從事心齋之後,未始有顔回了,意即忘我。“盡”意即完備。心齋之妙,妙盡於此。顔回所言,已盡得心齋之妙。“瞻彼闋者”意爲看那個空虛之境。“虛室生白”意爲心能空虛,則純白獨生。“吉祥止止”意爲吉祥所集者,至虛至靜。“坐馳”意謂形坐神馳。此亦爲《莊子》重要術語。成玄英疏:“謂形坐而心馳者也。”“徇耳目内通而外於心知”意爲使耳目内在通達而超脱、阻斷心智的日常使用。“舍”意即居住。虛懷任物,鬼神冥附而舍止。“是萬物之化”意爲此(心齋)化成萬物。“紐”意即關節處。“伏戲”指伏羲。“几蘧”爲三皇以前無文字之君。“行終”意爲行之終身。“散焉者”意指普通凡人。顔回通過修煉氣的功法,終於能夠達到忘我的境界。“徇耳目内通而外於心知,鬼神將來舍”,是這種氣的功法效果的校驗。可見《莊子》最著名的術語“坐忘”、“心齋”之類,其實也與修煉氣的功法相關。《莊子》通過孔子之口,教誨孔門大弟子顔回修煉氣的功法,達到“坐忘”、“心齋”的境況之中,也是對儒家積極入世思想反諷的極致。

總其言而述之，在《莊子》中，達到“坐忘”、“心齋”的境界也都是通過氣的修煉而實現的：

> 南郭子綦隱几而坐，仰天而噓，嗒焉似喪其耦。顏成子游立侍乎前，曰：“何居乎？形固可使如槁木，而心固可使如死灰乎？今之隱几者，非昔之隱几者也。”子綦曰：“偃，不亦善乎，而問之也！今者吾喪我，汝知之乎？（《齊物論》）
>
> 南伯子綦隱几而坐，仰天而噓。顏成子入見曰：“夫子，物之尤也。形固可使若槁骸，心固可使若死灰乎？”（《徐无鬼》）

南郭子綦爲得道者。“隱几”意即憑藉几案。“噓”即吐氣。“嗒”意爲坐忘之狀。“耦”同“偶”，此處指身體。“顏成子游”是子綦弟子，名偃。“吾喪我”意爲我遺忘、失去了自我，與上文“喪其耦”義同。“吾喪我”之“吾”指本體自我，“我”指經驗自我。[①]南郭子綦是在修習吐納之術也即練功之中達到“吾喪我”的境界的。《莊子》中幾乎所有得道者，都是處於這種“墮肢體，黜聰明，離形去知”的狀況。

---

① 參見韓林合《虛己以遊世——〈莊子〉哲學研究》（修訂版），商務印書館，2014年版，第127頁。馮友蘭先生認爲：“所謂‘心齋’、‘坐忘’，皆主除去思慮知識，使心虛而‘同於大通’，在此情形中所有之經驗，即純粹經驗也。”（馮友蘭：《中國哲學史》上册，中華書局，1992年版，第301頁。）這也是一種誤解。在後期的《中國哲學史新編》中，馮友蘭說：“‘坐忘’的方法是靠否定知識中的一切分別，把它們都‘忘’了，以達到心理上的混沌狀態。”（第二卷，第122頁。）這個界定否定了前期的說法，比較接近莊子的思想。但總而言之，“心齋”、“坐忘”是用日常經驗無法解釋的。

齧缺問道乎被衣，被衣曰："若正汝形，一汝視，天和將至；攝汝知，一汝度，神將來舍。德將爲汝美，道將爲汝居，汝瞳焉如新生之犢而无求其故！"言未卒，齧缺睡寐。被衣大悅，行歌而去之，曰："形若槁骸，心若死灰，真其實知，不以故自持。媒媒晦晦，无心而不可與謀。彼何人哉！"（《知北遊》）

"齧缺"、"被衣"皆得道之人。齧缺是王倪弟子，被衣爲王倪之師。"正"意即端正。"一"意爲純一。"天和"意指自然之和。"攝"意即收攝。"度"意即形。"神將來舍"意爲精神自來身上。"瞳"同"僮"。初生之犢，天性純一。"无求其故"意爲常保其自然之性。"睡寐"意即熟睡。"槁骸"猶"槁枝"。"真其實知"意爲真其所知，不以巧故自持。"媒"同"昧"。"謀"即商量。彼既無心，則不容他人有言。"形若槁骸，心若死灰"就是"墮肢體，黜聰明，離形去知"之狀。

"離形去知"的結果的狀態還有一種，即達到嬰兒狀況。

老子曰："汝自洒濯，孰哉鬱鬱乎！然而其中津津乎猶有惡也。夫外韄者不可繁而捉，將内揵；内韄者不可繆而捉，將外揵。外内韄者，道德不能持，而況放道而行者乎！"南榮趎曰："里人有病，里人問之，病者能言其病，然其病，病者猶未病也。若趎之聞大道，譬猶飲藥以加病也，趎願聞衛生之經而已矣。"老子曰："衛生之經，能抱一乎？能勿失乎？能无卜筮而知吉凶乎？能止乎？能已乎？能舍諸人而求諸己乎？能翛然乎？能侗然乎？能兒子乎？兒子終日嘷而嗌不嗄，和之至

> 也；終日握而手不掜，共其德也；終日視而目不瞚，偏不在外也。行不知所之，居不知所爲，與物委蛇，而同其波。是衛生之經已。"南榮趎曰："然則是至人之德已乎？"曰："非也。是乃所謂冰解凍釋者，夫至人者，相與交食乎地而交樂乎天，不以人物利害相攖，不相與爲怪，不相與爲謀，不相與爲事，翛然而往，侗然而來。是謂衛生之經已。"曰："然則是至乎？"曰："未也。吾固告汝曰：'能兒子乎？'兒子動不知所爲，行不知所之，身槁木之枝而心若死灰。若是者，禍亦不至，福亦不來。禍福无有，惡有人災也！"（《庚桑楚》）

此段文字大意爲：老子（對南榮趎）說：你雖然洗滌（剛剛洗澡），鬱鬱如熟穀之氣蒸鬱於中，其中津津澤潤之狀表明你心中之惡并未盡除。人們從外面所獲得的事物，耳目爲物所束縛，不可能對這些繁擾之狀完全把握，故心内將關閉。從内心獲得事物者，心思爲欲所縛，不可能對這些繆亂之狀完全把握，將必外閉其耳目。而内外皆獲得者，則道德不能把持，而況仿效道而行！南榮趎說：鄉里人有病，鄰居問之。病者能言說其病，說明此人雖病，猶未重而可治療。正如南榮趎雖然聽聞大道，吃藥卻增加疾病，我想聽取防護全生之常經。老子說：衛生之經，能夠守持本真嗎？能不遺失嗎？能不用卜筮知道吉凶嗎？能制止日子不動嗎？能讓過去的事過去嗎？能不用去求人反求自己嗎？能翛然無蹤跡嗎？能侗然無知嗎？能像赤子嗎？嬰兒終日哭號而嗌卻不嗄，和之至也。終日捲握而手不必捉物，其德同也。終日視而目不動，無所偏向於外，視猶不視。任足之自行，無所趨往。居不知所爲，和光混跡與物順行，而同其波蕩。此爲衛生之經也。南榮趎說：此爲至人之德嗎？老子說：不是。此爲冰解凍釋而已。至人邀食物於地邀快樂於天，不以人物利害擾亂自己，不爲怪異之事，不爲計謀之事，不爲俗務任物自然，翛然無跡而往，侗然無知而來。此之謂衛生之經也。南榮趎說：那麼這是極致之境嗎？老子說：沒有。我固然告訴你："能成爲嬰兒嗎？"嬰兒動不知所爲，行不知所去之處，身體如同槁木之枝而心如死灰。如這樣，禍亦不至，福亦不來。禍福沒有，如何有人災！

這裡所述内容，特別是關於嬰兒之論，與《老子》有關論述内容高度一致。《老子》云："專氣致柔，能嬰兒？"（十章）"終日號而不嗄，和之至。知和曰常，知常曰明，益生曰祥，心使氣曰強。"(五十五章)《老子》所述非常明確，達到嬰兒的狀態，是修煉氣的極致境界。可見，通過調息吐納、修煉氣的功法，來體悟甚或得道，是《老子》和《莊子》的一個共同思想。

無論是"離形去知"還是如同嬰兒，在修煉氣的功法得道之後，人在這種狀況之下近似乎動物。關於通過修煉氣的功法而得道之人，在《莊子》中很多對於這一類人的狀況的具體描述。

士成綺見老子而問曰："吾聞夫子聖人也，吾固不辭遠道而來願見，百舍重趼而不敢息。今吾觀子，非聖人也。鼠壤有餘蔬，而棄妹，不仁也，生熟不盡於前，而積斂无崖。"老子漠然不應。士成綺明日復見，曰："昔者吾有刺於子，今吾心正卻矣，何故也？"老子曰："夫巧知神聖之人，吾自以爲脫焉。昔者子呼我牛也而謂之牛，呼我馬也而謂之馬。苟有其實，人與之名而弗受，再受其殃。吾服也恒服，吾非以服有服。"士成綺鴈行避影,履行遂進而問:"脩身若何?"老子曰:"而容崖然,而目衝然,而顙頯然,而口闞然,而狀義然,似繫馬而止也。動而持,發也機,察而審,知巧而覩於泰,凡以爲不信。邊竟有人焉,其名爲竊。"(《天道》)

"士成綺"寓言人名。"百舍"意即百日一宿,意謂日夜兼程。"重趼"同"重繭",意爲趕路腳上生出厚繭子。"鼠壤"即老鼠洞穴。"蔬"同"糈",米粒。"棄妹"意爲未殺滅(老鼠)。"生熟"意指食物。"積斂"意即聚斂。"崖"同"涯"。"刺"意即譏刺。"正郤"意爲矯正嫌郤。"脱"意即免脱。"殃"意即災殃。"服"意爲行爲。"吾服也恒服,吾非以服有服"意爲,我安心而行,而不勉強行之。"鴈行避影"意爲側身之狀。"履行"意即著履行席上,意謂失常。古人入室,脱履而行席上。履行,言失其常。"而"即你。"容崖然"意爲容止如崖偉岸。"目衝然"意爲目光逼人之狀。"顙頯然"意爲額頭高亢。"闞然"意爲出口不遜。"義然"意爲峨然。"繫"意即用繩栓系。"持"意即拘持,不能自舒放。"發也機"意爲:攀緣之心,遇境而發,其發猛速,有類弩牙。"察而審"意爲察事甚詳。"泰"意謂驕矜。智巧而見於驕泰之色。"凡以爲不信"意爲皆以爲不實。言此十事,皆是虛詐之行,非真實之德也。"邊竟"同"邊境"。邊垂之人,不聞禮樂之正,縱有言語,偶會墳典,皆是竊賊所得,其道何足語哉!而"呼我牛也而謂之牛,呼我馬也而謂之馬",與"墮肢體,黜聰明"在本質上也屬於一類。

孔子見老聃,老聃新沐,方將被髮而乾,慹然似非人。孔子便而待之，少焉見，曰："丘也眩與，其信然與？向者先生形體掘若槁木，似遺物離人而立於獨也。"老聃曰："吾遊於物之初。"孔子曰："何謂邪？"曰："心困焉而不能知，口辟焉而不能言……"（《田子方》）

"沫"同"沐"。"被"同"披"。"慹"借爲"蟄"，安靜不動貌。"便而待之"意爲隱身等待。老聃方被髮，不可直入相見，故屏隱而待。"少焉見"意即稍稍之間(老子)出現。"丘也眩與，其信然與"意爲孔丘目眩，這是真實可信的嗎？"向者"意即以前。"掘"意爲特別。"立於獨"意爲立於獨化。離異於人，遺棄萬物，亡於不測而冥於獨化。"物之初"意指道。遊心於無物之際，遇道之真。"心困"意爲内心困擾。"口辟"意爲不開。相似文字還有：

孔子見老聃歸，三日不談。弟子問曰："夫子見老聃，亦將何規哉？"孔子曰："吾乃今於是乎見龍！龍，合而成體，散而成章，乘乎雲氣而養乎陰陽。予口張而不能嗋，予又何規老聃哉！"子貢曰："然則人固有尸居而龍見，雷聲而淵默，發動如天地者乎？賜亦可得而觀乎？"（《天運》）

"何規"意爲如何正修(自己)。"章"意即文采。文章煥爛。"養"同"翔"。"嗋"意爲閉合。"尸居而龍見"意爲靜處齋居而如飛龍顯現。"雷聲而淵默"意爲聲如黄鐘大吕而沉默如深淵。《在宥》篇亦有"尸居而龍見，淵默而雷聲"。"發動"意爲奮發機動。"賜"爲子貢名。這裡把老子比喻"乘乎雲氣而養乎陰陽"的龍，也是出於行氣導引的境界之中。

> 齧缺問於王倪，四問而四不知。齧缺因躍而大喜，行以告蒲衣子。蒲衣子曰："而乃今知之乎？有虞氏不及泰氏。有虞氏，其猶藏仁以要人；亦得人矣，而未始出於非人。泰氏，其臥徐徐，其覺于于；一以己爲馬，一以己爲牛；其知情信，其德甚真，而未始入於非人。"（《應帝王》）

許由之師齧缺，齧缺之師曰王倪，王倪之師曰蒲衣。"四問"事見《齊物論》，一問物是否所同，二問有何不知，三問物是否無知，四問至人是否不知利害。有虞氏、泰氏即舜、伏羲。"要人"意爲獲取百姓之心。"得人"意爲獲得人心。"未始出於非人"，意謂還沒有達到與物混同爲一。"出"意指從自我走出來，與下文"入"相對。"徐徐"意爲安然之狀。"于于"爲無知自得狀。"一"意即或。忘物我遣是非，或馬或牛，隨人呼召。此句意謂與牛馬混同爲一。"未始入於非人"義在與上文"未始出於非人"對舉，意謂沒有完全等同於物。《莊子》玄妙之意在於：人既要與物混同，但也不能變成純粹之物。

由此我們可以大致歸納一下《莊子》關於這種得道途徑的内在思路和邏輯。在《莊子》看來，人們要得道，其實即是保健養生、長壽不老，最關鍵的就是淡漠無爲，心靈安寧。實現心靈的安寧，最關鍵的就是徹底忘記世俗的價值和事務，甚至關閉所有感官的功能。而能夠實現這一目的，則只有通過修煉氣的功法才能達到。在這個境界之中，當然是一些高人大德了。

還有一些寓技於道之士，他們的技也與行氣養氣有關：

梓慶削木爲鐻，鐻成，見者驚猶鬼神。魯侯見而問焉，曰："子何術以爲焉？"對曰："臣工人，何術之有！雖然，有一焉。臣將爲鐻，未嘗敢以耗氣也，必齊以靜心。齊三日，而不敢懷慶賞爵祿；齊五日，不敢懷非譽巧拙；齊七日，輒然忘吾有四枝形體也。當是時也，无公朝，其巧專而外滑消；然後入山林，觀天性；形軀至矣，然後成見鐻，然後加手焉；不然則已。則以天合天，器之所以疑神者，其是與！"（《達生》）

梓慶製作樂器之技的根本，是"未嘗敢以耗氣"，而"齊以靜心"就是養氣，也即"心齋"。

由"心齋"、"坐忘"等方法得道者，雖然是脫俗超凡奇特之人，但也是生活在世俗凡塵之中，爲常人所聞所見所觸，甚至能和他們一起所處。相比之下，《莊子》中至人、真人、神人、聖人，則是一般凡夫俗子望塵莫及，幾乎都是不食人間煙火的傳說中人物。這些人是《莊子》的理想人格，在《莊子》三十三篇之中，不分内外雜篇，幾乎每一篇都有對於這些人的描述，常常濃墨重彩。從《莊子》對於他們的描繪中，我們不難發現他們與行氣養氣的密切關係。甚至可以說，《莊子》的這些理想人格，在某種程度上也是修煉氣的功法所達到的"果位"。他們的境況與今日一些對於氣功達到境界的描述，具有某種本質的類似。

第五節　至人、真人、神人、聖人之“遊”與氣

《天地》篇敘述孔子弟子子貢被爲圃丈人訓斥一番，子貢行三十里之後才緩過神來。回來之後，

> 其弟子曰：“向之人何爲者邪？夫子何故見之變容失色，終日不自反邪？”曰：“始吾以爲天下一人耳，不知復有夫人也。吾聞之夫子，事求可，功求成。用力少，見功多者，聖人之道。今徒不然。執道者德全，德全者形全，形全者神全。神全者，聖人之道也。託生與民並行而不知其所之，汒乎淳備哉！功利機巧必忘夫人之心。若夫人者，非其志不之，非其心不爲。雖以天下譽之，得其所謂，謷然不顧；以天下非之，失其所謂，儻然不受。天下之非譽，无益損焉，是謂全德之人哉！我之謂風波之民。”反於魯，以告孔子。孔子曰：“彼假脩渾沌氏之術者也；識其一，不知其二；治其内，而不治其外。夫明白入素，无爲復朴，體性抱神，以遊世俗之間者，汝將固驚邪？且渾沌氏之術，予與汝何足以識之哉！”（《天地》）

子貢描述的話大意爲，我原來以爲天下只有一人得道(指孔子)，不知道有爲圃丈人這樣的人。孔子教導我們，求功建業，講究功效，爲聖人之道。今日發現不是這樣的道理。依道而行者德全，德全者形體健全，形體健全者精神健全。精神健全者，爲聖人之道。寄

託生命與群物並行而不知所往，茫然淳和備足，功利和投機取巧都不入他的心中。像爲圃丈人這樣的人，非其志向不往，非其心願不爲，心志專執。獲得應該得到的天下稱讚，卻傲然不顧；失去應該得到的天下稱讚，也無心搭理。天下非毀讚譽皆不入心中，是個全德之人。而我子貢只是隨風而動之人。下文孔子所說“彼假脩渾沌氏之術”，意即爲圃丈人修煉一種功法。“明白入素”意謂返樸歸真。“固”同“胡”、“何”。由於爲圃丈人修煉一種功法，所以與世俗之人迥然不同。

子貢所描述的爲圃丈人實際上就是一個得道者。孔子提到的“渾沌氏之術”，其實也是一種修煉氣的功法。關鍵在於，這裡還提到一個概念“遊”。在另一個古代著名哲學家楊朱，向老聃請教匡扶君主治理天下之法時，老聃則告知以修道正途，也提出“遊”的方法：

> 陽子居蹵然曰：“敢問明王之治？”老聃曰：“明王之治：功蓋天下而似不自已，化貸萬物而民弗恃；有莫舉名，使物自喜；立乎不測，而遊於无有者也。”（《應帝王》）

陽子居即楊朱。“蹵然”意爲驚悚之狀。“自已”意即自得、自居。“化貸”意爲施化貸借，意謂造福。“恃”即依賴、依靠。人人皆云我自爾，莫知恃賴於明王。“有莫舉名”意爲不顯其名，使物各自得而歡喜適悅。“立乎不測”意即居於變化莫測。“无有者”即虛冥之意。郭象注：“與萬物爲體，則所遊者虛也。”以此推論，“遊於无有者”也是氣化的境界。

“遊”是《莊子》中可與“道”、“氣”概念歸爲一類的最重要的概念之一。僅篇名就有“逍遙遊”、“知北遊”，而且“逍遙遊”是《莊子》開篇。一個世紀以來，研究《莊子》的學者絕大多數將“遊”與“自由”一詞進行鏈接，以現代漢語“自由”一詞來闡釋《莊子》“遊”的意涵和思想。實際上，現代漢語“自由”是英文“freedom”的翻譯，其中含有濃重的啟蒙運動的思想觀念色彩。“自由”概念的啟蒙思想色彩，與《莊子》“遊”的概念和思想，可謂風馬牛不相及。

漢語“遊”字有很多種含義。《漢語大詞典》解釋“遊”共有二十個含義。根據古代辭書，可知古代漢語中“遊”的幾個基本意義。第一，《說文》曰：“𨒪，古文游。”段玉裁注云：“从辵者，流行之義也。从孚者，汓省聲也。俗作遊者，合二篆爲一字。”《玉篇·辵部》曰：“遊，遨遊。”遊本身是行走的方式。這個意義與今日旅遊意義相近。第二，《廣雅·釋詁四》曰：“遊，戲也。”即現代漢語遊戲之意。由此引申爲無拘束，還有放縱之意。故《廣韻·尤韻》曰：“遊，放也。”第三，《字彙·辵部》曰：“遊，友也，交游也。”引申爲遊學。第四，《廣韻·尤韻》曰：“遊，浮也。”與段注第二義同。“游泳”一詞由此引申而來。根據這幾個含義，我們將全部《莊子》中提及“遊”的文字錄入，雖然意義也有交叉，大致進行分類如下：

第一類“遊走”、“行走”之意：

1. 彼節者有間，而刀刃者无厚；以无厚者入有間，恢恢乎其於遊刃必有餘地矣。（《養生主》）

2. 南伯子綦遊乎商之丘，見大木焉，有異，結駟千乘，隱將芘其所藾。《人間世》

3. 孔子適楚，楚狂接輿遊其門……（《人間世》）

4. 駢於辯者，纍瓦結繩竄句，遊心於堅白同異之間，而敝跬譽无用之言非乎？而楊墨是已。（《駢拇》）

5. 則仁義又奚連連如膠漆纆索而遊乎道德之間爲哉，使天下惑也！《駢拇》

6. 夫赫胥氏之時，民居不知所爲，行不知所之，含哺而熙，鼓腹而遊，民能以此矣。（《馬蹄》）

7. 黄帝遊乎赤水之北，登乎崐崘之丘而南望，還歸，遺其玄珠。《天地》

8. 子貢南遊於楚，反於晉，過漢陰，見一丈人方將爲圃畦。（《天地》）

9. 周問之曰："鮒魚來！子何爲者邪？"對曰："我，東海之波臣也。君豈有斗升之水而活我哉？"周曰："諾。我且南遊吳越之王，激西江之水而迎子，可乎？"（《外物》）

10. 舜以天下讓其友北人无擇，北人无擇曰："異哉后之爲人也，居於畎畝之中而遊堯之門！不若是而已，又欲以其辱行漫我。吾羞見之。"（《讓王》）

第二類"交游"、"遊學"之意：

1. 魯有兀者王駘，從之遊者與仲尼相若。常季問於仲尼曰："王駘，兀者也，從之遊者與夫子中分魯。（《德充符》）

2. 不知先生之洗我以善邪？吾與夫子遊十九年矣，而未嘗知吾兀者也。今子與我遊於形骸之內，而子索我於形骸之外，不亦過乎！（《德充符》）

3. 孔子西遊於衛。顏淵問師金曰："以夫子之行爲奚如？"師金曰："惜乎，而夫子其窮哉！"顏淵曰："何也？"師金曰："夫芻狗之未陳也，盛以篋衍，巾以文繡，尸祝齊戒以將之。及其已陳也，行者踐其首脊，蘇者取而爨之而已；將復取而盛以篋衍，巾以文繡，遊居寢臥其下，彼不得夢，必且數眯焉。今而夫子，亦取先王已陳芻狗，取弟子遊居寢臥其下。《天運》

4. 此平世之士，教誨之人，遊居學者之所好也。（《刻意》）

5. 孔子遊於匡，宋人圍之數匝，而弦歌不惙。（《秋水》）

6. 莊子與惠子遊於濠梁之上。（《秋水》）

7. 孔子曰："善哉！"辭其交遊，去其弟子，逃於大澤。（《山木》）

8. 莊周遊乎雕陵之樊，……今吾遊於雕陵而忘吾身，異鵲感吾顙，遊於栗林而忘真，栗林虞人以吾爲戮，吾所以不庭也。（《山木》）

9. 則陽遊於楚，夷節言之於王，王未之見，夷節歸。（《則陽》）

10. 田開之見周威公。威公曰："吾聞祝腎學生，吾子與祝腎遊，亦何聞焉？"《達生》

11. 陽子居南之沛，老聃西遊於秦，邀於郊，至於梁而遇老子。（《寓言》）

12. 孔子遊乎緇帷之林，休坐乎杏壇之上。弟子讀書，孔

子弦歌鼓琴，奏曲未半。（《漁父》）

第三類，“遊戲”之意：

1. 臧與穀，二人相與牧羊而俱亡其羊。問臧奚事，則挾筴讀書；問穀奚事，則博塞以遊。（《駢拇》）

2. 是故禽獸可係羈而遊，烏雀之巢可攀援而闚。（《馬蹄》）

3. 夫以鳥養養鳥者，宜栖之深林，遊之壇陸，浮之江湖。（《至樂》）

除此之外，《莊子》中還有約38處出現“遊”字，文意與得道相關。從比較可見《莊子》中使用與道相關的“遊”比以上“遊”字意義的總和還多出三分之一。而經過仔細分析，這些得道之人的“遊”，幾乎都與行氣修煉相關。從《逍遙遊篇》即可知，列子只是“御風而行”，故不爲逍遙。而真正的“逍遙”則是“御六氣之辯以遊無窮者”。可見“遊”是行氣修煉達到高級階段的一種情狀。

下面主要從至人、真人、神人、聖人的情況，集合《莊子》這38處關於“遊”的文字，來進一步論證“遊”與修煉氣的功法之關係。

1. 至人

顧名思義，“至人”就是極致之人。至人與氣有何關係？在《莊子》看來，與普通人即使是一些非凡者相比，至人也是可望不可即者，關鍵在於“神氣”不同：

> 列御寇爲伯昏无人射，引之盈貫，措杯水其肘上，發之，適矢復沓，方矢復寓。當是時，猶象人也。伯昏无人曰：“是射之射，非不射之射也。嘗與汝登高山，履危石，臨百仞之淵，若能射乎？”於是无人遂登高山，履危石，臨百仞之淵，背逡巡，足二分垂在外，揖御寇而進之。御寇伏地，汗流至踵。伯昏无人曰：“夫至人者，上闚青天，下潛黄泉，揮斥八極，神氣不變。今汝怵然有恂目之志，爾於中也殆矣夫！”（《田子方》）

列御寇即列子。“伯昏无人”是寓言人物，得道者。“引之盈貫”意即引弓弓彎盈滿。“措”即放置。“發之”意即射出箭矢。“適矢復沓，方矢復寓”意爲弦發矢往，鏑與矢重疊相連。後矢又寓於弦，發發相及，矢矢相屬。“象人”意爲木偶人。“是射之射，非不射之射”意爲，此仍是有心之射，非忘懷無心，不射之射也。“危”同“危”。“仞”爲長度單位，七尺曰仞。“背逡巡”意爲背臨深淵，逡巡後退。“二分”意指三分之二。“進”意即讓。“揮斥八極”意爲放縱八方。“恂目之志”意即欲以眩悦人之目的，而且言表著於外。“中”意指心中，與上文“志”相對。“殆”意即危殆。對於列子心中來說，射箭是危殆的。這大約是列子得道之前的情況。而至人在上天入地之時，也是“神氣不變”的。

至人還可以直接“乘雲氣”：

> 齧缺曰：“子不知利害，則至人固不知利害乎？”王倪曰：

"至人神矣！大澤焚而不能熱，河漢沍而不能寒，疾雷破山【飄】風振海而不能驚。若然者，乘雲氣，騎日月，而遊乎四海之外。死生无變於己，而況利害之端乎！"（《齊物論》）

"熱"意即"使之熱"，以下"不能寒"、"不能驚"義同。"沍"意爲結冰。"破"意爲毀壞、劈開。"飄風"意即旋風、暴風。"若然"即如此。"變於己"意爲自己跟隨變化。"端"意即端點、尖端。"乘雲氣，騎日月，而遊乎四海之外"是至人的神功。這種神功與下文"遊逍遥之虛"名異而實同，實質上就是修煉氣的功法所達到的境界。

古之至人，假道於仁，託宿於義，以遊逍遥之虛，食於苟簡之田，立於不貸之圃。逍遥，无爲也；苟簡，易養也；不貸，无出也。古者謂是采真之遊。（《天運》）

"假道"、"託宿"即爲假借、寄託之意。"虛"同"墟"。"苟簡"意即隨意簡略。"不貸"意即不損己以爲物。"田"與"圃"互文，指至人養生之地。"出"意即付出、施與。"采真之遊"意指得道之行。此處關鍵在於"采真"之"真"有何含義。"真"字本有"精"義。《篇海類編·身體類·目部》曰："真，精也。"《老子》云："窈兮冥兮，其中有精，其精甚真，其中有信。"（二十一章）而"精"在老、莊文本中主要意指精氣。故後來道教和中醫直接使用"真氣"一詞。《黄帝内經·素問·上古天真論》曰："恬淡虛無，真氣從之；精神内守，病俺從來？"唐王維詩《賀元元皇帝見真容表》云："臣聞仙祖行化，真氣臨關；聖人降生，祥光滿室。”宋蘇軾詩《上神宗皇帝書》云：“不善養生者，薄節慎之功，遲吐納之效，厭上藥而用下品，伐真氣而助強陽，根本已危，僵僕無日。”與“真氣”相關的還有“真元”一詞，意指腎下所藏之元氣(見道教《景岳全書・十問》)。唐元稹詩《韋師館與周隱客杜歸和泛舟》云：“時物欣外獎，真元隨内修。”宋蘇轍詩《病退》云：“病根欲去真元在，昨夜夢遊何有鄉。”“真氣”、“真元”後來通指一種氣，即元氣。據此，把《莊子》這裡的“采真”解釋爲“採集真氣”，具有比較充足的證據。尤其從《莊子》對於後來道教和中醫的影響來說，把這裡的“真”解釋爲“真氣”或“真元”，可以說是確定無疑的。而《莊子》此處文字，亦爲道教之靈樞。

至人得道的“采真之遊”，實質上就是修煉氣的功法。作出這樣的解釋，更重要的原因是至人與氣的關係並非出現在僅此一處，在下面文字中有明確直接的論述：

> 子列子問關尹曰：“至人潛行不窒，蹈火不熱，行乎萬物之上而不慄。請問何以至於此？”關尹曰：“是純氣之守也，非知巧果敢之列。居，予語汝！凡有貌象聲色者，皆物也，物何以相遠？夫奚足以至乎先？是色而已。則物之造乎不形而止乎无所化，夫得是而窮之者，物焉得而止焉！彼將處乎不淫之度，而藏乎无端之紀，遊乎萬物之所終始，壹其性，養其氣，合其德，以通乎物之所造。夫若是者，其天守全，其神无郤，物奚自入焉！（《達生》）

列子問關尹說：至人在水底下行走不會窒息，踩踏烈火不會熱，飛行於萬物之上不會害怕。這是爲什麼？關尹說：是因爲至人能守護純和之氣，並非屬於奇技淫巧和膽略之類事例。你坐下靜聽我說。凡有貌象聲色者，皆爲物。萬物爲何獨立不同（"遠"）？是什麼足以使物最先呈現出來（"先"亦含顯現之意）？是事物的外在形貌（"色"應爲"形色"）。如果某物（人）處於無聲無息而停止於未始有物（"无所化"）之狀，則得到自然造化之深根而窮盡其妙本，他就不會被外物所控馭。至人將順中以爲常（"處乎不淫之度"），深藏而不露形（"藏乎无端之紀"），遊乎萬物之所終始，專一其性，保養其氣，含養其德，與造化自然相通。這樣的人，天性自然完備，精神充盈無隙，故世俗事物，如何侵入內心！

這裡關尹解釋至人得道的根本之處，是"純氣之守"。從"采真之遊"到"純氣之守"，我們據此可以推斷：至少《莊子》中所有與至人、真人、神人、聖人相關的"遊"，基本上都與修煉氣的功法相關。因此，下面多處文字都說到"遊"就並不爲怪。

> 无爲名尸，无爲謀府，无爲事任，无爲知主。體盡无窮，而遊无朕；盡其所受乎天，而无見得，亦虛而已。至人之用心若鏡，不將不迎，應而不藏，故能勝物而不傷。（《應帝王》）

"名尸"意即名譽之主。"府"指靈府、心靈。"任"意即任用。"朕"意爲蹤跡。"天"意即自然。"將"意即送。"勝"意即勝任。"遊无朕"意即遊於無蹤跡之地。很顯然，這種狀況和境界，也是修煉氣的功法所達到的境況。與此境況相通的是至人"翛然而往，侗然而

來",也即"逍遙遊"之類:

> 南榮趎曰:"然則是至人之德已乎?"曰:"非也。是乃所謂冰解凍釋者,夫至人者,相與交食乎地而交樂乎天,不以人物利害相攖,不相與爲怪,不相與爲謀,不相與爲,翛然而往,侗然而來。是謂衛生之經已。"曰:"然則是至乎?"曰:"未也。吾固告汝曰:'能兒子乎?'兒子動不知所爲,行不知所之,身槁木之枝而心若死灰。若是者,禍亦不至,福亦不來。禍福无有,惡有人災也!"(《庚桑楚》)

"冰解凍釋"意即解釋胸中凝滯。"交食乎地而交樂乎天"意爲,邀食乎地,邀樂乎天。"攖"意即擾亂。"怪"即怪異。息怪異於羣生。不立異。"謀"即計謀,謀慮。無爲謀慮之府。"事"即事務。此句意謂任事物自然之狀。"翛然"爲無蹤跡之貌。"侗然"爲無知之狀。"衛生之經"意爲防衛其生,全生之道。"至"至極。"惡有人災"意即何有人災。除了"翛然而往,侗然而來",至人"交食乎地而交樂乎天",也是與修煉氣的功法所達到的神通。

2. 真人

"真人"顧名思義是獲得真道之人。後來道教中的神仙有些也被尊爲"真人",據《太平經》卷四十二"九天消先王災法"載,"真人職在理地",位置在大神之下,仙人之上。道士張伯端被封爲"紫陽真人",丘處機被封爲"長春演道主教真人",莊子本人亦被唐玄宗封爲“南華真人”。真人的外在特征是“无所甚親，无所甚踈，抱德煬和以順天下，此謂真人。”（《徐无鬼》）“踈”同“疏”，與“親”對言。“抱德煬和”意爲懷抱德性頤養中和。其實，“抱德煬和”就是修煉氣的功法。當然，在下面的文字中《莊子》說得更加明確：

> 古之真人，不逆寡，不雄成，不謩士。若然者，過而弗悔，當而不自得也。若然者，登高不慄，入水不濡，入火不熱。是知之能登假於道也若此。古之真人，其寢不夢，其覺无憂，其食不甘，其息深深。真人之息以踵，衆人之息以喉。屈服者，其嗌言若哇。其耆欲深者，其天機淺。古之真人，不知說生，不知惡死；其出不訢，其入不距；翛然而往，翛然而來而已矣。不忘其所始，不求其所終；受而喜之，忘而復之，是之謂不以心捐道，不以人助天，是之謂真人。若然者，其心志，其容寂，其顙頯；凄然似秋，煖然似春，喜怒通四時，與物有宜而莫知其極。……古之真人，其狀義而不朋，若不足而不承；與乎其觚而不堅也，張乎其虚而不華也；邴邴乎其似喜乎！崔乎其不得已乎！滀乎進我色也，與乎止我德也；厲乎其似世乎！謷乎其未可制也；連乎其似好閉也，悗乎忘其言也。……故其好之也一，其弗好之也一。其一也一，其不一也一。其一與天爲徒，其不一與人爲徒。天與人不相勝也，是之謂真人。（《大宗師》）

按照《莊子》這裡所說之意，真人不忤逆寡少，不以功成自雄，不謀事。像他們這樣的人，沒有趕上時運但不悔恨，趕上了機遇也不自得。他們登臨高危之處不顫慄害怕，没入水中而身體不溼（“濡”），投身火海而不熱。由此可知他們遊仙（“登假”）於道。真人睡覺無夢無憂，食不甘味，呼吸吐納中之内息深深。真人的氣息運行在腳跟，而衆人只能以喉嚨呼吸。氣息曲直起伏不調（“屈服”）者，喉間吞吐氣結礙不通（“嗌言若哇”）。嗜欲之深者，其天機膚淺。真人生不知道喜悅，死不知道厭惡；其生不開（“訢”），其死不閉（“距”）。輕靈飄逸（“翛然”）而死而生。不謀所生，不議所死。受自然恩惠而生則喜，死亡又返回到未生之狀，這即是不以心捐棄其道，不以人爲擾亂自然。真人的心忘記物我，面容寂靜、寂寥，額頭現樸實純厚之狀（“顙頯”）。至精之動，若春氣之生，秋氣之殺也，喜怒與四時相通，無物不宜，隨事合宜，而不知其窮極。真人外貌峨然高大而不崩壞，有大德而看似不足，既不足則無所承受；獨立特行而非固守，曠然空虛而不浮華；開朗之狀（“邴邴”）似乎在喜悅，感而後應（“崔”）不得已而後起，充實積聚和澤之色令人可親，舒性安然守德。其精神包羅廣大，高邁於俗超於世表，故不可禁制；其言語連蹇笨拙似閉，無心而忘言。因此，人情好生差別之心，真人不生差別心，視萬物爲一。能知一者，則知不一者亦一也。一則效法自然，不一則效法人爲。自然與人爲是分別、對抗的。天人不相勝，故曠然無不一，體此趣者，可謂真人。

真人的神通也是“入水不濡，入火不熱”，還能夠“登假”而遊仙。從“其息深深。真人之息以踵，衆人之息以喉”可以看出，真人無疑與修煉氣的功法相關。

3. 神人

《莊子》中所謂的"神人"與神仙一類義近，但不完全相同。《莊子》對於"神人"作如是說：

> "願聞神人。"曰："上神乘光，與形滅亡，此謂照曠。致命盡情，天地樂而萬事銷亡，萬物復情，此之謂混冥。"（《天地》）

"乘"意即運用。上品神人，乘光照物，不見其形跡。"照曠"同"昭曠"。"致"意爲窮盡，與"盡"互文。"致命盡情"意即盡命盡性。"銷亡"意爲消失。神人逍遙於天地之間，其行無事。"復情"意指返真、歸根。"混冥"意即混同玄冥。混沌無分而冥同一道。雖然"混冥"亦涵有元氣意味，但未明指。下文則有清晰表述：

> 藐姑射之山，有神人居焉，肌膚若冰雪，淖約若處子。不食五穀，吸風飲露。乘雲氣，御飛龍，而遊乎四海之外。其神凝，使物不疵癘而年穀熟。……之人也，之德也，將旁礴萬物以爲一，世蘄乎亂，孰弊弊焉以天下爲事！之人也，物莫之傷，大浸稽天而不溺，大旱金石流土山焦而不熱。是其塵垢粃穅，將猶陶鑄堯舜者也，孰肯以物爲事！（《逍遙遊》）

"藐姑射"爲寓言中山名，含邈遠之意。"冰"同"凝"。"肌膚若冰雪"，即《詩・碩人》所謂"膚如凝脂"。"淖約"形容少女美妙風姿。“四海”比喻塵世。“神凝”意爲神情安靜。“疵癘”意爲病災。“熟”意即豐年。“之人也”之“之”指得道者接與。“旁礴”意謂混同。“一”即無分別之狀。人至此境，物我合一，是非兩忘，無往而非逍遥。此爲《莊子》“齊物”思想，亦爲《莊子》之核心思想，即與萬物等同爲一。“世蘄乎亂”謂世間求之乎治。“弊弊”，辛勞勤懇之狀。“莫之傷”即莫能傷之。“大浸稽天”意即大水至天。“金石流土”意即金石化成土，即所謂“陽九流金”之災。“不熱”與上文“不溺”對文。“塵垢粃穅”意指污垢糟粕。“陶鑄”意即陶冶、鑄造。“事”即事務，事業。與上文“以天下爲事”對文，意謂專注于外物。

雖然《莊子》的語言具有獨特的風格，但是，這樣的描述也表明，像藐姑射山上的神人和接與這樣的得道者，從形質上就與一般凡夫俗子不同。他們的形體、氣質、精神皆非凡人所能望其項背。帝堯見到藐姑射神人就自慚形穢：

> 堯治天下之民，平海内之政，往見四子藐姑射之山，汾水之陽，窅然喪其天下焉。(《逍遥遊》)

汾水之陽即汾水北，晉州平陽縣，傳爲昔堯都。“窅然”意即冥然。窅然者寂寥，含深遠之意。“喪”意即忘記。堯忘己之有天下。

很顯然，上述引文中的關鍵詞在於：“不食五穀，吸風飲露。乘雲氣，御飛龍，而遊乎四海之外”，可見神人也是在修煉氣的功法。其中“吸風飲露”就是呼吸吐納的同義語。而“乘雲氣，御飛龍”之“遊”，也證實了上文關於“遊”與修煉氣的功法相關的論斷。

4. 聖人

《莊子》中出現了很多不同種類的"聖人"。由於《莊子》文本的複雜性，不對所有這些"聖人"進行甄別，然後簡單歸類，是難以得出嚴肅、科學的結論的。我們根據《莊子》的基本思想，大致認爲《莊子》所謂的"聖人"不同於儒家的聖人。在下面文字中，儒家聖賢被《莊子》視爲俗衆：

> 黄帝將見大隗乎具茨之山，方明爲御，昌寓驂乘，張若謵朋前馬，昆閽滑稽後車；至於襄城之野，七聖皆迷，无所問塗。適遇牧馬童子，問塗焉，曰："若知具茨之山乎？"曰："然。""若知大隗之所存乎？"曰："然。"黄帝曰："異哉小童！非徒知具茨之山，又知大隗之所存。請問爲天下。"小童曰："夫爲天下者，亦若此而已矣，又奚事焉！予少而自遊於六合之内，予適有瞀病，有長者教予曰：'若乘日之車而遊於襄城之野。'今予病少痊，予又且復遊於六合之外。夫爲天下亦若此而已。予又奚事焉！"（《徐无鬼》）

此段文字屬於寓言。"大隗"爲神名或山名。"具茨"爲山名。方明、昌寓、張若、謵朋、昆閽、滑稽皆人名，亦含寓意。他們與黄帝被並稱爲"七聖"。駕車時在右爲驂，在左爲御。"前馬"即爲開路引導者。"後車"爲從屬。"襄城"爲地名。"問塗"即問路。"爲天下"意即治理天下。"亦若此而已矣，又奚事焉"大意爲，亦若此遊於襄城之野而已，各自若則無事，無事乃可以爲天下。“六合”意指天地四方。“瞀”爲目眩之病。“乘日之車”意爲“以日爲車”。日出而遊，日入而息。“少痊”意即稍痊愈。“外”與上文“内”對言。可見黄帝這樣的聖人，在得道小童面前顯得十分無知可笑。

那麽，什麽是《莊子》所謂的聖人？從外在特征來説，

> ……聖人和之以是非而休乎天鈞，是之謂兩行。(《齊物論》)
>
> 故聖人之用兵也，亡國而不失人心；利澤施乎萬世，不爲愛人。故樂通物，非聖人也；有親，非仁也；天時，非賢也；利害不通，非君子也；行名失己，非士也；亡身不真，非役人也。若狐不偕、務光、伯夷、叔齊、箕子、胥餘、紀他、申徒狄，是役人之役，適人之適，而不自適其適者也。(《大宗師》)

“天鈞”意爲天然均衡。“兩行”即並行，意爲不介入是非。聖人亡敵國而得其人心。“不爲愛人”意指自然無心。《老子》曰：“天地不仁，以萬物爲芻狗；聖人不仁，以百姓爲芻狗。”(五章)“樂通物”意爲快樂以通萬物。聖人喜怒哀樂通四時，而不通物。四時運行，而萬物自通。“親”意即親愛。至仁無親。有親則私也，與利澤施于萬物者異。“天時”意爲按時行爲。擇時而動，有計較成敗之心。“利害不通”意即不窮通、了悟利害關係。聖人“不就利，不違害”。“行名”疑爲“殉名”。“役人”意爲被别人役使、駕馭。狐不偕、務光、伯夷、叔齊、箕子、胥餘、紀他、申徒狄等，皆爲儒家聖賢，莊子自然非之。這些人皆舍己效人，徇物傷我，與真性無關。

《莊子》還將聖人視爲知音，作爲精神的一種寄託：

> 萬世之後而一遇大聖，知其解者，是旦暮遇之也。（《齊物論》）

《莊子》所謂的“聖人”與修煉氣的功法是否有關？

> 瞿鵲子問乎長梧子曰：“吾聞諸夫子，聖人不從事於務，不就利，不違害，不喜求，不緣道；无謂有謂，有謂无謂，而遊乎塵垢之外。夫子以爲孟浪之言，而我以爲妙道之行也。吾子以爲奚若？”長梧子曰：“是黄帝之所聽熒也，而丘也何足以知之！且女亦大早計，見卵而求時夜，見彈而求鴞炙。予嘗爲女妄言之，女以妄聽之。奚旁日月，挾宇宙？爲其脗合，置其滑涽，以隸相尊。衆人役役，聖人愚芚，參萬歲而一成純。（《齊物論》）

“瞿鵲子”、“長梧子”皆人名。“夫子”指孔丘。後文“丘也何足以知之”即孔子自稱。“違害”意爲逃避災害。“不緣道”意爲不以攀緣之心行乎至道。“无謂有謂，有謂无謂”意爲無論“無謂”與“有謂”，皆不着於心，一切都忘，而遊乎大道。“塵垢”即灰塵污垢，喻塵俗界。“孟浪”意爲隨意、大略，舉其粗略，不精細之意。“奚若”意即如何。“是黄帝”之“是”指上文孔子所述之言。“聽熒”爲疑惑之狀。“女”同“汝”，下同。“大早計”意爲用計謀太早，指瞿鵲才聞言說，將爲妙道，此計用之太早。“見卵而求時夜”意爲見到雞蛋就想到小雞然後想到小雞長成司晨雄雞。“見彈而求鴞炙”意爲，見到彈弓就聯想到獵物，進而聯想到已烤炙之小斑鳩。此言瞿鵲子之爲計，猶見卵便求雄雞，見彈即欲鳩炙，固未免太早。“奚旁日月”意爲何不依附日月。“挾宇宙”意爲懷藏宇宙，宇宙意即天地四方與往來古今。“爲其脗合”意爲泯合萬物。“置其滑涽”意爲任其亂闇、無定。“以隸相尊”意爲以僕役爲尊，意爲忘記貴賤。“役役”即辛勞狀。“愚芚”意爲混沌不知。“參”意爲參和。“萬歲”指古今世界無數變異而言。“純”意即純粹不雜。

以上這些解釋僅僅只是從字面上得出的簡單意義。稍作深入分析，我們對於“旁日月，挾宇宙”、“爲其脗合，置其滑涽”，以及“聖人愚芚，參萬歲而一成純”，就不能截然將這裡文字描寫的狀況與修煉氣的功法所達到的境界分開。修煉氣的功法會貫通宇宙之氣，而“參萬歲”、“旁日月，挾宇宙”正是這種貫通的誇張描述。“爲其脗合，置其滑涽”與吐納吸氣之狀也極爲相似。並且，聖人也“遊乎塵垢之外”。“遊”既然已經被我們論證了與修煉氣的功法相關，這裡更是又一佐證。

以上分別論證了《莊子》中至人、真人、神人、聖人之“遊”即是一種行氣的高妙境界，以及他們與修煉氣的功法的密切關係。而從根本上來說，對於《莊子》所謂的至人、真人、神人、聖人，是難以做出清晰的區別的。《莊子》也常常對他們統而述之、概而言之：

故夫知效一官，行比一鄉，德合一君而徵一國者，其自視也亦若此矣。而宋榮子猶然笑之。且舉世而譽之而不加勸，舉世而非之而不加沮，定乎内外之分，辯乎榮辱之竟，斯已矣。彼其於世未數數然也。雖然，猶有未樹也。夫列子御風而行，泠然善也，旬有五日而後反。彼於致福者，未數數然也。此雖免乎行，猶有所待者也。若夫乘天地之正，而御六氣之辯，以遊無窮者，彼且惡乎待哉！故曰，至人無己，神人無功，聖人無名。（《逍遙遊》）

"知效一官"意即才智能力堪任一官員。"行比一鄉"意爲行爲能夠庇護一鄉。"而徵一國"意爲德性徵信、取信一國。此處官、鄉、君、國相對，知、仁、德、能亦相對，"自視"意即自我評價、審視。"宋榮子"疑爲宋鈃，中國古代哲學家。荀子曾言宋子見侮不辱，韓子言宋榮子義設不鬬。"猶然"爲笑之貌。"勸"意即勉勵。"沮"意即沮喪。"定乎内外之分"意爲確定内我而外物之分。"内外"一般爲《莊子》用來指稱"我"與"物"（世界）之詞，自我即"内"，世界萬物包括金錢、地位、榮譽等皆屬"外"。《莊子》重"内"而輕"外"。"辯"即分辯。"竟"同"境"，境域、境界。意爲宋榮子返照明乎心智，玄鑒辯於物境。"斯已"意即如此而已。"彼其於世未數數然"意爲，宋榮子於世事、俗務無急功近利之狀。"樹"意即立，意指未立至德。列御寇風仙之道，乘風遊行。"御風"意謂乘風如御馬一般。"泠然"意爲清涼、輕妙之態。"善"即好。"旬有五日而後反"意爲遊行天下，每經一十五日回返歸家。"致福者"意指獲致自然之德完備者。"待"意即依賴、憑藉，爲《逍遙遊篇》最爲重要概念之一。《莊子》認爲，列子雖能乘風而行，然還需憑藉風力。而人生最高境界爲"無待",即無所依賴。下文即是描述"無待"之狀。"正"意即純正。"六氣"說法不一。成玄英疏:"杜預云:'六氣者,陰陽風雨晦明也。'又支道林云:'六氣,天地四時也。'"郭慶藩《集釋》:"《洪範》:'雨暘燠寒風時',爲六氣也。"諸說皆可參照。"辯"同"變",與上文"正"相對。"惡乎待"意即何所依賴。"乘天地之正,御六氣之辯,以遊無窮者",爲比喻"無待"狀況。至人、神人、聖人皆爲無待而遊無窮者。"無己"、"無功"、"無名"可以理解爲互文,即至人、神人、聖人其行爲和結果皆無己、無功、無名。此處關鍵詞"乘天地之正,而御六氣之辯,以遊無窮者",表明至人、神人、聖人皆有行氣吐納之法,"遊"則是這一功法的本質特征。

除了至人、真人、神人和聖人之外,《莊子》中還描寫了其他人物的"遊"。以下再舉二例:

> 悲夫,有土者之不知也!夫有土者,有大物也。有大物者,不可以物物;而不物,故能物物。明乎物物者之非物也,豈獨治天下百姓而已哉!出入六合,遊乎九州,獨往獨來,是謂獨有。獨有之人,是之謂至貴。大人之教,若形之於影,聲之於嚮。有問而應之,盡其所懷,爲天下配。處乎无嚮,行乎无方。挈汝適復之撓撓,以遊无端,出入无旁,與日无始;頌論形軀,合乎大同,大同而无己。无己,惡乎得有有!覩有者,昔之君子;覩无者,天地之友。(《在宥》)

"有土者"指國君。"大物"意指超凡之物。"物物"意謂主宰物。

“六合”指天地四方。“大人”指得道者(成玄英疏指聖人)。“嚮”同“響”。“懷”即懷有。得道者心隨物感,感又稱機,盡物懷抱。“爲天下配”意即與天下合。“无嚮”即無方向,與下文“无方”互文。“挈汝適復之撓撓”意爲,斷絕你往復紛亂之狀。“无端”即無邊際。“无旁”同“无方”。“无始”即没有開始。與日俱新,故無始。“頌論”意即相貌。“大同”意爲與大道同一。“无己”意謂忘己。“惡乎得有有”意爲如何得萬物。己既無則群有不足復有。“君子”意指三代聖賢。“覩无”意即無爲。天无爲以之清,地无爲以之寧。友天地,固無爲。這裡的“大人”,“出入无旁,與日无始,頌論形軀,合乎大同”的“无端”之“遊”,同于上文所論之修煉氣的功法,或曰行氣導引之術。

> 天根遊於殷陽,至蓼水之上,適遭无名人而問焉,曰:“請問爲天下。”无名人曰:“去!汝鄙人也,何問之不豫也!予方將與造物者爲人,厭,則又乘夫莽眇之鳥,以出六極之外,而遊无何有之鄉,以處壙埌之野。汝又何帠以治天下感予之心爲?”又復問。无名人曰:“汝遊心於淡,合氣於漠,順物自然而无容私焉,而天下治矣。”(《應帝王》)

此段寓言,山水及人物之名皆有含義,“天根”有“天之根”之意,“殷陽”與“陰陽”音同,“蓼”與“了”音同。“无名人”亦屬此類。天根問无名人如何治理國家。无名人説他鄙陋,很不愉快。他自己與自然爲友(“人”猶“偶”),厭煩了,就去“乘莽眇之鳥,以出六極之外,而遊无何有之鄉,以處壙埌之野”,并教導天根“遊心於淡，合氣於漠，順物自然而无容私"。所謂"乘莽眇之鳥"，王先謙《莊子集解》云："謂清虛之氣若鳥然。"與"合氣於漠"義同，皆與修煉氣的功法相關。可見"遊心於淡"就是"合氣於漠"。

當然，莊子本人與修煉氣的功法之間不可能沒有關係。《天下》說及莊子：

> 上與造物者遊，而下與外死生終始者爲友。

所謂"外死生終始者"，即《莊子》中之得道者，無疑也都是氣的功法修煉者。莊子不僅與他們爲友，還與造物者"遊"！

本節關於《莊子》中"遊"與行氣境界之關係的論述，應該是《莊子》研究中的一個顛覆性的論斷。雖然這是一需要專門論證的觀點，但是，從本章本節乃至拙著所有文字之中，不難看到其中的內在邏輯和確鑿的論據，都能夠堅實地支持這個論點。

第六節　簡短的評議

《莊子》中關於氣的論述，涉及自然哲學、科學(醫學)和宗教(道教)。但是，《莊子》關於氣的論述也不完全等同於今日所界定的自然哲學、科學和宗教的內容，似乎在自然哲學、科學和宗教之間。關於這個問題，本章不想再進一步討論，而是作爲一個問題提交學術界。或許，我們對於這個問題的探討會揭示出《莊子》研究的新視域。

《莊子》作爲古代中國屈指可數的經典，從古至今的研究著述難以勝數。但是，其中關於《莊子》氣的理論研究，可謂寥寥無幾。尤其是在現代中國學術研究的歷程中，學者更難以發現氣的理論在全部《莊子》思想中極爲重要的地位和價值。《莊子》中關於氣的思想被人們長期忽略，成爲《莊子》研究中一個非常突出的現象。究其原因應該是多方面的，除了學術觀念和範式的變遷之外，最重要的是因爲今日學者主要著眼于莊子生活時代的社會制度、學術思想甚至經濟狀況等，而對於那個時代人們具體的生活方式了解甚少。尤其是作爲純粹的哲學研究，則更是難以進入莊子那個時代“百姓日用而不知”的常識之中。莊子的思想來自於對鮮活的現實生活的反思，也旨在回答現實中最重大、最尖銳的問題。在當時醫學水平醫療手段極爲低下的情況之下，人們如何進行防治疾病、保健養生，這其實是個非常重大的問題。因爲這是一個關乎從最高統治者到最底層的百姓生命的問題。只要看看當下中國從底層百姓到高官富豪對醫療健康的關注，就可以知道這是一個全社會極爲重大的課題。對這樣一個關係每個社會成員的國計民生重大問題，作爲大哲學家的《莊子》自然要將自己的思考提交出來。從全部《莊子》甚至可以看出，這個思考是他所有理論的最高指向。因爲在莊子看來，行氣導引修煉氣的功法，是實現健康長壽達到“至樂”的切實可行的可操作的有效手段。

德國哲學家狄爾泰(W.C.L.Dilthey 1833—1911年)認爲，在社會生活中，不管他人對於我們來說多麼陌生，但比起自然現象不可認識的“物質性”來說，他人對於我們就並不完全陌生。從根本上說，每個人都表現出一種生存的標誌，理解這個標誌就是理解人。

這樣，關於他人生活的知識是可能的。因爲生活產生文化的形式，人們把自己外化在穩定的文化形式之中。每一門人文學科，即每一種暗示出某種歷史關係的人類知識形式，都以一種使某人進入他人精神生活的原始能力爲前提。解釋學(Hermeneutics)的任務就是從歷史文獻、作品本身復原它們所表徵的原初生活世界，并如同原作者或歷史的當事人自己一樣來理解他們。因此，理解在本質上是一種自我轉換或一種以己度人的想象的投射。實現這一目的的唯一手段就是“體驗”。①

因此，從文本一般的理解角度來說，閱讀《莊子》關於氣的論述，特別是他對於至人、真人、神人和聖人的描述，如果武斷地或者無意識地以我們當下生活經驗想當然地進行類比，結果當然是匪夷所思。但如果回歸莊子生活的時代進行同情的理解，我們不難發現，這些與我們日常經驗迥異的得道者情狀，與今日某些氣功理論所言，有很多相通之處。衆所周知，今日氣功所具有的健身功能是不容任何人否認的。而一些硬氣功的特殊功能，例如用肉身抵禦金屬器械(刀槍劍戟之類)的直接攻擊等等，也是物理學等一般自然科學無法解釋的。《莊子》所謂得道者之某些特殊功能的描繪，雖然與今日氣功之類功法比較有誇張之嫌，應該也是可以理解的。

倘若我們不能設身處地回溯《莊子》所屬時代的社會生活，擯棄用“體驗”去做具體的社會生活現象之考量，則《莊子》關於氣

① 參閱靳希平、吳增定：《十九世紀德國非主流哲學——現象學史前史札記》，北京大學出版社，2004年版，第314—329頁。

的理論之獨特論說可謂皆無解。以爲《莊子》深入思考反復討論的這些修煉氣的功法和行氣導引之術，即“坐忘”、“心齋”之說，是在談論“心靈自由”或“精神解放”這類虛無縹緲不著邊際的事，其實是今人的臆測妄想，完全不得要領，甚或是對莊子的一種意淫。當然，不能否認《莊子》的這些得道者的理想人格，與宗教理想人格的界限十分模糊。這也是一個不爭的事實。道教把《莊子》奉爲《南華真經》，也是題中應有之事。而對於宗教的體驗，我們則不能以一般日常經驗進行簡單類比。這又是一個非常複雜的問題，此處不論。

因此，完全否定《莊子》中的行氣導引與氣功修煉的思想，幾乎是不可能的。無視《莊子》關於氣的理論，或者把它簡單歸類於道教範疇，不僅不能深刻完整地理解《莊子》，甚至也可以說不能深刻完整地把握古代中國的學術思想。由《莊子》的“氣論”縱觀中國古代學術，不難發現氣的思想貫穿于整個中國古代哲學、宗教、科學和藝術之中。道教的煉丹養生以至成仙與行氣導引的關係毋庸置言。就哲學來說，從《易傳》和兩漢經學到宋明理學，作爲本體的道和氣不可分割。至於中國醫學，至少從《黃帝内經》到今日的中醫，所有理論和實踐都離不開陰陽虛實經絡藏象之說。而氣更是中國古代藝術之本。所謂“文以氣爲主”（曹丕《典論・論文》）是文學創作的宗旨。造型藝術的最高表達是“氣韻生動”（謝赫《六法》）。此外，略懂中華武術的也知道，練氣實則爲功夫之本。

當然，有些學者對於《莊子》的氣論也有論及。李澤厚先生說過：“《莊子》里還有‘氣功’‘導引術’等内容，如‘真人之息以踵'‘緣督以爲經'等等說法便是。這都屬於‘人的自然化'範圍，包括今天所謂‘人體特異功能'，其中包含著許多尚待發現的感性的秘密。總之是要求人的生理過程、生命節律與整個宇宙自然相擁抱、相同一，它涉及至今尚不清楚的生理學、醫學中的許多問題。”[①]這至少表明一些嚴肅的學者對於《莊子》中的這個重大問題沒有視而不見，而且李澤厚先生也認爲《莊子》中的這些内容與今日氣功和人體特異功能相關。

應當特別指出的是，北京大學教授于民先生集合自己長期的氣功修煉，從理論上對於中國古代氣的學說包括《莊子》有著系統和精深的研究，並且提出了一些中西方不同思維的重大命題。他認爲：“中國古代思維文化之所以在世界獨樹一幟，有別於西方，其根源就在中國所特有的氣的體驗科學，或稱它爲宇宙人體生命科學。”[②]雖然在一些方面他的理論還有不完善之處，甚至在很多觀點上也可以商榷，但是，他的著作至今仍然沉沒在學界的盲區之中，沒有引起關注和討論。這也是當今中國學界一件十分令人遺憾和可惜的事情。

附：《莊子》中38處與得道相關的“遊”字出處：

1. 若夫乘天地之正，而御六氣之辯，以遊無窮者，彼且惡乎待哉！故曰，至人無己，神人無功，聖人無名。(《逍遙遊》)

① 李澤厚：《美的歷程》，安徽文藝出版社，1994年版，第319頁。

② 于民：《中國美學思想史》，復旦大學出版社，2010年版，第198頁。于民先生還著有《中西互補與人類思維革命》(文化藝術出版社)、《氣化和諧——中國古典審美意識的獨特發展》(東北師範大學出版社)等。

2. 藐姑射之山，有神人居焉，肌膚若冰雪，淖約若處子。不食五穀，吸風飲露。乘雲氣，御飛龍，而遊乎四海之外。(《逍遙遊》)

3. 至人神矣！大澤焚而不能熱，河漢沍而不能寒，疾雷破山【飄】風振海而不能驚。若然者，乘雲氣，騎日月，而遊乎四海之外。死生无變於己，而況利害之端乎！(《齊物論》)

4. 聖人不從事於務，不就利，不違害，不喜求，不緣道；无謂有謂，有謂无謂，而遊乎塵垢之外。(《齊物論》)

5. 顔回曰："回之未始得使，實自回也；得使之也，未始有回也；可謂虛乎？"夫子曰："盡矣。吾語若！若能入遊其樊而无感其名，入則鳴，不入則止。(《人間世》)

6. 且夫乘物以遊心，託不得已以養中，至矣。(《人間世》)

7. 自其同者視之，萬物皆一也。夫若然者，且不知耳目之所宜，而遊心乎德之和。(《德充符》)

8. 故聖人有所遊，而知爲孽，約爲膠，德爲接，工爲商。(《德充符》)

9. 故聖人將遊於物之所不得遯而皆存。善夭善老，善始善終，人猶效之，又況萬物之所係，而一化之所待乎！(《大宗師》)

10. 馮夷得之，以遊大川。(《大宗師》)

11. 子桑戶孟子反子琴張三人相與友，曰："孰能相與於无相與，相爲於无相爲？孰能登天遊霧，撓挑无極；相忘以生，无所終窮？"(《大宗師》)

12. 彼，遊方之外者也；而丘，遊方之內者也。外內不相及，而丘使女往弔之，丘則陋矣。彼方且與造物者爲人，而遊乎天地之一氣。彼以生爲附贅縣疣，以死爲決(疣)潰癰，夫若然者，又惡知死生先後之所在！假於異物，託於同體；忘其肝膽，遺其耳目；反覆終始，不知端倪；芒然彷徨乎塵垢之外，逍遙乎无爲之業。(《大宗師》)

13.“夫堯既已黥汝以仁義，而劓汝以是非矣，汝將何以遊夫遙蕩恣睢轉徙之塗乎？”意而子曰：“雖然，吾願遊於其藩。”……許由曰：“噫！未可知也。我爲汝言其大略。吾師乎！吾師乎！𩐋萬物而不爲義，澤及萬世而不爲仁，長於上古而不爲老，覆載天地刻彫眾形而不爲巧。此所遊已。”(《大宗師》)

14. 天根遊於殷陽，至蓼水之上，適遭无名人而問焉，曰：“請問爲天下。”无名人曰：“去！汝鄙人也，何問之不豫也！予方將與造物者爲人，厭，則又乘夫莽眇之鳥，以出六極之外，而遊无何有之鄉，以處壙埌之野。汝又何帠以治天下感予之心爲？”又復問。无名人曰：“汝遊心於淡，合氣於漠，順物自然而无容私焉，而天下治矣。”(《應帝王》)

15. 老聃曰：“明王之治：功蓋天下而似不自己，化貸萬物而民弗恃；有莫舉名，使物自喜；立乎不測，而遊於无有者也。”(《應帝王》)

16. 然後列子自以爲未始學而歸，三年不出。爲其妻爨，食豕如食人。於事无與親，雕琢復朴，塊然獨以其形立。紛而封哉，一以是終。无爲名尸，无爲謀府，无爲事任，无爲知主。體盡无窮，而遊无朕；盡其所受乎天，而无見得，亦虛而已。至人之用心若鏡，不將不迎，應而不藏，故能勝物而不傷。(《應

帝王》)

17. 今夫百昌皆生於土而反於土，故余將去女，入无窮之門，以遊无極之野。吾與日月參光，吾與天地爲常。(《在宥》)

18. 雲將東遊，過扶搖之枝而適遭鴻蒙。鴻蒙方將拊脾雀躍而遊。雲將見之，倘然止，……對雲將曰："遊！"雲將曰："朕願有問也。"鴻蒙仰而視雲將曰："吁！"雲將曰："天氣不和，地氣鬱結，六氣不調，四時不節。今我願合六氣之精以育羣生，爲之奈何？"……鴻蒙曰："浮遊，不知所求；猖狂，不知所往；遊者鞅掌，以觀无妄。"(《在宥》)

19. 明乎物物者之非物也，豈獨治天下百姓而已哉！出入六合，遊乎九州，獨往獨來，是謂獨有。獨有之人，是之謂至貴。(《在宥》)

20. 挈汝適復之撓撓，以遊无端，出入无旁，與日无始；頌論形軀，合乎大同，大同而无己。(《在宥》)

21. 孔子曰："彼假脩渾沌氏之術者也；識其一，不知其二；治其內，而不治其外。夫明白入素，无爲復朴，體性抱神，以遊世俗之間者，汝將固驚邪？且渾沌氏之術，予與汝何足以識之哉！"(《天地》)

22. 諄芒將東之大壑，適遇苑風於東海之濱。苑風曰："子將奚之？"曰："將之大壑。"曰："奚爲焉？"曰："夫大壑之爲物也，注焉而不滿，酌焉而不竭；吾將遊焉。"……"上神乘光，與形滅亡，此謂照曠。致命盡情，天地樂而萬事銷亡，萬物復情，此之謂混冥。"(《天地》)

23. 古之至人，假道於仁，託宿於義，以遊逍遙之虛，食於

苟簡之田，立於不貸之圃。逍遙，无爲也；苟簡，易養也；不貸，无出也。古者謂是采真之遊。《天運》

24. 關尹曰："是純氣之守也，非知巧果敢之列。居，予語汝！凡有貌象聲色者，皆物也，物何以相遠？夫奚足以至乎先？是色而已。則物之造乎不形而止乎无所化，夫得是而窮之者，物焉得而止焉！彼將處乎不淫之度，而藏乎无端之紀，遊乎萬物之所終始，壹其性，養其氣，合其德，以通乎物之所造。夫若是者，其天守全，其神无郤，物奚自入焉！（《達生》）

25. 若夫乘道德而浮遊則不然。无譽无訾，一龍一蛇，與時俱化，而无肯專爲；一上一下，以和爲量，浮遊乎萬物之祖；物物而不物於物，則胡可得而累邪！（《山木》）

26. 今魯國獨非君之皮邪？吾愿君刳形去皮，洒心去欲，而遊於无人之野。……吾愿去君之累，除君之憂，而獨與道遊於大莫之國。……人能虛己以遊世，其孰能害之！（《山木》）

27. 老聃曰："吾遊於物之初。"（《田子方》）

28. 孔子曰："請問遊是。"老聃曰："夫得是，至美至樂也，得至美而遊乎至樂，謂之至人。"（《田子方》）

29. 知北遊於玄水之上，登隱弅之丘，而適遭无爲謂焉。（《知北遊》）

30. 嘗相與遊乎无何有之宮，同合而論，无所終窮乎！（《知北遊》）

31. 若是者，外不觀乎宇宙，内不知乎大初，是以不過乎崐崘，不遊乎大虛。"（《知北遊》）

32. 顏淵問乎仲尼曰："回嘗聞諸夫子曰：'无有所將，无

有所迎。'回敢問其遊。"(《知北遊》)

33. 予少而自遊於六合之内，予適有瞀病，有長者教予曰："若乘日之車而遊於襄城之野。"今予病少痊，予又且復遊於六合之外。(《徐无鬼》)

34. 吾所與吾子遊者，遊於天地。吾與之邀樂於天，吾與之邀食於地。(《徐无鬼》)

35. 知遊心於无窮，而反在通達之國，若存若亡乎？(《則陽》)

36. 栢矩學於老聃，曰："請之天下遊。"《則陽》

37. 人有能遊，且得不遊乎？人而不能遊，且得遊乎？(《外物》)

38. 胞有重閬，心有天遊。室无空虛，則婦姑勃谿；心无天遊，則六鑿相攘。(《外物》)

第八章　美學——美與藝術理想

《莊子》美學(Aesthetics)研究的學術歷程至今不到百年。今日見到關於《莊子》美學研究較早的文字,影響最大的莫過於宗白華先生的《美學散步》(上海人民出版社1981年版),其次是徐復觀先生的《中國藝術精神》。但是,在《美學散步》中,宗白華先生關於《莊子》美學的論述只是畫龍點睛或驚鴻一瞥。徐復觀先生的《中國藝術精神》雖然1966年在台灣出版,但直到1987年才由春風文藝出版社在大陸刊行。在大陸學界最早全面論述《莊子》美學的論文,始於20世紀80年代之後。其中施東昌、皮朝剛等先生的研究論文可圈可點。①

1984年李澤厚、劉綱紀主編的《中國美學史》第一卷出版(中國社會科學出版社),在學界引起重大關注。書中第七章題爲“莊子的美學思想”,作者是陳素蓉先生。1985年葉朗先生的《中國美學史大綱》出版(上海人民出版社),第五章題爲“莊子的美學”。自此之後,《莊子》美學研究呈現奔湧之勢。查“中國知網”可知,僅自1991年1月至2017年10月,相關文章就有1748篇之多,真可謂

① 施東昌先生著有《先秦諸子美學思想述評》(中華書局,1979年版),皮朝綱《莊子美學思想管窺》一文見《中國古代美學史研究》,復旦大學出版社,1983年版。

壯觀！[①]

可見，關於《莊子》的美學研究，至少是當下學界中國古代美學研究最熱門的話題之一。這些研究開拓了《莊子》美學研究的先河，尤其是宗白華和徐復觀先生的研究，仍然是研究《莊子》美學的圭臬。然而，縱觀中國當下的《莊子》美學研究領域，尤其是20世紀90年代之後，存在著很大的問題和誤區。

第一節　作爲悖論的"《莊子》美學"

美學作爲一個學科，是從1750年鮑姆嘉通(A.G.Baumgarten 1714—1762年)發表他的代表作《美學》一書開始的。但是，西方哲學家對於美的問題思考，則始於古代希臘的畢達哥拉斯學派甚至更早。[②]因此，西方美學具有源遠流長的歷史。鮑姆嘉通之前的美學思想家們，主要討論美的本體論問題，以及藝術與真理的關係，并由此涉及美在社會生活中的價值和意義。柏拉圖特別強調他所探究的不是一般美的事物，例如美的豎琴、美的母馬、美的姑娘等，而是"美本身"。按照柏拉圖的說法，"美本身"是讓美的事物成爲美的事物的那個東西。這個"美本身"就是一個理念。西方美學由此展示出它的形而上性質。鮑姆嘉通創造的"美學"一詞的

① 其他相關信息可參閱郭超：《大陸近三十年來莊子美學研究綜述》，《安徽師範大學學報》2009年第5期。

② 陳中梅先生認爲西方美學的開端應該是荷馬史詩。參見葉朗主編：《意象》第二輯，北京大學出版社，2009年版。

拉丁文aesthetica原義是感性學。他規定美學是感性認識的科學，是關於美的科學，也是探討藝術美的科學。康德在完成了《純粹理性批判》和《實踐理性批判》之後，即在討論了認識論和倫理學的根本問題之後，又撰寫了《判斷力批判》即“第三批判”，企圖以此將自己的哲學勾連一體，成爲一座完整的哲學大廈。在《判斷力批判》上卷，康德提出了“爲什麼審美判斷是普遍的和必然的”問題，並且殫精竭慮爲此進行了艱深、晦澀的論證。可見西方的美學問題一直都是一個形而上學的問題，而且一些重要美學家的理論還是他們哲學體系不可分割的有機部分，即他們理論大廈的一個支柱。這種現象在康德、黑格爾、尼采、海德格爾哲學中尤爲突出。中國的孔子、孟子、老子、墨子等哲學家的美學思想亦是如此。

然而，從《莊子》的全部哲學來說，“《莊子》美學”這一命題是很難成立的。

首先從本體論說起。從古代希臘開始，一些哲學家們就試圖從本體論層面解釋現實中美的事物的原因。最早畢達哥拉斯學派提出“和諧”和“數”的觀點，是貫穿西方哲學家思考美的問題始終的意向。而柏拉圖認爲，人們所有感知到的美的事物，其根源在於一種叫“美本身”的理念。一個明確而完整的美的本體論由此出現。美的本體論是作爲一門科學的美學中的主幹，可以說是整個西方美學史核心中的核心。此後幾乎所有西方的美學理論都沒有跳出這個核心。基督教父和中世紀的哲學家們，例如奧古斯丁和托馬斯·阿奎那，認爲美的最高本體就是上帝本身，一切現實中的美的事物都與上帝的神性相關。直到黑格爾也是認爲“美是理念的感性顯現”。美的本體論問題在20世紀以來的中國美學話語中轉換爲“美的本質”問題，也是中國美學研究的最核心的問題。嚴格地說，只有關於美的本質即“美本身”的問題才與美學相關。而所有關於美的事物的研究，屬於各門實用知識的領域，例如園藝學、服裝設計學等，以及各種藝術的理論。這些理論在某些方面可能與美學有一定交叉，但絕不是美學的正宗。

然而，在《莊子》中居於本體、本原地位的“道”，卻與美醜無關。因爲道無所不在，不僅在美的事物之中，也在醜的事物之中。

> 東郭子問於莊子曰："所謂道，惡乎在？"莊子曰："无所不在。"東郭子曰："期而後可。"莊子曰："在螻蟻。"曰："何其下邪？"曰："在稊稗。"曰："何其愈下邪？"曰："在瓦甓。"曰："何其愈甚邪？"曰："在屎溺。"東郭子不應。(《知北遊》)

“惡”意即“何處”。《莊子》認爲，道不僅存在於燦爛的日月星辰、雄壯的山川、奔騰的河流、還有美麗的鮮花小草、鳥獸魚蟲等人類喜歡的被認爲是美的事物中，同樣也存在於“蟻螻”、“稊稗”、“瓦甓”等人類不喜歡的所謂醜的事物之中，甚至还存在於“屎溺”这样令人極其反感厭惡的骯髒事物之中。

並且，無論處於美好的還是醜陋骯髒的事物中，道與具體事物沒有交集、交際：“物物者與物無際，而物有際者，所謂物際者也”。(《知北遊》)“物物者”即造物者，就是道。“際”即邊界、關係之意。所以，“彼爲盈虛非盈虛，彼爲衰殺非衰殺，彼爲本末非本末，彼爲積散非積散也”。(《知北遊》)“彼”指道。道雖然支配、決定萬物的盈虛積散等變化，本身卻沒有變化。因此，在事物的千變萬化之中，道則始終如一：

> 舉莛與楹，厲與西施，恢詭譎怪，道通爲一。(《齊物論》)

“莛”是屋上的横樑，“楹”是屋柱，厲是醜女，西施是美女，可是從道的方面看，她(它)们都是一样的。

由此可以推論:《莊子》的道無論如何不是現實中美的事物的最終來源或根據。因而,《莊子》中不存在建設性的美的本體論，不存在建設性的關於美的本質學說。

其次從認識論來說。在美學中與美的本體論密切相關的是美感論。美感即對於審美對象的感知和認識。因此，美感論就實質而言即是美學中的認識論。美感論是美學的一個極爲重要的方面。因爲從另一個方面來說，如果我們不能描述我們的美感形式，則美本身的問題也無從談起，美的本質問題也難以成立。對於審美判斷中美感的結構分析，即對於審美對象的特征以及審美的主體因素包括心理原因的研究，是美感論的主要内容。從柏拉圖到黑格爾，西方美學在建構了博大精深的美的本體論的同時，還創造了精彩紛呈的美感論。例如，柏拉圖《會飲篇》中對美本身認識的階段説，亞里士多德的“淨化”(katharsis)説，博克(E.Burke 1729—1797年)的基本情慾説，狄德羅(Diderot 1713—1784年)的“關係”説等等。近代心理學興起之後，對審美心理的研究更是異軍突起，出現了一批令人刮目的理論成果。而在所有這些美感論之中，康德《判斷力批判》所提出的“美感的必然性和普遍性如何可能”問題及其解決方案，則可看成是全部美感論的圭臬。[①]可見，美感研究是西方美學本體論相輔相成的另一座高峰。就每個美學家的理論而言，缺少美感論的美學也是難以想象的。

《莊子》在認識論上持極端懷疑論態度，認爲世界不可知，人們無法認識到真理。在此立場上，《莊子》當然也認爲我們不能把握善惡，不能判斷美醜。因此，《莊子》主張人們不要關注真假的問題，即參與“是非”之爭；其次，不要關注道德問題，即參與“仁義”之爭；再次，不要關注美醜問題，參與“正色”之爭：

齧缺問乎王倪曰：“子知物之所同是乎？”曰：“吾惡乎知之！”“子知子之所不知邪？”曰：“吾惡乎知之！”“然則物無知邪？”曰：“吾惡乎知之！雖然，嘗試言之。庸詎知吾所謂知之非不知邪？庸詎知吾所謂不知之非知邪？且吾嘗試問乎女：民溼寢則腰疾偏死，鰌然乎哉？木處則惴慄恂懼，猨猴然乎哉？三者孰知正處？民食芻豢，麋鹿食薦，蝍且甘帶，鴟鴉耆鼠，四者孰知正味？猨猵狙以爲雌，麋與鹿交，鰌與魚游。毛嬙麗姬，人之所美也；魚見之深入，鳥見之高飛，麋鹿見之決驟。四者孰知天下之正色哉？自我觀之，仁義之端，是非之塗，樊然殽亂，吾惡能知其辯！”齧缺曰：“子不知利害，則至人固不知利害乎？”（《齊物論》）

① 康德認爲，審美判斷與概念無關。因此審美判斷不是一般認識論中討論的認識。但是，康德所建立的審美判斷的理論，屬於美感認識論。這裡具有清晰的界限和明確的意指。

“齧缺”與“王倪”皆爲《莊子》中得道者。“同是”意即同樣如此。“惡”意即如何。“庸詎”意即何以。“女”同“汝”。王倪說,人類睡在潮濕的地方就會得風濕病,然而泥鰍會得病嗎?人類站在高高的樹上則恐懼害怕,然而猿猴會害怕嗎?三者誰的居住是“正處”?人類吃牛羊肉,麋鹿吃草,一種蟲子愛吃小蛇,鴟鴞吃老鼠,四者誰吃的是“正味”?雄猵狙,喜與雌猨交集,麋與鹿交集,泥鰍與魚交集,而人類喜歡的毛嫱麗姬,魚見之深入,鳥見之高飛,麋鹿見之飛奔逃離,這四者誰知道“正色”?這裡,《莊子》同樣運用詭辯和機智,來證明人類和自然界的事物根本就無所謂美與醜。這也是《莊子》的核心思想——“齊物”思想之意旨。

《莊子》倡導人們不去關注人類社會的問題,不要爭辯真假善惡,是因爲這些爭論往往是戰亂的導火索,也常常是作爲個體的人遭遇災難甚至殺身之禍的原因。要達到這種境界,就要取消一切對於外在世界包括人類社會的認識活動,達到“物無非彼,物無非是”(《齊物論篇》)的混沌境界。在這樣的理論視角之中,不存在“世界是什麼”之類的問題,也不存在“什麼是善”的問題,當然更不會存在“什麼是美”的問題。《莊子》在哲學認識論上的這種極端相對主義,爲古今學者所公認,是學界不爭的事實。很顯然,在真理問題、道德問題被《莊子》懸置在人們認識之外時,關於美的認知問題是不可能進入《莊子》哲學視野的。因此,由於《莊子》不存在建設性的美學本體論,《莊子》的美感論即審美的認識論是不能存在的。

當然,《莊子》論及對道的體悟和把握。從另一個角度來說,這也是一種認識論。但是,由於美的事物的最終根源不在於道,與道無關，因此，《莊子》所有關於道的體悟狀況的描述，例如“心齋”、“坐忘”等，也與審美的感知無關。所有把《莊子》中體道狀況的描述等同於審美境界，本質上是對於《莊子》的曲解。

再從倫理學價值論來說。全部《莊子》的主旨在於人類個體的“全生”(保命)和“養身”。從《莊子》的整個思想可以看出，“全生”“保身”是其人生觀的核心。因此，一切有利於“全生”、“養身”的是善的、道德的、有價值的。相反，一切妨礙甚至有害於“全生”、“養身”的則是惡的、不道德的和反價值的。因此，在《莊子》看來，相對於個體生命本身來說，一切世俗的價值和觀念，例如名垂青史、高官厚祿、金錢美色等等，不僅沒有價值，反而都是有害的，也是不道德的。如果說，爲了“全生”、“養身”像聲名榮譽、權力地位和金銀財寶都能夠置之度外，那麼，所謂“美的事物”又能值幾何？更何況一些世人所認爲美的東西，恰恰是有害甚至是致命的：

> 百年之木，破爲犧樽，青黄而文之，其斷在溝中。比犧樽於溝中之斷，則美惡有間矣，其於失性一也。跖與曾史，行義有間矣，然其失性均也。且夫失性有五：一曰五色亂目，使目不明；二曰五聲亂耳，使耳不聰；三曰五臭薰鼻，困惾中顙；四曰五味濁口，使口厲爽；五曰趣舍滑心，使性飛揚。此五者，皆生之害也。而楊墨乃始離跂自以爲得，非吾所謂得也。夫得者困，可以爲得乎？則鳩鴞之在於籠也，亦可以爲得矣。且夫趣舍聲色以柴其内，皮弁鷸冠搢笏紳脩以約其外，内支盈於柴柵，外重纆繳，睆睆然在纆繳之中而自以爲得，則是罪人交臂

歷指而虎豹在於囊檻，亦可以爲得矣。（《天地》）

“犧樽”亦作“犧尊”，是雕刻花紋的祭器。在與其他祭祀器具比較之中犧尊最爲華美。故古人言文飾之盛者，獨舉犧尊。“其斷在溝中”應爲“其一斷在溝中”，意指雕刻犧尊之廢料。“比犧樽於溝中之斷，則美惡有間矣，其於失性一也”，大意爲，犧尊與扔在溝里的廢料相比，雖有美醜的區別，但喪真失性則是一樣的。“有間”意即有區別、不同。“跖”即盜跖。“曾、史”即曾參、史魚。曾參至孝，史魚忠直。“五色”爲青、黄、赤、白、黑。“五聲”即宫、商、角、徵、羽。“五臭”即羶、薰、香、鯹、腐。“困惾中顙”意爲壅塞不通而中傷鼻莖額頭。“五味”即酸、辛、甘、苦、鹹。“厲爽”意爲傷害得病。《老子》十二章曰：“五味令人口爽。”義同。“趣舍”即取捨。“滑心”即亂心。“飛揚”意謂輕浮躁動。“楊墨”即楊朱、墨翟。“離跂”意爲離衆獨立。“得者困”意即獲得者困厄。“柴其内”意即包圍在内府。“柴”同“棧”，意即圍護。“内”指内府。“皮弁鷸冠搢笏紳脩”意指官爵財富榮華富貴。“皮弁”即皮冠。“鷸冠”即以鷸鳥翠羽所飾之冠。“搢笏”插上玉珪笏。“紳脩”指大帶長裙。此皆以飾朝服。“約”即約束。“支盈”意即塞滿。“纆繳”即繩索。“睆睆”形容目視之狀。“交臂”意即反縛。“歷指”意即柙指、拶指，是一種古代刑罰。“囊檻”即口袋囚籠。

好看、好聽、好吃、好聞這些世人以爲美的好的東西，皆爲使人失性之物，有害甚至於致命。因此，在倫理價值上，都遭到《莊子》的否定。我們也知道，《莊子》的理想人格與美醜都沒有關係，反而是那些在生理上有缺陷的人，例如“跂者”、“佝僂丈人”等。因此，在倫理學的視角下，《莊子》也是否定美的價值的。

概而言之，在《莊子》的視野中，作爲一個哲學問題的美的問題是不存在的。《莊子》也根本没有關注人類社會和自然界的美和醜。因此，即使我們承認《莊子》有否定美、消解美的觀點，也是對於美的一種觀點，但是，嚴肅的科學的建構的"《莊子》美學"這一命題是不能成立的。[①]我們從這個角度討論"《莊子》美學"，在邏輯上就是一種悖論。

第二節　《莊子》中"美"、"大美"詞義辨析

儘管從理論上論證了"《莊子》美學"之悖論，但是，不能無視《莊子》中多處出現了"美"、"大美"及相關論述。經過全部檢索和對《莊子》文本中出現"美"、"大美"的具體語境進行分析，我們將會進一步澄清美學界一些人對於《莊子》的誤讀，尤其是關於《莊子》中"大美"一詞的謬誤。如果說在上節我們進行了"《莊子》美學"的哲學批判，那麼本節將進行"《莊子》美學"的語文學甄别。

由於古代漢語與現代漢語之間有巨大的差異，因此，古代漢語中的"美"字與現代漢語之"美"字，在語義上不能完全重合。《説文》曰："美，善也。""善，美也。"從《説文》可知，古代漢語中"美"本來就有"善"的意義。而現代漢語"美"與"善"的涵義

① 早期維特根斯坦(L.Wittgenstein 1889—1951年)認爲，美的問題是不能作爲一個哲學問題存在的。《莊子》的觀念與此相似。當然，他們否定美的問題的哲學思想有巨大差異。

都有自己的界定,它們之間具有清晰而重大的差異。因此,論證《莊子》中關於"美"的文字來討論美學問題,首先就要甄別、界定"美"字與美學相關的特定意義。[①]其次,應該從《莊子》的哲學體系總體把握上,來梳理《莊子》在特定語境中表達的具體思想。

查《莊子》全部文字中"美"字如下,大致可以分爲幾類。[②]第一類涵義約同於現代漢語的"好"、"善"字涵義,因此常常與"惡"對言。例如:

1. 夫兩喜必多溢美之言,兩怒必多溢惡之言。《人間世》

2. 美成在久,惡成不及改,可不慎與!《人間世》

3. 汝不知夫螳蜋乎?怒其臂以當車轍,不知其不勝任也,是其才之美者也。戒之,慎之!積伐而美者以犯之,幾矣。

① 北大中文系彭渤同學認爲:《莊子》里的"美"字有三種意涵,第一是政治層面的褒義評介,例如:"昔者舜問於堯曰:'天王之用心何如?'堯曰:'吾不敖無告,不廢窮民,苦死者,嘉孺子而哀婦人,此吾所以用心已。'舜曰:'美則美矣,而未大也。'""夫天地者,古之所以大也,而黃帝、堯、舜之所以共美也"(《天道》)。第二是日常語義的比擬用法,多與醜、惡對舉。例如:"河伯欣然自喜,以爲天下之美盡在己。"(《秋水》)這裡的"美"字與"大"、"狀"、"善"等字進行置換,於文意無害;第三種具有相對的美學意義。例如:"毛嬙驪姬,人之所美也"(《齊物論》),"彼知矉美而不知矉之所以美"(《天運》)。出自彭渤同學在我開設的"《莊子》文本與思想"課程2016年期末論文《淺談〈莊子〉文本中的"美"》。

② 現代漢語與古代漢語之間的差異,要遠遠大於現代漢語與現代外語例如英語、法語、德語、日語等之間的差異。因爲,這些外語都是現代語言,而古代漢語屬於古代語言。現代漢語的詞彙尤其是實詞,絕大多數是由日本學者在明治維新之後從現代西方語言轉譯過來的,例如"政治"、"經濟"、"社會"、"哲學"等等,這些詞彙都可以在現代外語中找到直接對應詞。這些詞的詞根基本上是古希臘語或拉丁語。而現代漢語詞彙例如"政治"、"經濟"、"社會"、"哲學"在古代漢語中卻找不到直接的對應詞。

(《人間世》)

4. 自吾執斧斤以隨夫子,未嘗見材如此其美也。(《人間世》)

5. 而彊以仁義繩墨之言術暴人之前者,是以人惡有其美也,命之曰菑人。(《人間世》)

6. 德人者,居无思,行无慮,不藏是非美惡。(《天地》)

7. 靜而圣,動而王,无爲也而尊,樸素而天下莫能與之爭美。(《天道》)

8. 於是焉河伯欣然自喜,以天下之美爲盡在己。(《秋水》)

9. 覩一蟬,方得美蔭而忘其身。(《山木》)

10. 是其所美者爲神奇,其所惡者爲臭腐;臭腐復化爲神奇,神奇復化爲臭腐。(《知北遊》)

11. 故勢爲天子,未必貴也;窮爲匹夫,未必賤也;貴賤之分,在行之美惡。……故《書》曰:"孰惡孰美?成者爲首,不成者爲尾"(《盜跖》)

12. 夫富之於人,无所不利,窮美究勢,……(《盜跖》)

第二類涵義近於現代漢語的"德"字涵義,例如:

1. 老聃曰:"夫得是,至美至樂也,得至美而遊乎至樂,謂之至人。"《田子方》

2. 德將爲汝美,道將爲汝居,汝瞳焉如新生之犢而无求其故!《知北遊》

3. 天地有大美而不言，四時有明法而不議，萬物有成理而不說。聖人者，原天地之美而達萬物之理。(《知北遊》)

4. 天子、諸侯、大夫、庶人，此四者自正，治之美也，四者離位，而亂莫大焉。(《漁父》)

5. 功成之美，无一其迹矣。(《漁父》)

6. 判天地之美，析萬物之理，察古人之全，寡能備於天地之美，稱神明之容。(《天下》)

還有一些兼有現代漢語"善"和"德"字涵義，例如：

1. 堯曰："吾不敖无告，不廢窮民，苦死者，嘉孺子而哀婦人。此吾所以用心已。"舜曰："美則美矣，而未大也。"(《天道》)

2. 澹然無極而眾美從之。(《刻意》)

3. 凡成美，惡器也；君雖爲仁義，幾且僞哉！(《徐无鬼》)

4. 堯舜爲帝而雍，非仁天下也，不以美害生也。(《盜跖》)

第三類涵義約同於現代漢語"美"字涵義，但不僅形容女性美麗之意，也包括形容男子英俊之意。例如：

1. 毛嬙麗姬，人之所美也。(《齊物論》)

2. 夫无莊之失其美，據梁之失其力，黃帝之亡其知，皆在爐捶之間耳。(《大宗師》)

3. 當是時也，民結繩而用之，甘其食，美其服，樂其俗，安

其居，鄰國相望，雞狗之音相聞，民至老死而不相往來。(《胠篋》)

4. 百年之木，破爲犧樽，青黄而文之，其斷在溝中。比犧樽於溝中之斷，則美惡有間矣，其於失性一也。(《天地》)

5. 故西施病心而矉其里，其里之醜人見而美之，歸亦捧心而矉其里。其里之富人見之，堅閉門而不出，貧人見之，挈妻子而去之走。彼知美矉而不知矉之所以美。(《天運》)

6. 夫天下之所尊者，富、貴、壽、善也；所樂者，身安、厚味、美服、好色、音聲也；所下者，貧、賤、夭、惡也；所苦者，身不得安逸，口不得厚味，形不得美服，目不得好色，耳不得音聲。(《至樂》)

7. 陽子之宋，宿於逆旅。逆旅人有妾二人，其一人美，其一人惡，惡者貴而美者賤。陽子問其故，逆旅小子對曰："其美者自美，吾不知其美也；其惡者自惡，吾不知其惡也。"陽子曰："弟子記之！行賢而去自賢之行，安往而不愛哉！"(《山木》)

8. 古之真人，知者不得説，美人不得濫，盜人不得刦，伏戲黄帝不得友。(《田子方》)生而美者，人與之鑑，不告則不知其美於人也。(《則陽》)

9. 丘聞之，凡天下有三德：生而長大，美好无雙，少長貴賤見而皆悦之，此上德也；(《盜跖》)

10. 今長大美好，人見而悦之者，此吾父母之遺德也。(《盜跖》)

11. 美、髯、長、大、壯、麗、勇、敢，八者俱過人也，因以是窮。《列御寇》

從以上引文可知,《莊子》中談論到具體的“美的事物”非常少。考慮到全部《莊子》文本的複雜情況,有些文字不屬於《莊子》真正作者的思想,所以在這些談論具體的“美的事物”的文字中,應該還要減少。而即使是從這些全部談論“美的事物”的文字中,大多是否定“美的事物”及其價值的。我們據此很難建構出“《莊子》美學”的宏大體系。因此,一些學者在論證“《莊子》美學”的過程中,也很少使用上述《莊子》談論“美的事物”的資料。他們使用的卻是《莊子》中根本與“美本身”和“美的事物”無關的資料。其中最爲突出的是,他們將《知北遊》篇的“天地有大美而不言”作爲論證《莊子》美學思想的核心概念。例如:

> “天地有大美而不言”——美在於“無爲”。①
>
> 莊子所讚頌的“大美”或“壯美”,是主體等同於無限的結果,它所產生的審美的愉快伴隨著驚歎,但卻沒有恐怖和痛感,也絲毫不帶有西方所說的“崇高”中常有的那種宗教的神秘意味。這是一種令人歡欣鼓舞、奮發昂揚的美,是一種明朗地肯定著人的自由和偉大的美。②
>
> 莊子的“大美”既是儒家《易傳》乾卦剛健壯美的提升,又是它的極大的補足。之所以說提升,是由於莊子的“大美”更

① 陳素蓉:“莊子的美學思想”。見李澤厚、劉綱紀主編:《中國美學史》,第一卷第七章,中國社會科學出版社,1984年版,第242頁。

② 陳素蓉:“莊子的美學思想”。見李澤厚、劉綱紀主編:《中國美學史》,第一卷第七章,中國社會科學出版社,1984年版,第255頁。

高蹈地進入了那無限本體；之所以說補足，是由於莊子的“大美”特別著重與主體人格理想的密切聯繫，而不同於乾卦著重與外在世界相關。所以莊子的“天地有大美而不言”，雖呈現爲外在的客觀形態，實質卻同樣是指向那最高的“至人”人格。這樣，就在追求理想人格這一層次上實現了儒道互補。①

莊子認爲，“道”是客觀存在的、最高的、絕對的美。……天地的“大美”就是“道”。②

這基本上是中國學界研究“《莊子》美學”最有代表性的觀點。類似這些說法至今在學界仍然俯拾皆是。由於這個問題非常突出，我們必須探究具體語境，不能望文生義。因此，有必要專門討論一下上述引文中“大美”一詞在《莊子》具體語境中究竟作何解釋。《莊子》原文如下：

天地有大美而不言，四時有明法而不議，萬物有成理而不說。聖人者，原天地之美而達萬物之理。（《知北遊》）

文中的“言”、“議”、“說”爲互文。而“大美”與“明法”、“成理”之義亦爲相近相通。成玄英疏曰：“夫二儀覆載，其功最美；四時代敘，各有明法；萬物生成，咸資道理；竟不言說，曾無議論也。”而陸德明《經典釋文》明確解釋：“大美謂覆載之美也。”關於此段文

① 李澤厚：《美的歷程》，安徽文藝出版社，1994年版，第297頁

② 葉朗：《中國美學史大綱》，上海人民出版社，1985年版，第111頁。

字大意，郭象注曰："此孔子之所云'予欲無言'。"諸家注文意甚明瞭，此三句意義相近，即孔子"四時行矣，百穀生矣，天何言哉"之意。其中"大美"一詞，除陸德明氏、成玄英氏解爲"覆載之美"外，宣穎注云："利及萬物，不言所利。"①由《說文》可知"美"與"善"本義同，可見此"大美"義與"大善"、"大德"義同，而與現代漢語美醜之"美"基本無關。文中"原天地之美而達萬物之理"，郭象注曰："任其自爲而已。"王先謙云："以覆載爲心，其本原與天地同，又萬物各有生成之理，因而達之。"②所謂"天地之美"與"萬物之理"含義基本相通。這裡的"美"字也不同於現代漢語"美"字之義。

此外，《莊子》中還有一處提到"天地之美"：

> 天下大亂，賢聖不明，道德不一，天下多得一察焉以自好。譬如耳目鼻口，皆有所明，不能相通。猶百家衆技也，皆有所長，時有所用。雖然，不該不徧，一曲之士也。判天地之美，析萬物之理，察古人之全，寡能備於天地之美，稱神明之容。是故內聖外王之道，闇而不明，鬱而不發，天下之人各爲其所欲焉以自爲方。(《天下》)

這段文字，郭象注："各用其一曲，故析判。"此處"判"、"析"、"察"，錢穆曰："此察字與上文判析同義。"③可見三字亦爲互文同

① 王先謙：《莊子集解》，中華書局，2008年版，第186頁。

② 同上。

③ 錢穆：《莊子纂箋》，台灣東大圖書公司，2004年版，第275頁。

義。“不該不徧”意爲不完備不全面。“自以爲方”大意爲自爲自己之道術。而“天地之美”、“萬物之理”、“神明之容”意義相通。成玄英疏云：“一曲之人，各執偏僻，雖著方術，不能會道，故分散兩儀淳和之美，離析萬物虛通之理也。”王叔岷曰：“《説文》：‘容，盛也。’美、容義近。”[①]可見這裡“天地之美”之“美”，也不同於現代漢語“美”字之義。

由以上義證可知，《莊子》中“天地有大美”、“天地之美”之“美”字涵義，與“善”和“德”相同相近，而與現代漢語的“美”字涵義相去甚遠。因此，以“大美”作爲核心概念和重要論據來立論《莊子》美學思想，可謂風馬牛不相及，失之大矣！而這個謬誤對於中國學術界影響至今，又可謂患莫大焉！

由於《莊子》各篇的作者不同，在《莊子》的全部文字中可能出現思想、語言和語義上的矛盾，這是學界的共識。真正嚴肅的《莊子》美學研究，首先必須對全部《莊子》文本進行解讀，對現存《莊子》的所有文字有所區別，從而對《莊子》具有完整的把握，然後才可能論證其思想理論。僅僅從個別詞彙例如“美”、“大美”之類立論，再把《莊子》的一些個別、零星的句子串聯起來，來論證《莊子》美學，這在方法論上就走向了只見樹木，不見森林的歧途。其得出所謂《莊子》關於美的結論，必然遊離《莊子》全書的根本思想。管中窺豹，僅此我們就可以看出中國學界《莊子》美學研究的突出問題了。

① 王叔岷：《莊子校詮》下，中華書局，2007年版，第1301頁。

第三節　三家“莊子美學”評述

下文梳撿三個代表性的學者觀點進行商榷，方法是從文字分析到邏輯推論，並以此就教於學界同人，以期推動《莊子》美學研究的深入討論。

1. 李澤厚、劉綱紀主編《中國美學史》[①]

該書是在中國學界首次出現的漢語中國美學史(部分)，在當時的中國學術界產生了極爲廣泛而重大的影響。這部著作至今仍然是學習和研究中國古代美學的必讀書。其第一卷第七章題爲“莊子的美學思想”，作者是陳素蓉先生。作者認爲：

> 莊子的美學同他的哲學是渾然一體的東西，他的美學即是他的哲學，他的哲學也即是他的美學。這是莊子美學一個突出的特點。單純從《莊子》書中去找尋那些直接有關美或藝術的個別字句，是不可能真正了解莊子美學的。(第227—228頁)
>
> “重生”、“養生”、“保身”是貫徹《莊子》全書的基本思想，人的生命和價值在莊子思想中佔有崇高的地位。(第229頁)

應該說這是極有見地的觀點。但是，作者在概略論述了《莊子》哲

① 該書由中國社會科學出版社1984年出版。下列相關引文均出此書。

學思想之後提出：

> 以反對人的異化，追求個體的無限和自由爲其核心的莊子哲學是同他的美學内在地、自然而然地聯繫在一起的。兩者交融統一，不可分離，這是莊子美學的特征。(第240頁)

討論"異化"問題是20世紀80年代學術界的主要話題之一，意在宣揚馬克思的人道主義思想，與思想解放運動相關。作者立足于"人的異化"問題，顯然是那個時代的局限性。在這個基點上論述《莊子》美學，實質上就已經偏離了《莊子》的主旨和研究《莊子》美學的總體方向。而作者在"《莊子》論美"一節所論的幾個具體問題是：

> (1)"天地有大美而不言"——美在於無爲；
> (2)"聖人法天貴真"——美與真；
> (3)對無限之美的追求；
> (4)"德有所長而形有所忘"——醜中之美；
> (5)"孰知天下之正色哉"——美的相對性。

從這些論題可以看出，作者試圖建構一個《莊子》美學的理論框架，全面論證《莊子》的美學思想。作者由此得出的結論是：

> 莊子及其學派認爲自然無爲是美的本質，表面上看來似乎是一種玄虛的無稽之談，實際上恰好從最根本的意義上素樸

而深刻地抓住了美之爲美的實質，包含了美是合規律性與合目的性相統一，是人的自由的實現的意思。（第245頁）

莊子及其後學所說的“真”具有一般所說的合乎客觀實際或客觀真理的意思。和主張“美言不信，信言不美”的老子有所不同，莊子明確地反對“溢美之言”，認爲“凡溢之類妄”，只能給人帶來災禍（《人間世》）。他要求“美言”應該是符合實際的，真實的。（第248頁）

莊子所讚頌的“大美”或“壯美”，是主體等同於無限的結果，它所產生的審美的愉快伴隨著驚歎，但卻沒有恐怖和痛感，也絲毫不帶有西方所說的“崇高”中常有的那種宗教的神秘意味。這是一種令人歡欣鼓舞、奮發昂揚的美，是一種明朗地肯定著人的自由和偉大的美。（第255頁）

在中國美學史上，也是莊子第一個明確地談到了醜的問題，指出了在醜的外形之中完全可以包含有超越於醜的形體的精神美。（第257頁）

莊子美學突出地強調了美醜的相對性。因此，莊子常被人看作是美學上的相對主義者，甚至于是美的否定者。實際上，莊子雖然強調了美醜的相對性，但他決不是美醜不分的相對主義者，更不是美的否定者。（第258—259頁）

可以看出，作者把“自然無爲是美的本質”作爲《莊子》美學的核心觀點，把“美與天真”、“醜中之美”以及“美的相對性”作爲《莊子》美學的重要命題，甚至認爲《莊子》追求“無限之美”。這些說法不僅偏離了本書所論證的《莊子》哲學主旨，也偏離了作者自己設定的"'重生'、'養生'、'保身'是貫徹《莊子》全書的基本思想，人的生命和價值在莊子思想中佔有崇高的地位"的主旨。至於其"大美"與"壯美"之論，本文上節已經證明其謬誤所在，故不贅述。

從全部文字可以看出，作者對於《莊子》文本進行了全面爬梳和認真研究，頗見功力。但是，由於作者的哲學立場和基本觀念的局限，造成對於《莊子》文字中原本的含義之誤讀和曲解。然後作者運用這些被誤讀的材料，裝進了其設定的框架，得出一個莊子反"人的異化"的結論。可見這是觀念之誤導致方法論之誤。作者的關鍵問題是觀念先行，然後"戴著鐐銬"進行論證，從而得出有悖於《莊子》哲學整體思想的結論。

2. 李澤厚《美的歷程》《華夏美學》①

李澤厚先生1981年出版的《美的歷程》，在中國學術界掀起一股旋風，點燃了當時青年學子的學術熱情，在學界產生了重大而久遠的影響。《美的歷程》是從思想史或藝術思想史的角度，描述了從新石器時代開始的中國古代美學思想演進歷程。因此，莊子美學是李澤厚先生必須面對的挑戰。在第二章"先秦理性精神"之"儒道互補"的小節中，李澤厚先生說：

> 如果說荀子強調的是"性無偽則不能自美"；那麼莊子強

① 李澤厚《美的歷程》《華夏美學》與《美學四講》合成一書，題爲《美的歷程》，安徽文藝出版社，1994年出版。以下相關引文均出此書。

調的卻是“天地有大美而不言”。前者強調藝術的人工製作和外在功利，後者突出的是自然，即美和藝術的獨立。……莊子儘管避棄現世，卻並不否定生命，而無寧對自然生命抱著珍貴愛惜的態度，這使他的泛神論的哲學思想和對待人生的審美態度充滿了感情的光輝，恰恰可以補充、加深儒家而與儒家一致。(第58頁)

這裡將荀子的“人爲”與莊子的“自然”並舉，將功利和藝術對列，同時鏈接審美與生命的關聯，展示出“儒道互補”的內在張力和價值，這種問題域的拓展確實使人眼前一亮，同時還展示出中國傳統學術及其對於現實社會影響的歷史維度，李澤厚先生的才華由此展露無遺。但是，我們上節已經論證了“天地有大美”之說基本與美學和藝術無關。因此，由於李澤厚先生對於“莊子美學”立論的基礎論據不能成立，他所建構的“莊子美學”大廈自然坍塌。

如果說《美的歷程》只是鳥瞰式地勾畫了古代中國美學思想的發展軌跡，那麼李澤厚先生其後在1987年出版的《華夏美學》，則是直接進入了中國古代哲學家的文本，較爲細緻地論述了中國古代美學的理論發展。他延續《美的歷程》的思路，在其第三章“儒道互補”中，從三個論題展開，對於《莊子》美學思想作了集中論證。這一章分三個小題：

一、“逍遙遊”：審美的人生態度；

二、“天地有大美而不言”：審美對象的擴展；

三、“以神遇而不以目視”：關於無意識。

從論題可以看出，李澤厚先生不是簡單地從美的本質以及美感等美學界當時集中關注的問題出發，而是試圖將美學議題拓展到“人生態度”的範圍，而且鏈接上當時在大陸學界比較新潮的弗洛伊德、榮格學說。然而，歸納起來，這裡討論的是“審美的人生態度”、“審美對象”、“無意識”三個問題，不僅基本上游離了《莊子》哲學主旨，而且邏輯混亂，有的也與美學的問題無關。

首先，“‘以神遇而不以目視’：關於無意識”就混淆了兩個不同的概念。《莊子》所謂“以神遇而不以目視”，來源於“庖丁解牛”故事，接下來的句子就是“官知止而神欲行”。這兩句的大意是，五官功能有限止，而我(庖丁)能夠縱心順理，手到功成。這是描述庖丁用刀在肢解牛體時心手一致的狀況。因此，“以神遇而不以目視”是指一種職業的直覺。這就如同很多身懷絕技的高手在本行業之內都會培養出一種直覺一樣，例如藝術家、工匠、偵探甚至軍事家等都具有這種直覺。而弗洛伊德、榮格的“無意識”，則是指處於意識底層，并在根本的意義上能夠支配人們意識的一種不被意識覺察的心理能量。可見，“以神遇而不以目視”所指的職業直覺與弗洛伊德、榮格的“無意識”概念毫無相交之處。試圖在兩條不相交的平行線上找到鏈接，自然就不能依靠邏輯做文章。李澤厚先生由此推論，於是行文中邏輯和概念可謂混亂不堪。例如：

要達到繪畫最高層次的“氣韻生動”，經常不是人工巧密可得，不是可以人爲傳授，也不是只花上時間便能成功，它有

> “不知其然而然”的無意識現象。這也就是“造理入神，迥得天意”。但這無意識又並非完全不可捉摸，它與所謂“人品”有關，即與個體的整個人格境界有關。（第315頁）

這裡的“不知其然而然”、“造理入神，迥得天意”應該是指藝術造詣達到化境的極致狀況，其中含有藝術修養、功力、天賦、直覺等，和人格胸襟即“人品”也有關係。但是，這與弗洛伊德、榮格的“無意識”概念可以說毫無關係。所謂差之毫釐失之千里，把這些風馬牛不相及的概念和知識混淆一起，在無法論證之時只能是非邏輯的“演義”了。

其次，關於“審美的人生態度”問題，李澤厚先生有很誇張的展開：

> 特別是，莊子那種齊物我、一死生、超利害、忘真幻的人生態度和哲學思想，用在現實生活中，顯然很難行得通，也很少有人真正採取這種態度；但把它用在美學和文藝上，卻非常恰當和有效。事實也正是這樣，信奉儒學的或經由儒學培育的歷代知識分子，儘管很少在人生道路上真正實行莊子那一套，但在文藝創作和審美欣賞中，在私人生活的某些方面中，在對待和觀賞大自然山水花鳥中，卻吸收、採用和實行了莊子。《莊子》本身對他們就是一部陶情冶性的美學作品。總起來看，莊子是被儒家吸收進來用在審美方面了。莊子幫助了儒家美學建立起對人生、自然和藝術的真正的審美態度。（第295頁）

作者這裡論述"莊子美學"對於人生態度的價值意義，與徐復觀先生的觀點有異曲同工之處。[①]然而，我們已經論證過，《莊子》的"齊物"思想是一種與宇宙萬類平等的思想，要求人類不應該僅僅從自己的視角來看待宇宙萬物，而要從宇宙萬物自身的視角來看待世界。所謂"天下莫大於秋豪之末，而大山爲小；莫壽於殤子，而彭祖爲夭"，就是"齊物"思想的典型表述。這樣的人生觀也絕不等同於審美的人生態度。而將"齊物我、一生死、超利害、忘真幻"，一起並列爲莊子的"人生態度和哲學思想"，對於《莊子》思想的概括沒有任何理論價值。這種在哲學表述上追求文學化的結果，造成了理論上的混亂，犧牲了理論的嚴肅性和準確性。

關於"人生態度"之類話語，如果泛泛而談，可以與所有的學科都有關係。因此，嚴格說來，此類問題與作爲科學的美學沒有本質的關係。陶冶性情、怡情山水、人格修養等話題，其實是一個教育問題，最多只是涉及美學中的一個子問題——美育問題。甚至關於審美鑒賞的理論，也是屬於藝術學範疇，與美學的理論研究只能是間接的交叉。[②]如果說，後世一些名士或隱士因爲喜愛《莊子》

---

① 徐復觀說："莊子不是以追求美爲目的，而是以追求人生的解放爲目的。但他的精神，既是藝術性的，則在其人生中，實會含有某種性質的美。因而反映在藝術作品方面，也一定會表現爲某種性質的美。而這種美，大概可以用'純素'或'樸素'兩字加以概括。""而純素的觀念，同時即可以作爲由'恬淡寂寞'的人生所流露出來的純素之美。'純素'的另一語言表現，即是後來畫家、畫論家所常說的'逸格'或'平淡天真'。逸格或平淡天真之美，始終成爲中國繪畫中最高地嚮往，其淵源正在於此。"（徐復觀：《中國藝術精神》，春風文藝出版社，1987年版，第117頁）

② 美學作爲哲學的一門分支學科，其主幹是美的本體論、美感論（審美認識論）以及美的價值論等。中國學界目前時尚的"人生藝術化"問題，實質上是喧賓奪主，表明中國美學界在理論研究上的貧乏，陷入了無路可走的困境。

中的某些思想，而採取“游世”的人生態度，這與《莊子》本身的思想之間不能直接等同。這就像後來人們從古代煉金術中發現一些化學或其他科學思想一樣。《莊子》的確對於後世的文人士大夫產生了重要影響，還在於經歷魏晉玄學時期的一個重要轉化。《莊子》在後世所產生的意義，並非直接等同《莊子》的主旨。因此，斷言“莊子幫助了儒家美學建立起對人生、自然和藝術的真正的審美態度”，也只是一種缺乏科學論證的想象而已，沒有理論的價值和意義。（關於《莊子》對於中國美學和中國藝術所產生的影響及意義，我們在本章第四節討論。）

此外，所謂“歷代知識分子，儘管很少在人生道路上真正實行莊子那一套，但在文藝創作和審美欣賞中，在私人生活的某些方面中，在對待和觀賞大自然山水花鳥中，卻吸收、採用和實行了莊子”，與曲解“天地有大美”文意相關，涉及《莊子》與自然美的話題。僅僅基於《莊子》的“齊物”思想，我們就知道在《莊子》看來，人類就是與自然一體，在自然之中，因此不可能把自然界作爲人類自己的對象，即“天地與我并生，萬物與我爲一”。而從認識論來看，《莊子》所謂“物無非彼，物無非是”，在根本上沒有重視和關注自然界。也可以說，在《莊子》的哲學中，自然界當作一個獨立存在的認識對象這一前提並未確立。如果說，《莊子》連“自然界是什麼”這樣的問題都沒有關注的話，怎麼可能去關注自然界的美與醜的問題呢？因此，所謂自然美的問題在《莊子》中也是不存在的。

從以上評述可見，李澤厚先生的“莊子美學研究”，可以說基本是“外在”於《莊子》的。其根本原因在於，作者缺少對於全部《莊子》文本和哲學進行深入的理解和完整把握，只是對於《莊子》中的隻言片語做了粗糙的連綴，然後進行大膽任性的想象。因此，作者這些富有激情、才華和想象力的言説，不僅無助於思想的準確表達，而且游離了《莊子》文本的支持，成爲修辭遊戲。

3. 葉朗《中國美學史大綱》[1]

該書是漢語學界第一部完整的古代中國美學史。由於該著問題集中，文字簡明通暢，出版當時即在學術界獲得好評，其影響力至今不衰。該著第五章題爲"莊子的美學"。作者開篇就直奔主題，認爲：

> 莊子的美學是和莊子的哲學緊密聯繫著的。它的核心内容是對於"自由"的概念的討論，以及對於"自由"和審美的關係的討論。(第111頁)
>
> 莊子美學的核心内容，是對於"自由"的概念的討論，以及對於"自由"和審美的關係的討論。這些討論，在美學史上有兩方面的意義。一方面，莊子關於主體必須超脱利害得失的考慮，才能實現對"道"的觀照，從而獲得"至美至樂"的論述，在美學史上建立了關於審美心胸的理論。另一方面，莊子在"庖丁解牛"等寓言故事中關於創造的自由就是審美境界的論述，在美學史上第一次接觸到了美和美感的實質。這兩個方面，在歷史上都產生了深遠的影響。(第106頁)

---

① 葉朗:《中國美學史大綱》,上海人民出版社,1985年版。下面相關引文均出此書。

這兩段文字中存在著很多可以商榷的問題。首先，作者把“自由”的概念作爲《莊子》美學的核心是不準確的，儘管這種說法是基於當時學界的語境。現代漢語“自由”一詞在古代漢語中沒有嚴格的對應詞。因爲“自由”具有17世紀以後啟蒙思想的意涵，因此，“自由”與《莊子》中的“逍遙”等概念之間的含義差別巨大。嚴格地說，在《莊子》的全部思想中也基本上沒有與“自由”相關的意指。我們知道，《莊子》哲學無論是討論倫理學或存在論，其核心思想是“保命”和“養生”。在《莊子》看來，只要有利於在那個亂世中的保全性命和健全身體的方式和措施，就是善的、道德的，反之則是不善和不道德的。處於莊子所在的戰國後期，如果仍然要求人們追求自由則極易招致殺身之禍。因此，追求自由恰恰是違反莊子的根本思想的。

其次，作者所謂“莊子關於主體必須超脫利害得失的考慮，才能實現對‘道’的觀照，從而獲得‘至美至樂’的論述，在美學史上建立了關於審美心胸的理論”的說法，可以說毫無依據。因爲《莊子》明確說過：“道不可聞，聞而非也；道不可見，見而非也；道不可言，言而非也。”（《知北遊》）可見“實現對‘道’的觀照”，在普通人和世俗生活中是不可能的。《莊子》中言及一些人可以悟道或體道，但那都是至人、真人、神人、聖人以及得道高人，而且，他們在體道和悟道時的境況，即“至美至樂”的狀況，實質上就是“心齋”、“坐忘”所達到的“墮肢體，黜聰明，同於大通”的狀況，與今日我們所謂的審美的境況是根本不同的。因此，即使作者所謂“莊子認爲，對於‘道’的觀照，乃是人生最大的快樂”（第111頁），在某種意義上勉強符合《莊子》的基本思想，但這種“最大的快樂”與我們所討論的美感快樂不能同日而語。作者將“快樂”一詞與美感混同，實際上偷換了概念，以似是而非的論述掩蓋了真正的美學問題，導致真正的美學思考走入歧途。

第三，作者將“庖丁解牛”與藝術創造的自由、審美境界聯繫起來，也是不能成立的。“庖丁解牛”是《莊子》中的著名故事，其要旨在於“養生”。這不僅在其後文“文惠君曰：‘善哉！吾聞庖丁之言，得養生焉’”得到佐證，也與題目“養生主”相符。藝術創造所需要的條件和因素是複雜的，不僅包括後天的訓練和機緣，還需要先天的稟賦。以藝術創造和審美欣賞所必需的條件來說，庖丁“遊刃有餘”的養刀之術恰恰是與之相悖的。因爲，“遊刃有餘”啟發的人們在社會生活中世俗的處世智慧，而藝術創造和審美欣賞則應該完全排除世俗功利的思考。因此，“庖丁解牛”與“創造的自由就是審美境界”之間，具有遙遠的空間。這個空間靠邏輯和理論上的“穿越”是不可能的。而作者甚至斷言，這個寓言故事“在中國美學史上第一次接觸到了美和美感的實質”，這種說法基本違背了中國古代美學研究的常識。至少從現存資料來說，涉及中國古代美和美感的論述，早於《莊子》的也相當豐富。至於能夠凝結古人美感形態的考古出土實物，則更是不勝枚舉。①

如果說以上只是作者對於《莊子》文本的理解問題，下面則是一些理論和邏輯問題了。這些問題甚至涉及美學理論的核心和基

① 可參閱于民：《春秋前審美觀念的發展》，中華書局，1984年版，安徽教育出版社，2013年再版。

礎。例如：

> 莊子認爲，作爲宇宙本體的"道"是最高的、絕對的美，而現象界的"美"和"醜"則不僅是相對的，而且在本質上是沒有差別的。因爲"美"和"醜"的本質都是"氣"。(第106頁)
>
> "美"和"醜"所以能夠互相轉化，不僅在於人們的好惡不同，更根本的是在於"美"和"醜"在本質上是相同的，它們的本質都是"氣"。(第126頁)

首先，作者所謂"莊子認爲，作爲宇宙本體的'道'是最高的、絕對的美"之說法，在全部《莊子》文本中到不到任何根據。《莊子》中關於道的論述非常多，比較有代表性的例如《大宗師》篇如此論述："夫道，有情有信，无爲无形；可傳而不可受，可得而不可見。""情"是"情實"之義，也不同於情感。《莊子》中沒有任何文字說明道是最高的、絕對的美。另外，從《莊子》的思想也推導不出"'道'是最高的、絕對的美"的結論。如果說基督教義認爲上帝是真善美本身，現實事物的美根源於上帝，那麼，莊子的"道"不同於基督教的上帝。《莊子》的道與美沒有關係。可以確定地說，把《莊子》的"道"與美聯繫一體，是沒有根據的臆斷，有悖於《莊子》的基本思想和核心觀念。

其次，作者把《莊子》的道看作是宇宙的最高本體和"最高的、絕對的美"，又斷言"現象界的'美'和'醜'不僅是相對的，而且在本質上是沒有差別的"。這裡作者沒有言及"現象界的美和醜"與"道"是什麼關係。但我們從"現象界的美和醜"在"本質上是沒有差別的”，可推演出“最高的、絕對的美”與“現象界的美和醜”沒有關係，由此再進一步推演，就得出“最高本體的‘道’”與“現象界”是隔絕的。這樣推論出來的結果不僅違背了《莊子》的思想，還有悖於理論的內在邏輯。《莊子》的“道”不僅生(創造)萬物，也在萬物之中。[①]而從邏輯上説，如果“最高本體”與“現象界”沒有關係，那麼就不是“最高本體”；“最高的、絕對的美”如果與“現象界的美和醜”沒有關係，則更加説不通。

第三，在作者看來，《莊子》認爲“‘美’和‘醜’所以能夠互相轉化，不僅在於人們的好惡不同，更根本的是在於‘美’和‘醜’在本質上是相同的，它們的本質都是‘氣’。”這段文字混淆了幾個重大的理論問題。首先，美與醜相互轉化的問題，一是屬於藝術創造論的問題，即藝術家可以將一般現實中認爲醜的東西轉化爲藝術作品中的美的形象，所謂“化腐朽爲神奇”，這類例子舉不勝舉，例如畫家將人們不喜歡的蛇、貓頭鷹等化爲可愛的藝術形象等等，就屬於此類；二是涉及美感的差異性，現實中人們對於具體事物的審美判斷和鑒賞不同，所謂“羅卜青菜，各人所愛”，則屬於美感的差異性問題，例如古代中國所讚賞的婦女纏足，在今天則被認爲是醜惡的。藝術創造論和美感的差異性問題，與美的本質論雖然有交叉，但具有嚴格和清晰地界限。這兩個方面的問題基本不在美的

① 《知北遊》：“夫道，窅然難言哉！將爲汝言其崖略。夫昭昭生於冥冥，有倫生於无形，精神生於道，形本生於精，而萬物以形相生，……天不得不高，地不得不廣，日月不得不行，萬物不得不昌，此其道與！”“東郭子問於莊子曰：‘所謂道，惡乎在？’莊子曰：‘无所不在。’東郭子曰：‘期而後可。’莊子曰：‘在螻蟻。’曰：‘何其下邪？’曰：‘在稊稗。’曰：‘何其愈下邪？’曰：‘在瓦甓。’曰：‘何其愈甚邪？’曰：‘在屎溺。’”

本體論範圍之内。"'美'與'醜'能夠相互轉化"在理論的邏輯上與"'美'和'醜'在本質上是相同的"沒有關係。

同時,作者的另一個論證,即莊子認爲"'美'和'醜'在本質上是相同的,它們的本質都是'氣'",更是隱含了一個重大謬誤。我們知道,《莊子》說:"通天下一氣耳。"(《知北遊》)這句話可以理解爲,宇宙萬物最基本的構成元素是"氣"。這是一種哲學本體論或宇宙論的觀點。但是,如果將《莊子》的這一觀點作爲"'美'與'醜'在本質上是相同的"理論依據,那就會出現巨大的理論混亂。一個關於萬物構成基質的宇宙論觀點,與美的本質之間不能簡單、直接和武斷鏈接。《莊子》說萬物在根本上是氣,不能推導出美的事物或醜的事物的本質是氣。就像今日科學描繪的宇宙也是由分子、原子、中子、質子等基本粒子構成的,有機物是由生物元素(DNA)之類構成,但我們由此不能得出美的事物和醜的事物本質就是基本粒子或DNA一樣。如果將《莊子》的宇宙論和美的本體論這兩個層面的思想進行簡單搭配和嫁接,得出的結論則是非常荒謬的。例如人類與豬最基本的生物學元素都是DNA,只是排列不同而已。但我們不能說,人類和豬的本質是相同的。

此外,《莊子》確實是不關注現象世界的美和醜的。因此,《莊子》沒有對於現實世界的美和醜加以界定,并認爲即使我們略知人類關於美和醜的意見,但仍不知道人類之外的動物對於美的看法。但是,把《莊子》不關注、不討論美的本質問題,等同於《莊子》認爲美和醜的本質相同,不僅不符合邏輯,而且是對於《莊子》思想的矮化。作爲一個哲學家和名學家(邏輯學家),莊子對於概念自身的統一性非常了解。"美"作爲一個概念,與"醜"作爲一個概念,它們之間有著鮮明的區別和根本的界限。從理論上說，被稱爲“美的事物”與被稱爲“醜的事物”之間也具有本質的不同，這是“美”和“醜”概念意涵統一性的延伸和所指。莊子可以不關注、不討論現實世界的美和醜的問題，這恰恰是一個哲學家之所爲。但是，他絕不會混淆“美”和“醜”概念之間的區分。作爲一個哲學家，那絕對是一個低級錯誤。

更進一步說，美的本質問題是美學學科的基本問題。從邏輯上來說，如果美與醜在本質上相同，實質上就沒有美與醜。因而美學這個學科則毫無價值，就不能成立。從思想中我們可以推論出《莊子》確實否認美學的合法性。但我們如果在用“‘美’與‘醜’的本質是相同的”來論證“莊子的美學”，不僅是個理論和邏輯悖論，而且要顛覆迄今的全部美的本體論的歷史，甚至整個美學史。

葉朗先生“莊子的美學”全部文字共有六個小節，除第一節是“莊子的性格、情趣和著作”外，其餘幾節題目爲：1.“莊子論自由和美(一)”；2.“莊子論自由和美(二)”；3.“莊子論‘厲與西施，道通爲一’”；4.“莊子論兀者、支離者、甕㼜大癭”；5.“莊子論‘象罔’”。後兩節關於“兀者、支離者、甕㼜大癭”、“象罔”問題，很多文字與宗白華先生《美學散步》相關。例如：

《中國美學史大綱》：莊子通過“象罔得到玄珠”的寓言，用老子“有”“無”“虛”“實”的思想對《繫辭傳》“立象以盡意”的命題作了修正，強調只有有形和無形相結合的形象(“象罔”)才能表現宇宙的真理(“道”)。莊子的這個思想，對中國古典藝術的意境結構有著巨大的影響。不研究老子和莊子的美學，就

不可能真正懂得中國古典藝術的意境的秘密。(第107頁)

《美學散步》:莊子《天地》篇中有一段寓言說明只有藝"象罔"才能獲得道真"玄珠":"黃帝游乎赤水之北……象罔乃可以得之乎?"呂惠卿注釋得好:"象則非無,罔則非有,不皦不昧,玄珠之所以得也。"非無非有,不皦不昧,這正是藝術形相的象征作用。"象"是境相,"罔"是虛幻,藝術家創造虛幻的境相以象征宇宙人生的真際。真理閃耀於藝術形相里,玄珠的皪於象罔里。(第68頁)中國人對"道"的體驗,是"於空寂處見流行,於流行處見空寂",唯道集虛,體用不二,這構成中國人的生命情調和藝術意境的實相。(第70頁)

《中國美學史大綱》:莊子通過對於一大批兀者、支離者的描繪,指出人的外貌的奇醜可以更有力地表現人的內在精神的崇高和力量。在莊子這一思想的啟示下,在美學史上形成了一種和孔子"文質彬彬"的主張很不相同的審美觀,在藝術史上則出現了整整一個系列的奇特的審美形象。(第106—107頁)

《美學散步》:中國古代一位影響不小的哲學家——莊子,他好像整天是在山野裡散步,觀看著鵬鳥、小蟲、蝴蝶、游魚,又在人間世里凝視一些奇形怪狀的人:駝背、跛腳、四肢不全、心靈不正常的人,很像意大利文藝復興時大天才達·芬奇在米蘭街頭散步時速寫下來的一些"戲畫",現在竟成爲"畫院的奇葩"。莊子文章里所寫的那些奇特人物大概就是後來唐、宋畫家畫羅漢時心中的範本。(第1頁)

《中國美學史大綱》如果在這些論述中加以注釋，就更加規範了。

由上述幾個代表性著作的問題，我們可以推論其他那些《莊子》美學研究著述的情況。尤其是近30年來中國學界的《莊子》美學研究，雖然著述繁富，但產生較大影響的理論和觀點並不多，學術前沿仍然停留在20世紀80年代。這些著述中大量存在對《莊子》文本的誤讀，有不少著述邏輯混亂，詭辯和妄斷"穿越"，稍作推究則可謂一團亂麻。《莊子》美學研究出現這樣的情況，不是一個簡單的學養和學風問題，而是深層的學術理念問題。這是值得學界深思的。

在《莊子》美學研究的所有文字中，于民先生的觀點可謂獨樹一幟：

> 儒家結合世間養生，在肯定美和藝術的前提下，以一種正常的認識渠道深化了正常的美感認識，發展了人們對審美主體的認識；那麼，道家則結合出世養生，在否定美和藝術的前提下，以反常的認識渠道將觀點引向體內，於一種特殊的"視聽"領域中，將人體生命和宇宙生命的自由無限結成一體，使自身獲得一種"至樂"、"天樂"，一種難爲人們確切理解的超妙而又"純粹"的美的感受。①

我認爲這種"至樂"、"天樂"即是"心齋"、"坐忘"所達到的狀

① 于民：《中國美學思想史》，復旦大學出版社，2010年版，第219頁。

態。而于民先生從自身的體驗出發,認爲其中也有“美的感受”。然而,至少在普通沒有修習氣功經歷的人們的日常經驗中,是不能感受到這種“美感”的。但是,這是《莊子》美學研究的新視角,有待進一步發掘。

第四節 《莊子》對於中國藝術創造和特質的影響

《莊子》雖然沒有意識要建構一種美學理論,甚至其基本觀念是否認美學的,然而,《莊子》的一些思想仍然具有美學的意義。首先,《莊子》關於“天籟”之說,即是一個極爲精彩的美學思想。

> 南郭子綦隱几而坐,仰天而噓,嗒焉似喪其耦。顔成子游立侍乎前,曰:“何居乎?形固可使如槁木,而心固可使如死灰乎?今之隱几者,非昔之隱几者也。”子綦曰:“偃,不亦善乎,而問之也!今者吾喪我,汝知之乎?女聞人籟而未聞地籟,女聞地籟而未聞天籟夫!”子游曰:“敢問其方。”子綦曰:“夫大塊噫氣,其名爲風。是唯无作,作則萬竅怒呺。而獨不聞之翏翏乎?山林之畏佳,大木百圍之竅穴,似鼻,似口,似耳,似枅,似圈,似臼,似洼者,似污者;激者,謞者,叱者,吸者,叫者,譹者,宎者,咬者,前者唱于而隨者唱喁。泠風則小和,飄風則大和,厲風濟則眾竅爲虛。而獨不見之調調、之刁刁乎?”子游曰:“地籟則眾竅是已,人籟則比竹是已。敢問天籟。”子綦曰:“夫吹萬不同,而使其自已也,咸其自取,怒者其誰邪!”

（《齊物論》）

南郭子綦是《莊子》中之得道者。他憑藉几案長長噓歎。問他的弟子顔成子游是否知道“人籟”、“地籟”和“天籟”？“籟”本意指簫。成玄英疏云：“籟，簫也，長一尺二寸，十六管，象鳳翅，舜作也。”在此意指樂音。子游説：“地籟”是風吹自然界的各種空穴發出的聲音，“人籟”是人吹奏管簫之類竹制樂器發出的聲音，不知“天籟”爲何。子綦告訴他：風吹萬竅，而使萬竅怒號各自成聲。然而發動者（怒者）是誰？那就是“天籟”。成玄英疏曰：“而怒動爲聲，誰使之然也！……此則重明天籟之義者也。”蔣錫昌説：“‘怒者’即努力爲此不同者，係指一種自然之潛力而言”。[1]王叔岷説：“一切皆由自取，誰使之怒號邪？地籟如此，人籟之聲響亦然。自不齊觀之，則有人籟、地籟、天籟之别，自其齊觀之，則人籟、地籟皆天籟也。”[2]指使萬竅發聲之物，即自然本身，亦即天籟。可見《莊子》之天籟，即自然本身。

天籟本身的意思是天體之音樂。天籟之説表明，《莊子》認爲整個自然本身就是一首美妙的音樂。古希臘畢達哥拉斯學派認爲，宇宙中的每個天體都能發出自己的音調，諸天體的運動表徵八度音，因此構成鈞天之樂，亦可稱“天籟”。古羅馬晚期的奥古斯丁也認爲，整個宇宙的法則也是一種“宇宙之歌”。[3]他們的思想與

① 蔣錫昌：《齊物論校釋》，成都古籍書店，1988年版，第112頁。

② 王叔岷：《莊子校詮》，中華書局，2007年版，第48頁。

③ 徐龍飛：《循美之路——基督宗教本體形上美學研究》，香港中華書局，2013年版，第122頁。

《莊子》"天籟"之說有相通相近之處。天籟之說，展示了一個極爲深邃深廣的宇宙視野，也是一個極爲壯麗的美學觀念。

《莊子》還有一些思想對於中國藝術的形態和精神產生了極爲重要和特別的影響。從這個角度，我們可以談論《莊子》的美學價值和意義。本節主要根據宗白華和徐復觀先生的觀點，評介《莊子》對於中國藝術的幾個重大貢獻，並由此進一步闡發其對於中國美學的價值和意義。

1.《莊子》"虛室生白"思想，對於中國古典藝術意境的生成，具有直接的作用

唐代大詩人王維有首著名的詩：

空山不見人，
但聞人語響。
返景入深林，
復照青苔上。(《鹿柴》)

閱讀這首詩，我們自然會身臨其境，被詩中的景物和氛圍所籠罩。故宋代詩人蘇軾云："味摩詰之詩，詩中有畫；觀摩詰之畫，畫中有時。"[①]蘇軾說的就是一般讀者閱讀於王維詩的這種感受。其實，類似王維這樣的詩在中國古代數不勝數，像李白的《靜夜思》、

① 于民主編：《中國美學史資料選編》，復旦大學出版社，2008年版，第284頁。

柳宗元的《江雪》等更是膾炙人口。後來人們把詩歌中營造的這種聯想空間稱爲“意境”或“境界”。王國維說:“詞以境界爲上。有境界自成高格,自有名句。”[①]所謂中國藝術的意境,就是人們在閱讀、欣賞中國藝術作品所產生的一種特殊效果,即藝術作品中之景中有情,情中有景,情景交融,由此引發人們對於宇宙和人生問題的終極追問和思考。[②]

中國藝術所產生的意境,是中國藝術的特質。不僅是詩歌,中國古代的繪畫特别是大寫意(例如八大山人等)作品中,在山水樹木人獸魚蟲之外留下大片的空白,韻味無窮,令人浮想聯翩。而中國古代戲劇經常以簡單的道具和形體動作,展示在舞台上難以表現的生活實景,例如騎馬、划船、戰爭等,甚至一些可以在舞台上再現的行爲,例如開門、上樓、吃飯、睡覺等,也是用程式化的表演展現。相似的還有中國古代的園林,假山怪石,曲徑通幽,自有一方洞天。古代中國這些藝術手法,具有一個相通的特點,就是以虛爲實,虛實集合。其目的也是營造出一個“景中之境”。中國古代藝術的這些手法和追求,是西方藝術中沒有的。中國古代藝術之所以具有這樣的特質,宗白華認爲是來源於中國哲學,其中最關鍵的是來源於中國哲學中“虛實相生”的思想。

宗白華認爲,中西方藝術的差異,從根本上說是源自中西方哲學和宇宙觀的不同。西方的形上學及宇宙觀是一種數學幾何學的

① 同上書,第588頁。

② 關於中國藝術意境,學界有著深入細緻的討論。一般認爲,王國維的《人間詞話》開啟了討論意境問題的現代學術先河,而宗白華的論述則代表著意境理論的巔峰。可參閲宗白華《藝境》中相關文章。

形態。從托勒密著《天學大成》到伽利略、牛頓、愛因斯坦，都是運用數學或幾何學的方法來描述宇宙與天體的結構和運行規律。“希臘人之研究幾何學，並非爲實用，而是爲理性的滿足，在證明由感覺的圖形，可以推出普遍的真理。”[①] 而西方哲學所走的也是一條純邏輯、純數理、純科學化的道路，實質上也是一種科學。宇宙–科學–形上學，在西方成为了一個不可分的整體。與此一體的西方藝術，也展現出西方文化的特質。例如希臘的雕刻所具有的空間感與幾何學是一體的，倫勃朗油畫展示的是“代表近代歐洲精神的……渺茫無際追尋無著的深空”[②]，等等。

而在宗白華看來，中國哲學與此不同，不討論實體問題。中國哲學所論及的宇宙本體“道”，不同於畢達哥拉斯學派的“數”以及中世紀基督教的上帝，而是貫穿著一種“虛實相生”的原理。儒家道家都是如此，“老、莊認爲虛比真實更真實，是一切真實的原因，沒有虛空存在，萬物就不能生長，就沒有生命的活躍。儒家思想則從實出發，如孔子講‘文質彬彬’，一方面内部結構好，一方面外部表現好。孟子也說：‘充實之謂美。’但孔、孟也並不停留於實，而是要從實到虛，發展到神妙的意境：‘充實而有光輝之謂大，大而化之之謂聖，聖而不可知之之謂神。’聖而不可知之，就是虛：只能體會，只能欣賞，不能解說，不能摹仿，謂之神。所以孟子與老、莊並不矛盾。他們都認爲宇宙是虛和實的結合，也就是《易經》上的陰陽結合。”（第401頁）因此，中國哲學描述的宇宙時空，不同於西方

① 宗白華：《形上学——中西哲学之比较》，《宗白华全集》第1卷，安徽教育出版社，1994年版，第619頁。

② 宗白華：《艺境》，商務印書館，2011年版，第250頁。以下相關引文均出此書。

形上學純數學、科學的宇宙時空，而是充滿人類生活氣息的、詩性的、藝術的宇宙時空。“我們宇宙既是一陰一陽、一虛一實的生命節奏，所以它根本上是虛靈的時空合一體，是流蕩著的生動氣韻。”(第263頁)而在中國藝術之中，哲學的宇宙時空與藝術之間有著徹底的貫通：

> 中國哲學是就“生命本身”體悟“道”的節奏。“道”具象於生活、禮樂制度。道尤表象於“藝”。燦爛的“藝”賦予“道”以形象和生命，“道”給予“藝”以深度和靈魂。(第193頁)

就中國藝術意境來說，“虛實相生”思想是其直接構成要素。宗白華《中國藝術意境之誕生》等一組論文對此做了精湛絕倫的闡發。雖然中國古代的儒道兩家都有“虛實相生”的思想，但是，宗白華特別強調道家，尤其是《莊子》。他認爲“莊子是具有藝術天才的哲學家，對於藝術境界的闡發最爲精妙。”(第190頁)宗白華引述《莊子》的篇名就有《達生》、《胠篋》、《馬蹄》、《田子方》、《山木》、《天地》等，其他文字散見全部《莊子》。關於《莊子》對於中國藝術意境的影響，宗白華如是說：

> 莊子說：“虛室生白。”又說：“唯道集虛。”中國詩詞文章里都著重這空中點染，摶虛成實的表現方法，使詩境、詞境裡面有空間，有蕩漾，和中國畫面具同樣的意境結構。(第195頁)
>
> 哲人、詩人、畫家，對於這個世界是“體盡無窮而游無

朕”。(莊子語)“體盡無窮”是已經證入生命的無窮節奏，畫面上表出一片無盡的律動，如空中的樂奏。“而遊無朕”，即是在中國畫的底層的空白里表達著本體“道”(無朕境界)。莊子曰：“瞻彼闋(空白)者，虛室生白。”這個虛白不是幾何學的空間間架，死的空間，所謂頑空，而是創化萬物的永恆運行著的道。這“白”是“道”的吉祥之光。(第263頁)

莊子《天地》篇中有一段寓言說明只有藝“象罔”才能獲得道真“玄珠”：“黃帝游乎赤水之北……象罔乃可以得之乎？”呂惠卿注釋得好：“象則非無，罔則非有，不皦不昧，玄珠之所以得也。”非無非有，不皦不昧，這正是藝術形相的象征作用。“象”是境相，“罔”是虛幻，藝術家創造虛幻的境相以象征宇宙人生的真際。真理閃耀於藝術形相里，玄珠的皪於象罔里。(第193頁)

從悟道、體道到生命的內在律動，再到藝術創造，中國藝術家的生活生命歷程，也是藝術創造的歷程。《莊子》關於“虛實相生”的思想極爲鮮活、靈動，極富生命氣息，是中國藝術意境之源，是古代中國藝術家的終極追求，也是古代中國藝術最高境界構成的根本元素之一。可見《莊子》與古典中國藝術意境之神韻空靈的品質，具有最爲內在和直接的關聯。宗白華先生最早對這個問題做了如此精妙的論述，至今仍然佔據著這個話題的制高點。

2.《莊子》思想與中國藝術的精神，具有內在的關聯

與中國藝術意境相關的是中國藝術的精神。藝術精神是指一

種藝術獨自具有的、內在的品質或氣質。譬如，中國畫不同於日本畫，中國古詩不同於日本俳句，不是它們的物質媒介不同，而是內在的精神不同。西方藝術也是如此，近代的意大利、荷蘭、俄羅斯的繪畫，雖然使用的媒介都是油彩、畫布、畫刷，描繪的對象都是人物風景，但人們都可以看出具有不同的精神。當然，東西方藝術精神的不同，則更是十分明顯的。由此可見，世界上每個民族的藝術精神中，都蘊涵一種民族文化的根本理念。因此，對於藝術精神問題的討論，不是一個屬於藝術本身的問題，實質上是一個哲學問題，一個屬於哲學的美學學科研究所面對的真正難題。因爲，一種藝術所體現出的精神，不可能來自藝術本身，而應該是源於民族文化中最核心處的東西——哲學或宗教。這就像體育運動雖然是一種身體的運動，但體育的精神——比如"奧林匹克精神"之類，一定是屬於人文的精神一樣。

中國藝術的精神是什麼？宗白華先生對於中西藝術中宇宙觀、哲學觀的研究，也屬於這種對藝術精神的探求。然而，徐復觀先生的《中國藝術精神》則更爲明確、集中地討論了這一問題，而且對這個重大的問題作了著名的論斷，因此更具有突破性的意義。[①]他認爲，孔子和儒家思想對中國藝術的影響是"爲人生的藝術"，主要在音樂方面，而"對儒家而言，或可稱莊子所成就爲純藝術精神。"(第118頁)"由莊子所顯出的典型，徹底是純藝術精神的性格"。(第5頁)因此，中國藝術精神(或純粹的中國藝術精神)，則是來源於

① 徐復觀:《中國藝術精神》，春風文藝出版社，1987年版。下列相關引文均出此書。

《莊子》。

在徐復觀看來,《莊子》對於中國藝術精神的影響在於幾個方面。第一是對於藝術家人格的影響。他說:“莊子的本意只著眼到人生,而根本無心于藝術。他對藝術精神主體的把握及其這方面的了解、成就,乃直接由人格中所流出。吸此一精神之流的大文學家,大繪畫家,其作品也是直接由其人格中所流出,并即以之陶冶其人生。”(第118頁)藝術人格的形成與陶冶山水具有直接的關係。“在中國藝術活動中,人與自然的融合,常有意無意地,實以莊子的思想作其媒介。……中國的山水畫,是莊子精神的不期然而然地產品。”(第116頁)第二是對於中國藝術品質的影響。徐復觀先生認爲,古典中國繪畫中的“樸素”、“恬淡”精神和境界來源於《莊子》。他說:“(莊子)的精神,既是藝術性的,則在其人生中,實會含有某種性質的美。因而反映在藝術作品方面,也一定會表現爲某種性質的美。而這種美,大概可以用‘純素’或‘樸素’兩字加以概括。”“而純素的觀念,同時即可以作爲由‘恬淡寂寞’的人生所流露出來的純素之美。‘純素’的另一語言表現,即是後來畫家、畫論家所常說的‘逸格’或‘平淡天真’。逸格或平淡天真之美,始終成爲中國繪畫中最高地嚮往,其淵源正在於此。”(第117頁)古典中國繪畫藝術評價的核心標準是“氣韻”、“神妙”、“閒逸”、“淡遠”等,這些概念都與《莊子》的意旨相關。

因此,徐復觀認爲:

> 由莊子所顯出的典型,徹底是純藝術精神的性格,而主要又是結實在繪畫上面。(第5頁)

> 中國藝術精神的自覺，主要是表現在繪畫和文學兩方面。而繪畫又是莊學的“獨生子”。(第5頁。《中國藝術精神》第三章以後專論中國繪畫。)

徐復觀先生的這個觀點，爲我們理解中國藝術精神，提出了一條重要的線路。這種首創之功在學術史和文化史上無疑都具有非同凡響的意義和價值。但是，徐復觀先生論述中自然存在一些值得商榷之處。例如，徐復觀先生常常把“中國藝術精神”，與“中國文化中的藝術精神”，以及“中國人生活的藝術精神”混爲一談。這些問題的混雜使得徐復觀先生的論述不僅零亂，而且常常有悖邏輯，幾乎掩蓋了其中一些有價值的思想。①

《莊子》對中國藝術精神產生的深刻影響，應該是不容置疑的。從藝術史來說，這種影響是通過魏晉玄學直接產生的。因爲，在漢代以前的繪畫基本不具有徐復觀先生所論述的“樸素”、“恬淡”性質。宗白華說：“晉人的美感和藝術觀，就大體而言，是以老莊哲學的宇宙觀爲基礎，富於簡淡、玄遠的意味，因而奠定了一千五百年來中國美感——尤以表現於山水畫、山水詩的基本趨向。”(第162頁)當然，徐復觀先生也說：“由老學莊學所演變出來的魏晉玄學，它的真實內容與結果，乃是藝術性的生活和藝術上的成就。歷史

① 例如他說：“莊子之所謂道，落實于人生之上，乃是崇高的藝術精神”，顯然不是指“中國藝術的精神”，而是指“中國人生活的藝術精神”。當然，“中國文化中的藝術精神”，以及“中國人生活的藝術精神”，與“中國藝術的精神”並非完全沒有聯繫，但在本質上和邏輯上，它們的區別是十分明顯的。參見拙文《怎樣探討中國藝術精神——評徐復觀〈中國藝術精神〉的幾個觀點》，刊載於《北京大學學報》2000年第2期，并載於拙著：《魏晉自然觀——“中國藝術自覺”的哲學考察》附錄三。

中的大畫家，大畫論家，他們所達到，所把握到的精神境界，常不期然的都是莊學，玄學的境界。”（第3頁）魏晉時期是“中國藝術自覺”的時代。那個時代形成了中國藝術的根本特質，很多藝術形式達到巔峰，例如“二王”的書法、陶淵明的詩、顧愷之的畫，等等。藝術的精神氣質直接來源於玄學。而所謂“三玄”即是《老子》、《莊子》和《周易》。在郭象的哲學中，《莊子》思想得到一次根本的改造和轉換。這是中國藝術史最爲關鍵的一步。當然，這是需要進一步深入研究的話題了。

3.《莊子》對於藝術創造的啟示

除上述兩個方面之外，《莊子》中還有一些思想對於中國藝術也產生了深遠的影響。如宗白華所說，《莊子》中的兩類人物都成爲後來中國古典畫家的藝術理想。一類是“藐姑射神人，綽約若處子，肌膚若冰雪，也體現在元朝倪雲林的山水竹石裡面”；（第377—378頁）另一類的兀者、哀駘它、闉跂、支離無脣、支離疏，叔山無趾、甕盎大癭等“奇特人物大概就是後來唐、宋畫家畫羅漢時心中的範本”。（第287頁）

其次是《莊子》關於“技進於道”的思想，與藝術創造也有深層的關聯。藝術家所達到巧奪天工的境界，在某種意義上也是一種“道”。《莊子》在論述“解牛”的庖丁、“削木爲鐻”的梓慶、“斲輪”的輪扁、“承蜩”的痀僂者等這些寓技於道的人物時，一些思想也涉及藝術創作論。關於這個問題，研究《莊子》美學的很多學者都有所提及。例如陳素蓉先生從“庖丁解牛”、“輪扁斲輪”、“梓慶削木爲鐻”等故事中，概括出“第一，藝術創造活動是一種合規律的活動，同時又是一種不受規律束縛的自由活動”，“第二，藝術創造活動是一種超出個人功利的考慮，完全不計較利害得失，全神貫注而不知其他的活動”。(第277、278頁)李澤厚先生從中得出“從技能到文藝，所有的創作過程都有非一般概念語言、邏輯思維所能表達、說明的一面，此即無意識或非意識的一面”的思想。(第313—314頁)葉朗先生說：“這種長期的實踐，使得這些工匠、手藝人、船夫、游泳能手、射箭能手獲得了自由。這種自由，是合規律性和合目的性的統一，是真和善的統一。”(第122頁)我們結合上述諸家論述，對於《莊子》的這個思想略作展開。

《莊子》描述的這些頂級的專業高人和工藝大師們，在工作時有幾個共同特點。第一是專心專一：

> 大馬之捶鉤者，年八十矣，而不失豪芒。大馬曰：“子巧與？有道與？”曰：“臣有守也。臣之年二十而好捶鉤，於物无視也，非鉤无察也。是用之者，假不用者也以長得其用，而況乎无不用者乎！”(《知北遊》)

這段文字與“庖丁解牛”等意義基本相同。大意爲，大司馬家鍛打腰帶鉤的工匠，八十歲了，所鍛造的腰帶鉤無豪芒之差。他自稱有道(“守”)，即“於物無視，非鉤无察”。“假”即藉助。“是用之者，假不用者也以長得其用”大意爲，之所以至老而仍然得其捶鉤之法，假賴於不用心視察他物之故。“无不用者”意指道。

第二是“忘我”，即超越世俗的功利欲念：

顔淵問仲尼曰:"吾嘗濟乎觴深之淵,津人操舟若神。吾問焉,曰:'操舟可學邪?'曰:'可。善遊者數能。若乃夫沒人,則未嘗見舟而便操之也。'吾問焉而不吾告,敢問何謂也?"仲尼曰:"善遊者數能,忘水也。若乃夫沒人之未嘗見舟而便操之也,彼視淵若陵,視舟之覆猶其車却也。覆却萬方陳乎前而不得入其舍,惡往而不暇!以瓦注者巧,以鉤注者憚,以黄金注者殙。其巧一也,而有所矜,則重外也。凡外重者内拙。"(《達生》)

"濟"即渡河。"觴深"爲河水之名。"津人"即擺渡船工。"善遊者數能"意即會游泳者能夠快速學會。"若乃夫沒人,則未嘗見舟而便操之也"大意爲,假若能潛水者,雖向未見舟,入舟便能操之。"視淵若陵"即視深淵若山陵。"覆却萬方陳乎前而不得入其舍,惡往而不暇"大意爲,視覆舟行舟如同一物,心中不關懼怕私念,去何處不心安閒暇。"以瓦注者巧,以鉤注者憚,以黄金注者殙"大意爲,賭博時用瓦器賤物下注,心無矜惜故巧而中;以銀銅打造的鉤帶做賭注則心中懼怕;以黄金做賭注時心生怖懼故心智昏亂而不中。"巧"指賭博技巧。"外"意指外物。"内"意謂内心。

同樣:

工倕旋而蓋規矩,指與物化而不以心稽,故其靈臺一而不桎。忘足,屨之適也;忘要,帶之適也;知忘是非,心之適也;不内變,不外從,事會之適也。始乎適而未嘗不適者,忘適之

適也。(《達生》)

“工倕”爲傳說堯時巧匠。“旋而蓋規矩”意即工倕以指旋轉畫圈而能合乎規矩。“心稽”即心算。“靈臺一而不桎”意即心靈專一沒有桎梏。“要”同“腰”。“事會”意指際遇外界事務。“忘適之適”意即本性適不因物而後適,其適亦忘之。

第三是由“識性”而“自然”,即由對於對象本性的把握然後達到自然而然:

孔子觀於呂梁,縣水三十仞,流沫四十里,黿鼉魚鼈之所不能游也。見一丈夫游之,以爲有苦而欲死也,使弟子並流而拯之。數百步而出,被發行歌而游於塘下。孔子從而問焉,曰:“吾以子爲鬼,察子則人也。請問,蹈水有道乎?”曰:“亡,吾无道。吾始乎故,長乎性,成乎命。與齊俱入,與汩偕出,從水之道而不爲私焉。此吾所以蹈之也。”孔子曰:“何謂始乎故,長乎性,成乎命?”曰:“吾生於陵而安於陵,故也;長於水而安於水,性也;不知吾所以然而然,命也。”(《達生》)

“呂梁”是地名,“縣水”即瀑布。“縣”通“懸”。“有苦而欲死”意即有病要自殺。“並流而拯之”意即沿水邊並行準備救他命。“亡”同“無”。“吾始乎故,長乎性,成乎命”大意爲,游水我始於習慣,長大成爲習性,最終順命而已。“與齊俱入,與汩俱出”意即與漩渦、波湧同入同出。“從水之道而不爲私”意爲順從水性而不違逆它。“不知所以然而然”意即順從自然水性。

上述三點是藝術創作必須遵循的前提和規律。這些是《莊子》關於"技進於道"思想的美學啟示。除此之外，在《莊子》中非常難得地發現了一段直接描述画家創作狀態的文字：

> 宋元君將畫圖，衆史皆至，受揖而立；舐筆和墨，在外者半。有一史後至者，儃儃然不趨，受揖不立，因之舍。公使人視之，則解衣槃礴臝。君曰："可矣，是真畫者也。"（《田子方》）

宋國國君欲畫國中山川地土圖樣。衆畫史並至，受君命拜揖而立，然後以舌頭舔筆尖和墨，準備作畫。室外還有半數人等待不得入內。有一個畫史姗姗來遲，緩步舒閑。他受命拜揖卻不立在衆人之中，直接返回自己客舍。國君差人看他情狀，見他脱光了衣服伸開兩腿坐在席上。國君説："行啦，這是真正畫畫的。"

著名美術史論家葛路先生對《莊子》的這個故事的精義作了專門的闡發。他説：

> 所謂"解衣盤礴"就是脱衣箕踞。古人席地而坐，有兩種姿態：一種是有禮貌的規規矩矩的坐法，先跪下，腳掌立起來，屁股放在腳後跟上，上身直著。漢代銅器長信宮燈那個宮女的坐相就是。箕踞是另外一種坐法（伸開兩腿坐在席上——引者注），是不恭敬不禮貌的一種坐法。莊子妻死時，惠施往弔，見到莊子箕踞鼓盆而歌，惠施很氣憤，認爲太放肆了。……但這種不受世俗禮法束縛的思想卻道出了藝術創作的一條特殊性，即藝術家創作時應有的精神狀態。惟其如此，所以後世的

畫家是讚同這一理論的，它甚至成了作畫的代名詞。……據說王羲之的《蘭亭序》寫了許多次，第一次最好，後來怎麼也達不到第一次寫的效果，因爲那種興致後來沒有了。蘇軾寫《赤壁賦》，也是頭一次寫得好，後來的不如第一次。畫畫有類似的情況，有的畫家勾草圖，不經意畫，但非常生動，正式的作品往往倒不生動了。寫意畫，就那麼幾十分鐘，欣然命筆，往往有意想不到的效果出現。作畫時，人的精神狀態應該怎樣，《莊子》之前沒有人論述過。“解衣盤礴”說出了藝術創作這種特殊的腦力勞動的一種特殊性，故深爲歷代畫家讚同。清初畫家惲南田說：“作畫須有解衣盤礴旁若無人之意，然後化機在手，元氣狼藉，不爲先匠所拘，而遊於法度之外矣。”①

葛路先生從中國書畫史和畫家自身的創作經驗中，指出了《莊子》這個故事對於藝術創作的一個真理性揭示。從中也可見出《莊子》對於藝術家的直接影響之深之遠。

除上述之外還有一點毋庸置疑，即莊子個人的藝術理想和審美趣味，對於中國美學具有重要的價值和意義。正如宗白華先生所描繪的那樣：“莊子，他好像整天是在山野裡散步，觀看著鵬鳥、小蟲、蝴蝶、游魚，又在人間世里凝視一些奇形怪狀的人：駝背、跛腳、四肢不全、心靈不正常的人，很像意大利文藝復興時大天才達·芬奇在米蘭街頭散步時速寫下來的一些‘戲畫’，現在竟成爲

① 葛路：《中國畫論史》，北京大學出版社，2009年版，第11—12頁。

‘畫院的奇葩’。”(第287頁)作爲個體的莊子除了是一位偉大的哲學家、思想家，應該還是一個具有極爲敏鋭的觀察者和品味極高的鑒賞家，這與他在哲學上否定美的概念並不矛盾。[①]例如莊子對於“庖丁解牛”動作“合於桑林之舞，乃中經首之會”的描寫，以及《天運篇》關於“黄帝張於洞庭之野的咸池之樂”的渲染，表明莊子深湛的音樂修養，而這“卻是和孔子所愛的北方的大舜的韶樂有所不同”。(第172頁)

更重要的是，莊子還是一個卓絕的文學大家、散文大家。作爲大散文家的莊子，定然會有自己的藝術理想和追求。中國的散文在先秦就有諸子散文和史傳散文兩大傳統。經過唐宋韓愈等人的“古文運動”之後，先秦散文之風格理念對於中國文壇的影響歷久不衰。而《莊子》“无端崖之辭”的風格，爲先秦諸子散文藝術美之翹楚，對於中國文學的影響巨大而深遠。中國古代詩文的“美感形態”與《莊子》有密不可分的關係。曹植《洛神賦》中“翩若驚鴻，婉若游龍”、“仿佛兮若輕雲之蔽月，飄搖兮若流風之回雪”之洛神，與《莊子》“肌膚若冰雪，綽約若處子”的藐姑射神人，何其相似乃爾！(第171頁)

因此，雖然“《莊子》美學”是一個悖論，然而，論述《莊子》與中國古典藝術的關係，進而論述《莊子》與中國美學的關係，仍然是一篇宏大的文章。本章卻就此打住。

① 這種思想理論與個人生活實際的差距，正如倡導新文化的胡適在婚姻上卻遵循舊倫理一樣。

餘論　《莊子》哲學體系内在結構的思考邏輯

莊周本人沒有意識要寫出一部“莊子哲學”的書。所謂“《莊子》哲學”是我們從《莊子》的全部文字中“剪裁”而闡發出來的。但是，這并不等於我們論證的“《莊子》哲學”與《莊子》的文本的意義無關，或者是強加於《莊子》。因爲，“《莊子》哲學”本來就内嵌於《莊子》的文本之中。這就像玉工從一塊石頭中發現、鑿開并獲得一塊美玉一樣，美玉本身就在那塊石頭之中。

在論證了《莊子》哲學的各分支學説之後，《莊子》的哲學體系自然水落石出，不成爲問題。但是，這個體系的内在結構如何，卻是仍然需要討論和論證的。①

莊子雖然沒有關於一個哲學體系的自覺的總體設計，但是，莊子在討論分屬各分支學科的這些重大哲學問題的時候，總是有所指向。這個指向是莊子討論哲學問題的内在動力和意圖。而這些

① 從中國第一部哲學史開始，有關《莊子》哲學的論述也至少有兩個意指，第一，莊子是個哲學家；第二，莊子哲學的主旨。但是，從胡適的《中國哲學史大綱》(上卷)，馮友蘭的《中國哲學史》(上下册)，到張岱年的《中國哲學大綱》、任繼愈的《中國哲學史》等，基本方法是論述莊子哲學的幾個問題，而沒有關於莊子哲學體系及其内在結構的論述。馮友蘭《中國哲學史新編》則稱“莊周哲學是隱士思想的總結”(第139頁)，也同樣沒有論述《莊子》哲學的内在結構。

指向歸根結底又會朝向一個總的指向，其目的正是要說明的一個總的意圖。我認爲這就是莊子哲學體系的思維邏輯。根據這個邏輯，就能夠展示莊子哲學體系的内在結構，揭示出莊子哲學的最終關懷和最高意旨。這就是所謂“綱舉目張”的道理。

沒有人能夠否認，《莊子》所涉獵的問題大約有“世界是什麼”“我知道什麼”“人是什麼”“我的人生意義是什麼”“道德是什麼”“語言是什麼”等，這些問題本來就分別屬於哲學形上學、知識論、存在論、倫理學、語言哲學等學科。這些問題都是盤桓在作爲哲學家的莊子頭腦中的謎團，也是他心中糾結的塊壘。莊子作爲哲學家的意義就是對這些問題作出與衆不同的回答。而現存《莊子》文本也證明了莊子無愧於偉大的哲學家這一稱號。從莊子對於這些問題的回答之中，也展示出這些問題之間相互關聯的思考通道。因爲，對於每個問題的回答不可能是單線條的。那麼這幾個問題之間的關聯，應該就是《莊子》哲學體系的内在結構。

《莊子》認爲，道是宇宙萬物的本原。作爲形上學問題“道是什麼”的回答，涉及自然哲學，即道與氣的關係；涉及知識論，即人們能否認識道，當然也關乎語言哲學，即人們是否能夠言說道；涉及存在論，因爲道自然也是“我”的終極來源和根據，而且我是否依存道、是否得道、是否體道悟道，都要論述；涉及倫理學、美學，即道與道德、美醜的關係。儘管莊子是從否定美學的意義上立論的。

真知問題是知識論的核心問題。《莊子》認爲，最高的知識是關於道的知識，因此關乎形上學；真知能否可說的問題，關乎語言哲學；能否認識善惡、美醜，關乎倫理學和美學；而能否獲得“全生”、“養生”的智慧，則關乎存在論、自然哲學。

《莊子》的存在論在人生意義問題的探討中，也必須要討論我與道的關係，即形上學問題；也必須討論“我能認識什麼”，即知識論問題；當然也討論“我能說什麼”，即語言哲學問題；人生的意義與善惡、快樂、美學密切相關，因此也自然與倫理學、自然哲學、美學相關。

《莊子》的倫理學和美學的問題，完全是從存在論中生發出來的。因爲，《莊子》無視甚至否定美的觀點，是從其存在論的立場得出的邏輯結論。而在闡發倫理學和美學問題時，也不能離開形上學與知識論，因爲道德就是得道，而美醜與道無關。

可見，我們論證到《莊子》哲學的幾個分支部分，即形上學、知識論、語言哲學、存在論、倫理學、自然哲學和美學之間，糾纏鏈接，盤根錯節。每個具體問題的論證之間亦有互證。表面上眼花繚亂，紛繁複雜。然而，透過表層的問題，我們會發現牽引這些問題和觀點的興奮點和原動力。

莊子哲學討論的範圍不外乎宇宙自然、社會萬象和個體生命及其意義。探索宇宙自然的奥秘和社會萬象的規律，是爲了個體人生當下存在的意義：首先是保全性命，其次是維繫生命，然後是快樂。因此，在莊子哲學體系中，存在論是核心。圍繞個體的生命存在，伸展其他相關哲學問題，例如最高本體問題(形上學)、知識問題(知識論、語言哲學)、道德問題(倫理學)、快樂問題(自然哲學、美學)。莊子從哲學上論證了世界不可知，“物無非彼，物无無是”。基於此，提出相關的世界觀、人生觀，即“天地与我並生，而萬物與我爲一”，奠定了人生意義問題的基礎。個體人生的原則是利生保命。在當時的社會中，要達到這種境界，就要取消一切世俗的善惡、美醜差别。《莊子》哲學的這個根本意旨，即個體生命的當下存在，與海德格爾哲學的核心意指“此在”(Dasein)，具有驚人的相通。海德格爾把他所討論的關於“此在”問題的理論稱爲“基本存在論”。也可以説，《莊子》哲學中的存在論也是其全部哲學的基礎和旨歸。這也是全部《莊子》哲學的興奮點和原動力。

《莊子》哲學真理觀的立足点和結論是極端相對主義。在思維方式上，《莊子》哲學採取“極端的否定”方法，否定知識(真理)，否定世俗道德(仁義)，否定美醜。《莊子》將通常人們心理定式中的常識推向極致，自然就得出相反的結論。由此展示了一個“説不可説”、“非常説”的詭辯大家的智慧和風采。而極爲難得的是莊子的“齊物”觀，它不僅是《莊子》推翻常識的殺手鐧，更展示了幾千年來無人企及的哲學視域：人類與宇宙間萬物平等的思想。

立足於《莊子》的根本意旨，揣摩並體會《莊子》作者的心態和立意，才能抓住《莊子》作者心中的這個秘密，對於其文字的涵義才能有真切的把握和體悟。否則，我們只會被《莊子》中的一些風譎雲詭、汪洋恣肆、表面上不著邊際的議論弄得雲山霧罩、暈頭轉向。而通過《莊子》關於生死問題異想天開的探索、發問，我們也發現：仿佛深藏於哲學家、思想家莊子心中的秘密，還是弗洛伊德洞悉人類個體的核心秘密問題——“我是誰？”

主要參考書目

上海涵芬樓《續古逸叢書》刊本《宋刊南華真經》，江蘇古籍出版社，2001年影印版。

黎庶昌《古逸叢書》輯刻本《覆宋本莊子註疏》，江蘇廣陵古籍刻印社，1990年影印版。

郭慶藩：《莊子集釋》（王孝魚點校），中華書局，1997年版。

王先謙：《莊子集解》（含劉武：《莊子集解内篇補正》），中華書局，2008年版。

章太炎：《莊子解故》《齊物論釋》，《章太炎全集》，上海人民出版社，2014年版。

胡適：《中國哲學史大綱》，東方出版社，1996年版。

胡適：《先秦名學史》，見《胡適文集》第六册，北京大學出版社，1998年版。

馮友蘭：《中國哲學史》上下册，中華書局，1992年版。

馮友蘭：《中國哲學史新編》，人民出版社，1984年版。

錢穆：《莊子纂箋》，台灣東大圖書公司，2003年版。

張岱年：《中國哲學大綱》，載《張岱年全集》第二卷，河北人民出版社，2007年版。

張岱年：《中國哲學史史料學》，生活・读书・新知三聯書店，1982年版。

張岱年:《中國哲學史方法論發凡》,中華書局,2012年版。

蔣錫昌:《莊子哲學》,成都古籍書店,1988年版。

劉文典:《莊子補正》,中華書局,2015年版。

宗白華:《宗白華全集》,安徽教育出版社,1996年版。

宗白華:《藝境》,商務印書館,2011年版。

王叔岷:《莊子校詮》,臺灣中央研究院歷史語言研究所專刊之八十八,樂學書局,1999年版。

王叔岷:《莊子校詮》,中華書局,2007年版。

徐復觀:《中國藝術精神》,春風文藝出版社,1987年版。

王弼:《王弼集校釋》,楼宇烈校釋,中華書局,2009年版。

李澤厚 劉綱紀:《中國美學史》第一卷,中國社會科學出版社,1984年版。

李澤厚:《李澤厚十年集·美的歷程》,安徽文藝出版社,1994年版。

王孝魚:《莊子内篇新解 莊子通疏證》,中華書局,2014年版。

陳鼓應:《莊子今注今譯》,中華書局,1988年版。

于民:《春秋前審美觀的發展》,中華書局,1984年版,安徽教育出版社,2013年再版。

葛路:《中國畫論史》,北京大學出版社,2009年版。

葉朗:《中國美學史大綱》,上海人民出版社,1985年版。

劉笑敢:《莊子哲學及其演變》,中國社會科學出版社,1993年版。

韓林合:《虛己以游世——〈莊子〉哲學研究》,商務印書館,2014年版。

北京大學哲學系外國哲學教研室編:《西方哲學原著選讀》上卷,商務印書館,1981年版。

梯利:《西方哲學史》,葛力譯,商務印書館,1999年版。

章啟群:《意義的本體論》,上海譯文出版社,2002年版,商務印書馆,2018年再版。

章啟群《新編西方美學史》,商務印書館,2004年版。

徐希定:《莊子·齊物論研究——以"我"與"物"之關係爲中心》,博士論文,即將由商務印書館出版。

附錄一　怎樣讀《莊子》？

《莊子》有多種讀法。首先可以把《莊子》當作文學經典來讀。唐宋“古文運動”就是提倡用先秦的諸子散文、史傳散文，來掃蕩六朝綺靡浮華的文風。《莊子》是諸子散文中之翹楚，也是中國古典文學的瑰寶。其汪洋恣肆的文風和高妙的藝術境界，爲歷代文人所崇尚。唐代作《莊子音義》的學者陸德明云：“莊生弘才命世，辭趣深華，正言若反，故莫能暢其弘致。”清代學者王先謙稱其文字“奇絕”。《莊子・天下》篇亦稱“其辭雖參差而諔詭可觀”。

從文學的角度讀《莊子》，可推敲、琢磨其中的語言藝術，細細體驗其想象力。《莊子》認爲語言表達幾乎是不可能的：“語之所貴者意也，意有所隨。意之所隨者，不可以言傳也。”於是，《莊子》採用“寓言”、“重言”、“卮言”來表達其思想。“重言”指強調之意，“寓言”即故事，而“卮言”含義難以斷言。《說文解字》曰：“卮，圜器也。”又曰：“圜，天體也。”朱駿聲《通訓定聲》曰：“渾圓爲圜，平圓爲圓。”“卮言”大義即渾圓之言，不可端倪之言，就是所謂“無謂有謂，有謂無謂”。因此，《莊子》的語言弔詭、奇特，妙不可言。例如：

> 子祀子輿子犁子來四人相與語曰：“孰能以無爲首，以生爲脊，以死爲尻，孰知死生存亡之一體者，吾與之友矣。”四人

相視而笑,莫逆於心,遂相與爲友。

天下莫大於秋豪之末,而大山爲小。

"尻"是脊椎骨末端或臀部。把"無"當作頭,"生"當作脊梁,"死"當作屁股,這樣的比喻和想象是何等奇特!"秋豪"是秋天大雁的毫毛,一種生物的宇宙比秋天大雁毫毛之末尖還小,那麽其中的泰山有多大,我們能夠想象這樣的世界嗎?體味一下,想象力就被拓展到極限!這類文字在《莊子》中俯拾皆是。

還可以把《莊子》當作大思想家的著作來讀。《莊子》中的深刻思想和精湛分析令人拍案叫絕。但《莊子》33篇,分爲内、外、雜篇三部分,各篇思想不同甚至相反。要整體把握《莊子》思想,就必須瞭解《莊子》的作者和成書的過程。《莊子》在《史記》就有記載,《荀子》《韓非子》《呂氏春秋》中有關於《莊子》的論述或引文,由此可以斷定《莊子》文本流行於世不會晚于戰國晚期。學界一般認爲現存《莊子》是西晉時期郭象編輯而成,並進行注釋,内篇代表《莊子》的主要思想。《莊子》的作者爲莊周,戰國時宋國蒙縣人,生活大約在西元前365—前290年之間(錢穆說法)。這正是戰國最慘烈的年代。

春秋時期的戰爭帶有競技的性質,因此,宋襄公在敵軍渡河的時候不出擊,體現了春秋時貴族式的戰爭遺風。戰國時期戰爭變成了一種野蠻殘酷的大廝殺。各國改革的主要内容就是獎勵耕戰。戰爭的手段很先進,規模也非常大。例如著名的長平之役,白起大破趙軍,坑降卒40萬。據統計,秦統一時全國人口約兩千萬。可見這次坑殺的人約占趙國總人口的八分之一,而且全部是青壯年

也。”就是說，事物生成在時間上不可追溯，同時，“有”與“無”在絕對的意義上也是不能追問的。因此，一般爲人們所孜孜以求的所謂知識，尤其是讀書人皓首窮經，所得不過是糟粕而已。莊子以輪扁斲輪爲例：“斲輪，徐則甘而不固，疾則苦而不入。不徐不疾，得之于手而應於心，口不能言，有數存焉於其間。臣不能以喻臣之子，臣之子亦不能受之於臣，是以行年七十而老斲輪。古之人與其不可傳也死矣，然則君之所讀者，古人之糟魄已夫。”真知只可意會，不可言傳，我們思維的邏輯和理性是不能把握世界的。

在《莊子》看來，當時社會上的儒墨道法諸家都是起於爭辯，而這種論辯是永遠沒有結果的。“既使我與若(你)辯矣，若勝我，我不若勝，若果是也，我果非也邪？我勝若，若不吾勝，我果是也，而果非也邪？其或是也，其或非也邪？其俱是也，其俱非也邪？”由於人們習慣於用知識來把握世界，治理國家，於是就帶來很多問題和混亂：“故天下每每大亂，罪在於好知。”這樣，《莊子》走上一種極端相對主義的立場：“是亦彼也，彼亦是也。彼亦一是非，此亦一是非。”真知似乎在是與非，無可與無不可之間。《莊子》要人們超脱是非，以不知爲知，“墮肢體，黜聰明，離形去知，同於大通。”《莊子》秉持的這種極端相對主義和不可知論，在從古希臘到20世紀叔本華、尼采的西方哲學中沒有斷絕，是哲學史一條重要的線索。而莊子提出的語言與事物的關係問題、最終真理性問題以及真知的可說與不可說的問題等，至今仍然是哲學家們討論的熱點。20世紀法國哲學家德里達認爲，語詞的能指與所指，並不像一個硬幣的兩面。實質上，能指永遠不能達到所指。能指只能指向下一個能指，永遠在能指之中運行。這個理論，打破了語詞與事物之間牢不可破的關係，也消解了對於語詞意義確定性的信念與幻想。從根本的意義上說，這個結論與《莊子》的語言哲學是一致的。

《莊子》還有歷史學特別是學術史的價值。例如"六經"之說就是始見於《莊子》。《莊子》描繪的人物有多國諸侯，以及著名的子產、季咸(巫咸)、孔子、老聃、楊朱、列禦寇、惠施和孔門弟子等，雖大多屬於"寓言"，但亦可爲學術研究參考。《莊子》還保留了很多名家的命題。等等。當然，無論文學的、思想的、哲學的、歷史的，這幾種讀法都不是完全割裂的，而是可以綜合的。在欣賞《莊子》絢爛文采的同時，我們也可以爲領悟其深湛的思想和哲學而震撼，爲意外發現歷史人物的蹤跡而驚喜。

最後談談讀《莊子》的誤區。一般讀者很容易把《莊子》讀成"心靈雞湯"，動輒"無奈與逍遙"。其實《莊子》開篇《逍遙遊》就告訴我們，現實中的人們要"逍遙"是不可能的。此外，讀《莊子》切忌讀白話翻譯。試看這兩者的差異：

> 北冥有魚，其名爲鯤。鯤之大，不知幾千里也。化而爲鳥，其名爲鵬。鵬之背，不知幾千里也。怒而飛，其翼若垂天之雲。是鳥也，海運則將徙于南冥。南冥者，天池也。

其文意象奇特，語言灑脫而不失警煉，文氣充沛盎然，誦讀有迴腸蕩氣之感。再看白話翻譯：

> 北海有一條魚，它的名字叫做鯤。鯤的巨大，不知有幾千里。化成爲鳥，它的名字叫做鵬。鵬的背，不知道有幾千里；

奮起而飛，它的翅膀就像天邊的雲。這只鳥，海動風起時就遷往南海。那南海，就是天然的大池。(陳鼓應:《莊子今注今譯》，中華書局83年)

意趣全無，味同嚼蠟。直接面對《莊子》原文，才能體會和領悟其中之妙。好的《莊子》注釋本有王先謙的《莊子集解》、錢穆的《莊子纂箋》等，郭慶藩的《莊子集釋》和王叔岷的《莊子校詮》稍嫌繁雜，適合細讀、深讀。

在日下的中國讀者中，是否喜歡《莊子》可以說是個門檻。一般人爲其文辭奇詭和思想超俗望而生畏，不會碰它。然而，從古至今喜歡《莊子》者難以盡述，關於《莊子》的注釋、義解、音訓、心得之類亦可謂洋洋大觀。《莊子》中有一個故事，說一個匠人可以用斧頭把另一個人鼻尖上的白灰削掉。後來這個做配合的副手死了，匠人則永遠不能表演了。莊周說他與惠施就如匠人和副手一樣，惠施死後，他也無人可以談話。今日茫茫人海之中，有幾人如惠施者存焉?

初稿於2015年7月2日下午，藍天白雲，清空如洗，14日改訂

刊載於2015年7月22日《中華讀書報》

附錄二　怎樣讀《老子》？

《老子》又稱《道德經》，全文五千餘言，是中國道家和道教首屈一指的經典。《老子》還被翻譯成多種文字，是與《聖經》、《伊索寓言》等一樣，是全人類閱讀最多的書之一。

《老子》的作者有李耳、老聃、老萊子等幾種說法，《老子》成書的故事也非常神奇。雖然《史記·老子韓非列傳》有些記述，但仍然沒有確切的時間地點和史料證明。目前所見最早的《老子》文本是郭店出土楚簡，約1700餘字，年代在西元前300年左右。其次是馬王堆帛書《老子》，與今本字數大致相等，文字有部分誤奪，年代是西漢初年。比較流行的《老子》是河上公本和王弼本。今日一般可讀樓宇烈《王弼集校釋》、朱謙之《老子校釋》。深入閱讀可參看高明《帛書老子校注》以及郭店《老子》對校辨析的相關著作。

大約從韓非《解老》、《喻老》起，"老學"源流幾千年，著述不計其數，見仁見智，莫衷一是。而我觀《老子》，簡而言之，以爲所言不外"道"和"術"。論道是哲學，論術則屬於其他學科的學問，術就是謀略、戰略戰術。道與術也有交叉融通，例如"無"是道，"無爲"就是術。

一

《老子》哲學，首先是宇宙論，即關於宇宙萬物的生成、演進的論述：

> 道生一，一生二，二生三，三生萬物。萬物負陰而抱陽，沖氣以爲和。(四十二章)

“道”是宇宙萬物的本原。“一”、“二”、“三”有各種説法。大多學者認爲，“一”是“太一”或氣，“二”是陰陽，“三”是氣和陰陽交合。孔子和儒家沒有論述宇宙萬物的生成演化，因此，這是中國最早的哲學宇宙論。

那麼，“道”又是什麼性狀呢？《老子》説：“道之爲物，惟恍惟惚。”(二十一章)因此，道是難以言説的：“道可道，非常道”(一章)。道的德性是“萬物作焉而不辭，生而不有，爲而不恃，功成而弗居。”(二章)“辭”意即“始”。道創始萬物而不以此自居、自傲。因此，道本身就有至德：“生而不有，爲而不恃，長而不宰，是謂玄德。”(十章)而得道則爲德。故“道生之，德蓄之，物行之，勢成之。是以萬物莫不尊道而貴德。”(五十一章)

道也是“無”：“天下萬物生於有，有生於無。”(四十章)“無”不僅是宇宙萬物生成之源，也是現實世界所有事物的構成原則和原理：

“民之難治，以其上之有爲。”（七十五章）“民之難治，以其智多。故以智治國，國之賊；以不智治國，國之福。”（六十五章）漢初就是採取《老子》這一思想，修生養息。但是，說是無爲，還要有所爲。帝王的治國妙要在於：“爲之於未有，治之於未亂。”（六十四章）而具體措施是：

不尚賢，使民不爭；不貴難得之貨，使民不爲盜；不見可欲，使民心不亂。是以聖人之治，虛其心，實其腹；弱其志，強其骨。常使民無知無欲，使夫智者不敢爲也。爲無爲，則無不治。（三章）

小國寡民，使有什伯之器而不用，……雞犬之聲相聞，民治老死不相往來。（八十章）

《老子》以爲，欲望是罪惡之源，也永遠無法滿足。若要人們安寧幸福，就是消除欲望。

五色令人目盲，五音令人耳聾，五味令人口爽，馳騁畋獵令人心發狂，難得之貨令人行妨。（十二章）

罪莫大於可欲，禍莫大於不知足，咎莫大於欲得。（四十六章）

絕巧棄利，盜賊無有。……見素抱樸，少私寡欲。（十九章）

《老子》認爲，統治者對付子民百姓最愚蠢的辦法是使用強權和暴力。《老子》的表述非常徹底："民不畏死，奈何以死懼之！"(七十四章)《老子》也反對用武力處理國際關係："兵者，不祥之器，非君子之器。不得已而用之，恬淡爲上，勝而不美。"(三十一章)"以道佐人主者，不以兵強天下。"(三十章)處理國際關係的準則是謙下，這樣最爲有利："故大國以下小國，則取小國；小國以下大國，則取大國。"(六十一章)如果不得已打仗，《老子》的戰略思想是："以正治國，以奇用兵。"(六十章)

《老子》除了有"南面之術"，今屬政治學，還有關於經商之道的經濟學，關於戰爭的軍事學等。從普通人角度說，也有生存之術，即謀生之道。

三

對於所有人來說，《老子》認爲身體是最爲重要的，這也是道教的根據。

> 故貴以身爲天下，若可寄天下；愛以身爲天下，若可託天下。(十三章)
>
> 名與身孰親？身與貨孰多？……多藏必厚亡。(四十四章)

不過，《老子》也認爲："死而不亡者壽。"(三十三章)若要保身，則需要智慧："古之善爲士者，微妙玄通，深不可識。"(十五章)關鍵是有自知之明："知人者智，自知者明。勝人者有力，自勝者強。”（三十三章）“聖人自知，不自見(現)；自愛，不自貴。”（七十二章）“知不知，上；不知知，病。夫唯病病，是以不病。聖人不病，以其病病。”（七十一章）意思是聖人知道自己所短。“知常曰明，不知常，妄作，凶。”（十六章）“常”意指靜守。在處世智慧中《老子》特別強調示弱、不爭和退守：

> 金玉滿堂，莫之能守。富貴而驕，自遺其咎。功成身退，天之道。（九章）
>
> 夫唯不爭，故無尤(咎)。（八章）
>
> 夫唯不爭，故天下莫能與之爭。（二十二章）
>
> 江海所以能爲百谷王者，以其善下之。（六十六章）
>
> 天下莫柔弱於水，而攻堅強者莫之能勝，其無以易之。（七十八章）
>
> 上善若水。水善利萬物而不爭，處衆人之所惡，故幾於道。（八章）

“幾”意類似、接近。因此，對於儒家宣揚的“殺身成仁”等思想，《老子》堅決反對，相反提出：“絕聖棄智，民利百倍；絕仁棄義，民復孝慈”（十九章）；“失道而後德，失德而後仁，失仁而後義，失義而後禮。”（三十八章）聖人更是如此：“聖人處無爲之事，行不言之教。”（二章）“聖人之道，爲而不爭。”（八十一章）聖人都是無知無欲，其狀如嬰兒：“聖人在天下歙歙，爲天下渾其心。聖人皆孩之。”（四十九章）“含德之厚，比於赤子。”（五十五章）“知其雄，守其雌，爲天下谿。爲天下谿，常德不離，復歸於嬰兒。”（二十八章）

四

《老子》中還有一些格言警句常常被人們津津樂道。這些格言警句展示出《老子》獨特的思維方式。比較突出的是反向思維。例如：

曲則全，枉則直，洼則盈，敝則新，少則得，多則惑。(二十二章)

大道廢，有仁義；智慧出，有大偽；六親不和，有孝慈；國家昏亂，有忠臣。(十八章)

大成若缺，其用不弊；大盈若沖，其用不窮。大直若屈，大巧若拙，大辯若訥。(四十五章)

禍兮福之所倚，福兮禍之所伏。(五十七章)

將欲歙之，必固張之；將欲弱之，必固強之；將欲廢之，必固興之；將欲奪之，必故與之，是謂微明。柔弱勝剛強。魚不可脫于淵，國之利器不可以示人。(三十六章)

《老子》也把這種思想提升到道的規律和法則：

反者，道之動；弱者，道之用。(四十章)

大曰逝，逝曰遠，遠曰反。(二十五章)

還有一些則是人們耳熟能詳的句子:

> 大方無隅,大器晚成,大音希聲,大象無形。(四十一章)
>
> 有無相生,難易相成,長短相較,高下相頃,音聲相和,前後相隨。(二章)
>
> 信言不美,美言不信。(八十一章)

馬王堆帛書"大器晚成"爲"大器免成",應該更符合上下文的意旨。"無"是指本體,或最高的極致的事物。但是,《老子》中的這些内容很難說是哲學,應該只是具有哲理的思想。正如蘇軾的"不識廬山真面目,只緣身在此山中"一樣。

五千言《老子》是人類智慧瑰寶。拙文以不到四千字言說《老子》,無異於以管窺天。然而,《老子》的魅力也在於永遠說不盡。

刊載於2016年11月2日《中華讀書報》

附錄三　人類的視域與其他物類的視域

"天下莫大於秋豪之末，而大山爲小；莫壽乎殤子，而彭祖爲夭。"[①]其文意從字面直譯很簡單：如果天下莫大於秋天大雁的豪毛之末，則泰山因而爲小；如果短命的嬰兒爲長壽，則千年之壽的彭祖亦爲夭折。然而，從思想和邏輯的層面來解釋這句話的含義，則非常困難。歷代注《莊子》大家對此大多止於聯想臆測之說，不得其旨。下面將代表性解釋略引幾例。

郭象注云："夫以形相對，則大山大於秋豪也。若各據其性分，物冥其極，則形大未爲有餘，形小不爲不足。苟各足於其性，則秋豪不獨小其小，而太山不獨大其大矣。若以性足爲大，則天下之足未有過於秋豪也；若性足者非大，則雖太山亦可稱小矣。故曰'天下莫大於秋毫之末，而太山爲小。'太山爲小，則天下無大矣。秋豪爲大，則天下無小矣。無小無大，無壽無夭，是以蟪蛄不羡大椿而欣然自得，斥鴳不貴天池而榮願以足。"[②]郭象是將事物之外在形狀與自身性分進行分別，認爲《莊子》之意旨在適性，而無視外形。成玄英疏亦承其意旨，文字大同小異："夫物之生也，形氣不同，有小有大，有夭有壽。若以性分言之，無不自足，是故以性足爲大，

① 引文自《續古逸叢書・宋刊南華真經》影印本。

② 同上。

天下莫大於豪末；無餘爲小，天下莫小於大山。大山爲小，則天下無大；豪末爲大，則天下無小。小大既爾，夭壽亦然。”[1]郭象“性分說”爲注莊史上最廣泛之解釋。而郭象與《莊子》文本思想之差異，亦爲學界之共識。此處顯然看到《莊子》與郭象二義不同。僅就“天下莫大於秋豪之末”而言，郭注即語焉不詳，忽略而過。如果僅僅著意於性分與外形之辨，則蟪蛄與大椿、斥鴳與大鵬之喻足以盡意。而稍加比較即可發現，此處文意之深之廣，遠大於性分與外形之辨。

今人蔣錫昌《齊物論校釋》云：“此謂設彼不見大山，只見秋豪之末，與小於豪末萬倍之物，則天下莫大於秋豪之末矣。設彼不見豪末，只見大山，與大於大山萬倍之物，則大山爲小矣。設彼不見彭祖，只見殤子與壽命短於殤子之人，則天下莫壽乎殤子矣。設彼不見殤子，只見彭祖，與壽命長於彭祖之人，則彭祖爲夭矣。蓋萬物之真相，以觀者之異，可至各不相同；《德充符》所謂‘自其異者視之，肝膽楚越也。’莊子此文，系言萬物之異。異即百家之學，乃儒墨等辯士所據以爭論是非者也。”[2]蔣氏之說意在說明，《莊子》揭示出每個人自已的局限，即不同的立場和角度會看出不同的結果。因此將此句與“自其異者視之，肝膽楚越也”類同。他的解釋雖然涉及視域問題，然而在言及萬物之後，又歸結爲每個人的視域。因此又遠離《莊子》旨趣而去。王叔岷之說意亦與此相近。他認爲：“《莊子》意在破世俗之大小、壽夭之執。然《莊子》之言亦不可執

① 見郭慶藩：《莊子集释》，中華書局，1997年版。

② 蔣錫昌：《莊子哲學》，成都古籍書店，1988年版，第146—147頁。

著，若必以秋毫爲大，大山爲小；殤子爲壽，彭祖爲夭，則又非《莊子》之旨矣。”[①]此說更有簡單化之嫌。蔣、王二人解釋雖然沒有落入“《莊子》注郭象”之窠臼，把我們的理解導入常識層面，然而，他們對於《莊子》此句的意涵的理解則沒有根本的破局，仍囿於表面字義的藩籬。

在眾多解釋之中，陳鼓應注釋頗值得注意。他說：“在經驗世界中，一個常人認爲極大的東西，若從更廣闊的空間上來衡量，卻顯得十分微小。相反的，一個常人認爲極細微的東西，逼近了看，卻可發現其中含藏著無盡豐富的內容。《莊子》雖然有意忽略相對事物中的絕對性(即在特定的關係中，大和小的區分是絕對的；如在狗和螞蟻的特定關係中，狗爲大而螞蟻爲小是絕對的)，然而《莊子》的目的，卻不在對現象界作區別，乃在於擴大人的視野，以透破現象界中的時空界線。若能將現象界中時空的界線一一透破，心靈才能從鎖閉的境域中超拔出來。”[②]他的解釋並不十分清晰，而且最後又把《莊子》此句的意旨歸結爲“心靈”“境域”的“超拔”，因而把屬於常識和經驗層面的道理玄虛化了，變得神乎其神。但是，他畢竟引入了兩個概念，即“時空”和“絕對與相對”的概念。從某種意義上說，這兩個概念有可能使得文本闡釋進入一個更加開闊、深入的層面。

我認爲，《莊子》此處著重提出的是“視域”問題。“天下莫大於秋豪之末，而大山爲小”，是從空間視域來說的。意思是說，如果

① 王叔岷：《莊子校詮》上，中華書局，2007年版，第71頁。

② 陳鼓應：《莊子今注今譯》，中華書局，1988年版。第71—72頁。

一種微生物，它們生活在一個空間只有“秋豪之末”大小的微觀世界之中，所有的事物包括“泰山”，當然都是小的。人之所以以泰山爲大，以秋豪之末爲小，那是以人的“視域”來衡量的。而“莫大於秋豪之末”是與人類不同的另一些物類的空間世界，因此，它們的視域與人類的視域具有不可比性。在科學高度發達的今天，微生物存在已經是社會常識。因此，我們絲毫不會對這個問題的理解產生困難。相反，對於古代的《莊子》能夠提出這樣的問題，我們不得不油然敬佩。

第二句“莫壽乎殤子，而彭祖爲夭”，是從時間的視域即生命的長短來論述的。意思是說，如果有一種物種只有夭折的嬰兒的生命長度，那麼，再長的壽命(例如彭祖)它們也是無法認知的。人之所以認爲彭祖爲壽而殤子爲夭折，即是以常人生命時間爲衡量標準的。人類一般不過百歲(《古詩十九首》：“人生不滿百，常懷千歲憂”)，大約超過70歲則爲壽(杜甫：“人生七十古來稀”)。以此作爲尺度，則彭祖當然爲壽，而繈褓死亡的嬰兒當然爲夭。但對於那些只有殤子那樣生命長度的物類，看待生命長短的標準就完全不同了。可見，《莊子》在這裡提出的是人類視域之外，其他物類可能的空間世界以及生命長度的標準問題。在這些物類的視域中，“大山爲小”和“彭祖爲夭”，則是完全可能的，也是合情合理的。

《莊子》爲什麼要提出這個問題呢？

在現實世界幾乎所有的普通人，觀照世界都離不開自身的視域。無論是市井小民、帝王將相，還是文人騷客、商賈遊俠，他們關注的對象雖然不同，但都是與自身相關的社會活動。因此，或者是柴、米、油、鹽之類日常生計，或者是宮闈秘事、軍國機要，或者是琴、棋、書、畫，或者是商戰生意、江湖義氣，等等，都是與人類自身的生存相關之物。作爲思想者的諸子百家雖然討論人生與社會的意義和價值，但是也沒有跳出人類自身的視域。他們也是以國家、社會、家庭或個人爲中心來提出各種思想理論，爲人類描繪了各種社會圖景，設計了各種美好的方案。然而，《莊子》的視域與所有這些視域不同。《莊子》的極爲可貴之處在於，意在打破人們習以爲常以人類自身的視域觀照世界的觀念，進入人類之外的其他物類觀照世界的視域。因此，《莊子》的這兩句話，不僅提出了普通人從來沒有想到的視域，先秦諸子也沒有達到這樣的境界：即人類只是世界萬物中之一物，人類對於世界的觀照和解釋只能是基於自己的視域。但是，這種只是人類自己的對於世界的認識和理解，不能夠達到其他物類對於世界的認識和理解，因而也根本不能揭示世界萬物本身的旨歸。簡言之，人類以自我的尺度作爲地球萬類的尺度，是沒有合法性的。人類一直以自己爲中心的意識，是一種無意識的人類自大症。《莊子》目的就是試圖打破人類自身的這個視域之障礙，引領思想者進入宇宙全方位的視域。《莊子》之"齊物"主旨，皆在於此。由此可見，《莊子》不僅指出人類之中因立場、角度不同而產生不同的觀念，出現儒墨之間"是其所非，非其所是"無謂爭論，而且還指出整個人類以自身尺度爲萬類尺度、無視其他物類的自大盲區。這個思想的深刻之處不僅超越了當時思想界的儒墨二家，而且千古獨步，在21世紀的今天仍有著巨大的思想震撼力。

現代西方哲學研究也涉及這個問題。當代法國哲學家梅洛-龐蒂認爲："探討世界的本質，不是探討世界在觀念中之所是，如果我們已經使世界成爲討論的主題的話，而是探討在主題化之前世界實際上爲我們之所是。”[①]其實，人們在談論世界之前，實際上已經將世界人爲“格式化”了。人類談論的這個“世界”，只能是人類的“世界”，而不是其他萬類所感知的“世界”。屬於人類的世界在本質上是由我們的知覺建構的。在知覺的建構之後，“世界不是我掌握其構成規律的客體，世界是自然環境，我的一切想象和我的一切鮮明知覺的場。”[②]因此，“在某種意義上，任何意識都是知覺的意識。”[③]“意識的觀點認爲，一個世界首先是在我周圍展現和開始爲我存在。”[④]而知覺首先是身體的知覺。身體是一個“原始存在”，一個整體。人對於空間的把握首先來自於身體的知覺。“身體的空間性不是如同外部物體的空間性或‘空間感覺’的空間性那樣的一種位置的空間性，而是一種處境的空間性。”[⑤]身體的空間性顯然是在活動中實現的。日常生活中我們實際上是用身體來衡量環境的：房子，桌椅，客廳，書房等。“我們通過我們的身體在世界上存在，因爲我們用我們的身體感知世界。”[⑥]“身體本身在世界中，就像心臟在機體中：身體不斷地使可見的景象保持活力，內在地賦予它生命和供給它養料，與之一起形成一個系統。”[⑦]人類的“世界”就是由身體、知覺和意識建構起來的一個系統的外在時空物件。梅洛－

① 梅洛－龐蒂：《知覺現象學》，姜志輝譯，商務印書館，2003年版，第12頁。

② 同上書，第5頁。

③ 同上書，第495頁。

④ 同上書，第3頁。

⑤ 同上書，第137—138頁。

⑥ 同上書，第265頁。

⑦ 同上書，第261頁。

龐蒂的理論具有切實的經驗實證性，我們可以用自己的體驗加以證明。他的理論可以進一步幫助我們理解《莊子》所說的“天下”。

概而言之，“大山”與“秋豪之末”之大小，在人類的“世界”與在其他物類的“世界”中是不可比的；“彭祖”與“殤子”之壽夭，在人類“世界”與其他物類的“世界”也是不可比的。只有跳出人類的視域，我們才可能認識到這一點。《莊子》“齊物”的要點在此，高度和深度亦在此。

刊載於《安徽大學學報》2016年第3期

附錄四　中國古代有極爲重要的語言哲學思想——《莊子》二題

1.“指”與“非指”

《莊子》認爲語言是“名”，功能是指向“實”，即事物。這即是現代語言學所定義的，語言的功能即能指與所指。但是，《莊子》認爲，語言作爲能指，是不能與所指之物完全符合的：

> 以指喻指之非指，不若以非指喻指之非指也；以馬喻馬之非馬，不若以非馬喻馬之非馬也。天地一指也，萬物一馬也。（《齊物論》）
>
> 名實者，聖人之所不能勝也，而況若乎！（《人間世》）

因爲，《莊子》認爲作爲宇宙萬物本原的“道”，是語言和思維不可及的：“道不可聞，聞而非也；道不可見，見而非也；道不可言，言而非也。知形形之不形乎！道不當名。”（《知北遊》）

其次，《莊子》認爲，就具體事物來說，它在發生和生成意義上，我們是不可究其根底的：“有始也者，有未始有始也者，有未始有夫未始有始也者。有有也者，有無也者，有未始有無也者，有未始有夫未始有無也者。俄而有無矣，而未知有無之果孰有孰無也。”（《齊物論》）就是說，事物生成在時間上不可追溯，同時，“有”與“無”在絕對的意義上也是不能追問的。於是《莊子》指出了一條與一般邏輯和理性認識不同的認識之路:"夫大道不稱,大辯不言","孰知不言之辯,不道之道?"是要人們超脱是非,以不知爲知。

語言與事物的關係問題,最終真理性問題,以及真知的可説與不可説問題等,至今仍然是哲學家們討論的熱點。20世紀法國哲學家德里達(Jacques Derrida),對於索緒爾(Ferdinand de Saussure)結構主義語言學作了徹底的解構。他認爲,語詞的能指與所指,並不像一個硬幣的兩面。實質上,能指永遠不能達到所指。能指只能指向下一個能指,永遠在能指之中運行。這個理論,打破了語詞與事物之間牢不可破的關係,也消解了對於語詞意義確定性的信念與幻想。從根本的意義上説,這個結論與《莊子》的語言思想是一致的。甚至能指與所指關係的論證思路,也有不謀而合之處。

2. "濠梁之辯"與"摹狀詞"理論

《莊子・秋水》有一段記述莊周與惠施的論辯:

> 莊子與惠子游于濠梁之上。莊子曰:"儵魚出遊從容,是魚樂也。"惠子曰:"子非魚,安知魚之樂?"莊子曰:"子非我,安知我不知魚之樂?"惠子曰:"我非子,固不知子矣;子固非魚也,子之不知魚之樂,全矣。"莊子曰:"請循其本。子曰'女安知魚樂'雲者,既已知吾知之而問我,我知之濠上也。"

此段對話非常著名,經常被引用。可是莊周的最後回答,歷代解釋語焉不詳。我們把它翻譯成白話,看看意思究竟是什麼:

莊周說:“請再回到論題本身。你說‘你如何知道魚快樂?’這樣的話,既然已經知道我已經知道(魚快樂)而問我,我在濠梁之上得知的。”

莊周在這裡的答問似乎文不對題。爲什麼“你如何知道魚快樂”的問話,就已經包含了“你知道我已經知道魚快樂”呢? 20世紀西方分析哲學將此作爲討論的焦點問題之一。

奧地利哲學家邁農(Alexius Meinong)首次提出,當人們說“金山不存在”時,他們使用的“金山”一詞已經肯定了與之相應的東西的存在,至少是“金山”的觀念的存在。[①]對此,英國哲學家羅素(Bertrand Russell)提出了一種摹狀詞理論加以解決。羅素說:“我所說的‘摩述’(摹狀詞)是指像‘美國的現任總統’一類的短語,不用名字來指明一個人或一件東西,而用某種據假定或已知他或它特有的性質。這樣的短語曾造成很多麻煩。假定我說‘金山不存在’,再假定你問‘不存在的是什麼?’如果我說‘是金山’,那麼就仿佛我把某種存在歸給了金山。很明顯,我說這話和說‘圓正方形不存在’不是一樣的陳述。這似乎意味著金山是一種東西,圓正方形另是一種東西,固然兩者都是不存在的。摩述(摹狀詞)理論就是打算應付這種困難以及其他困難的。”[②]

羅素提出了解決這個悖論的辦法。他說:

“有一個人、而且只有一個人寫了《威弗利》,那個人就是

① 參見趙敦華:《現代西方哲學新編》,北京大學出版社,2000年版,第112頁。

② 羅素:《西方哲學史》下卷,馬德元譯,商務印書館,1982年版,第391—393頁。

司各脫。”或者,說得更完全一些就是:

“有一個實體C,使得若X是C,‘X寫了《威弗利》’這個陳述便是真的,否則它是假的;而且C是司各脫。”

這句話的前一部分,即“而且”二字以前的部分,定義成指“《威弗利》的作者存在(或者曾存在,或者將存在)的意思。”因而,“金山不存在”的意思是:

“沒有一個實體C,使得當X是C時,‘X是金的而且是山’是真的,否則它就不是真的。”

有了這個定義,關於說“金山不存在”是指什麼意思的難題就沒有了。

根據這個理論,“存在”只能用來給摩述下斷言。我們能夠說“《威弗利》的作者存在”,但是說“司各脫存在”卻不合語法,更確切地講,不合句法。這澄清了從柏拉圖的《泰阿泰德篇》開始的、兩千年來關於“存在”的思想混亂。①

再看濠梁之辯,惠施問:“你如何知道魚快樂?”從詞義分析,其中確實已經含有“(莊周)已經知道魚快樂”。莊周正是抓住語詞與觀念存在之間的關係進行反詰,最終勝辯。可見邁農、羅素等人思考的語言容易造成的悖論,並試圖以“摹狀詞”理論加以解決的問題,莊周已經發現了這一點。

兩千多年前的莊周對於語言的這種認識是否屬於偶然?從現存名家的辯題可以看出,古代思想家們提出的問題是極爲專業和極有深度的。除了“白馬非馬”、“離堅白”,再看《莊子·天下》篇

① 羅素:《西方哲學史》下卷,馬德元譯,商務印書館,1982年版,第392頁。

之描述：

惠施多方，其書五車，其道舛駁，其言也不中。厤物之意，曰："至大無外，謂之大一；至小無内，謂之小一。無厚，不可積也，其大千里。天與地卑，山與澤平。日方中方睨，物方生方死。大同而與小同異，此之謂小同異；萬物畢同畢異，此之謂大同異。南方無窮而有窮，今日適越而昔來。連環可解也。我知天下之中央，燕之北越之南是也。氾愛萬物，天地一體也。"

卵有毛，雞三足，郢有天下，犬可以爲羊，馬有卵，丁子有尾，火不熱，山出口，輪不蹍地，目不見，指不至，至不絕，龜長於蛇，矩不方，規不可以爲圓，鑿不圍枘，飛鳥之景未嘗動也，鏃矢之疾而有不行不止之時，狗非犬，黄馬驪牛三，白狗黑，孤駒未嘗有母，一尺之捶，日取其半，萬世不竭。

由於歷史的原因，除了其中一些命題例如"飛鳥之景未嘗動也"等，這些命題今日大多無解。但是，其中所包含的思想深度毋庸置疑。

中國古代的語言哲學思想極爲豐富，與20世紀的語言哲學有内在相通。限於篇幅，本文只是略談《莊子》一二。

2015年11月16日於潛白堂，潦水盡而寒潭清

刊載於《語言戰略研究》創刊號，商務印書館2016年

跋

經過前後約八年時光，把《莊子新注》約七十萬字的書稿交給中華書局編輯後，自然就想著"《莊子》哲學"的文字。又經過大約兩年的時光，這本約四十萬字的書也到了付梓之時，非常想說些輕鬆的話題：風花雪月，詩意禪宗，貓狗鳥蟲，花草山水，還有生命、心靈、"烈士暮年"之類，然而，此時我卻說不出來這些東西，腦仁里纏繞的還是莊子和哲學。

北京今年酷熱而漫長的夏天過去後，一位三十多年的老朋友電話里跟我說，他"撿了一條命"。語氣中我明顯感到一種劫後餘生的驚悸，也自然勾連起我在8月底發燒那天的回味。不過，暑期在工作室里埋頭運指於鍵盤之上，搜腸刮肚於《莊子》之中的時候，腦中經常浮現的是一百年前的一個畫面——1917年夏天，26歲的胡適剛剛從美國哥倫比亞大學畢業，就接到蔡元培校長的教授聘書到北大任教。正當韶華的翩翩少年胡適之，此刻正乘坐日本皇后號輪船横渡在太平洋上。他該是意氣風發，或略有惴惴的惶恐？其實這種後世的揣摩實在無益或者無聊。因爲胡適到任伊始，在新學期開講中國哲學課上一炮走紅。而他開課講義編纂出版的《中國哲學史大綱》(卷上)，成了中國哲學學科的開山之作。一個20啷當歲的年輕人，不經意間就成爲一代宗師。真可謂"天命在茲"！ 1917至2017，整整一百年過去了。這一百年地球上真是“乾坤大挪移”！世界變了樣，中國更變了樣。而作爲一個學科的中國哲學，與胡適之、湯用彤、馮友蘭、張岱年等那一代中國哲學奠基者的時代相比，今日變了幾何？這樣一“穿越”，大暑天我的心中頓生寒意，時髦地說有點“哇涼哇涼”的感覺。

與胡適之等先賢相比，余輩也晚，生不逢時。而比起兩千多年前的莊周，我輩應該感到幸運。莊子的世道與今日中國之别可謂天壤，不僅沒有宇宙飛船飛機高鐵小汽車遊艇，沒有電腦手機和家用電器，以至果腹遮體就是人生每天的大問題，而生死更是旦夕之間的際遇。今日對於絕大多數中國人來說，除了得絕症和飛來橫禍，一般沒有性命之虞，而溫飽基本不成問題。還有不少人衣著光鮮揮金如土地遊歷世界，也只是取決於自己的意願和心情而已，沒有任何其他限制。很多人活著，爲不知道怎樣找樂子發愁。無論從哪個方面來說，絕大多數當下的中國人，都比當年的莊子生活安寧，物質富足。然而，我卻又忽然疑惑起來：我們真的就比兩千多年前那個名叫莊周的人活得好嗎？

莊子的時代慘烈而紛亂，人命如同草芥。我們的時代和平安定，發展前進。但是，在中國經濟的發展速度讓全世界老外的心都快跳出來的時候，一種社會性的思潮正在滋生出來，我稱之爲“去恥感文化”。這種文化不是指一些社會的不道德和犯罪行爲，例如作奸犯科、殺人越貨、強姦欺詐、偷盜販毒，等等，而是對於不道德和犯罪行爲的感知和認識。這種認知不僅是指實施不道德和罪犯行爲本人，也包括在事實上還沒有不道德和犯罪行爲的人們。質言之，所謂“去恥感文化”就是指一種“以恥爲榮”的心態和心理。持有這種心理和心態的人群範圍，從普通的藍領工作者(包括農民)，到高官巨賈以至專家學者法官醫生，都有其代表。有些腐敗的“大老虎”在被“雙規”時，正在主席台上大言不慚反腐倡廉表誓忠誠，即是這種文化的一個剪影。一些被稱爲偷盜村、販毒村的地方，則是這種文化的底色。而蔓延在知識界、學術界的無良無行無操守風氣，則是這種文化的催化劑和添加劑。肯定地說，不是所有的中國人都染上了這種文化毒素。但是，這種文化現象漸呈一種趨勢，顯示出一個清晰的意義指向，浸入整個社會的“集體心理”或“集體無意識”。以這樣一種心態和心理認知作爲標尺而言，即使是莊子時代最無恥之徒，在今日說來都不缺少道德優越感。更不用說那個時代的普通人和智識階級了。

一種社會行爲的背後有很多原因。社會不道德和犯罪行爲的背後原因也是這樣。物質的困乏等經濟問題常常是社會不道德和犯罪行爲的主因，正所謂“民不聊生鋌而走險”。然而，當數量相當的一些人們成天琢磨如何通過不道德和犯罪行爲來獲取升官發財，從而實現吃喝玩樂的遠大理想，那就是社會的思想文化得了“重病”，出現大問題了。物質上的窮困可以通過“精準扶貧”解決問題，經濟的落後可以通過“對口支援”解決問題，而文化精神上的“重病”，是用任何物質和經濟的手段解決不了的。文化精神的衰敗則必然導致一個社會倫理道德空心化，從而出現整個社會從精神到物質、從文化到經濟的崩盤。因此，“去恥感文化”可以說是當下中國最大的精神毒瘤。這個病症，不僅在中國歷史上空前，在世界歷史上也屬於奇葩。任憑這個毒瘤發展下去，中國人民辛勞建立起來的所有物質財富和精神財富，終將會被釜底抽薪，化爲烏有。

北大、清華今日在中國已經成爲神話。不要説寒暑假校門口等待進校遊覽的幾里長隊伍，不要説一年365日每天在北大、清華西門雜亂拍照的人群，僅僅從那些家長的眼神中，就可以讀出北大、清華的神聖。毋庸置疑，北大、清華至今仍是中國思想學術象牙塔的"塔中之塔"。可是，在北大執教約三十年，我現在卻感到一種深沉的危機。"去恥感文化"在這個"塔中之塔"已經開闢了市場，並且以一種柔韌的力量，斬關奪將，一步一個腳印地向前推進！我們知道，燕園這"一畝三分地"上，承載著我們民族的多少情感和寄託，積澱著多少歷史意識的淵藪，這種狀況的後果是不言而喻的。

作杞人之憂可能是學人之通病。忽而我又感到有點自慰，其實兩千多年前的莊周何嘗不是如此！否則他爲何要在蓬戶甕牖之室，在粗竹陋木片之上，用笨拙的毛筆，費力地寫下洋洋灑灑十萬余言，絞盡腦汁，嘔心瀝血，而不去雲遊四海"逍遙"一番？或許，這都是一種宿命吧！

丁酉年即將過去。《詩》云："風雨如晦，雞鳴不已。"我由這個雞年的心路歷程生發出對這句詩特別深切的理解。雖然一個個體在歷史和社會之中，不過滄海一粟、莽原一草，可是，身臨三千年一遇的大時代，我却又常在夢醒時分都感到一種難以言説的幸運。因此，我也常常產生一種莫名的喜悦。此時坐在初冬溫暖的室內，在鍵盤上敲打著莊子的思想，窗外的金柳在夕陽中燦爛地婆娑，遍體通黃的銀杏忘情高歌著令人心顫的華美詠歎調，而未名湖水光塔影靜謐安詳，依舊一往情深。如此氛圍之中，我已經感到偉大詩人雪萊《西風頌》中那個名句的深情和力量。

同人邢濤濤教授、王彥晶教授在邏輯問題上給與指點，特此致謝！張學智教授惠借相關書籍，特此致謝！商務印書館的陳小文先生、王希勇先生對於作者一直大力襄助，特此致謝！我的學生冷雪涵博士費時月餘，仔細校讀了全部書稿，於語言文字尤其是書寫規範，匡正頗多；賈禎禎、李紅麗及江欣城博士閱讀了有關章節，並提出很好的意見，特此致謝！我的學生李學梅博士爲本書責編，給了我另一種欣喜。她爲拙著盡責盡心，特此致謝！已經是歷史學博士的女兒，在我思想的野馬狂奔之時總能拉住韁繩，讓我從容不迫，看到更好的景致。特此致謝！

章啟群

丁酉立冬日於潛白堂，歲次公元

2017年11月7日，臘八改訂

戊戌白露前再改